池田謙一
唐沢 穣
工藤恵理子
村本由紀子

New Liberal Arts Selection

補訂版
社会心理学

Social Psychology:
Active Social
Animals in
Multilayered
Constraints
revised ed.

YUHIKAKU

有斐閣

補訂にあたって

　時を経て変わるものやこと，変わらないものやことがある。社会心理学は急速な発展を遂げつつある学問領域で，研究の勢いや周辺関連領域とのコラボレーションには目を見張るものがあるが，ベーシックで重要な根幹の部分は大樹のようにどっしりとして動じないという側面もある。今回の補訂にあたって，そうした根幹部分をきっちりと生かしつつも，新しい発展，発見，連関，そして過去を見返して改めて判明したこと，これらを執筆各人で追記ないし修正した。その概要を記しておく。

　第Ⅰ部「社会的認知・自己と他者」では，社会的認知研究の再現性問題や自己制御に関する論争について言及し（3章・4章），コラムの1つを自己認識に関する新しい内容に差し替えた（4章）。また，他者に対する認知バイアスの是正方法を追記した（5章）。

　第Ⅱ部「社会関係から集団・ネットワークへ」では，対人関係のコラム「ゲーム理論」において行動経済学の発展との関連性に触れ（7章），また伝説的な集団実験研究に対する倫理的側面の批判に言及した（9章）。

　第Ⅲ部「社会，組織，文化の中の個人」では，ソーシャルメディアやグーグルの利用などインターネットの発展に即した記述の変更（12章），社会参加・政治参加・政治意識に関する長期データの追加（13，14章），時事的な社会現象に関する例示の更新を複数行った。

　さらに，組織における集団思考研究の展開に触れる一方，集団内の権威に関する2つの古典的実験のコラムでその後の研究の展望と論議を紹介した（16章）。文化的な差異に関わる最後の18・19章では新研究に触れるとともに，文化神経科学領域についても解説を加えた。

　その他，必要な文献案内等の更新で読者の便宜に供するとともに，本文の微修正を多く行った。社会心理学に触れていただく方の関心と研究領域の進化にマッチした補訂であることを祈る。

　　2019年2月

著者を代表して　池田謙一

初版はしがき

　テレビや新聞，そしてインターネットのニュースサイトにはさまざまな時事的な社会現象が踊る。そしてそれらを少し掘り下げた特集的な記事に，どこかなじみのある見出しが付けられているのもまれでない。たとえば，
　「親密になりたいのに，どう親密になればいいのかに迷う──現代若者考」
　「怒りのあまりに，というけれど，感情はそこまで非合理的なのですか？」
　「自分探しは仕事探しですか──新卒就職難と増加する転職のはざまで」
　「わかっちゃいるけどやめられない──なぜあなたはそのように買ってしまうのか」
　「異文化にとまどいを覚える留学生──文化の壁はどこにある」
　「海外旅行マナー──あなたは日本代表。もう古い！ 旅の恥 かき捨てるな」
　「信用の薄いネット世界で，どうして質問サイトが大発展？」
　「エコな消費は，エゴな感覚の延長？」
　「交流の多い高齢者はますます元気に──国際比較研究から明らかに」
　「上司と部下の信頼の闇──あなたの会社は大丈夫？」
　「熱心な参加を支える市民感覚をさぐる──定着 裁判員制度」
　「あの首相の一言が命取りに？──＊＊年参議院選挙を振り返って」
　順不同，中身はさまざまだが，日常ふと目にするような，こうした見出しに代表される多様な社会的な出来事や問題を理解し，解決の糸口について熟慮するために，本書では社会心理学の最新の知見を体系的に紹介したい。しかも，メディアでよくみられるような「一言で言うと」という形の解説にとどまらず，問題の社会心理学的な構図の全体像を見据え，類似のできごとに対しても応用的理解が可能な形で紹介することをめざしている。たとえば「なじみ」を感じる見出しは，どこかで類似のできごとにすでに出会っているというサインである。それらを社会心理学を通じて一貫して理解することで，無手勝流ではみえない視点から社会を見通す力をもつ，というのが，本書が読者に獲得していただきたい洞察力である。

社会心理学は20世紀後半に大きな発展を遂げた。心理学の一部でも社会学の一部でもない研究領域として広く注目を浴びている。その特色はまさに心理と社会の交わるところで，その研究領域の多様さの中で1つのまとまったアプローチをとろうとするところに生じている。

　社会心理学は，一方では個々の人間の認知過程・脳内過程と連動する精緻化された研究を多く生み出し，近年も脳科学や認知科学と幅広い接点をもつ。他方，「社会」「政治」「経済」「文化」「組織」といった社会科学の領域や，建築やライフライン分野を含む工学などの領域とも接点を広げ，さまざまな応用研究を発展させている。それは社会の広範な領域の「心理化」を大きく反映している。いまでは工学部の授業の中に認知社会心理学を講じる「認知工学」があり，医学部の授業の中で「ソーシャルサポート」が言及されるのも，何ら不思議ではない。また，社会心理学は，選挙の科学，法の心理学，マーケティング研究などの領域とは，より古くから親和性を持ち続けている。最近急速に発展しつつある「行動経済学」や「サービスサイエンス」にも近い。

　このように，心の中のメカニズムに関する精緻な研究と，幅広い社会志向的な人間の活躍領域につながる問題直面型の研究とが交わり，豊かな成果をもたらす領域，つまり黒潮と親潮の潮目のような海域こそが，社会心理学の占める位置である。

　従来は，これら多様な領域そのものの1つひとつを対象に章を組むテキストづくりがしばしば試みられてきた。しかし本書では，そうした個別の領域で邂逅する社会心理学的なテーマについて，複数の章にまたがって系統立てて検討することを目的とした。つまり，個別の問題に関する章を，たとえば「グローバリゼーションの問題」の章というように直接独立させてトピック的に扱うのではなく，序章でみていくように，より一般的な問題設定のもとに各章を執筆しつつ，それぞれで個別の社会的問題を考えるための社会心理学の概念を理解していただけるよう，試みた。ちなみにグローバリゼーションは5章，9章，10章，13章，18章，19章などが関連しており，個々の問題の側面に応じて関連する章を読むことで理解が進むと期待している。

　内容的には，本書はその厚みが示しているように，各章でかなり詳しい記述を試みた。各領域を専門とする4人の執筆陣が，入門的な知識からはじめて最新の問題関心まで広くカバーした。全体として一気に1冊読んで役立てていた

だくのはもとより歓迎であるが，ときに応じて，さまざまな社会問題に直面したときに振り返っていただけるような書物でもあるように試みた。筆者は最近，『読む救急箱』という本の題名に感心したことがあるが，本書もまた，読むことで社会の問題に対して社会心理学的なアプローチをふまえられるような「生きる力」の一部となれば，こんな幸せなことはない。

　ただし，社会心理学は批評や思弁とも，新聞的な時事解説とも異なる。ここでの研究のアプローチは一般的に，実験・調査・観察といった体系的な手法，理論仮説とその実証的検証という思考法を通じてなされる。こうした方法論を厳密に適用することで，社会心理学はその研究成果の一般性と妥当性を確保していることにも応分の注意を払っていただければと思う。それがこの学問の研究としてのウリであり，「潮目」を豊かにしうるゆえんでもある。本書はそのアプローチとともに語られる。

●●●

　過去を振り返れば，本書のスタートは 2006 年の夏であった。有斐閣編集部の中村さやかさんと櫻井堂雄さんの勧めによって，大学 4 年間を通じて使え，また社会人にとっても役立つ教科書を書こうという企画としてスタートした。それからほぼ 4 年でこのような形にできたのは，彼らの温かい励ましがあればこそ，である。数カ月に一度有斐閣編集部に集まって議論して内容を詰めていくとともに，メールでも 400 通近いやりとりをさせていただいた。内容的な示唆のみならず，読みやすさ，わかりやすさまで，最後の時点に至るまで大いにアドバイスをいただいたことを思い起こせば，本書は 6 人の協同作業にほかならない。記して感謝させていただきたい。

　　2010 年 7 月

著者を代表して　池 田 謙 一

著者紹介（執筆順）

池田謙一（いけだ けんいち） 〔序章，11〜15章〕
1978年，東京大学文学部社会心理学専修課程卒業
1982年，東京大学大学院社会学研究科社会心理学専門課程博士課程中途退学
1995年，博士（社会心理学）（東京大学）
東京大学大学院人文社会系研究科教授を経て，現在，同志社大学大学院社会学研究科教授
著作に，『コミュニケーション』（東京大学出版会，2000年），『政治のリアリティと社会心理』（木鐸社，2007年），*Social networks and Japanese democracy.*（共著，Routledge，2011年），『新版 社会のイメージの心理学』（サイエンス社，2013年），*The international encyclopedia of political communication.*（共編著，Wiley-Blackwell，2015年），『震災から見える情報メディアとネットワーク』（編著，東洋経済新報社，2015年），『「日本人」は変化しているのか』（編著，勁草書房，2018年），『日本とアジアの民主主義を測る――アジアンバロメータ調査と日本の21世紀』（編著，勁草書房，2021年），*Contemporary Japanese politics and anxiety over governance.*（単著，Routledge，2022年）など。

工藤恵理子（くどう えりこ） 〔1〜5章〕
1986年，東京大学文学部社会心理学専修課程卒業
1991年，東京大学大学院社会学研究科社会心理学専門課程博士課程単位取得満期退学
現在，東京女子大学現代教養学部教授
著作に，『自己心理学』（分担執筆，金子書房，2008年），『心理学をつかむ』（共著，有斐閣，2009年），『補訂新版 社会心理学研究入門』（分担執筆，東京大学出版会，2017年），『社会と感情』（分担執筆，北大路書房，2010年）など。

唐沢 穣（からさわ みのる） 〔6〜10章〕
1981年，京都大学文学部心理学専攻卒業
1986年，京都大学大学院文学研究科博士後期課程単位取得退学
1991年，カリフォルニア大学ロサンジェルス校心理学部大学院博士課程修了，Ph.D.
現在，名古屋大学大学院情報学研究科教授
著作に，『責任と法意識の人間科学』（共編著，勁草書房，2018年），『偏見や差別はなぜ起こる？――心理メカニズムの解明と現象の分析』（共編著，ちとせプレス，2018年）など。翻訳に，S. T. フィスク，S. E. テイラー著『社会的認知研究』（共編訳，北大路書房，2013年）。

村本由紀子（むらもと ゆきこ） 〔16〜19章〕
1988年，東京大学文学部社会心理学専修課程卒業
1999年，東京大学大学院人文社会系研究科社会文化研究専攻博士課程修了，博士（社会心理学）
現在，東京大学大学院人文社会系研究科教授
著作に，『社会と個人のダイナミクス』展望 現代の社会心理学 第3巻（共編著，誠信書房，2011年），*Asian psychology and Asian societies in the midst of change.*（共編著，Psychological Association of the Philippines，2017年）など。翻訳に，R. E. ニスベット著『木を見る西洋人 森を見る東洋人――思考の違いはいかにして生まれるか』（ダイヤモンド社，2004年）など。

目　次

　　はしがき　i

序章　人の心は社会とどうつながりあうのか　　1
　1　仕組みでなく，モノでなく　3
　2　「人間は社会的動物である」というヒント　4
　3　「考える葦」というヒント　5
　4　さまざまな制約とその中での能動性　6
　5　本書の構成　7

第Ⅰ部　社会的認知・自己と他者

第1章　人や社会をとらえる心の仕組み　　13
社会的認知：人，ものごと，できごとについての基礎的情報処理プロセス
　1　ものごとを客観的にとらえることの困難さ　●確証バイアス　15
　　　確証と反証（15）　血液型と性格に関係があるようにみえるのはなぜか（17）
　2　知識の貯蔵とその利用の仕組み　●情報処理の基盤　22
　　　知識の貯蔵と理解の枠組み（22）　知識や概念の活性化――プライミング効果（25）
　3　推論や判断の簡略化　●ヒューリスティック　32
　　　代表性ヒューリスティック（32）　利用可能性ヒューリスティック（34）　ヒューリスティックに基づく判断の意味（38）

第2章　感じたことの影響過程　　43
気分や感情や主観的感覚の影響とその利用
　1　情報処理や思考過程における気分の効果　45
　　　気分一致効果（46）　判断の手がかりとしての気分の利用（48）
　　　気分の制御に伴う気分一致効果の逆転（51）
　2　気分が情報処理スタイルに与える影響　53

　　　　説得情報の処理（54）　　ステレオタイプの使用（54）
3　判断の手がかりとして利用される主観的感覚　56
　　　　流暢性（56）　　検索容易性（57）
4　感情の適応的意味　60
　　　　怒り感情にみる感情の適応的役割（61）　　公正さを守る怒り感情（64）

第3章　心と行動をつなぐ非意識的・自動的過程　67
意識されない（できない）心の働きの目に見える影響

1　目に見える行為に影響する非意識的な過程　69
2　概念や表象の活性化に導かれる行動　70
　　　　行動表象の活性化と自動的な行動の生起（70）　　対比方向の効果（73）　　行動の自動性（76）
3　自動的な目標の採用と追求　76
　　　　重要他者（77）　　目標伝染（78）
4　非意識的模倣　80
　　　　模倣行動（80）　　模倣行動の影響（80）
5　意識の役割　82
　　　　再現性問題（84）

第4章　自　　己　87
"私"を作り上げる仕組み

1　自己概念　●知識としての自己　89
　　　　自己スキーマ（89）　　作業自己概念（91）　　関係における自己（91）
2　自己評価の維持　93
　　　　恣意的基準の採用（93）　　テッサーの自己評価維持モデル（94）　　自己価値確認（97）　　自己価値確認の効果（99）　　「現在の自己評価」の維持（100）　　自己評価維持がもたらすもの（104）
3　自己制御　●自分をコントロールする力　106
　　　　自己制御の重要性（106）　　制御資源と「筋肉」モデル（106）　　制御資源の枯渇と反社会的行動（107）　　制御資源の存在を巡る論争（108）
4　他者にみせる自己・みられる自己　109

自己呈示の内在化（109）　「他者による自分に対する推論」の推論（110）

第5章　他者に対する評価・判断・推論　　113
他者をみる目とはどのような目か

1. **人に関する2種類の情報とその利用**　114
   - ●カテゴリー情報としてのステレオタイプ使用
   - 2種類の情報と2つの処理過程（114）　ステレオタイプ（115）
2. **ステレオタイプのあてはめが起こりやすいとき**　116
   - ●ステレオタイプ適用を促進する条件
   - 行動情報があいまいなとき（116）　自己に脅威が与えられたとき（117）　認知資源とステレオタイプ（118）
3. **他者の内的な特徴の推論**　●属性推論　119
   - 対応推論理論（120）　共変モデルと因果スキーマ（121）　対応バイアス（123）
4. **他者の心的状態の推論**　126
   - 他者の心的状態の推論に用いられる2つの方略（126）　特定の状況にある他者の心的状態の推論（127）　ナイーブ・シニシズム（128）
5. **判断の修正可能性**　132
   - ステレオタイプの抑制とリバウンド効果（132）　修正の程度（133）　直接の修正ではないバイアスの是正方法（134）

第6章　態度と態度変化　　137
感じ考えたことが行動となって現れる

1. **態度とは何か**　139
   - 態度の定義（139）　態度の機能（140）
2. **態度形成の理論**　140
   - 学習理論（140）　認知的斉合性理論（141）　バランス理論（141）　客観的事実の正当化（142）　認知的不協和の規定要因（144）　行動が態度に影響する（145）
3. **説得と態度変化**　145
   - 説得メッセージの学習（145）　熟考と反論（146）　説得と情報処理過程（147）　ELMの実証例（148）　態度の二重過程モデル（149）　ELMとHSMの相違点（150）
4. **態度と社会行動**　151

意識的過程の影響（151）　非意識的過程の影響（153）　態度の活性化（155）　態度と行動に関する二重過程（156）

第Ⅱ部　社会関係から集団・ネットワークへ

第7章　対人関係　161
「人の間」と書いて人間と読む

1. **対人魅力の要因**　163
   親近性（163）　類似性（163）　返報性（165）　外見の魅力（165）　魅力と進化（165）
2. **対　人　関　係**　166
   交換関係と共同的関係（166）　交換関係の原理（167）　対人関係と認知過程（172）
3. **愛情と葛藤**　174
   愛情を構成する要因（174）　葛藤と破局（176）
4. **援助の関係**　179
   生物学的要因（179）　社会意識（179）　危機の意識と責任意識（180）　利他的動機か利己的動機か（180）

第8章　集団の中の個人　183
認知と行動に及ぼす集団の影響力

1. **社会心理学からみた「集団」**　184
2. **「行動する」集団**　186
   集団凝集性（186）　集団規範（187）　課題の遂行（188）
3. **集団の構造**　191
   集団内の地位（191）　役割（192）　コミュニケーション構造（192）
4. **「影響する」集団**　193
   集団への同調（193）　周囲も自分と同じ？（194）　少数者の影響と革新（195）　社会的勢力（196）
5. **「意識される」集団**　197
   まとまりの認知（197）　集団の責任（199）

第9章　集団間の関係　　　　　　　　　　　　　　　　201
ステレオタイプ，偏見，差別行動の原因と解決方法

1 集団間の心理過程　203
　　ステレオタイプ，偏見，差別（203）　　対立の起源（203）
2 認知過程とステレオタイプ　205
　　目立つ事例の影響（205）　　カテゴリー化（205）　　判断基準の使い分け（206）
3 集団所属意識がもたらすもの　208
　　社会的アイデンティティー（209）　　自己概念と集団（209）　　認知や行動への影響（211）　　原因の説明（211）　　望まれないアイデンティティー（212）
4 集団間の感情　214
　　感情の認知的評価（215）　　集団間情動理論（215）　　集合的罪悪感（216）
5 対立の解消　217
　　接触仮説（217）　　間接的接触（218）　　脱カテゴリー化（219）　　共通のアイデンティティー（221）

第10章　コミュニケーション　　　　　　　　　　　　　　223
伝えること，受けとめること，つながること

1 言語的コミュニケーション　225
　　コミュニケーションのルール（225）　　言語行動と対人関係（226）　　共通の基盤（227）
2 非言語的コミュニケーション　229
　　空間的距離（229）　　視線（229）　　顔の表情（229）　　ジェスチャー（230）　　近言語（231）
3 社会的関係とコミュニケーション　231
　　社会的地位と言語（231）　　隠す行為と見破る行為（232）
4 コミュニケーションと認知　232
　　伝達と認知の共有（232）　　印象を表す言葉（234）　　情報伝達の影響（235）　　わかりやすいことが伝わりやすい（236）
5 コミュニケーションとしての対人行動　237
　　予言の自己成就（237）　　地位関係の影響（239）

第11章 ソーシャル・ネットワーク　　243
人と人のつながりは何を生み出すか

1　ソーシャル・ネットワーク研究の発展　245
　●世界は狭く，あっという間につながる
　オピニオンリーダー（245）　イノベーション研究（247）　スモールワールド研究と弱い紐帯（250）　ネットワーク・バッテリーとスノーボール調査（252）

2　ネットワークの構造とネットワーク資源　253
　●ネットワークの「支え」「つて」「コネ」「ほだし」「仲介」
　ネットワークには資源が埋まっている（254）　強い紐帯のメリット・デメリット（255）　弱い紐帯のメリット・デメリット（256）

3　ネットワークの中で働く力　258
　●類は友をよぶが，人は同調するばかりではない
　類同性の原理とネットワークの同質性・異質性（258）　ネットワークの受動的な同調と能動的な利用（259）

第Ⅲ部　社会，組織，文化の中の個人

第12章 マスメディアとインターネット　　267
巨大にみえる影響力はどこまで実像か

1　マスメディアの効果をめぐる多様な視点　●ぶれる影響力の見解　269
　マスメディアの「限定効果」論（270）　議題設定効果（272）　教化効果（273）　プライミングとフレーミング（273）

2　送り手によって作られる情報環境と情報処理する受け手　275
　●制度化されたマスメディアは何をもたらすか
　情報環境（275）　情報処理する「受け手」（277）　制度的送り手と非制度的送り手（277）

3　対人的情報環境との交互作用　279
　●マスメディアの受け手は1人で情報を受け取るのではない

4　インターネット　●参加するメディアがもたらす新世界　282
　インターネットの効果研究のあり方（282）　インターネットがもたらした新しい情報処理課題（282）　人間の情報処理能力を拡張したか（284）　人間の社会的制約を拡張したか（285）

第13章　参加と信頼　　　　　　　　　　　　　　　　　291
社会を動かす

1. 社会参加と政治参加　●社会や政治に関わるとは　293
2. 社会参加の「メリット」　●社会関係資本研究とその批判　296
   2つの対照的なサークル（297）　社会関係資本論（298）　社会関係資本の「ダークサイド」（300）
3. 信頼および制度的な「仕組み」がもつ意味　301
   ●人が人を頼れる2つの形
   信頼と安心（302）　安心を支える仕組み（303）　信頼を支える仕組み（304）
4. 制度に対する信頼　●あなたは政府を信頼できますか　308

第14章　世論と社会過程　　　　　　　　　　　　　　　　313
社会の流れを読み，これに関わる

1. 世論に対する人々の認識　●世論は察知される　314
   世論の状態を知る手がかりとしての世論調査（314）　世論は熟考されていないといえるのか（316）　世論の定義（317）
2. 社会全体の動向や政治の動向についての認識　317
   ●世論察知のメカニズム
   ソシオトロピックな認識のもたらす力（318）　将来期待と業績評価（319）　政治のアクターとしろうと理論，政治的効力感（320）
3. 世論の情報過程　●世論をもたらす情報の流れと市民の情報処理　322
   認知的情報プロセスとしての世論（322）　知識問題としての世論（324）
4. 世論形成の社会過程　●世論のマクロなダイナミクス　327
   多数派形成の過程（327）　少数派は残存する（328）

第15章　消費者行動・環境行動　　　　　　　　　　　　　331
消費すること，環境に配慮すること

1. 社会的文脈の中に消費者行動・環境行動を位置づける　332
   ●エゴの許される行動とエコな行動との間
2. 消費の意思決定，マーケティング，ブランド　334
   ●商品の購買と利用をめぐる社会的プロセス
   消費者行動のヒューリスティック（335）　消費者行動のフレーミン

グ（337）　マーケティングの行動モデルとクチコミ（338）　ブランドと消費者行動（341）

3　環境行動と環境リスク　●環境への配慮と責任をめぐる社会的プロセス　342
環境リスクと社会問題（343）　環境リスクによるヒューリスティックな処理（345）　環境リスクと企業の社会的責任（346）　環境リスクと企業への信頼（347）

第16章　組織と個人のダイナミクス　351
組織行動論の展開

1　意思決定システムとしての組織　353
組織論の系譜と人間関係への着目（353）　限定合理性と組織（354）

2　「合議の知」への信頼とその限界　355
集団極化現象（355）　意見集約の過程で生じる極化（356）　集団思考の落とし穴（358）

3　個人と組織の関わり合い　359
組織コミットメントと心理的契約（359）　多重コミットメントがもたらす葛藤と倫理的問題（364）

4　組織の変革とリーダーシップ　365
根強いリーダーシップ2次元モデル（365）　変化する状況に対応するためのリーダーシップ（366）　組織変革とリーダーシップ論の新しい潮流（368）　「知識創造」による組織変革のプロセス（369）

第17章　集合行動とマイクロ＝マクロ過程　373
群れをなす人々

1　緊急時の集合行動　375
「パニック」をめぐる議論（375）　群集事故を誘発する構造的要因（377）　状況の再定義とその難しさ（380）

2　情報の伝播と普及のプロセス　381
流言（381）　情報のカスケード（雪崩現象）（382）　カスケードの生起条件（384）

3　集団と群集の連続性　386
集合体の類型論（386）　資源動員論による社会運動の分析（387）　群集における規範の創発（388）　社会的アイデンティティーに基づく集合行動（390）　集団と集合状態のあいまいな境界（392）

第18章　心の文化差　　　　　　　　　　　　　　　395
異文化間比較の視点

1　価値や信念の違いに表れた文化　　397
文化的価値の諸次元（397）　「個人主義・集団主義」をめぐる諸議論（399）

2　認知や思考のプロセスに埋め込まれた文化　　403
認知と思考の様式における文化差（403）　文化的自己観（405）　文化神経科学（408）

3　関係性の集積としての文化　　408
母子の関係性と文化（408）　文化内の関係性の多層構造（411）

4　社会システムとしての文化　　411
「集団主義」に関する進化ゲーム・アプローチ（411）　信頼社会と安心社会（415）

第19章　心と文化の相互構成　　　　　　　　　　　417
文化を生きる，文化を創る

1　文化的存在としての人間　　419
心と文化の相互構成的関係（419）　心と文化を結びつける原理（421）

2　子どもの発達と文化　　422
発達に関する心理・文化モデル（422）　育児をめぐる文化的慣習（423）

3　異文化との遭遇と共生　　426
異文化接触とアイデンティティー危機（426）　子どもの異文化接触と文化受容（428）

4　文化を生きる，文化を創る　　430
文化の生成と伝播のプロセス（430）　「名誉の文化」にみる文化の生態学的基盤とその維持（433）　社会生態学的アプローチ（434）　多文化共生時代における「心と文化」へのアプローチ（436）

引用文献　　439

事項索引　　470

人名索引　　480

◆ COLUMN

- COLUMN *1-1* 操作・カバーストーリーとデブリーフィング・倫理的配慮 20
- COLUMN *1-2* 反応時間を測定する意味とその測定方法 30
- COLUMN *1-3* 推論における動機や目標の影響とそれに対する無自覚さ 35
- COLUMN *1-4* 2つの情報処理過程 37
- COLUMN *2-1* 情動二要因理論 49
- COLUMN *2-2* 実験結果の読み方 60
- COLUMN *2-3* 多様な感情の研究 62
- COLUMN *3-1* 閾下プライミング 72
- COLUMN *3-2* 実験協力者の役割 79
- COLUMN *4-1* 将来の予測 96
- COLUMN *4-2* 自己という認識の危うさ 102
- COLUMN *5-1* 状況が考慮される場合──対応バイアスが生じないとき 130
- COLUMN *6-1* 潜在的態度の測定方法 154
- COLUMN *7-1* 手続き重視の心理と「公正さ」の判断 168
- COLUMN *7-2* ゲーム理論──相互依存関係を図式化する 170
- COLUMN *8-1* 「集団」の意味について 185
- COLUMN *8-2* 錯覚の中の集団規範 188
- COLUMN *9-1* 内集団ひいきが起こる「最小限の条件」とは 212
- COLUMN *9-2* ステレオタイプ脅威──自分の集団への偏見によって成績が上下する 216
- COLUMN *9-3* 少年キャンプでの葛藤実験 218
- COLUMN *10-1* ベビー・トーク 228
- COLUMN *10-2* 教室での「怖い話」 230
- COLUMN *11-1* オピニオンリーダーの尺度と採用者カテゴリー 248
- COLUMN *11-2* ネットワークのダイナミクス 260
- COLUMN *12-1* マスメディアの「利用と満足」研究 271
- COLUMN *12-2* ソーシャル・ネットワークとしてのインターネット 287
- COLUMN *13-1* 社会関係資本と垂直的人間関係の文化的考察 299
- COLUMN *13-2* 信頼の実験的研究 306
- COLUMN *14-1* 調　査 315

COLUMN *14-2*　日本人の意識変化の 45 年　321
COLUMN *15-1*　経 験 経 済　335
COLUMN *15-2*　リスク認知とリスク・コミュニケーション研究　348
COLUMN *16-1*　アイヒマン実験と模擬刑務所実験　362
COLUMN *17-1*　緊急時の群集行動とその制御　376
COLUMN *17-2*　フィールドワーク　391
COLUMN *18-1*　「文化を比較する」ことの難しさ　400
COLUMN *18-2*　自己高揚傾向の文化差についての説明　412
COLUMN *19-1*　日常の意思決定におけるセンス・メイキング　431
COLUMN *19-2*　アクション・リサーチ　434

本書について

- **本書の構成** 本書は，序章，第Ⅰ部〜第Ⅲ部の19章（CHAPTER）で構成されている。
- **各章の構成** それぞれの章は，導入文と複数の節（SECTION）で構成され，各章末に文献案内と課題をおいた。
- **SUMMARY** その章の要約文を，各章の扉の下部においた。
- **KEYWORD** それぞれの章に登場する特に重要な用語（キーワード）を，各章第1節の前に一覧にして掲げた。本文中ではキーワードを，最もよく説明している個所で青字（ゴシック体）にして示し，事項索引ではその用語と青字（ゴシック体）で示された頁を，同様に青字（ゴシック体）にして示した。
- **FIGURE** 本文内容の理解に役立つ図を，適宜挿入した。
- **TABLE** 本文内容の理解に役立つ表を，適宜挿入した。
- **COLUMN** 本文の内容と関係があり，さらに本文の理解を深めるのに役立つテーマを取り上げる39のコラムを，関連する個所に挿入した。
- **BOOK GUIDE** それぞれの章の内容についてさらに読み進めたい人のために，各章末に文献案内を設けた。
- **SEMINAR** それぞれの章の内容についてさらに考えたり理解度をたしかめられるように，各章末に課題を設けた。
- **引用文献** 執筆に際し，直接引用したり参考にしたりした文献を，巻末に一覧にして掲げた。日本語文献と外国語文献とを合わせて，著作者の姓名順（アルファベット順）に示した。

本文中では，著作者姓と刊行年のみを，（　）に入れて記した。

《例》（池田, 2008）
　　　池田謙一（2008）「信頼形成と安心」『環境安全』116, 3-5.
　　（Ikeda & Richey, 2005）
　　　Ikeda, K., & Richey, S. E.（2005）Japanese network capital: The impact of social networks on Japanese political participation. *Political Behavior*, 27, 239-260.

- **事項索引** 重要な用語が検索できるよう，巻末に事項索引を設けた。
- **人名索引** 歴史的人物や代表的研究者など登場人物を検索できるよう，巻末に人名索引を設けた。欧米人名については，原綴りを（　）に入れて示した。

※有斐閣 HP に訂正・補足情報等を随時 UP いたします。

本書のコピー，スキャン，デジタル化等の無断複製は著作権法上での例外を除き禁じられています。本書を代行業者等の第三者に依頼してスキャンやデジタル化することは，たとえ個人や家庭内での利用でも著作権法違反です。

序章 人の心は社会とどうつながりあうのか

社会を鳥瞰すると何がみえてくるのだろうか

INTRODUCTION

あなたは朝目覚める。うーんとうなって伸びをして，スマートフォンに手を伸ばし，SNSをチェックする。あるいはパソコンでインターネットにアクセスしてニュースやメールを見るかもしれない。テレビをつけることもあるかもしれない。一人暮らしでなければ家族と言葉を交わすだろうし，そうでなくとも仕事や学校に出かけ，同僚や友達に会い，会話する。ときにはニュースが話題になり，ときには周囲の友人や家族や同僚の話題になる。自分のことが話題になることだってある。みんなが関心をもってくれるからだ。

こんな形で，他者や社会とのつながりの中でごく平凡な1日のできごとが始まるのは，おなじみのことだろう。そんなあたりまえのできごとを系統立てて検討するのが，社会心理学である。それは，日々のできごとがどんな形で社会的に成り立っているのか，その中で人間はいったい何を知り，何を知らずに行動しているのか，誰とどのようにコミュニケーションをとり，何を通じて社会の情報に接触しているのか，一見ランダムにもみえる人々の社会的な行動のパターンの背後に隠されている安定した法則性を明らかにしようとする。しかもそれを徒手空拳でするのではなく，論理的に仮説を立て，系統立った実験や調査，ときには観察という手段を用い，データによって証拠立てようと試み続けている。

それがいったい何の役に立つのかと，いぶかる読者もいるだろう。

たしかに社会心理学は，社会の仕組みやモノを作り出す営みに，直接関わるわけではないようにみえるかもしれない。法律を作ったり，紛争を解決する交渉の仕組みを調整したり，あるいはモノを作って人々の生活を豊かにしたり，モノの流通の仕組みを作ったりすること自体が，社会心理学の課題というわけではないからである。また，月に人を送ったり，国際宇宙ステーション（ISS）で活躍する宇宙飛行士を格別サポートもしなければ，ハッブル望遠鏡を利用して宇宙の謎に挑むわけでもない。あらかじめお断りすれば，お金を生み出すわけでもない。直接的にはそうである。

しかし，そうした人間の営みのほとんどすべてにおいて，人と人の間にコミュニケーションが発生しており，他者が理解できなかったり，うまく意思が統一できなかったり，よい意思決定を行えなかったり，対立したり，感情的にエキサイトしたり，対人的な悩みが解決しきれなくなったり，大勢に流されてしまったり，といったことが無数に起きる。そうした一方で，人と人がつながる

素晴らしさ，みんなで何ごとかを達成する喜びも，日々感じられることではある。どちらも私たちの日常の心象風景の多くを占める。社会心理学が対象とするのは，人間社会の中の，こうした非仕組み的，非モノ的な側面である。つまりモノや制度に囲まれて生じている人間の心の動きを対象にする。その心の動きの中であなたは毎日を過ごしている，こうした現象が社会心理学研究の対象なのである。

仕組みでなく，モノでなく

　言い方を少し変えれば，社会心理学がめざすのは，人間社会の中で起きている，人と人，あるいは集団や団体や社会と個人といった組み合わせの中で，そこにどんな法則性があるのか，どんな形で問題が生じるのか，あるいは「合理性」ということを考えたときに何か不都合なことは起きていないか，こうしたことを根気よく明らかにすることである。それは法律や商品，あるいは公共的な建築物や交通機関のように，形となって残るものではない。そうではなくて，人々の心の動きという見えないものを相手にする。そしてその見えないものの中で，不合理な決定をしたり，行き場のない怒りをぶつけたり，不条理な差別に悩む，といったようなことがらの背景にある心理的な構造を明らかにし，さらにそれらを解いていける糸口を発見したいのである。

　社会心理学はこうしたことを通じて，社会的動物としての人間世界を鳥瞰して理解可能にしようと挑む。一般的にいって，ものごとの謎を解いたり解決したりするスタートは，対象とするものの鳥瞰的な構図を得ることに発するのだから，つまりは鳥の目で全体の構造と動きを見ることから始めるのであるから，社会心理学は社会の中の人々の心の構図を鳥瞰的に獲得することによって，そこで生じる問題解決のスタート台に人類が立てるように視野を確保する試みだといえるだろう。

　こうしたテーマのゆえに，社会心理学は単に大学の1つの専門科目というだけではなく，社会生活を送るすべての人々に関心をもっていただきたい内容をもっている。大学生ならもちろん，社会人や多くの分野の研究者の方々にも読んでいただき，自分のかかえる問題がここにある，それを解決するヒントがそ

こに見える，といった構成となるよう，この本では努力を重ねた。

「人間は社会的動物である」というヒント

　さて，前頁に「社会的動物」と書いたことに気がつかれただろうか。
　「人間は社会的動物である」とは古代ギリシャのアリストテレスの言葉である（『国家』）。平凡な1日の始まりにも，そうした社会性の「かけら」を無数に見いだせるのは，先ほどみたとおりである。人間の営みがどれだけ広がりをもっているのか，確認しておこう。
　人は社会の中で生活することで，ときに自分とは何か，自分らしさはどこにあるかを求める。またそうした中で喜びや悲しみを感じ，そして自分の気持ちを伝えることを覚える。対人関係もそこから生じ，コミュニケーションを通じて発展する。人間の集団ということを考えるならば，自分も含めて複数の人々が1つの集団を作り，そこに交流のネットワークができる。そうした集団は仲間や家族といった，公式の構造のない集団かもしれないし，会社や学校，あるいはボランティア組織のようななんらかの役割が公式に決まっている集団かもしれない。そのどちらの集団にも人はアイデンティティを感じることがあり，自分はそこの一員だと実感し，その集団のためにさまざまな行動をとることもあるだろう。あるいは役割を離れて仲良しのグループを形作ることもあるだろう。大学や会社やSNSで知り合った同じ趣味の仲間，というように。
　互いが見えるほどの集団を越える規模の人の集まりもある。大きな会社や学校はその一端だが，さらに地域社会や日本社会，よりグローバルな地球世界の人々の集まりも，やはり社会の1つの形である。
　さらに，「人間は社会的動物である」ということの元の言葉は，より正確には「人はポリス的な動物である」と表現されていた。この「ポリス」とは古代ギリシャに特徴的な都市国家を指すことはいうまでもない。だから「社会的動物」の意味は，小さな日常世界を指しているというよりは，もう少し複雑で，それ自体が自律的な1つの世界としてまとまる社会を指していたようである。そうした社会の中で，人々はリーダーを選び，人と人の間の問題について話し合ったり解決を試み，ときにはなんらかの決断をする。さらに経済活動を行い，

外部世界と交易し,交渉し,ときには戦争をしてきた。アテナイとスパルタに象徴されるように,都市国家同士は文化が異なり,それが集団間の摩擦となって紛争につながることもあった。しかし彼らは同時に,古代オリンピックを協同的に開催することも忘れてはいなかった。

社会心理学が研究の対象にするのは,いままで述べてきたすべてを含む。

こう書くと,いかにも自己肥大の問題をかかえた人のような響きがあるが,実際,その「肥大」した対象の全体の構図を検討しようというのが社会心理学である。これらは社会心理学がやらなければ,他の学問が挑むべき対象でもあるだろう。社会心理学なしでもこれらの問題や領域が存在するのは誰にも否定できないからである。それでも他の学問ではなくて社会心理学だからできることがある,というところを私たちは見せたいと考えている。

「考える葦」というヒント

本書を始めるにあたって,もう1つ偉大な言葉を思い出そう。「人間は,自然のうちで最も弱い一茎の葦(あし)にすぎない。だがそれは考える葦である」というパスカルの言葉である(『パンセ』断章347)。考えることの中にこそ人間の尊厳がある,という意味でよく知られた言葉だが,社会心理学の中では少し違って響く。

「人間とは考える葦である」ということは,人間の考え方,つまり思考の特徴が人間の行動を左右している,ということでもある。言い方を換えると,人が思考する機能的な構造(思考のモジュール)の中にこそ「考える葦」の特徴があるのであって,その構造という器を越えて,何か違うことができるわけではない,ということである。現代的にいえば,人間の認識の基礎的な情報処理プロセスの限定性の中で,私たちは社会的動物なのである。

では「考える葦」の限定性とは何だろうか。たとえば,人間は同時に10個の事象を独立して記憶上に保持することはできず,ものごとを判断するにもヒューリスティックという簡便的な判断の枠組みを使う強い傾向がある。感情はときに合理的な判断を助けるが,ときに判断に強く関わりすぎることもある。これらは思考の機能の限定性である。また考えたことを他者と共有しようとす

序章 人の心は社会とどうつながりあうのか

るとき，コミュニケーションという手段は，実はいささか頼りない。人がコミュニケートする速度は思考そのものよりもはるかに遅く，また言葉に頼る中で，誤解はつきものである。感情も同様で，気持ちのすれ違いや誤認は異常なできごとであるというよりは，日常茶飯事にすぎない。ポップな音楽の詞の中にもそういった感情があふれ出しているのには容易に気づくことができる。気持ちが通じないこと，やっと通じたこと，微妙なすれ違い，そうしたことが私たちの生きている心のどきどきとするような生温かさを思い起こさせる。これらはすべてコミュニケーションに限界があり，制約があるがゆえに生じている。

さまざまな制約とその中での能動性

　こうしたことに思い至るとき，人間は社会的動物であると同時にいくつもの「制約」を背負って懸命に生きていることがわかるだろう。思考する機能やコミュニケーションのもつ制約はいま述べたとおりだが，さらにコミュニケーションが構成するネットワーク，集団や社会，制度，文化がもたらす大きな制約も存在している。対人関係で肝心なことが自分の耳には届かない，というのは，私たちのコミュニケーションのネットワークの形状が「肝心なこと」があなたに届く形になっていないことを意味している。また集団に入れば，集団の中で通用する暗黙のルールがあることは，誰でも多かれ少なかれ意識しているだろう。言ってはいけないこと，やってはいけないこと，という規範からは，どんなに開放的な集団でも逃れられるわけではない。あなたの言動やふるまいは集団に制約されているのである。社会の制度は，法律や経済の仕組みなどというがっちりして「さわれる」ようなものだけではなく，文化や文明レベルでもあなたの行動を制約する。法律で禁じられているから，取引の仕組みがそうなっているからといった理由で，行動が制約されているだけでなく，そんなことをしては恥ずかしいという文化的な制約もある。あるいは目上を敬え，などといった文化的な制約によって，それを実行できない人々に暗黙の制裁を与えるような仕組みさえ，社会にはふつうに存在している。

　人間はこうした，情報処理的な能力の制約，ソーシャル・ネットワークや社会・文化のさまざまな制度的な制約の中で行動し，暮らしている。

息苦しいだろうか。

そんなことはない。たいていの人はそんなことは感じずにすんでいる。

そうである1つの理由は「考える葦」のおかげである。人は自分の力で考える能動性をもっている。その能動性は，ここで挙げたすべての制約を背負いながらも，なおかつ自分で判断して，自分の生きたい方向や自分の好む選択肢を進んで意思決定していけるだけの力をあなたに与えている。もう1つの理由は，人間はあくまで社会的動物であり，ときには共同して社会的な制約にまで挑む存在だ，ということである。孤独には生まれついていない。さまざまな制約の中で，人はそれに苦しみ抜いて孤独に生きるのではなくて，互いに助け合い連帯し，ときには制度を変えたり，コミュニケーションのネットワークを新たに築いたり，新しいコミュニケーション手段を工学的に開発したりすることで制約に挑戦し，適応していく存在である。社会は人間の行動や思考を制約する一方で，人々が互いに慈しみ，愛し合い，そして再構築していく環境でもある。

このようなことを鳥瞰的に構造化して私たちの生きる社会的な空間の動態を見通すのが，社会心理学である。次にこの本の全体の構図を説明しておこう。

 ## 本書の構成

本書は3部構成になっている。

第Ⅰ部である「社会的認知・自己と他者」では，考える葦の情報処理の構造についてみていく。対象は社会心理学なので，「社会的認知」とよばれるように人間の情報処理の対象を「人」や「社会」に限定する。

第1章「人や社会をとらえる心の仕組み」は，社会的認知の基礎的情報処理プロセスをとりあげる。特に情報処理的な能力の制約やそのために備わったともいえる認知過程の特徴について述べる。

第2章「感じたことの影響過程」では，感情に関わる情報処理が私たちの判断に何をもたらすかを検討し，またそのことが人間の社会的適応にどんな意味をもつかをみていく。

第3章「心と行動をつなぐ非意識的・自動的過程」は，こうした認識の仕組みが，人が自分では「気がつかない」「意識できない」プロセスを大きく含む

だけでなく，そこには行動を導くプロセスの自動性とよぶべき事象が生じていることを指摘する。

　第4章「自己」では，社会的認知の仕組みの上に自己が成り立っており，"私"というものがどのように構成され，維持されているかを吟味する。さらには自己のダイナミックな側面ともいえる自己の制御，他者との関係における自己の問題をとりあげる。

　第5章「他者に対する評価・判断・推論」では自己から一転して，他者に対する認知や推論を分析し，そこで生じるバイアスとその修正可能性について議論する。

　第6章「態度と態度変化」は社会的な対象に対する態度の形成と機能をどう検討するかが論じられる。人間は感じたり考えたりしたことを，あるときはストレートに行動に表すことがあるかと思えば，またあるときは心にもない言動に出たりする，良くいえば葦のような柔軟性を示すのが人間であるが，そうした心の内面と，表に出てくる行動との関係について，何が明らかになっているのかをみていく。

　第Ⅱ部「社会関係から集団・ネットワークへ」では，社会的認知を越えて，社会的に具体的な対人関係性と制約の中で人がどのようにふるまうかを精査していく。人が生活する日常の舞台の多くは集団になっている。またコミュニケーションやネットワークは集団生活を内側から支える血脈にもたとえられるだろう。

　第7章では「対人関係」について考える。他の人を好きになったり嫌いになったりする過程や，他人と競争したり協力し合いながら関係を保っていく過程を支える心理的メカニズムとその要因を検討する。

　第8章「集団の中の個人」では集団が登場する。集団の成員は，所属する集団からさまざまな影響を受け，また集団に影響を与えもする。あるいは，集団を構成する1人ひとりの性質を合わせただけではない固有の性質をもった存在として，集団がふるまうようにみえることもある。集団のこうした性質をみていくのである。

　そして第9章「集団間の関係」では，複数の集団の間の関係へと議論が進められる。世の中を，自分を中心に「うち」と「そと」に分ける心理的メカニズ

ムとはどのようなものか,その結果生まれる偏見や対立にはどのような特徴があるのか,そしてそれらを解消することは可能なのかといった問いへの解答を試みる。

第10章「コミュニケーション」は,言語とコミュニケーションを対象にする。いうまでもなく,人類は言語とコミュニケーションを発達させることで,社会的動物として高度な進化を遂げてきた。その基本的な仕組みを述べる。また,コミュニケーションが単に情報伝達の手段としての役割をもつだけでなく,人間の認知や行動を形作る作用もすることを学ぶ。

第11章「ソーシャル・ネットワーク」は,コミュニケーションを中心として人と人がつながるソーシャル・ネットワークのメカニズムを検討していく。ネットワークの中で個人が占める位置によって手に届く社会的な資源が異なる一方で,ネットワークを通して人々は社会の変化に関わっていくのである。

第Ⅲ部「社会,組織,文化の中の個人」では,人がさまざまな社会的・文化的な制度の中で生きていることを対象とする。制度は人々が生きることをサポートすると同時に行動を水路づけるような制約でもある。またその中で,人は能動的に社会を変えたり構築し,文化を創る。また,大きな組織や社会の中で,人は未知の他者と出会い,互いに社会の一員として参加していくプロセスがある。それはどのようにして可能なのだろうか。制約がどのように人々の行動の壁となっているかまで含めてみていくことが,ここでは重要である。

まず第12章「マスメディアとインターネット」において,大きな社会でのコミュニケーション構造を支えるマスメディアとインターネットから始める。マスメディアは長らく私たちの情報環境の主要な構成者だったが,それを私たちはどう用い,またどんな形で影響されているのかを点検したうえで,インターネットの出現が何を変えたのか,考察する。

続いて,社会・文化・組織といった制度との接触面(インターフェイス)について逐一検討していく。未知の人々の混じる世界との接触のインターフェイスを扱うのは第13章「参加と信頼」である。人が社会を動かすには,日常の生活を越えて社会全体に対して働きかける参加行動が不可欠である。その一方で,他者を信頼できず,異質な他者に寛容になれない社会には,人はうまく関わっていくことはできないだろう。どんな社会心理的な仕組みが信頼や寛容さを高

めるのかについても分析する。

　第14章「世論と社会過程」は，参加の結果として世論が形成され，政治世界とのインターフェイスで，制度を形成・変化させたり，政権を交代させたり，というプロセスが進んでいくとき，私たちは世論をどのように認識することができ，どうそれを評価しているのか，そこに焦点をあてる。

　モノの世界とのインターフェイスとしては，第15章「消費者行動・環境行動」で検討する。ここではモノの消費や産業活動がもたらす環境の悪化に対する行動も同時に扱う。それらの行動がどのような社会の認識と関わり私たちの判断に用いられているのか，消費者行動と環境行動の落差は何か，みていくのである。

　第16章「組織と個人のダイナミクス」では，社会的構成物としての組織とのインターフェイスを検討する。人は組織にどう接触し，その中でどう行動するのか，人は組織をどう作り替えていけるのか，というテーマである。第17章は「集合行動とマイクロ＝マクロ過程」と題して，人が集団や組織を作り上げる以前の状態の人間行動を扱うと同時に，そうした中から集団がどう生まれるのかをみていくことで，社会の生成のあり方を考察する。

　最後に文化に関して2つの章で検討する。第18章「心の文化差」は社会と文化のインターフェイスを検討することで文化差とは何かに迫り，第19章「心と文化の相互構成」では多文化共生をにらみつつ，異文化との接触のインターフェイスを検討するのである。

　このように社会心理学の海は，アーチペラゴ（多島海：冒頭の写真参照）にさえも感じられる。多様さに恵まれた海である。そこへ漕ぎ出したときに何が見えるか，私たちにどんな働きかけが可能か，楽しみに先へ先へと読み進めていただきたい。順風に恵まれますように。

第 I 部

社会的認知・自己と他者

第 1 章 人や社会をとらえる心の仕組み

社会的認知：人，ものごと，できごとについての基礎的情報処理プロセス

喜国雅彦『天国の悪戯』第 8 章「型」（2000 年，扶桑社）

CHAPTER 1

- KEYWORD
- FIGURE
- TABLE
- COLUMN
- BOOK GUIDE
- SEMINAR

SUMMARY

私たちは日々の中でさまざまなことを推論し，判断しながら生活している。しかし，その推論過程は，必ずしも合理的なものでなく，つねに正解を導くことができるような公式に基づくものではない。しかし，私たちは日常，時間や情報が不足しているなど，多くの制約のもとでものごとを推論し，判断しているにもかかわらず，つねに 100 点満点というわけではないが，ある範囲では適切な推論と判断ができる。本章では，そういった推論や判断の基礎的過程をとりあげる。また，推論や判断の基盤となる知識の貯蔵のされ方や，その利用の過程についても解説する。

KEYWORD

確証バイアス　肯定的検証方略　リンク　ノード　活性化　連合ネットワークモデル　スキーマ　カテゴリー化　ステレオタイプ　プライミング　プライム　プライム刺激　プライミング効果　接近可能性　反応時間（反応潜時）　同化　対比　ヒューリスティック　代表性ヒューリスティック　利用可能性ヒューリスティック　進化心理学　再認ヒューリスティック

　朝のワイドショーで血液型ごとにその日の運勢を占うコーナーがあったり，血液型ごとの自己啓発書（『B型自分の説明書』など）がベストセラーになるように，特定の血液型と特定の性格を結びつける「血液型性格関連説」は，一般に広く浸透している。あなたの周りでも，「○○さんと××さんは，A型だから，やっぱり几帳面なのね」とか，「うちのサークルでいつも遅刻してくるのは，B型の人ばっかりなんだ」というように，「血液型性格関連説」に合致する事例が話題に上ることがあるのではないだろうか。

　もちろん血液型の違いによって人々の性格が異なるわけではない。それにもかかわらず，血液型と人の性格の間には何か関係があるようだと思っている人は少なからずいる。本当は関係がないにもかかわらず，なぜ多くの人は関係があると判断してしまうのだろうか。この奇妙な現象は，私たちが日常行っている多様な推論や判断の過程に，実はさまざまなバイアス（偏りや歪み）があることと深く関係している。

　人の推論，判断のメカニズムはきわめて優れたもので，そのおかげで私たちは不自由なく日常の活動を行うことができる。しかし，私たちの推論や判断の過程は，つねに最善を尽くして正解を導こうとして機能しているわけではない。また，私たちの思考過程にはさまざまな制約がある。そのために，多くのバイアスが生じてしまうのだが，残念なことに自分の推論や判断にバイアスがかかっていることに気づくことは難しい。

　本章ではまず，私たちの推論過程の特徴をとらえるために，そこに現れるバイアスやエラーに着目する。だが後述するように，このバイアスやエラーは単なる誤りではなく，私たち人間の認知や推論メカニズムを理解するうえで重要な意味をもつことを最初に断っておきたい。

ものごとを客観的にとらえることの困難さ

確証バイアス

「○○さんと××さんはA型だからやっぱり几帳面だ」と言うとき，私たちは「A型の人は几帳面だ」という命題が，それに合致する事例をみつけることによって正しいと証明されたような気持ちになりやすい。自分の考えに合致する事例に出会うと，私たちは自分の考えが正しいことを強力に支持する証拠を得たように感じてしまいやすい。「自分の考えに合致する事例がある」ということだけでは，自分の考えが正しいことを示す証拠としては十分ではないのにである。このように自分の考えや推測が正しいかどうかを確かめようとするときに私たちが陥りやすい誤りが確証バイアス（confirmation bias）である。まずはこの確証バイアスを通して，私たちの認知メカニズムの特徴をみていきたい。

確証と反証

自分の考えや予想が正しいかどうかわからないとき，それを判断するために情報を求めることがある。正しく必要な情報を得て，その評価が妥当であれば適切な判断ができるはずだが，必ずしもそううまくはいかない。もちろん現実には必要な情報が得られないという問題も頻繁に生じるが，たとえ，必要な情報をすべて入手することが可能だったとしても，私たちは適切に情報を得て吟味することが不得手である。

たとえば，このような例を考えてみてほしい。ある大学のA教授は学期中に何度か抜き打ちで小テストをする。学生たちの間では，A教授は熱烈なプロ野球の巨人ファンなので，巨人が負けた翌日に（その腹いせに）テストをしているのではないかという噂がある。そこで，ある学生が前年度の受講生に小テストがあった日を聞き出し，その前日の巨人戦の勝敗を調べたところ，たしかに小テストがあった日の前日はいつも巨人は負けていた。このことからA教授は巨人が負けた日の翌日にテストをしているという噂は正しいといえるだろうか（もちろん，教授が腹いせにテストをしているかどうかの真偽はわからない）。

「巨人が負けるとA教授がテストをする」のように「Xが起これば Y も起こる」という関係を共変関係とよぶ。ある2つの事象（XとY）の間に完全な

第1章 人や社会をとらえる心の仕組み　15

TABLE 表1-1 ● テストと巨人の勝敗の共変関係

(A)「巨人が負けるとA教授がテストをする」という共変関係が成立している場合（テストがあった前日は巨人は負けていて，かつ前日に巨人が勝ってテストがあったことはない）

		前夜の巨人の戦績	
		負	勝
テスト	あった	5	0
	なかった	0	10

(B)「巨人が負けるとA教授がテストをする」という共変関係が成立していない場合（テストがあった前日は巨人は負けているが，負けてもテストがない日がある）

		前夜の巨人の戦績	
		負	勝
テスト	あった	5	0
	なかった	2	8

　共変関係があるかどうかを判断するためには，Xが生起すれば，Yが生起し，Xが生起しない場合はYも生起しないことを確認する必要がある（表1-1(A)のようなパターンになる）。巨人が負けた翌日にA教授がテストをしたという情報は，両者の間に共変関係があることを確証する情報であり，確証情報とよばれる。一方，巨人が負けた日の翌日にA教授がテストをしなかったという情報は，両者の共変関係を覆す情報であり，反証情報とよばれる。XとYの間に共変関係があるかどうかを判断する際には，この反証情報がないことを確かめなくてはならない。つまり，前年度にテストがあった日の前日には巨人はいつも負けていたとしても，表1-1(B)のように，巨人が負けてもA教授がテストをしない日があるのであれば，「巨人が負けるとA教授がテストをする」という噂は正しくないことになる。しかし，私たちは，XとYとがともに生起している条件，つまり，「巨人が負けて，次の日にA教授がテストをしているケース」に焦点をあて，判断を下しがちである。つまり，真偽を確かめようとする命題を確証（肯定）する情報に注目し，反証（否定）する情報に注目しないという傾向があり，このような傾向を確証バイアスとよぶ。

　この確証バイアスという名称は単独のバイアスというよりは，さまざまなレベルでのバイアスを包含する名称として用いられることが多い。そこには，自分の考えや，検証しようとしている仮説を確証する情報に注目する傾向，確証する情報を探索する傾向，確証する情報を重要視する傾向などが含まれる。

> 血液型と性格に関係があるようにみえるのはなぜか

血液型と人の性格になんらかの関係があるとする言説は巷に溢れており，特に求められなくても，自己紹介のときに出身地や趣味を言うように自分の血液型を言う人も多い。ところが，血液型と人の性格に（少なくともいま現在流布しているような形での）関係があることを証明する信頼できる科学的証拠は存在しない。実際に血液型ごとの性格を調べた社会調査の結果も，血液型ごとに人々の性格が異なってはいないことを示している（松井，1991；縄田，2014）。では，実際には，ある血液型の人に共通する性格が存在しないにもかかわらず，ある血液型の人たちに共通する性格の特徴があると，多くの人が実感をもって認識しているのはなぜなのだろうか。以下ではそのような奇妙な認識が形成されるメカニズムを記憶過程，仮説検証過程，解釈過程に分けて検討する。

(1) **記憶過程**　私たちは自分の見たことや聞いたことすべてを記憶できるわけではない。当然，他者の行動や発言についても，記憶に残るものとそうではないものがある。どういったものが記憶に残りやすいのかということを調べた興味深い研究がある。その研究では，実験参加者に，ある女性が彼女の誕生日を夫と自宅で祝っているところを撮影したビデオを見せ，その後でビデオに映っていたものについて記憶テストをした（Cohen, 1981）。実験参加者はビデオを見る前にその女性の職業を教えられたが，半数の参加者は「図書館司書」であると教えられ，残りの参加者は「ウェイトレス」であると教えられた。ビデオの中には図書館司書のイメージに合致したもの（本棚，ピアノを弾くなど）とウェイトレスのイメージに合致したもの（ビールを飲んでいる，テレビがついているなど）が半数ずつ映っていた。ビデオを見た後で実験参加者は，ビデオに映っていたものと実際には映っていなかったもののリストから，本当に映っていたものを答えるように求められた。すると，ビデオにあったものの中では教えられた女性の職業のイメージに合致しているものをよく思い出し，職業イメージに合致しているが実際にはビデオには映っていなかったものを映っていたと誤って答える傾向が認められた。つまり，その人に対していだいたイメージに一致したものをよく覚えていたのである。

血液型と性格の関係の認識の問題にこの研究をあてはめると，ある人物の血液型を知ると，その人の行動や発言の中で，その人の血液型の特徴とされるこ

とに一致している特徴がよく記憶されやすく，実際にはその人はそういう行動はしていなくても，その血液型の特徴に一致したことをしたように思えてしまうことがあると考えられる。

(2) **仮説検証過程**　　たとえばお見合いや合コンの席で，目の前の魅力的な女性が家庭的かどうかを知りたい男性は，どのような質問をするだろうか。もし，「料理は好きですか」と尋ねたら，その女性が家庭的かどうかがわかるのだろうか。

　仮説検証（hypothesis testing）の研究では，初対面の人の性格が「外向的かどうか」を判断するよう実験参加者に求めた場合，「外向的か内向的か」を判断するよう求めた場合に比べて，確証的な回答が得られやすい質問がなされやすいことが示されている。たとえば，ズッカーマンらの研究では，参加者は質問者か回答者の役になり，質問者は回答者の性格を判断するためにいくつかの質問をするよう求められた（Zuckerman et al., 1995；この研究では以下に述べる条件に加えもう1つ別の条件があったが，ここでは説明の簡略化のために省略している）。このとき，回答者が「外向的かどうか」判断するよう求められた場合（外向仮説条件）と回答者が「内向的かどうか」判断するよう求められた場合があった（内向仮説条件）。外向仮説条件では，「あなたは社交的ですか」といったような外向的な人が内向的な人に比べて肯定する可能性が高い質問がされやすく，内向仮説条件では，逆に「あなたは1人でいるのが好きですか」といった質問がされやすかった。つまり，ある仮説を確かめようとしたときに人がする質問は，その仮説が正しければ肯定的な回答が返ってくるような質問であり，このような形の仮説検証の方略（やり方・方法）を肯定的検証方略とよぶ（positive test strategy）。

　もし，外向的な人が「あなたは社交的ですか」の問いに必ず肯定的に回答し，内向的な人は必ず否定するのであれば，肯定的検証方略に問題はない。しかし，このような質問をされると，回答者は自分の中の社交的な部分を探してしまうため，肯定的回答をしがちになる。なぜなら，さまざまな性格的特徴について人はある程度あてはまる部分をもっているので，あてはまる要素を自分の中に探せば，そういった要素をみつける可能性が高いからである。実際，さまざまな性格特徴を対立するペアの形で示し（例：内向―外向），どちらが自分にあてはまるか，あるいは両方があてはまるかを尋ねた研究では，両方あてはまると

いう回答が多く出ることが示されている（Sande et al., 1988）。このため質問者の肯定的検証方略は，回答者の肯定的回答を導きやすく，両者が重なることで当初の仮説が誤って確証されてしまう可能性が高まることになる。

血液型と性格の関係にあてはめると，初対面の人の血液型を知ったとき，その人がその血液型の特徴（と想定されている性格特徴）を有しているかどうかを確かめようとして肯定的検証方略がとられた場合，その仮説は肯定される可能性が高いことになる。たとえば，ある人の血液型が A 型だと知って，その人に「神経質なところがありますか」と尋ねれば，肯定的な答えが返ってきてしまう可能性が高いのである。この場合，仮説（A 型の人は神経質である）が支持されたことにはならないのだが，質問をした人は，相手を A 型の特徴どおりの性格の人だと思ってしまいやすいことになる。

(3) **解釈過程**　次に，判断の対象となる人のことを十分に観察し，さまざまな情報が入手可能な場合を考えてみたい。そのような場合は，入手された情報を適切に吟味し，それらを総合的にみて正しく判断することができるのだろうか。

残念ながら判断の対象となる人物をみるときに，すでになんらかの仮説（たとえば，「おそらく内向的な人だろう」）があった場合には，その仮説によって観察される人物の行動の解釈が影響を受けることが示されている。ケリーの研究では，大学の講義を利用して事前に与えられた情報が人の印象に与える効果が検討された（Kelley, 1950）。実験が行われた講義では，担当の教員が事情によりその日の授業ができないので，代行の講師が授業を行うと説明された。そして，講義の受講生にはその講師の簡単なプロフィール（履歴，趣味や人柄など）が配られた。受講生にはそうとはわからないように，2 種類のプロフィール用紙が配られ，受講生はそのどちらかを受け取った。片方のプロフィールには講師の性格は「温かい」と，そして他方には「冷たい」と書かれていた（それ以外の記述はすべて同一であった）。

講義が終了した後，受講生は講師の印象を回答した。すると，「温かい」と書かれたプロフィールを受け取った受講生のほうが「冷たい」と書かれたプロフィールを受け取った受講生に比べて講師を好ましく評定していた。同じ人物から同じ講義を受けたにもかかわらず，事前に知らされた情報によって印象が大きく異なってしまったのである。これは事前に知らされた情報によって形成

> **COLUMN** **1-1 操作・カバーストーリーとデブリーフィング・倫理的配慮**

　社会心理学には多様な実証研究の手法があるが，最も多く用いられている手法は，実験と調査であろう。まず，ここでは実験という研究法の基礎である，**操作**とそれに関わることがらについて説明する。

　他の手法と比較した場合の実験という手法の最大の特徴は，因果関係を検討することを目的としている点である（調査研究においても因果関係を検討することはできるが，それは特別な手法を用いた場合に限られる）。たとえば，要因 X が Y という現象の原因となっているという仮説を検討する場合，実験では，要因 X がある場合とない場合を設定し，Y の生起を調べることになる。要因 X があるときには Y の生起が促進，ないしは強められ，ないときには Y の生起が弱められるとすれば，X は Y が生起する原因（の１つ）であると考えることができる。このように実験計画の中で原因と目される要因 X を**独立変数**とよび，結果が生じるかどうかを観察する対象となる変数 Y を**従属変数**とよぶ。そして，原因がある場合とない場合（あるいは原因の働きを強めた／弱めた場合）を設定することを指して「操作」とよぶ。独立変数を操作し，従属変数を測定することが実験の基本的枠組みである。

　社会心理学の実験では，実験参加者（実験に参加し，データを提供してくれる人，単に参加者と記述される場合もある）に最初から真の目的を説明できないことが多い。たとえば，本章19頁に挙げたケリーの実験では，実験参加者に，「温かい」か「冷たい」かという事前に与えられた情報の違いが，最終的に形成される印象に大きく影響することを検討するという研究目的を事前に説明することはできない。また，実験参加者に「温かい」という情報を与えられた人と，「冷たい」という情報を与えられた人がいることを説明することもできない。その説明によって，実験参加者の反応は通常とは異なったものとなっ

された予期（「温かい人だろう／冷たい人だろう」という予想）を確証するように講師の様子を評価したためと考えられる。

　人のとる行動は必ずしも１つの明確な解釈しか許さないわけではない。講師の固い話し方をみて，「緊張している」と思う場合もあれば，「冷淡な感じだ」と思う場合もありうるのである。そのため，たとえば「あの人は A 型だから神経質なのではないか」と思ってその人の行動をみると，その人の行動が神経

てしまうからである。そのため、実験の開始時には実験参加者には、本当の目的ではなく、別の目的を説明することがあり、これを**カバーストーリー**とよぶ。ケリーの実験では、担当教授が不在であり、そのための臨時の代行の講師が授業をすることになり、その講師に対する受講生の評価を知りたいという説明がなされた。

このように最初に実験の真の目的を説明しない場合は、実験が終了した時点で真の目的を参加者にきちんと説明する必要がある。これを**デブリーフィング**とよぶ（カバーストーリーを用いなくても、真の目的を最初に説明しなかった場合はデブリーフィングが必要である）。カバーストーリーの中に含まれていた説明や、実験中に体験したことが実験参加者に実験後も影響を及ぼす可能性がある場合には特に注意してデブリーフィングを行う必要がある。たとえば第4章2節や第5章2節でとりあげるように、一時的に自己評価を脅かすために偽の否定的な評価を実験参加者に告げることもあるが、そういった場合には特段の注意と配慮が求められる。また、実験参加者に不快な体験をさせない他の方法では代替できないのかを検討する必要もある。

社会心理学の実験においては、実験参加者に嫌な気分を経験させたり、怒りを感じさせたりするようなこともある。こういった操作を含めた実験を行う場合は、特に倫理的配慮を十分にする必要がある。現在では多くの研究機関において研究倫理委員会が設置されており、心理学の研究はそこで倫理的に問題がないかどうかを検討されたうえで実施される。また、実験の実施時にも、実験参加者にいつでも実験をやめる自由が与えられており、そのことによっていかなるペナルティーも発生しないことを明示したうえで実験に参加してもらうことになっている。

質であることを示すように解釈されやすくなってしまう。そして「やはりA型だから神経質な人だ」という結論が導かれやすくなってしまうのである。

本当は血液型と性格の間には何の関係もないにもかかわらず、ある血液型にはある性格特徴の人が多いという広く流布している情報が、ある程度妥当なように感じてしまうのには、ここで説明した確証バイアスがさまざまな形で関わっていると考えられる。したがって、ある血液型にはある性格特徴の人が多い

という説を支持する証拠が自分の周りに多数あるように思え，その説が正しいと感じられること自体は，その説の正しさを示すものではないのである。

本節では，血液型性格関連説が人々に信じられるのはなぜかという問題を通して，人の推論過程の特徴の1つである確証バイアスについて説明したが，血液型性格関連説だけでなく，占いや迷信があたっているように感じることも確証バイアスで説明できる。さらにいえば，私たちは，日頃特に意識せずに，自分の考えの妥当性を検討しようとするとき，確証バイアスに陥っているかもしれない。たとえば，購入した商品の評判をインターネットで調べようとするときにも確証バイアスは働き，自分のもともとの考え（購入した商品が優れている）に合うように選択的に情報を取り込んでいるかもしれない。次節では，私たちの行う情報処理の基盤となる知識の貯蔵の仕組みとその利用のされ方について，特に社会心理学の知見を理解するうえで必要となる点に絞って説明する。

知識の貯蔵とその利用の仕組み

情報処理の基盤●

私たちの記憶に蓄えられている知識は膨大であり，これらが雑然としたまま蓄えられているとしたら，瞬時に適切な記憶を取り出すことは不可能である。必要なときに必要なことが思い出せないことは誰にでもあるが，逆にいえば，そう（思い出せない）と意識されないときは，適切な情報が記憶から取り出されて，その情報が使用されているのである。

知識の貯蔵と理解の枠組み

(1) 連合ネットワーク 私たちの記憶の中には実に多種多様な知識が蓄えられているが，そういった知識はばらばらに孤立しているのではなく，関連のあるもの同士が結びついて，ネットワーク状になっていると考えられている。知識と知識を結びつけている要素をリンクとよび，個々の知識をノード（結節点ともいう）とよぶ。そして，ある知識が記憶から取り出されたとき，その知識と結びつきがある知識は記憶の中で取り出されやすい状態になっていくと想定されている。知識が取り出されやすい状態にあること，あるいは実際に取り出された状態にあることを知識の活性化（activation）とよぶ。そして1つの知識が活性化すると，それと結びついているリンクを通じて，つながっている知識が次々と活性化して

FIGURE 図1-1 ● 連合ネットワークモデル

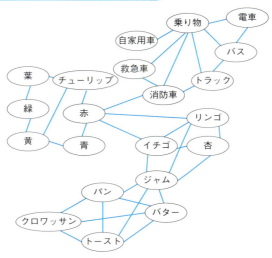

（出典） Collins & Loftus, 1975 を一部改変。

いく。これを活性化拡散とよぶ。リンクを通じて知識が活性化することで，それらの知識を結ぶリンクは強化されていく。図1-1 は，ロフタスらの**連合ネットワークモデル**（associative network model）である（Collins & Loftus, 1975）。このモデルによれば，消防車を見ると乗り物という知識が活性化し，さまざまな乗り物の知識が活性化していく。一方で，赤という概念も活性化し，チューリップやリンゴ，イチゴといった知識も活性化していくと考えられる。

⑵ **ス　キ　ー　マ**　　まずは次の文章を読んでみてほしい。

　　手順はとても簡単である。まず，ものを種類に応じていくつかの山に分ける。一度にたくさんしてはいけない。このことは短期的には重要に思えないかもしれないが，そうしないとたちまち問題が起こるだろう。間違いが起こるとやっかいなことになる。次に設備を見つけることだ。人によっては，別の場所へ行かないといけないかもしれない。機械の適切な操作は，自明でなくてはならない。そして必要なものすべてを忘れないようにすることだ。はじめのうちこの作業は，なかなか複雑に

第1章　人や社会をとらえる心の仕組み　　23

見えるかもしれない。しかし，すぐにこれは人生の一側面となるであろう。最後にすべてのものを最初のグループに戻し，いつもの場所にしまう。じきにそれらは再び使用される。そして再び同じサイクルが繰り返される。

（Bransford & Johnson, 1972 を一部改変）

この文章の意味がすぐに理解できただろうか。おそらく，何のことを説明しているのか見当がつかないのではないだろうか。しかし，もし，この文章のタイトルが「洗濯」だと知って読んでみるとどうだろうか。個々の文が何を意味しているのかすぐに理解できるだろう。このように瞬時に個々の文の意味が理解できるようになるのは，私たちの記憶の中では洗濯に関するさまざまな知識がまとまって結びついて蓄えられており，上記の文章を理解する枠組みとして働くためだと考えられ，そのような知識のまとまりをスキーマ（schema）とよぶ。

スキーマは得られた情報を理解する枠組みとして機能し，理解を方向づける。また，情報が不足している場合には，典型例によってそれを補い，理解を助ける。私たちの記憶の中には，さまざまなスキーマが蓄えられていると考えられるが，スキーマは知識の使用によって形成される部分があるので，同時によく利用される知識がスキーマを形成することになる。したがって，人によってもっているスキーマの種類は異なる。たとえば，囲碁を趣味とする人には囲碁スキーマがあると考えられるが，囲碁を知らない人にはそのようなスキーマはないことになる。

社会心理学において特に重要になるのは，人に関するスキーマや，できごとや社会現象に関するスキーマであろう。人に関するスキーマの中には集団に関するスキーマ，役割や職業に関するスキーマ，自分に関するスキーマも含まれる。

(3) **カテゴリー化とステレオタイプ**　人がものを認識する基本は，対象をその他から切り分けることであり，この過程なしには，対象を認識することはできない。そして，その対象が何であるかを認識することは，すなわちその対象がどういったカテゴリーに属するものなのかを理解するということでもある。

特に人を見るとき，「子ども」や「老人」や「女性」あるいは「日本人」など，その人物が属すると認識されたカテゴリーの情報が活性化しやすい。私た

ちの知識はカテゴリーに分けられ，つまりカテゴリー化されており，私たちの認識の枠組みはカテゴリー化に基づいているともいえるだろう。

そのことを示唆するテイラー，S. E. らの興味深い研究がある（Taylor et al., 1978）。彼女らは，男女3人ずつ計6人がディスカッションをしている様子を録音したテープを実験参加者に聴かせた。そのとき，発言者が誰だかわかるように，発言している人の写真がスクリーンに呈示されるようになっていた。テープを聴き終わった後で，参加者たちはディスカッションの中でなされたさまざまな発言を示され，それぞれがどの人物の発言であったかを思い出して回答するよう求められた。もちろん，すべての発言についてその話者を正確に記憶することはできないので，誤りが生じる。その誤りを性別間での誤り（たとえばある男性の発言をある女性の発言だと誤る）と，性別内での誤り（たとえばある女性の発言を別の女性の発言だと誤る）に分けて比較すると，後者のタイプの誤りのほうが多く起こっていた。特に男女に分けて記憶するように求めなくても，その場で最も目立ちやすかったカテゴリーである性別に基づいて記憶が形成されていることがわかる。

この研究が示すように，カテゴリーに基づいて人をとらえること，つまりカテゴリー化により，カテゴリー間の差異が強調され，カテゴリー内の差異は無視されがちになる。その結果，それぞれのカテゴリー内の人たちは似通っているという認知が形成されやすくなると考えられる。これが，あるカテゴリーの人たちに共通した特徴を付与するステレオタイプ（stereotype）を保持する基盤の1つとなっていると考えられる。本章の冒頭でとりあげた「A型の人は几帳面だ」という見方もステレオタイプの一種であり，血液型ステレオタイプとよばれる。

知識や概念の活性化——プライミング効果

たとえば，誰かがいきなり「子どもがお母さんのポケットから顔を出していたよ」と言ったら，即座には何のことを言っているのかわからないだろう。しかし，それが遠足で動物園に出かけたときの様子を子どもが家に帰って家族に話しているところだと言われれば，きっとその子どもが話しているのは，カンガルーのことだろうと想像がつく。このように私たちが日々の会話を理解できるのは，その会話の文脈を知り，その文脈に沿って会話の中の情報をとらえているからである。動物園に出かけたという文脈でなされている会話

を理解する際には，遊園地ではなく，動物園のスキーマを用いていることになるが，私たちはそのことを意識しているわけではない。では，どのような仕組みによって文脈に応じた情報の理解が可能になるのだろうか。

(1) **文脈の効果**　私たちのもっている知識や記憶は膨大であるが，それらを等しく利用できるわけではない。一度は覚えたものの，もはやその意味を思い出せない英単語もあれば，いつでも簡単に思い出せる自宅の住所のようなものもある。新たな情報に接し，それを解釈する場面で私たちが用いる知識は，私たちの記憶から取り出された知識である。ある特定の知識が活性化するかどうかを決定する要因はいくつかあるが，そのうちの1つが文脈の効果である。先の例でいえば，「昨日動物園へ出かけた」と聞くことで私たちの記憶の中で動物園スキーマが活性化し，動物園に関するさまざまな知識が活性化する。動物園にはいろいろな動物がいるので，そういった動物の知識も活性化するだろう。そのため後続の「子どもがお母さんのポケットから顔を出していたよ」という発話があると，カンガルーのことが自然と頭に浮かぶのである。しかし，「昨日動物園へ出かけた」と聞いていない場合は，カンガルーについての知識は活性化していない。そのような状態では，「子どもがお母さんのポケットから顔を出していたよ」という発話を適切な知識（ここではカンガルー）を用いて解釈することは難しくなる。

　日常の生活において，私たちは次々と新しい情報や事物にふれるため，記憶の中で活性化している知識は刻々と変化すると考えられる。ものごとの解釈に使用されやすい知識はそのときに活性化している知識であるため，同じ情報に接しても，そのときに活性化している知識によって異なって解釈されることがあり得る。

　たとえば，ヒギンズらの研究（Higgins et al., 1977）では，好ましく（「勇敢」で「忍耐強く」「独立心が強く」「自信に満ちている」）も，好ましくなく（「無謀」で「がんこ」で「よそよそしく」て「うぬぼれ屋」）も解釈可能なドナルドという人物についての以下の記述文を用いて，活性化している知識が異なると，同じ人物記述が異なった印象を与えることが示されている（この実験は，デザインと手続きが複雑なため，以下では一部を省略して説明している）。

> 　ドナルドは，人生の多くの時間を興奮を求めることに費やしてきた。彼は，すでにマッキンリーに登ったこともあるし，コロラドの急流をカヤックに乗って下ったこともある。過激な自動車レースに出場したこともあれば，操縦のしかたなどあまり知らないのにモーターボートを走らせたこともある。彼は，ケガをすることなど顧みず，場合によっては命の危険を冒すようなことも何度かしてきた。彼は，今また新たな興奮を求めていた。おそらく，彼は，今度はスカイダイビングに挑戦しようか，それともヨットで大西洋を横断しようかなどと考えているのだろう。
> 　彼は，どんなことでもうまくやってのけられるだけの自信があって行動しているように見えた。仕事上のつきあいを除くと，ドナルドの交遊関係はどちらかといえば限られていた。彼は，他人に頼ることなどあまり考えていないようだった。ドナルドは，いったんこうしようと決めたことは，どんなに時間がかかろうと，どれほど困難があろうと，それをやり通した。彼は，一度決心するとどんな場合でもそれを翻すようなことはほとんどなかった。
>
> 　　　　　　　　　　　　　　　　（Higgins et al., 1977／池上，2008，29頁）。

　この実験の参加者は人物の記述文を読む前に，色を判断する課題をしながら単語を記憶する課題を行った。色の判断は呈示される単語が書かれたスライドの背景色を回答するもので，記憶課題はスライドの呈示直前に音声で呈示された記憶用単語を覚え，スライドが呈示されて背景色の回答をした後に記憶した単語を答えるというものであった。つまり，参加者はスライドの背景色を回答する間（約10秒），直前に呈示された記憶用単語を暗唱している必要があった。この課題により，暗唱した単語に関する知識は活性化するが，暗唱した単語が後続の課題に影響を与えることに参加者は気づきにくいと考えられる。暗唱した単語はポジティブ条件では「勇敢な」「忍耐強い」「独立心が強い」「自信に満ちた」の4語と普通名詞6語を合わせた10の単語で，ネガティブ条件では，「無謀な」「がんこな」「よそよそしい」「うぬぼれた」の4語と普通名詞6語を合わせた10の単語となっていた（各6語の普通名詞とは「家具」や「角」などであった）。

　上記の課題終了後，両条件の参加者はドナルドの人物記述を読み，その印象を回答した。すると，ポジティブ条件の参加者の印象のほうがネガティブ条件の参加者の印象に比べて好ましくなっていた。これは，ドナルドの人物記述を肯定的に解釈しうる概念（たとえば，「勇敢な」）が活性化していたポジティブ条

件の参加者は，ドナルドに対してポジティブな印象を形成したが，逆にドナルドの人物記述を否定的に解釈しうる概念（たとえば「無謀な」）が活性化していたネガティブ条件の参加者は，ドナルドに対してネガティブな印象を形成したと考えられる。つまり，事前に活性化した知識に基づいてその後に読んだ文章が解釈されたために，印象が異なったと考えられるのである。このような形で事前に特定の刺激（この場合は単語）に接することで特定の知識を活性化させる方法は，プライミング（priming）とよばれる手法の１つであり，知識や概念の活性化の効果を検討する研究において用いられる。プライミングに用いられる刺激を，プライムあるいはプライム刺激とよぶ。上記の実験では，ポジティブ条件では「勇敢な」「忍耐強い」「独立心が強い」「自信に満ちた」がプライムであり，ネガティブ条件では，「無謀な」「がんこな」「よそよそしい」「うぬぼれた」がプライムである。ヒギンズらの実験では，プライミングに続く人物記述の印象を回答する課題において，プライミングによって活性化した知識が記述の解釈に用いられやすくなっていることが示されていた。このようにプライミングによって活性化した知識や概念などが後続の情報処理に影響することをプライミング効果とよぶ。プライミングに用いられるのは特定の単語や刺激（たとえば「勇敢な」という特性を表す単語）であっても，活性化するのは単に「勇敢な」という単語だけではなく，意味的に連関した知識やそれに関する記憶なども同時に活性化する。言い換えると，特定の単語や刺激によるプライミングは，そのプライムが表す概念を活性化することになる。

(2) **個人差（慢性的活性化のしやすさ）**　ヒギンズらの実験のように，わずか数秒間単語を覚えるだけでも，あるいは，その単語を読むだけでも概念の活性化が生じ，後続の情報の解釈に影響を与えるので，そのときどきに人がおかれている状況や経験していることの影響はとても大きいといえる。しかし，一方で，概念の活性化のしやすさには人による違いもある。ある概念が活性化しやすいことをその概念の接近可能性（アクセシビリティとよぶこともある：accessibility）が高いというが，人によって接近可能性が高い概念には違いがある。連合ネットワークモデルの活性化拡散のメカニズムに基づけば，より最近にその概念が使用されるほど，そして，より頻繁にその概念が使用されるほど，その概念の接近可能性は高まる。このメカニズムによって，その状況に応じて必要とされる概念の活性化が促進されると考えられる。さらにそれだけでなく，この

メカニズムにより，経験の違いによって活性化しやすい概念に違いが生じることになる。

　知識や概念の接近可能性の高さはその知識や概念に対応する単語の意味を判断するのに要する時間として測定されることが多い。たとえば，単語を呈示してからその単語を読んで意味を理解するのに要する時間を測定する。このとき，反応に要する時間を反応時間（反応潜時）とよび，この時間が短いとその知識が活性化していることになる。具体的には，バターという単語を呈示するときに，その直前にパンという単語を呈示しているほうが，机という単語を呈示しているよりも意味の理解に要する時間は短くなる。これは，パンという単語の意味を処理したことによってパンに関連した知識（バター，ジャムなど）が活性化するためだと考えられる（図1-1も参照）。

　どのような概念が活性化しやすいかということは人によって異なる。たとえば，「正直であること」を信条とする人と，「成果を上げること」を信条とする人では，「正直さ」や「成果」に関わる概念が活性化する頻度は異なっていると考えられる。ゆえに，結果として接近可能性の高い概念には個人差が生じる。そのために，他者について情報を与えられた場合，その人にとって活性化しやすい概念に関する情報についてはよく覚えているが，そうでない情報はよく覚えていないといったことが生じる（たとえばHiggins et al., 1982）。つまり，たとえ同じ人に会ったとしても，活性化しやすい概念が異なれば，かなり異なった印象をもつことになる可能性が高い。たとえば，「正直さ」が活性化しやすい人は，その人が正直な人かどうかということはよく覚えているが，その人の仕事のできについてはよく覚えていないのに対して，「成果」が活性化しやすい人は，その人の仕事のできについてはよく覚えているが，正直さについてはよく覚えていないといった違いが生じることになる。接近可能性の高い概念が人によって異なることは，記憶に影響するだけでなく，判断や推論においても用いられやすい概念を異ならせるため，ものや人の見方や理解の仕方などの認知的な側面における個人差を生む1つの要因となっていると考えられる（工藤，2004）。

　(3)　**同化と対比**　　文脈の効果では，プライミングの手法について説明し，プライムの内容の方向に後続の情報の解釈が影響される事例を示した。このようにプライムと同じ方向へ推論が影響されることを同化（assimilation）とよぶ。

> **COLUMN** 1-2 反応時間を測定する意味とその測定方法

社会心理学の実験研究の中で，実験参加者が反応に要する時間を測定し，従属変数とする場合がある。本章 28 頁においても，接近可能性が高まった（活性化した）知識に対する反応時間を測定する例を説明した。モデルから導かれる「接近可能性が高ければ反応時間が短く，そうでなければ長くなる」という仮説を検討するために，実際にその反応に要する時間を測定するのである。

反応時間によって知ることができるのは，知識や概念の接近可能性の高まりだけでなく，カテゴリーとそれに対する評価の結びつきの強さ，情報処理の効率性，情報処理の複雑さなどがある。たとえば第 6 章でとりあげる潜在的連合テスト（IAT）は，あるカテゴリーと評価（たとえば好ましい／好ましくない）の結びつきの強さを，当該のカテゴリーに属する具体的事例と評価に使用する単語を用いて，それらを一緒にまとめるか，別に分けるかという作業に要する反応時間を測定することで調べるものである（結びつきが弱いもの同士を一緒にまとめる作業は時間がかかるが，結びつきが強いもの同士であれば素早くできる）。また，第 4 章でとりあげる自己参照効果は，自分と結びつけられる情報の処理効率が高いという効果であるが，このことを示す指標の 1 つが，自分と情報を結びつけて判断することに要する反応時間である。このように，同じ反応時間という指標でも，その指標が反映する認知プロセスはさまざまであり，どのようなプロセスに要する時間を測定しているのかは，研究の目的によって異なる。

しかし，プライミングの効果はプライムとは逆の方向へ生じることがあり，それを対比（contrast）とよぶ。いつ同化が生じ，いつ対比が生じるかを決定する要因はまだ完全には解明されていないが，多くの研究からその規定因がしだいに明らかになりつつある（Stapel & Suls, 2007）。

その 1 つはプライミングの影響への気づきである。先に述べたヒギンズらの研究にみられるように，自分の推論過程が文脈の影響，すなわち，直前に考えていたことなどに影響されていることに気づいていない場合には同化が生じる。しかし，プライミングまたは文脈による影響に気づいている場合は対比が生じやすいとされる（たとえば Strack et al., 1993）。

もう 1 つはプライムの性質である。プライムが抽象的であったり，極端な実

反応時間は認知プロセスを直接測定する指標ではないため，その解釈に注意が必要な場合もあるが，特定の反応を導いている認知プロセスの特徴や性質を検討する際には，重要な指標となる。

　反応時間を測定する実験においては，短い場合は1秒以下の反応を測定するため，実験者が手動で測定するのではなく，パソコン上で反応時間を測定するソフトウェアを用いるか，または，自作のプログラムを用いて測定することが一般的である。たとえば，概念の接近可能性を測定する課題に語彙判断課題（lexical decision task）があるが，この課題では，実験参加者はパソコンの画面に呈示された文字列を見て，それが意味ある単語か否かを回答する。呈示される文字列は「しんりがく」のように意味のある単語の場合もあれば，「しのりくが」のように意味のない文字列の場合もある。接近可能性が高まっている概念に関連した単語の意味は，関連しない単語よりも速く意味を理解することができる。この反応時間を計測するために，文字列の呈示から，参加者が回答する（多くの場合はキーボード上の指定されたキーを押す）までの時間を計測することになる。適切な計測を行うためには，十分な練習課題を行い，課題に慣れた状態で実験を実施することや，反応の速さは個人による違いが大きいので，そのことが分析上統制できるように，ニュートラルな課題での反応時間を事前に測定しておくなどの工夫が必要である。

例（具体的事例）でなければ，後続の判断・推論において同化が生じ，プライムが極端な実例であれば対比が生じることが，しだいに明らかにされてきている（Herr, 1986）。たとえば，駅のホームで殴り合っているようなとても乱暴な人（極端な実例）を見かけた後では，電車を降りるときに人を押しのけるというような，多少乱暴な行動でもそれほど乱暴ではなくみえるというように対比的判断が生じやすいことになる。一方，「暴力とは何か」ということについて考えることで，「乱暴」という抽象的概念の接近可能性が高められている場合は，同化が生じやすく，ちょっとぶつかってきた人を乱暴だととらえやすいことになる。このように先行して処理した情報の性質によって，後続の情報のとらえられ方が大きく異なってくることもある。

推論や判断の簡略化

ヒューリスティック

　私たちが生活していくためには決定しなくてはならないことが多くある。昼食に何を食べるか，週末にどの DVD を見るかを決めるといったささいな決定から，就職先を決める，結婚を決めるなどの人生における重要な決断まで，実にさまざまな意思決定をしなくてはならない。こういった意思決定において十分な時間をかけ，情報を吟味することがより良い意思決定につながるかもしれないが，現実にはいつも十分な時間をかけることは不可能であるし，判断そのものにそれぞれ時間的制約があることも少なくない。また，個々の判断には制約がなかったとしても，すべての決定に長い時間を割くことは現実には不可能である。さらに，意思決定に際して，十分な情報が入手可能であるとは限らないうえに，たとえ情報は揃っていて時間もあったとしても，それらの情報を吟味する能力が自分にあるとは限らない。

　日常の意思決定において私たちは，すべての情報を十分に吟味し，正確さをめざすのではなく，限られた情報のみを用いた簡便な方略によって，満足できる推論，判断をしていることが少なくない。こういった推論は，確実に正解を導く方略を規範的な方略とすれば，そこからは外れている。しかし，まったくいい加減なものというわけではなく，多くの場合，適切な推論，判断にたどり着けるような方略が用いられている。このような簡略化された推論，判断の方略は多数あり，それらを総称して**ヒューリスティック**（heuristic；総称の場合はヒューリスティックス）とよぶ。

　ヒューリスティックには，特定の状況，対象にのみ利用される個別のヒューリスティックと，汎用性が高く，多くの場面で利用されるヒューリスティックとがある。ここでは，後者の例であり，トヴァスキー（Tversky, A.）とカーネマン（Kahneman, D.）により提唱された代表性ヒューリスティックと利用可能性ヒューリスティックを紹介する。

代表性ヒューリスティック

　代表性ヒューリスティックとは，あるものやことがらが，あるカテゴリーに属する可能性が高いかどうかを判断する際に使用する判断方略である。たとえば，食事のカロリ

ーを気にしているが，食べ物のカロリーについて知識が十分にない人が，昼食のメニューを見てカロリーの低いメニューを選ぶ場合に，この代表性ヒューリスティックを用いるかもしれない。

　日替わりの2つのメニューからどちらかを選ぶ場面を考えてみよう。1つがミックスフライ定食で，もう1つが焼き魚定食であれば，高カロリーの代表例である揚げ物が含まれている前者のほうがカロリーが高いと判断されるだろうし，おそらくそれは正しい判断である。ミックスフライ定食と焼き餃子定食でも，前者のほうがカロリーが高いと判断され，それもおそらく正しいであろう。しかし，日替わりメニューがミックスフライ定食と，オムライスだった場合はどうだろうか。オムライスは揚げ物ではないのでオムライスを選択するかもしれない。しかし，量にもよるがフライの定食とオムライスでは，後者のほうがカロリーが高い場合も少なくない。つまり，高カロリーの代表的特徴である揚げ物であるかどうかを手がかりとして昼食メニューを決めていれば，多くの場合，正しく，より低カロリーのメニューを選ぶことができるが，いつも正しく選べるわけではないことになる。

　カーネマンとトヴァスキーは，以下のような課題を用いて，代表性ヒューリスティックが用いられることを示している（Kahneman & Tversky, 1972）。

　　ある町で子どもが6人いる家庭をすべて調べて，子どもの性別の出生順を調査したところ，「女男女男男女」の順の家庭は72家庭あった。では，「男女男男男男」の順の家庭は何家庭あるだろうか。

　この研究では，大多数の回答者が，「男女男男男男」の順の家庭は72よりも少ないと推定し，回答の中央値は30家庭となっていた。男女どちらの子どもが生まれるかは毎回独立な事象（その前の子どもの性別は次に生まれてくる子どもの性別に影響を与えない）であり，どちらの確率も約2分の1であるから，出生の順が「女男女男男女」となるのも「男女男男男男」となるのも同じ確率であるため，前者が72家庭あるなら，後者の期待値も72家庭となる。しかし，回答者たちは後者のほうが珍しいケースで数が少ないと判断していた。カーネマンとトヴァスキーは，回答者たちは，「男女男男男男」となるケースがどれくらいあるのかを考えたとき，このケースが男女の人口比の特徴である1：1か

ら大きく外れていることから，これを珍しいケースであると判断したと説明している。逆に「女男女男男女」は，男女の人口比の特徴を有しているので珍しくないと判断される。そのために「男女男男男男」となる家庭は少ないと推測してしまったというのである。

　このように，ものやできごとが，あるカテゴリーに含まれるかどうかを判断する際に，そのカテゴリーの代表的特徴を用いて判断する方略を代表性ヒューリスティックとよぶ。日常的によく用いられる例としては，「高い値段のものは品質が良い」という判断の方略が挙げられる。十分な知識がなく，ものの品質を自分の目で判断できないとき，私たちは品質が良いものの代表的特徴の1つである値段が高いことを使って，値段の高いもののほうが品質が良いと判断しがちである。もちろん，その判断は多くの場合適切であるが，値段が安ければ，品質が劣るとは必ずしもいえないため，誤ることもある。

利用可能性ヒューリスティックとは，できごとの頻度や，ことがらの珍しさの判断に際して用いられる推論の方略である。このヒューリスティックでは，私たちはできごとの頻度や，ことがらの珍しさの判断に際して，その具体的事例をどの程度容易に思いつくことができるかという自分の主観的経験（subjective experience）を用いる。ここで，トヴァスキーとカーネマン（Tversky & Kahneman, 1974）が用いた次の課題を考えてみてほしい。

> 10人のメンバーから2人の委員を選ぶ場合の委員の組み合わせと，10人のメンバーから8人の委員を選ぶ場合の委員の組み合わせでは，どちらの組み合わせのほうが多くできるか。

　少し考えればわかることだが，8人を選ぶことは残りの2人を選ぶことと同じなので，この2つの委員の選び方で選ばれる委員の組み合わせは同じ数（45通り）である。しかし，この実験の参加者の回答の中央値は，2人を選ぶ場合は70通り，8人を選ぶ場合は20通りであった。トヴァスキーとカーネマンはこのように推測の違いが生じるのは，実際に委員を選んでいる事例を頭の中で想像するときの想像のしやすさに違いがあるからだと説明している。つまり，2人の委員の組み合わせは（AとB，CとD……）というように簡単に多数思い

COLUMN　1-3　推論における動機や目標の影響とそれに対する無自覚さ

　私たちは自分のものの見方は自分のおかれた立場や信念などによって歪んではおらず，客観的にものごとをみていると考えがちである。もちろん，客観的にみることができる場合もあるが，そうすることは実際には困難なようである。

　もし，私たちがお互いに自分の信念にとらわれず，情報を客観的に評価できるのであれば，十分に情報がある場合，信念や立場にかかわらず，その情報から導かれる答えは同じになると考えられる。しかし，研究の結果はそうならないことを示している。ロードらは，死刑制度に賛成，あるいは反対の意見をもつ実験参加者に死刑の抑止効果についてのレポートを呈示し，そのレポートを評価させた（Lord et al., 1979）。すると，賛成派も反対派も自分たちの意見に合致するデータを示すレポートを高く評価し，合致しないデータを示すレポートについては，データの集め方に問題があるなどとしてそのデータの信憑性を低く評価した。そして最後にあらためて死刑制度に対する意見を尋ねると，レポートを読む前よりも意見は極端に（賛成の人はより賛成に，反対の人はより反対に）なっていた。この研究結果は，さまざまな立場の人に同一の情報が提供されるマスメディアの効果を考えるときに重要になると考えられる（第12章参照）。

　私たちは，客観的なデータがあれば，異なる意見の人々を説得することが可能であると考えがちである。しかし，ロードらの研究結果は，実際にはそのように単純ではなく，客観的なデータであっても，もともとの意見が正しいことを示す方向に解釈されてしまうため，客観的なデータの呈示が逆に意見の対立を深める可能性もあることを示している。さらに私たちは，自分の推論が動機によって影響を受けているかどうかを自分の主観的感覚に頼って判断するために，その影響を自覚することができない。したがって，自分の推論は動機によって歪んでいないと思いやすい。その一方で，他者の推論が動機の影響を受けているかどうかは，その結論から判断するため，自分と異なる意見の人の推論が動機に影響されたものだと判断しがちになる。つまり，利益が関わることがらについての推論のように，動機の影響を受けやすいと考えられる推論では，自分の推論は客観的であると考えることにより，自分と異なる判断を導いた立場の異なる他者の推論は，動機の影響を受けているはずだと推測しやすいということである。このような，同一データから自分と異なる結論を導く他者の推論は客観的でなく，自分に有利なように偏った見方をしていると考える傾向は，既存の対立関係をエスカレートさせてしまう可能性も考えられる。

つくが，8人の委員の組み合わせをそのように頭の中に想像して描くことは困難であるので，この想起のしやすさの違いによるというのである。

なぜ，想起のしやすさが，事例が多数あるという判断に結びつくかというと，それは以下のようなロジックによる。数が多いものや生起頻度の高い事象は事例が多くあるので，それについての知識もあり，事例を想起することが容易だが，数が少ないものや頻度の低い対象の事例については知識も少なく，事例を想起することが困難であると考えられる。利用可能性ヒューリスティックでは，これを逆に利用し，想起が容易であれば，事例が多くある，想起が困難であれば事例が少ないというように，数や頻度の判断において想起のしやすさの主観的感覚を手がかりとするのである。

たしかに事例がたくさんある場合，生起頻度が高い場合にはその事例の想起が容易な場合は少なくない。たとえば，同じ苗字の人の数を考えたとき，その苗字の人を多く知っている苗字（たとえば，田中）はその苗字の人をほとんど知らない場合（たとえば，小鳥遊）に比べて，多い苗字である可能性が高い。そして，この利用可能性ヒューリスティックによる推測，判断は実際に事例を数えることに比べて労力が圧倒的に少ない。

しかし，利用可能性ヒューリスティックによる推測，判断は必ずしも正解を導けるとは限らない。なぜなら，私たちの記憶の中の事例の想起のしやすさは，その事例の多さだけによって決まるわけではないからである。そのことを端的に示した研究としてリヒテンシュタインらの研究がある（Lichtenstein et al., 1978）。この研究では，大学生に対して40の死亡原因を示し，毎年アメリカではそれぞれの原因で亡くなる人がどの程度いるのかを推測させた（その際に交通事故による死亡者は毎年約5万人であることを基準として教えた）。すると，実際にその原因で亡くなる人が多いもの（たとえば，ガン）は過小に推測され，その原因で亡くなる人が少ないもの（たとえば，ボツリヌス菌中毒）は過大に推測されていた。こういったことが生じるのは，実際の事例の数以外に想起のしやすさに影響するものがあるからだと考えられる。その1つとして，マスメディアによる報道の影響が考えられるだろう。珍しい死亡原因ほど大きく報道されるために，事例を想起するときに想起されやすくなってしまう。実際，わが国における少年による殺人事件は，長期的なスパンでみれば，基本的に戦後は減少の一途をたどっているが，あたかも増加しているかのような言説がある。これ

> COLUMN *1-4* 2つの情報処理過程

　人の思考や情報処理に関する社会心理学の研究では大きく分けて2種類の情報処理過程があることが仮定されている場合が多い。1つは、相対的に迅速、簡便で、表層的でトップダウン的な処理であり、ヒューリスティック、カテゴリー化、ステレオタイプなど単純な手がかりに頼った処理である。もう1つは、相対的に入念で、労力を要するボトムアップ的な処理で、情報を実質的に吟味する情報処理である。1990年代には、これら2つの過程を前提とした多数のモデルや理論が提出された。モデルや理論によってこれらの処理に対してつけられる名称は複数あり、細かい点については、違いが想定されている場合もあるが、一般的に、前者を**自動的過程**または**ヒューリスティック処理**とよび、後者を**統制的過程**あるいは**熟慮的過程**または**システマティック処理**とよぶことが多い。ヒューリスティック処理、システマティック処理は情報の吟味、判断の過程までを指していることが多いが、自動的過程、統制的過程といった場合は、その後の判断結果の表出の過程まで含まれる。

　情報を入念に吟味するための動機、時間、能力がある場合は、システマティック処理が行われるが、それらが不足している場合はヒューリスティック処理が行われることになる。人の情報処理の能力には限界があるので、あることに注意を向けたり、あることを覚えようとしているときは、他の情報を処理する能力は著しく低下する。このように情報処理に割り当てることのできる有限な資源を**認知資源**とよぶ。認知資源が十分にないとシステマティック処理や統制的過程は機能しない。

　現代の社会心理学においては、この2種類の処理過程を前提としたモデルや理論が多く存在し、それらを総称して**二重過程モデル**とよぶ。第5章でとりあげる連続体モデルや、第6章で解説される精緻化見込みモデルは、代表的なモデルである。また、この2つの処理過程を区別する考え方は、特定の現象を説明するためのモデルや理論を離れ、人の思考や判断の過程を説明するうえで重要な前提となっている。

は、おそらく少年による殺人事件の報道が多く、しかも繰り返しなされるため、そういった事例が想起されやすくなっていることによって、想起のしやすさに依存した利用可能性ヒューリスティックによる判断がなされ、誤解が生じている例だと考えることができるだろう。

利用可能性ヒューリスティックは，前節で説明した文脈の効果の影響も受けやすい。あることがらについての知識がなんらかの理由で事前に活性化したり，慢性的に活性化しやすい場合，その事例は想起しやすいことになり，その想起の主観的感覚に基づいて判断すれば，本当は数が少ないものを誤って多いと推測したり，生起頻度が低いものを高いと推測してしまうことになる。

ヒューリスティックに基づく判断の意味　前項では，ヒューリスティックは簡便であり，かつ適切な判断が下されることも多い推論方略であるが，いつも正解を導くことのできる規範的方略からは逸脱していると述べた。では，ヒューリスティックを使用した推論や判断は，規範的ではないから正しくない，非合理的であるとみなすべきなのだろうか。

(1) **倹約家像から適応的観点へ**　私たちがどのように自分を含めた他者や社会を理解しているのか，そのメカニズムを研究する社会的認知研究の歴史はまだ短い。しかしその間に，想定される人間像は大きく変わってきている。社会的認知研究の初期の段階では，人の情報処理の過程はヒューリスティックに代表されるように，簡便な情報処理の近道を利用していて，精緻で熟慮的な情報処理をするわけではないことが多くの研究によって示された。こういった情報処理の近道は，ときとしてエラーやバイアスを引き起こすため，このような情報処理傾向をもつ人間は「認知的倹約家」(cognitive miser) と言い表された。そして，この人間観のもとでさまざまなヒューリスティックをはじめとする，認知的労力を倹約するための認知的仕組みや方略が明らかにされた。たとえばスキーマ，カテゴリー化，ステレオタイプなどである。

しかし，1980 年代後半になると，ときとしてエラーやバイアスを引き起こしてしまう人の認知的仕組みは非合理的ではあるが，そのほうが適応的であるとする視点が登場した。特に，進化心理学による，「文化や地域を越えて人間に共通してみられる心理的メカニズムの基盤には適応の問題がある」という考え方は，社会心理学に少なからぬ影響を与えた（たとえば，亀田・村田, 2000）。推論や判断においても，人に共通してみられるエラーやバイアス自体に意味を見いだすエラー管理理論（Haselton & Buss, 2000）のように，エラーやバイアスの原因を認知メカニズムの問題点として指摘するのではなく，環境への適応の結果生じている可能性が論じられるようになった（しかし，人が共通してみせる

誤りにすべて適応的意味があるというわけではない)。

(2) **適応的かどうか**　ヒューリスティックな情報処理が適応的かどうかという議論においては，それらが実際に良い結果をもたらしているかどうかが重要な点となる。ギガレンツァーらは，ヒューリスティックが真に適応的であるならば，迅速で倹約的であるはずだとし，現実的な課題を用いて，ヒューリスティック使用が結果的に優れた判断につながる例を示した。

その代表的なヒューリスティックが再認ヒューリスティック（recognition heuristic）である。このヒューリスティックは「再認できる」，つまり，「見たことがある」という感覚を用いた判断である。たとえば，ギガレンツァーらの研究（Goldstein & Gigerenzer, 2002）では，実験参加者に2つの都市名（どちらもある程度人口が多い都市）を示し，どちらの都市の人口がより多いかを判断させたのだが，これらの都市について，あまり知識がない人は再認ヒューリスティックを使って判断した。つまり，名前を知っている都市のほうが人口が多いと判断したのである。しかし，両方の都市についてある程度の知識がある人の場合は，そのような単純な手がかりに依存せず，知識を駆使して推測することになる。この両者の推測の正確さには，ほとんど違いがなく（わずかに知識がない人のほうが正しかった），知識が少なく再認ヒューリスティックに依存した判断をした人は知識がある人とほとんど同程度に正しい判断ができることがわかった。つまり，知識があまりないときに，再認ヒューリスティックは有効な推論手段であるといえる。このことから，現実に正解を導くかということを基準にすると，私たちが用いているヒューリスティックな判断は実は正しい答えを導いており，適応的だと考えられるのである。

また，熟慮するよりもむしろ直観的な判断のほうが正しい場合があることも指摘されてきている。特に複雑な判断のように思える人物や対人関係についての判断においても，非常に限られた情報からでも，情報を多くもっている人と同等の，あるいはそれ以上に正しい判断ができる場合もあることが示されている。たとえば，ターゲット人物の性格を推測する際に，その人の部屋の写真を見るだけでもかなり的確にその人の性格を推測することができることが示されている（Gosling et al., 2002）。また，大学教員の授業の様子を映したビデオを合計30秒しか見ていなくても，その教員に対する学生の授業評価をかなりの程度推測することができることを示す研究（Ambady & Rosenthal, 1993）もある

(詳しくは第10章参照)。このように，直観的判断も私たちが思うよりも妥当な判断である場合が多いことが示されてきている。しかし，もちろん，このような直観的判断が万能なわけではない。たとえば，第14章でとりあげられるように，社会動向の認識や政治動向の理解においては，ヒューリスティックな認識が真の問題の検討を阻むこともある。

　本章では，私たちが自分自身，他者，社会などをいかに理解するのか，そのメカニズムを理解するうえで基礎となることがらについて説明した。私たちは特に不自由を感じることなく，日常さまざまな推論を行っているが，その推論は多くの制約のもとで行われている。逆にいえば，私たちはそういった制約の中で不自由を感じない推論をするメカニズムを身につけているとみることもできる。しかし，そのために推論に誤りが生じたり，あるいは問題が起こることもある。第2章～5章では，私たちが自分や他者をどのように理解するのか，そのメカニズムを説明すると同時に，うまく機能している部分と限界や問題などがある部分の両方についてみていきたい。

BOOK GUIDE　●文献案内

ギロビッチ，T./守一雄・守秀子訳，1993『人間この信じやすきもの——迷信・誤信はどうして生まれるか』新曜社
● なぜ占いや超常現象を信じてしまうのか，人間の認知メカニズムから説明。ヒューリスティックや確証バイアスなどが詳しく論じられている。

菊池聡，1998『超常現象をなぜ信じるのか——思い込みを生む「体験」のあやうさ』講談社
● 迷信，UFO，占いなど，人が超常現象を信じるメカニズムとして，確証バイアスに加え，記憶の歪みをとりあげている。

カーネマン，D./村井章子訳，2014『ファスト＆スロー——あなたの意思はどのように決まるか?』上・下巻，ハヤカワ・ノンフィクション文庫
● 自動的なシステム1（ファスト）と意識的なシステム2（スロー）の2つのシステムで人間の推論，意思決定過程を説明。著者は心理学者にしてノーベル経済学賞を受賞。

Chapter 1 ● 考えてみよう

❶ 自分の思考過程をふり返って，確証バイアスが働いていた可能性を考えてみよう。
❷ 日常の経験の中で，代表性ヒューリスティック，あるいは利用可能性ヒューリスティックを用いて判断や推測した事例を考えてみよう。
❸ 自分を含めて自分の家族や友人の性格特徴を10個ずつ書き出し，そこに共通して用いられる特徴がないか（自分が利用しやすい概念があるかどうか）検討してみよう。

第2章 感じたことの影響過程

気分や感情や主観的感覚の影響とその利用

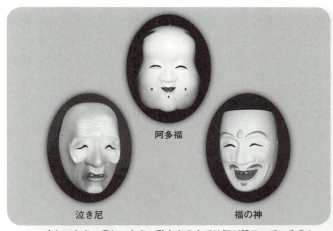

阿多福

泣き尼　　　福の神

楽しいとき，悲しいとき，私たちの心では何が起こっているのか
（www.nohmask21.com より画像使用許諾済み）

KEYWORD

FIGURE

TABLE

COLUMN

BOOK GUIDE

SEMINAR

CHAPTER 2

ふだん私たちが感じている楽しい気分や悲しい気分は，さまざまな形で私たちの情報処理過程に影響を与える。そういった影響のうち，まずは気分が直接情報処理過程に影響を与える場合についてとりあげ，気分と記憶や判断が一致する現象について解説する。次に気分や主観的感覚が推論の手がかりとして用いられた結果，思考や判断に影響する場合について説明する。最後に感情が果たしている役割について議論する。

SUMMARY

> **KEYWORD**
>
> 情動　気分　連合ネットワークモデル　感情ネットワークモデル　記憶の気分一致効果　感情価　情動二要因理論　感情情報（機能）説　気分制御　単純接触効果　閾下　処理の流暢性　検索（想起）の容易性

　私たちは日々さまざまなことを感じて暮らしている。楽しいときもあれば，苦しいときもある。私たちが体験するこういった気分や感情の変化は，私たちの人生を豊かにし，彩りを与えてくれるものである。感情の起伏が現れないような人を指して"機械のようだ"と形容することからも，感情体験というのは私たち人間にとって重要なことである。

　私たちが体験する感情には，飛び上がるほどうれしい，あるいは，何かを破壊してしまうほど怒るといった，とても強い感情もあれば，なんとなくうれしい，なんとなくもの悲しいといった，弱い感情もある。強い感情は情動（emotion）とよばれ，明確な原因によって引き起こされ，その持続時間は一般的にそう長くはない。一方，弱い感情は，自分自身が何が原因でそのような気分になっているのか気づかないこともある。強い感情はもちろん私たち自身に大きな影響を与える（たとえば，喜びのあまりわれを忘れる）が，弱い感情も私たちに多大な影響を与える（たとえば，暗い気持ちのときは何を見てもおもしろく感じられず，やる気がしない）。そして弱い感情の影響は，必ずしも私たち自身に意識されるとは限らない。それらは私たちの情報処理過程に直接影響し，私たちにはその影響過程そのものは意識されにくい。私たちが意識するのは，影響を受けた結果として想起された記憶，頭に浮かんだ判断や評価，そして予測などである（心の働きの中で意識されるものと意識されないものについては，主に第3章でとりあげる）。

　こういった弱い感情は気分（mood）とよばれ，気分が私たちの情報処理や思考過程，つまり記憶，判断，評価，予測などに影響を与える。本章では，この気分の効果を中心に感情の影響や働きについて説明する。さらに感情とは異なるが，私たちが経験する主観的なさまざまな感覚が，私たちの情報処理過程に与える影響についてみていく。

情報処理や思考過程における気分の効果

　第1章において，私たちが記憶の中に蓄えている知識は，それぞれつながっていて，ある知識が使用されるとその知識とリンクしている知識が活性化し，その活性化がリンクをたどって広がっていき，活性化が高まることで知識や概念の処理が容易になるという，活性化拡散モデルについて説明した。これに対して，バウアーは，このモデルの中に感情をノードとして組み込む連合ネットワークモデル（associative network model）を示し，感情の影響過程を説明した（Bower, 1981）（このように感情をノードに含めたモデルを感情ネットワークモデルとよぶこともある）。図2-1は，バウアーによる連合ネットワークモデルの一部である。

　このモデルによれば，感情はそれに伴う自律的反応，表出行動，通常その感情につけられる言語的ラベル，そしてその感情を引き起こすできごとの知識などとリンクしている。そのため，喜びの感情が生起すると，それにリンクして

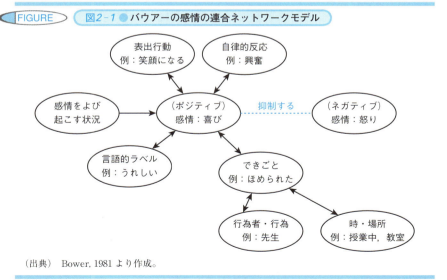

FIGURE　図2-1　バウアーの感情の連合ネットワークモデル

（出典）　Bower, 1981 より作成。

第**2**章　感じたことの影響過程　　45

いるできごとや記憶が活性化していくことになる。一方で「相反する感情は抑制される」と仮定されており（図中の破線部分），たとえば喜びの感情が生じたときには，怒りの感情とそれにつながる知識や反応は抑制されることになる。

感情のノードが気分（弱い感情）に置き換えられた場合でも，想定される効果は基本的に同じであり，ある気分が生じることで，その気分のノードに結びついている知識やできごとの記憶が活性化していくと考えられている。

気分一致効果

(1) 記憶　私たちの記憶と気分は密接な関係にあり，私たちは，「そのときの気分」に一致する記憶に優れており，この現象を記憶の気分一致効果（mood congruent memory）とよぶ。この効果は，ものごとを覚える過程である記銘時と，ものごとを思い出す過程である想起時の両方で生じる。前者は，情報を記銘するときの気分と，記銘される情報の内容が一致しているときのほうがそうでないときに比べて記銘されやすいという効果である。後者は，記憶を想起するときの気分状態と一致した内容の記憶が想起されやすくなる効果である。ここでいう記憶の内容とは，記憶から取り出される情報が，たとえば，「結婚式」や「誕生日」のように良い気分に一致するものなのか，それとも「葬儀」や「落第」のように嫌な気分に一致するものなのかということである。こういった情報や事象のもつ感情的意味合いを感情価（valence）とよぶ。想起や判断や評価の対象となる情報（事象）のもつ感情的意味合いは，よい感情的意味合いか，嫌な感情的意味合いかで区分されることが多く，ポジティブな感情価，ネガティブな感情価とよぶ。そして，気分もまた，良い（ポジティブな）気分と嫌な（ネガティブな）気分に分けられるので，感情価という概念で整理すれば，記憶の気分一致効果とは，記銘時の気分の感情価と一致する感情価をもつ情報のほうがそうでない情報よりも記憶されやすく，想起時の気分の感情価と一致する感情価をもつ情報のほうが想起されやすいということである。たとえば，ちょっとした良いことがあって気分の良いときには，好ましいことがらのほうが好ましくないことがらに比べて記憶されやすく，過去の悲しかったことや悔しかったことよりも，うれしかったことや楽しかったことが思い出されやすいということである。

ある研究（Mayer et al., 1995）では，実験参加者にさまざまなカテゴリーを指定し，そのカテゴリーに属する言葉を想起させたのだが，そのときに，想起す

る言葉の最初の文字を指定した（たとえば，天気〔weather〕のカテゴリーに入るsから始まる単語）。想起された単語の感情価（たとえば，sunny〔晴れ〕ならポジティブ，storm〔嵐〕ならネガティブ）と実験参加者の気分状態を調べたところ，参加者は自分の気分と一致する感情価の単語を多く想起していた。

このような記憶の記銘や想起における気分一致効果は，先に紹介したバウアーの連合ネットワークモデルによって説明されることが多い。想起時の気分一致効果は，そのときの気分にリンクした（つまり気分に一致した）記憶や知識が活性化しやすいことで生じ，記銘時の気分一致効果は，気分に一致した記憶や知識が活性化する結果，その活性化した知識に一致した感情価の情報に注意が向きやすくなり，入念に処理される結果，記憶に残りやすくなると考えられている（Forgas & Bower, 1987）。

この記憶の気分一致効果に基づけば，良い気分のときにポジティブな感情価の情報が想起されやすく，嫌な気分のときにはネガティブな感情価の情報が想起されやすくなるため，そのときの気分状態が維持されやすいことになる。しかし，良い気分のときにはこれがあてはまるが，嫌な気分のときには必ずしもそうならないことが示されている（たとえばBlaney, 1986）。

(2) **将来のできごとの予測**　過去の記憶だけでなく，気分一致効果は将来の予測においても現れる。たとえば，自分が将来離婚する確率を予想しようとする場合，ポジティブな気分のときにはその確率は低く予想され，ネガティブな気分のときにはその確率は高く予想される。この点を検討したある研究（Mayer & Hanson, 1995）では，調査の回答者にさまざまなできごとを示し，それが起こる確率を推測させた。そして，そのときの回答者の気分も回答させた。すると，全般的に良い気分の人のほうが好ましいできごとが起こる確率を高く推測し，好ましくないできごとが起こる確率を低く推測していた。このような現象も，気分に一致した内容の知識の活性化によって説明できる。

(3) **評価・判断**　気分一致効果は，私たちの評価や判断にも現れる。たとえば，嫌な気分のときには，満員電車で隣の人がぶつかってきたときに，その人に悪意があるように思えてしまったりするのに対して，気分の良いときには，その人がよろけて転んだりしないだろうかと心配になる，というようなことを経験したことはないだろうか。客観的には同じ経験であるにもかかわらず，私たちはそのときの気分に応じた評価をしてしまいがちである。

ところで，気分一致効果の研究では，気分の効果を検討するために，実験の中で，実験参加者を良い気分状態に導いたり，嫌な気分状態に導くことが多くある。これを気分導入と呼び，さまざまな方法が考案されており，判断や評価の気分一致効果の研究でも多彩な気分導入方法が用いられている。たとえば，アイゼン A. M. らの研究では（Isen et al., 1978），実験参加者に少額のプレゼントを渡すことでポジティブな気分を導入している。参加者はその直後にプレゼントをくれた人とは無関係な人物から消費者アンケートの依頼を受け，商品の評価を行った。すると，プレゼントをもらいポジティブな気分の参加者のほうが，ニュートラルな気分の参加者に比べ，商品に対して好ましい評価をしていた。また，別の研究では，気分を高揚させるような音楽，または陰鬱なメロディーの音楽を聴かせることで気分を導入し，さまざまな人種の人たちに対する評価を尋ねた。すると，少数民族に対するステレオタイプ的なネガティブな評価が，ネガティブ気分が導入されたときに強められていた（Esses & Zanna, 1995）。このように気分の導入は，私たちが日常しばしば経験するようなことを実験場面に持ち込む形でなされることが多い。

　連合ネットワークモデルに基づくと，ポジティブな気分のときには，ポジティブな知識が活性化され，それに一致した情報を選択的に処理することになり，評価や判断がポジティブな方向に影響を受けるため，このような判断や評価における気分一致効果が生じると考えられている。ただし，判断や評価の気分一致効果については，連合ネットワークモデルによる説明のほかに次に述べるもう1つの有力な説明がある。

判断の手がかりとしての気分の利用

　シュワルツ，N. らは，判断における気分一致効果は，連合ネットワークモデルに基づく気分に一致した知識の想起（気分一致記憶）や，気分に一致した情報の選択的処理を通じて生じるのではなく，私たちが判断をするときに，そのときの気分を「手がかり」として利用することで生じると考え，巧妙な実験により，それを検討した（Schwarz & Clore, 1983）。

　私たちの気分はその日の天気にも少なからず影響される。良い天気の日に明るい気分になったり，天気が悪いと気分も暗くなるということがある。彼らはこのことを利用したのである。この実験では，電話により生活の満足度についてインタビューを行い，回答者の気分と生活満足度の回答の関係が検討された。

COLUMN 2-1 情動二要因理論

シャクターは，人が経験する情動とそれに伴う生理的喚起（動悸が速くなるなどの身体的生理的反応）は，あいまいで多様に解釈可能な経験であり，人は自分の生理的喚起を引き起こした原因を状況の中に求め，原因とみなした要因に応じた情動が経験されるとする情動二要因理論を提唱した（Schachter, 1964）。つまり，動悸が速まってドキドキしているとき，目の前に断崖絶壁があれば，「恐怖」を感じていると解釈し，目の前に魅力的な異性がいれば，「恋に落ちた」と解釈することになる。言い換えると，私たちは情動経験そのものから直接自分が感じている情動を知るのではなく，状況の中にある手がかりを用いてこれを解釈するということである。

ここでは，情動二要因理論を検証したシャクターらの実験を紹介する（Schachter & Singer, 1962）。シャクターらは，ビタミン剤が視覚に与える影響を検討するというカバーストーリーを用いて，興奮作用（心拍数の増加など）があるエピネフリンを実験参加者に与えた。半数の参加者にはその薬によって興奮するということを説明し，残りの参加者には実際に生じる反応とは異なった説明（痒みが出るなど）をした。そして薬の効果が現れるまでの間，同様の薬を与えられた他の参加者を装った実験協力者（COLUMN 3-2 参照）と一緒の待合室でしばらく待機させ，その様子を記録した。待機している間に実験協力者は，実験計画に基づき行動し，実験に対して不満を表明し，怒りを露わにする場合と，楽しそうにはしゃぎ回る場合とがあった。待機時間中の実験参加者の感情を調べると，エピネフリンの副作用（興奮する）を説明されていなかった場合は，一緒にいた実験協力者が示していた情動（怒りまたは喜び）を感じていた。興奮そのものは多様に解釈可能であるため，自分が感じている興奮が薬のせいだとわからなかった参加者は，一緒にいた人物の様子を手がかりにして，自分の興奮を自分が怒っている，または喜んでいると解釈したと考えられる。同じようにエピネフリンにより興奮状態にあっても，あらかじめエピネフリンによって興奮すると説明されていた参加者の情動は，一緒にいた実験協力者の行動に影響を受けなかった。

自分自身の生理的喚起が多様に解釈可能であるという情動二要因理論に基づき，不安による生理的喚起を他の原因に結びつけることで，不安を低減しようとするなど，病気の治療に役立てようとする動きもあった（たとえば Storms & Nisbett, 1970）。しかし，このように誤った手がかりによって情動を誤解するという現象は当初想定されたほど堅固なものではなく，限定的な現象だという指摘もある（Fiske & Taylor, 2008）。

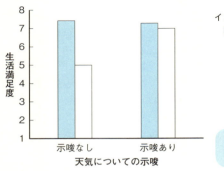

図2-2 判断の手がかりとしての気分の利用

高得点ほど生活満足度が高いことを意味する。

（出典） Schwarz & Clore, 1983 より作成。一部条件を省略。

　インタビューの電話は，晴れて天気の良い日，または雨の降る天気の悪い日にかけられた。気分一致効果で予測できるとおり，晴れている日に電話を受けた回答者（相対的にポジティブな気分と考えられる）のほうが，雨が降っている日の回答者（相対的にネガティブな気分と考えられる）に比べ，生活により満足していると回答していた（図2-2の「示唆なし」条件）。天気が悪く気分が良くないときは，その気分が反映する形で自分の生活の満足度の判断が生じていたのである。つまり，気分を判断の手がかりとして用いていることが示されたといえる。

　しかし，この結果は，連合ネットワークモデルに基づく記憶の気分一致効果によっても説明できる。つまり，天気が悪いときにはネガティブな気分になるので，その気分に一致した自分のネガティブな記憶が想起されやすくなり，その記憶に基づいて自分の生活の満足度を回答するため，雨の日のほうが満足度の評価が低くなるとも考えられる。

　そこでシュワルツらは連合ネットワークモデルに基づく記憶の気分一致効果による説明を次のような実験条件を作ることで退けた。彼らは，生活満足度を尋ねるインタビューの最初に「今日のそちらの天気はどうか」と回答者に尋ね，その日の天気に注意を向けさせる条件を設けた（示唆あり条件）。この条件であっても，天気が気分に影響することは変わらないので，それに基づく記憶の気分一致効果は生じると予測される。ところが，図2-2に示されたとおり，この

示唆あり条件では，雨の日と晴れの日の回答者間の生活満足度の差は消失した。つまり，天気に注意を向けていないときは，回答者の判断は天気の影響を受けたが，天気に注意を向けた場合の回答は，天気の影響を受けなかった。その日の天気を尋ねられることで，回答者は，自分の気分が天気の影響を受けている可能性に気づき，その影響を排除する形で生活満足度を回答していたのである。言い換えれば，自分の気分が天気に影響されていると自覚した場合には，気分を判断の手がかりとして利用せず，その気分に一致した判断はしなかったが，気分が生じた原因について示唆されず，気づかない場合は，気分を判断の手がかりとして用いたために，判断の気分一致効果が生じていたと考えられる。このように人が何かを評価するときに，自分の感情を判断対象に対して自分が感じていることの手がかりとみなして利用するという説明を**感情情報（機能）説**（mood as information）とよぶ。

さらにこの実験から，私たちは自分自身を含めた対象について判断するとき，自分の感じている気分を手がかりとして用いることがあるが，その気分が判断の対象によってもたらされているのではなく，別の原因によるものだとわかれば，その影響を排除しようとすることがわかる。

気分の制御に伴う気分一致効果の逆転

また，私たちは，生じた気分をひたすら受動的に受けとめ，それを感じているだけではなく，自分の気分を能動的に制御しようとすることもある。これを**気分制御**（mood regulation）とよぶ。特に気分を制御する必要がない場合は，生じた気分に対して能動的に働きかけることがないため，さまざまな形で気分一致効果が生じると考えられる。気分に一致する記憶を想起したり，気分に一致する情報を選択的に処理する気分一致効果は，その気分を持続させるよう働く。そのため，自分の気分を制御する必要が生じた場合には，そのときの気分とは異なる記憶を想起したり，情報を選択的に処理するという方略がとられ，その結果，気分と想起の感情価が一致しないことなどが生じることになる。

では，気分が制御され，気分一致効果が生じないのはどのような場合だろうか。嫌な気分のときには気分一致効果が生じない場合があることを前述の記憶の気分一致効果の説明の最後に述べた。この現象は，嫌な気分のときにはその気分を改善したいと動機づけられることによって生じると説明されてきた（た

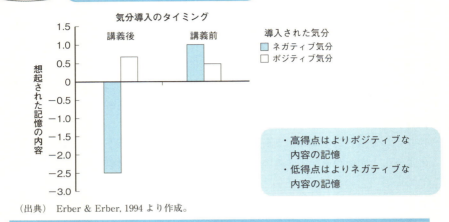

図2-3 ● 気分制御と想起された記憶

(出典) Erber & Erber, 1994 より作成。

とえば，Isen, 1984)。つまり，嫌な気分のときにはその気分を改善したいという，気分改善動機が働き，好ましい内容の記憶を想起しようとするために，気分一致効果が生じないというのである。

　これに対して，良い気分でも嫌な気分でも，私たちは必要に応じてそれを制御するという説明もある。たとえば，これから大事なことが控えているとき，私たちは冷静になろうとするだろう。このときに何かのきっかけでポジティブな気分あるいは，ネガティブな気分になったとしたら，その気分を抑えようとするのではないだろうか。アーバーらは，大学の講義を利用してこのことを検討した（Erber & Erber, 1994)。彼らの実験では，半数の参加者は講義の前に，残りの半数の参加者は講義の終了後にポジティブまたはネガティブな気分を導入され，その後，自由に自分の過去について想起をした。講義に集中したい場合，ポジティブあるいはネガティブ気分はその妨げになる。そのため，講義前にいずれかの気分を導入された場合は，気分を制御しようとするため気分一致効果が生じなくなると考えられる。一方，講義の後に気分を導入された場合は，気分を制御する理由が特にないため，導入された気分の影響がそのまま生じ，気分一致効果が現れると予測できる。実験の結果は，この予測を支持するもので，図2-3に示されるように，講義後に気分を導入された場合は，気分に

一致した記憶を想起したが，講義前にネガティブな気分を導入されてもポジティブな記憶が想起され，記憶の気分一致効果とは逆の現象が生じていた。

また，アーバーらの他の実験（Erber et al., 1996）では，他者と一緒に作業をする前には気分の制御が生じやすいことが示されている。この実験の参加者はポジティブあるいはネガティブな気分を導入され，その後で別の課題を行うと説明された。課題の前に彼らは新聞記事を選んで読むように求められたのだが，このとき，後の課題は別の参加者と一緒に行うと告げられていた参加者は，気分とは一致しない内容の新聞記事を選ぶ（ポジティブ気分が導入されたほうがより暗い内容の新聞記事を選ぶ）傾向にあった。一方で，後の課題は自分1人で行うと告げられていた参加者は，自分の気分と一致する内容の新聞記事を選ぶ傾向にあった。自分の気分と反対の感情価の新聞記事を読むことは，生じている気分をニュートラルな状態に戻す効果があると考えられる。つまり，他者と一緒に作業をすると告げられた参加者は，気分をニュートラルな状態に戻すような記事を選んでいたことになる。アーバーらは，これら一連の研究結果から，私たちは自分が置かれた社会的状況に適切な気分になるように，自分の気分の制御をすると論じている。私たちは，日常の中で必要に応じて自分の気分の制御を試みているようである。

気分が情報処理スタイルに与える影響

これまでのところでは，ポジティブな気分やネガティブな気分がどのような記憶を想起させやすいか，どのような予測，評価や判断を導きやすいか，言い換えれば，情報処理や思考のアウトプット（出力）にどう影響するかをみてきたが，気分は，私たちの情報処理あるいは思考のスタイルそのものにも影響する。これまでの研究からは大まかに，ポジティブな気分はヒューリスティックやスキーマなどの既有知識に依存したトップダウンな情報処理や思考を導きやすく，ネガティブな気分は個々の情報に着目したボトムアップで分析的な情報処理や思考を導きやすいことが示されてきている（Schwarz, 1990）。つまり，私たちは，ネガティブな気分のときに比べて，ポジティブな気分のときには，情報を十分に吟味せずに判断しがちであるといえる。

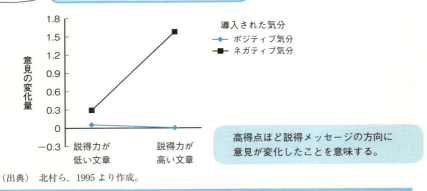

図2-4 ● 気分と説得メッセージの効果

高得点ほど説得メッセージの方向に意見が変化したことを意味する。

(出典) 北村ら，1995より作成。

説得情報の処理 　北村ら（1995）は，説得情報の処理を題材にして，気分と情報処理スタイルの関係を検討した。彼らは，参加者にポジティブまたはネガティブな気分を導入し，その後「長電話はよくない」という内容の説得力の高い文章か，説得力の低い文章を読ませた[1]。そして，どの程度説得文の方向に意見が変化するかを検討した。

　よく考えて説得文を読んだ場合は，説得力の高い文章には説得されるが，説得力の低い文章には説得されないと考えられる。したがって，分析的思考をしやすいネガティブな気分のときには，説得力の高い文章によってのみ説得されると考えられる。一方，そうでないポジティブな気分のときは，文章の内容をよく吟味しないため，文章の説得力の違いによる効果は認められないと予想される。実験の結果は予想どおりで，図2-4に示したとおり，ネガティブな気分のときは，説得力の高い文章に説得されたが，ポジティブな気分のときは，どちらの文章にも説得されなかった。

ステレオタイプの使用 　説得文の理解だけでなく，他者について評価，判断するときの情報処理スタイルにも気分の影響がある。たとえばボーデンハウゼンらの実験では，参加者はある学生の暴力

---

[1] この実験が実施された当時，まだ携帯電話は普及しておらず，家庭の固定電話を家族全員が使用していた。そして，若者はよく長電話をする傾向にあったが，親の世代においては，電話は要件を伝える手段だという認識が強く，長電話をよくない習慣だととらえる人が多くいた。

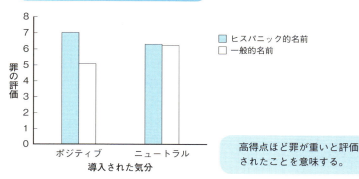

FIGURE　図2-5 ● 導入された気分と罪の評価

高得点ほど罪が重いと評価されたことを意味する。

（出典）　Bodenhausen et al., 1994 より作成。

行為を記述した文章を読み，その罪がどの程度のものであるかを評定した（Bodenhausen et al., 1994）。この評定作業をする前に，半数の参加者は，ポジティブな気分を導入されていた。また，記述文は2種類あり，そこに書かれていた違法行為をした人物の名前のみが2つの記述文の間で異なっていた。片方では，その人物の名前はヒスパニック（ラテンアメリカ系）特有の名前であった。もう一方の記述文では人物の名前は特定の人種と結びつきがない名前であった。この実験はアメリカで行われており，アメリカ社会ではヒスパニックの人々に対してはネガティブなステレオタイプが存在する。以下の実験結果を理解するにあたっては，このことをふまえてほしい。

　実験の結果は，図2-5に示したとおりで，ポジティブな気分を導入された場合は，名前がヒスパニック的なほうが，その人物の罪は重く評価されていた。そして，気分が導入されていない場合は，名前による評価の違いはなかった。これは，ポジティブな気分の場合は，記述文を詳しく検討せずに，名前から推測される人種のステレオタイプに基づいた判断が生じやすいことを示していると考えられる。後続の実験で，ポジティブな気分を導入した後に，「人物の評価について後できちんと説明させる」という教示をし，よく考える必要性を高めた場合には，この気分による効果は消失したことからもその裏づけを得ることができる。

以上みてきたように，ネガティブな気分のときには，ポジティブな気分のときに比べてより分析的な情報処理が行われ，熟慮しやすくなるといえる。一方，ポジティブな気分のときには，ステレオタイプやヒューリスティックといった単純な手がかりに依存した判断が生じやすいといえる。気分が情報処理のスタイルに影響することに関する説明は複数存在するが，代表的な説明としては，私たちの感情は私たちがおかれている環境についての手がかりとなっているというものである。つまり，ポジティブな気分であることは環境が良好であり，問題がないことを意味するので，外界の情報を細かく吟味する必要性は低いが，ネガティブな気分であることは環境に問題があり，それを改善すべき状態にある（たとえば，何か危険が迫っている）ことを意味するので，問題解決的な熟慮的な情報処理過程が働くだろうと考えるのである（Schwarz, 1990）。

SECTION 3　判断の手がかりとして利用される主観的感覚

　先の天候が気分に影響することを利用したシュワルツ，N. らの実験（Schwarz & Clore, 1983）では，人が自分自身に関する評価を行う際に，そのときの自分の気分を判断の手がかりとして用いていることが示されていた。しかし，私たちが判断の手がかりとして用いる主観的経験は，気分だけにとどまらない。日常の情報処理の過程で，私たちはさまざまな感覚を経験する。たとえば，あることがらを理解することがたやすいか，難しいか，あるいは，あることがらを思い出すことが容易であるか困難であるかなど，自分の行っている情報処理に対する主観的感覚を経験する。このような主観的感覚も気分と同様に判断や推論の手がかりとして用いられる。ここでは，そういった主観的感覚がどのように判断の手がかりとして利用されるのかをみていく。

　　　　　　　　　　　　　はじめて接する新奇な対象（新奇刺激とよぶ）に繰り返し接することにより，その対象に対する好意が上昇する。この現象を単純接触効果（mere exposure effect）とよぶ。この現象は，見知らぬ人の顔写真やよく知らない言語の文字（アメリカ人にとっての漢字）を用いた実験において，何度も呈示した刺激のほうがそうでない刺激より好まれることを示したザイアンスの研究（Zajonc, 1968）以来，人物，商品，

図形，音楽など広範な刺激において生じることが確認されている（Bornstein, 1989）。繰り返し耳にするコマーシャルに使われていた音楽をいつのまにか好きになっていたりするのは，単純接触効果によるものだと考えられるだろう。また，閾下（見えた，聞こえたと感じられないほど短時間）で刺激を呈示しても同様の現象が生じることも知られており，自分ではその刺激を以前に見たことがあると意識できなくても，その刺激を好ましく感じるようになる（Kunst-Wilson & Zajonc, 1980）。ただし，単純接触効果には制約があり，嫌悪的な刺激でも何度も接することによってそれを好きになるわけではなく，もともと好きでも嫌いでもないような中庸な刺激に対して生じる現象だという点に注意が必要である。

単純接触効果を生じさせているメカニズムの説明は複数存在し，現在も論争が続いているが，基本的には，何度も接することで，その刺激に対する処理がたやすくなることが鍵であると考えられている。このように経験される処理の容易さを処理の流暢性（processing fluency）とよぶ。処理が流暢だと感じられることで，その刺激に対して親近感を覚え，それが好意につながると考えられている。

また，繰り返し接した刺激については，好意が上昇するだけでなく，その刺激をよく知ったものだと誤判断することもある。人の名前を刺激として使用した実験では，有名人の名前ではない名前に繰り返して接すると，それを有名人の名前だと誤りやすくなることが示されている（Jacoby et al., 1989）。繰り返し接することで処理の流暢性が高まり，刺激に対して熟知感が生じるためと説明されている。

処理の流暢性は，繰り返し接することだけでなく，たとえば，刺激そのものが明瞭で見やすいかどうか，発音しやすいかどうかなど，さまざまな方法によって高めることができる。近年では，このように異なる方法によって生じる処理の流暢性の効果の共通性を見いだそうとする試みもなされている（Alter & Oppenheimer, 2009）。

検索容易性　第1章で説明した利用可能性ヒューリスティックは，ものや事象の数の多さや頻度を推測するときに，その事例を簡単に思いつくことができること（＝想起の容易さ）を手がかりにして判断する方略だと説明した。つまり，事例の想起の容易さに関する

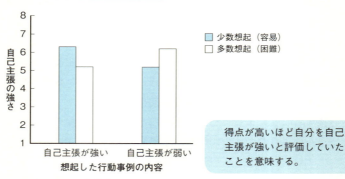

図2-6 検索容易性と自己評価

得点が高いほど自分を自己主張が強いと評価していたことを意味する。

（出典） Schwarz et al., 1991 より作成。

主観的感覚が，事例の数の多さの判断の手がかりとして用いられていることが想定されている。しかし，想起が容易だと感じられるのは，実際に簡単にいくつもの事例を思いついているからだとすると，簡単に思いついたことではなく，実際に思いついた多数の事例をもとに，数が多いと判断した可能性も考えられる。そこで，実際に思い出した量ではなく，簡単に思い出せたかどうかという想起の容易さの主観的感覚が判断に用いられているのかという点が検討された。

シュワルツらは，自分自身に関する記憶の検索（想起）の容易性（ease of retrieval）の主観的感覚が，自分自身に対する評価に影響することを示した。この実験では，検索容易性を，少数の事例を思い出させるか（容易），多数の事例を思い出させるか（困難）という条件を設定して操作した（Schwarz et al., 1991）。

彼らは，半数の実験参加者には自分自身が自己主張が強いような行動をとった事例を6個思い出すように指示し，残りの半数の実験参加者には同じことを12個思い出すように指示した。後者の条件のように多くの事例を記憶の中から探し出すのは非常に困難な作業だが，前者の条件のように数が少なければ，探し出すのは比較的簡単だと考えられる。想起の後，すべての実験参加者は自分がどの程度自己主張が強い人間か評価するよう求められた。

図2-6の左側のグラフに示されるように，自己主張が強いことを示す行動事

例を想起した条件では，自分自身についての自己主張の強さの評価は，多数の事例を想起した条件で低くなっていた（白色のバー）。これは，多くの事例を思い出さなくてはならない場合，事例を思い出すことが難しいため，なかなか事例を思い出せないという主観的困難さの感覚に基づいて，自分はそれほど自己主張的ではないという判断を下したことによると考えられる。この実験では，自分が自己主張が弱い行動をとった事例を思い出す条件も設けられており，自己主張が強い行動をとった事例を思い出す条件と同様の結果（事例を多く想起する条件のほうが自己主張が強いと評価する）が示されている。

　当然，想起が容易な少数想起条件では，多数想起条件に比べ，事例は少数しか想起されない。よって，想起された内容に基づいて判断がなされているなら，自己主張が強い事例を想起した場合は，少数しか想起しない条件のほうが，多数想起する条件に比べて，自分は自己主張が弱い（強くない）と判断すると予測される。しかし，結果はその逆であり，想起された内容ではなく，想起の容易さが判断の手がかりとして利用されているといえる。

　しかし，主観的手がかりの利用のされ方は一意的に定まっているわけではない。たとえば，ウィンキールマンとシュワルツの研究では，検索の容易さに関する説明を実験参加者に与えることで，検索容易性の主観的感覚が説明に応じて異なった形で判断の手がかりとして利用されることが示されている（Winkielman & Schwarz, 2001）。この研究では，実験参加者は自分の子ども時代のできごとを想起するよう求められた。検索容易性は前頁で説明したシュワルツらの研究と同様に想起する事例の数で操作され，半数の参加者は多数（12），残りの参加者は少数（4）の想起を求められた。さらにこの実験では，参加者に対して子ども時代の記憶の想起の容易さや困難さについて説明することによって，検索容易性の意味づけに関する操作を行った。具体的には半数の参加者には幸せな期間の記憶は想起しにくい（特に困ったことなどがないため記憶に残らない）と説明し，残りの参加者には，不幸せな期間の記憶は想起しにくい（嫌なできごとは思い出さないようにするため）と説明した。想起作業の後に参加者は，自分の子ども時代がどの程度幸せであったかを評定したが，多数の事例の想起を求められ，子ども時代のできごとの想起の困難さを経験した多数想起条件では，子ども時代の幸福度の評定は，与えられた説明に沿ったものとなった。つまり，幸せな期間は想起しにくいと説明された場合のほうが，不幸な期間は想起しに

> **COLUMN** 2-2 実験結果の読み方

　本書では，さまざまな実験の結果が説明されているが，それらの結果を理解するにあたり頭に入れておいてほしいことがらをここで簡単に説明したい。

　社会心理学における実験研究は，COLUMN 1-1 で説明したように，独立変数を操作し，従属変数を測定し，独立変数が従属変数に与える効果を検討する形をとる。たとえば，第1章1節のケリーの実験では事前に与える情報が独立変数として操作されていた。そして，「温かい」という情報と「冷たい」という情報を与えられた2つの条件を比較し，それぞれの条件によって従属変数である，臨時講師に対する印象がどう異なるかを検討している。これは実験のデザインとしては，最も単純な形である。

　しかし，通常このような単純なデザインの実験は少なく，複数の独立変数が操作され，その組み合わせの効果が検討されることが一般的である。本章2節でとりあげた，ボーデンハウゼンらの実験を例にとると，この実験では導入された気分と暴力行為をした学生の名前という2つの独立変数が，それぞれ，ポジティブな気分かニュートラルな気分か，そしてヒスパニック系の名前かそうでないかの2つの水準で操作されていた。このような実験のデザインは2つの独立変数が組み合わさることで，片方の独立変数の効果が異なることを示そうとする場合に用いられる。つまり，この場合は，名前がヒスパニック系かどうかということは，ポジティブ気分と組み合わさった場合には罪の評価に影響するが，ニュートラル気分と組み合わさった場合には罪の評価に影響しないことを示そうとしているのである。原理的には独立変数の組み合わせに制限はないが，仮説が複雑になり説明が困難になるため，3つを超えた独立変数が組み合

くいと説明された場合に比べて，自分の子ども時代を幸福だと評価していた。このように，主観的な検索容易性の感覚が手がかりとして判断に用いられるときにどのように利用されるかは，容易性の意味づけに依存するといえる。

感情の適応的意味

　ここまでのところ，主に弱い感情である気分の影響についてみてきた。そし

わせられることはまれである。
　この実験では，ポジティブ気分においては，ヒスパニック系の名前のほうがそうでない名前の場合よりも罪が重いと評定されたと説明した。これは，言い換えると，ポジティブ気分のときには，ヒスパニック系の名前の場合の罪の評価とそうでない名前の場合の罪の評価の間に「差」があったということである。本書で実験結果の説明において「差」があったと書かれている場合は，専門的にいえば「有意（統計的に意味のある）」な「差」があったということを意味する。「有意な差（有意差）」とは，同じ実験を繰り返せば同じ方向の「差」が生じる可能性が十分に高い（つまり，実験で示された「差」が確かな結果である）ことを意味している。有意な差があるかどうかは統計的検定とよばれる方法に基づいて判断される。
　逆に，図の中では条件の間に差があるようにみえても，本文でその条件間に差がないと説明される場合もある。その場合は，その差は有意な差ではないということである。たとえば，図2-2の示唆あり条件でも晴天と雨天のグラフの高さにはわずかな違いがみてとれるが，この間には有意な差はない。したがって，この条件での晴天と雨天での生活満足度に違いがなかったということになる。
　本書では，統計的検定についての説明は省略されているが，実験研究だけでなく，調査研究においても統計的分析によって明らかになった有意な効果に基づいて研究結果を説明している。

て，気分を大きくポジティブとネガティブの2つに区分して，その影響を説明したが，私たちが主観的に経験する感情は，もっと細分化されている。たとえば，ネガティブな感情には怒り，悲しみ，不安などのさまざまな種類の感情がある。これらをネガティブな感情という名のもとに一括りにし，同じ働きをするものとして扱うことはできない。

怒り感情にみる感情の適応的役割

　たとえば，同じネガティブな感情でも，怒りと悲しみの感情は他者に対して異なった評価をもたらす場合がある。人には，自分が属していな

> **COLUMN** 2-3 多様な感情の研究

　第2章4節では，怒り感情を中心にとりあげたが，社会心理学では他にもさまざまな感情の働きについて研究が進められている。ここではその一端を紹介したい。
　感情の中でも特に他者との関係に関わる感情は，社会心理学において多くの研究がなされている。その代表例として，ここでは恥（shame），罪悪感（guilt），社会的不安（social anxiety）をとりあげる。恥と罪悪感はどちらも，悪い行いに対して感じるネガティブな感情であるが，両者にはさまざまな違いがある。恥は「いけないことをしてしまった私」に対して感じる感情であるのに対し，罪悪感は「いけない行い」に対して感じる感情だとされる。感情のもつ機能的側面に着目すると，罪悪感は，その感情をぬぐい去るために社会的に望ましい行動（たとえば，人助け）を引き起こし，私たちに道徳的規範を遵守させる働きがあると考えられている。一方，恥は，自己防衛的行動を引き起こすが，極端なケースでは，他者に対する攻撃が生じる場合もあり（恥をかかされたことが原因で暴力をふるう），罪悪感のように道徳的な働きは弱いと考えられている。
　社会的不安とは，不安の中でも他者との相互作用において経験する不安である。この不安は，他者に対してよい印象を与えたいと望んでいるにもかかわらず，そうできないだろうと思うことによって生じると説明されている。この不

い集団（外集団）に比べて自分の属している集団（内集団）を良く評価したり，有利になるように働きかけたりする傾向があり，これを内集団バイアス（in-group bias）とよぶ（詳しくは第9章を参照）。この傾向は，怒り感情が生起したときに強まるが，同じネガティブな感情でも悲しみの感情によっては，生じない（DeSteno et al., 2004）。つまり，この場合内集団バイアスは，ネガティブな感情に一致するように外集団を否定的に評価したことによって強まったのではなく，怒り感情によって生起していると考えられるのである。このことから，集団同士が接触する際には，怒り感情が集団同士の敵対性を強める働きをもっている可能性が考えられ，集団同士が競争関係，対立関係にある場合に怒り感情が適応的な行動を導く役割を果たしていることが示唆される。
　個々の感情はその感情と密接に結びついた行動を促進する働きがあるという

安を感じることで，（おそらく望ましくない印象を与えるであろう）他者に対するふるまいを修正することができると考えられ，他者に悪印象を与える可能性を低減させる役割があると考えられる。しかし，過度に社会的不安を経験することは，適切な行動を阻害する可能性が高く，問題となる。

このようにネガティブな感情について，その感情が生起する条件をその感情が導く行動と併せて検討することで，その感情の機能が検討されている。

上記の3つの感情はいずれもネガティブな感情であったが，ポジティブな感情の中では，幸福感（happiness）の研究が盛んに行われている。これらの研究でとりあげられる幸福感とは，天にも昇るような至福の状態を指しているのではなく，自分の人生全体に対する満足感のような全体的評価に関わる感情である。幸福感に影響を与える要因の幅広い検討から，収入や健康の影響は弱いが，対人関係の影響は大きいことが示されてきている。また，個人差の影響も大きく，幸福感の高さは人による違いが大きいこと（幸福感の高い人は一貫して高く，低い人は一貫して低い傾向にある）なども明らかになってきている。

感情は，社会心理学以外のさまざまな心理学の領域でも研究されるテーマであり，領域を越えた統合的な研究の必要性が高まっている。その中で，他者との関係の中で経験される感情の解明においては，社会心理学的なアプローチによる貢献が期待されている。

視点で感情の働きをとらえることは，なぜ人には感情があり，そしてその感情のかなりの部分が文化を越えて人に共通しているのかという問題を考える際に重要となってくる。このような視点でその適応的価値が検討されている感情の代表的なものが怒り感情であろう。怒り感情は攻撃行動と密接に関係している。もちろん，怒り感情が生起すれば必ず攻撃行動が生じるというような単純な関係ではないが，怒り感情の生起は全体でみれば，攻撃行動が生じる可能性を高めているといえる。これは，逆にいえば，必要なときに攻撃行動をとらせるために怒り感情があるとみることもできる。

攻撃行動には，多くの場合リスクが伴うため，冷静に損得を計算した場合は，攻撃行動をとらないほうが得策であることが多い。たとえば，誰かに自分の大切なものを壊されたからといって，その人に対して攻撃をしかければ，報復に

あって怪我をして損失をさらに大きくしてしまうかもしれない。しかし，だからといって絶対に攻撃をしてこない人間だと他者からみなされてしまうと，そこにつけこまれてしまうかもしれない。言い換えると，他者によって理不尽な損失を被った場合には，攻撃に対するリスクを顧みずに攻撃行動をとることができたほうがさらなる大きな損失を未然に防ぐことができると考えられる。このように怒り感情の適応的役割とは，最終的に自分を守るためにリスクを顧みずに他者を攻撃するよう働きかけることではないかとも考えられるのである（より詳しい議論は Frank, 1988）。

公正さを守る怒り感情

また私たちは，不公正なことをしている人に対して憤りを感じ，その人は罰を受けるべきだと思う。けれどもその人を罰することは，直接的には何の利益ももたらさない。それにもかかわらず私たちには，不公正な行動をとった他者を罰することが自分の直接の利益にならず，むしろ不利益になる場合でも，相手を罰しようとする傾向があることが見いだされている。このことを典型的に示すのは最後通告ゲームを用いた実験であろう。最後通告ゲームでは，実験参加者は分配者と受け取り者のどちらかの役割になる。分配者は一定の金額（たとえば，1000 円）を与えられ，それを自由に自分ともう 1 人の受け取り者とに分配してよい。受け取り者には交渉の余地はないが，拒否をすることができ，受け取り者が拒否をすれば分配は成立せず，両者とも何ももらえなくなる。基本的に両者は顔を合わせることはなく，誰が誰に分配したのかお互いにわからない状況でこのゲームは行われる。

このゲームにおける分配者の合理的な行動は，とれるだけの金額を自分のものとすることである。そして，受け取り者の合理的な選択は，たとえ分配額が 1 円であってもそれを受け取ることである。しかし，実際にこのゲームをすると，半分以下の金額しか分配されない場合，受け取り者はかなりの確率で拒否をする。これは得られる利益を捨ててでも，相手を罰する行為とみなすことができる。このように目の前の利益を犠牲にしてでも公正さを追求することを怒り感情は助けている可能性が考えられている。

しかし，一方で，怒り感情が生起したときに，一律に攻撃したり，外集団に対して差別的評価をするわけではないこともわかってきている。怒り感情が生起しているときには，必ずしもヒューリスティックに依存した判断が生じるの

ではなく，ヒューリスティックは，その利用が状況に適しているときのみに利用され，そうでない場合には，さまざまな情報を吟味する熟慮方略がとられることを示す研究もある（Moons & Mackie, 2007）。このようなことから，怒り感情の役割は単純に攻撃行動を促進するというものではなく，状況に応じた行動を導くことができるように私たちの情報処理過程に影響を与えている可能性も考えられる。

　怒り以外の感情についても，同様の枠組みで，どのような適応的な反応を導く役割が備わっているのかという視点からの検討が求められている。また，近年では，神経生理学的な手法も導入し，より基礎的なレベルでの感情の意味についての研究も進められている。社会心理学の中で明らかにされてきた社会的存在としての人間にとっての感情の仕組みや働きについての研究の知見と，このような基礎的な研究の知見とを有機的に結びつけることが期待されている。

　感情や主観的感覚は，私たちがその働きを意識しないために思考や判断に影響を与える場合と，逆に意識したために影響が生じる場合があることをみてきた。前者の影響は，感情が私たちの知識の活性化や，情報処理のスタイルに直接影響する形となる場合が多く，後者は意識された感情や主観的感覚を手がかり情報として利用することで影響が生じる場合が多い。さらに感情の影響についてはそのメカニズムの解明だけでなく，その適応的価値についても研究が進められており，感情は，心理学の多領域にまたがる重要な研究テーマである。

BOOK GUIDE　●文献案内

北村英哉，2003『認知と感情——理性の復権を求めて』ナカニシヤ出版
　●認知の仕組みの解説から感情を含めた主観的経験の影響など幅広いテーマをわかりやすく解説。本書の第1, 3, 5章とも関連している。

北村英哉・木村晴編，2006『感情研究の新展開』ナカニシヤ出版
　●社会的認知の分野における感情研究の最新の研究が紹介されており，充実した内容である。専門的ではあるが，本の前半で基礎的な理論やモデルが紹介されているため，必要な知識を得ながら読み進むことができる。

戸田正直，1992『感情——人を動かしている適応プログラム』認知科学選書24，東京大学出版会
　●感情の適応的機能をアージ理論によって説明している。感情は何のために人に備わっているのかを考えるためには必読の1冊。

高橋雅延・谷口高士編，2002『感情と心理学——発達・生理・認知・社会・臨床の接点と新展開』北大路書房

●心理学のさまざまな領域における感情に関する研究が紹介されており，研究方法も含めて幅広く感情研究を知ることができる。

> Chapter 2 ● 考えてみよう
> ❶ ポジティブな感情のとき，ネガティブな感情のとき，それぞれの場合，自分の思考がどのような影響を受けるか整理してみよう。
> ❷ 自分の体験から記憶の気分一致効果と考えられる事例を考えてみよう。
> ❸ 気分が情報処理に与える影響を利用して他者を説得しようとする場合，どのような方法が考えられるだろうか。

第 3 章 心と行動をつなぐ非意識的・自動的過程

意識されない（できない）心の働きの目に見える影響

「なぜそのアイスクリームを選ぶのですか？」

CHAPTER 3

- KEYWORD
- FIGURE
- TABLE
- COLUMN
- BOOK GUIDE
- SEMINAR

近年研究が急激に進展している非意識的過程や行動の自動性に関する研究をとりあげる。私たちが意識できない非意識的過程の役割はまだ十分に解明されていないが，その働きの範囲はかなり広いことが明らかになってきている。特に，本章では，行動の自動性とそのメカニズム，非意識的模倣とその役割，そして自動的な目標追求について研究を紹介しながら非意識的過程が導く自動的な行動について解説する。最後に非意識的過程の存在をふまえたうえで，意識的過程の役割について考察する。

SUMMARY

> **KEYWORD**
> 非意識的過程　観念運動行為　行動表象　特性の概念　カテゴリー
> プライミング　重要他者　目標　目標伝染　非意識的模倣

　アイスクリーム屋の店先には何十種類ものアイスクリームが並べられている。その中から自分の食べたいアイスクリームを選ぶとき，私たちはどうやって決めているのだろうか。いつもチョコミントを食べると決めている人もいるかもしれないが，「今日はチョコミントが食べたい」と思って注文することもあるだろう。では，そのときどうして，バニラではなく，チョコミントが食べたいと思ったのだろうか。

　「なぜ，そのアイスクリームを選んだのか？」。そう尋ねられれば，人は「今日はちょっと疲れているから，刺激があったほうがいいと思ってチョコミントを選んだんだ」というように，簡単に答えることができる。しかし，その回答はその人がそのアイスクリームを選択した本当の理由なのだろうか。

　実は，このような選択には非意識的過程（unconscious process）が大きく影響している。非意識的過程とは，私たちが意識することのできない認知過程を指している。

　そもそも意識することができない心理過程について研究するということ自体が挑戦的なことであるが，過去30年ほどの間に自分で気づかないうちに行動を生起させる非意識的過程についての研究はおおいに増え，二十数年前に社会心理学者たちが想定していたよりもずっと多くのことが非意識的過程を通して起こっていることが明らかにされつつある。意識的にはアクセスできない心理過程の働きについての研究は，第1章でとりあげた，概念の活性化の仕組みや第2章でとりあげた記憶の気分一致効果などのように，これまでにも幅広い領域でなされてきた。それに対して本章でとりあげる，意識できない心理過程が自動的に行動を導く働きを明らかにしようとする研究は，1990年代後半より急激に進展したものであるが，人間の社会的行動を理解するうえで非常に重要な知見を示しており，そのインパクトは非常に大きい。本章ではその一端を紹介する。

　この意識できない心理過程を無意識的過程とよぶ場合もあるが，精神分析学用語としての無意識との混同を避けるためにここでは非意識的過程とよぶ。た

とえばフロイトが重要視した無意識とは，単に意識的なアクセスができない無意識の過程ではなく，抑圧された無意識であった。しかし非意識的過程の研究では，抑圧されたからではなく，そもそも私たちが意識することができない心理過程の働きを検討する。そして，フロイトが精神分析によって無意識を意識化すると考えたこととは異なり，非意識的過程の研究では基本的にそのような意識化はできないという前提に立ち，本章でも紹介するさまざまな研究手法を用いることで，非意識的過程のメカニズムを明らかにしようとする。本章を読み進める際には，このような違いを念頭においてほしい。

 目に見える行為に影響する非意識的な過程

　ニスベットとウィルソン，T. D. は，私たちは本当はなぜ自分がそうしたのかを知らない場合であっても，もっともらしい理由を作り上げて答えてしまうことを示した（Nisbett & Wilson, 1977）。たとえばある実験では，実験参加者にテーブルに並べられた 4 足のパンティストッキングから最もよい品質のものを選択させ，その理由を尋ねた。すると，4 割の人が最も右側に置かれたストッキングを選択した。実際にはストッキングはすべて同じものであったので，右側に置かれたストッキングは，品質によってではなく，置かれた位置によって選ばれやすかったのだが，参加者たちはそれぞれにもっともらしい理由，たとえば，「伸縮性が優れている」などを挙げた。この場合，参加者は自分が右端のストッキングを選択した真の理由（置かれていた位置）に気づいていなかった。しかしその選択の理由を尋ねられると，その理由を作り上げて答えることができたのである。この研究は，私たち自身の心理過程について 2 つの興味深い示唆を与えてくれる。1 つは，私たちが自分の行動を生起させている心理過程を正しく把握できないことであり，もう 1 つは，それにもかかわらず，自分が納得できるような説明をしてしまうということである。

　このように，自分の選択，決定，評価を導く高次の心理過程のすべてを私たちはたどることができるわけではない。最初のアイスクリームの例に戻れば，実は，数分前に友達と立ち話をしているときに脇を通り抜けた女の子がチョコミントのアイスクリームを食べていたのを目にとめたのかもしれない。それで

チョコミントが食べたいと思ったのかもしれないのだが，それはほんの一瞬のことであったし，特に注意して見ていたわけではないので，自分では思い出せないかもしれないのである。しかし，その経験によってチョコミントのアイスクリームの知識が活性化したため，アイスクリーム屋の店先でアイスクリームを選ぶ際にチョコミントが想起されやすかったのかもしれないのだ。

SECTION 2 概念や表象の活性化に導かれる行動

行動表象の活性化と
自動的な行動の生起

(1) **行動表象の活性化**　第1章でとりあげたように，ある概念が活性化すると，後続の情報がその活性化した概念に沿うように解釈されやすくなる。しかし，概念が活性化することの影響は，後続情報の処理だけにとどまらない。行動についての知識も私たちの長期記憶の中に蓄えられており，ある行動に関する知識が活性化することにより，その行動が生起する可能性が高められると考えられる。この考え方は古くからあり，ジェームズは，「ある行動をとることを考えるだけでその行動をとりやすくなる」と主張し，これを観念運動行為（ideomotor action）とよんだ（James, 1890）。現代の心理学用語で言い換えれば，その行動を行う場面を想像することで，その行動表象（behavioral representation）が活性化し，その行動が自動的に導かれやすくなるということになる。ある行動をスムーズに行うために事前にそのイメージを思い描くことは，誰もが試みることであるが，事前に行動をイメージすることは行動表象を活性化させることととらえることができる。ここで用いる表象という用語は，内的（心的）表象，つまり心の中に表現されたものを指す。行動表象とは，心の中に表現された行動に関する知識ととらえてほしい。

(2) **特性概念やカテゴリー知識の活性化による行動表象の活性化**　では，その行動をイメージしなければ，行動表象は活性化しないのだろうか。その行動のことを直接考えなくても，行動表象に結びつけられている特性の概念（以下では特性概念とよぶ）やカテゴリー知識が活性化すれば，行動表象は活性化すると考えられる。たとえば，「親切」という特性概念が活性化すれば，それに結びついた親切に関する行動表象（親切な行動についての具体的知識）もまた活性化す

ることになる。さらには、「親切」という特性概念と結びついたカテゴリー（たとえば看護師）が活性化することでも、同様に親切に関する行動表象が活性化すると考えられる。そして、その活性化を導いた経路によらず、活性化した行動表象は、その行動の生起可能性を高める。言い換えると、その行動が自動的に導かれることになる。

　バージらは、特性概念の活性化に基づく行動表象の活性化がその行動の生起可能性を高めることを示すために巧妙な実験を行った（Bargh et al., 1996）。行動表象の活性化の効果を直接確かめるために、彼らは実験参加者にそれと意識されないように「礼儀正しい」（polite）または「不作法」（rude）という特性概念のプライミングを実験課題に組み入れて実施し、その後の行動を観察した[1]。参加者は実験課題が終了した時点で別室にいる実験者にそのことを伝えにいくことになっていた。実験参加者がそのことを伝えにいくと、実験者は他の人と話をしている最中であった。この会話は実は実験の一部であり、このとき、実験参加者が実験者の会話に割り込むまでの時間が測定された。もし、プライミングの効果があるなら、「不作法」をプライミングされた場合のほうが、「礼儀正しい」をプライミングされた場合に比べて、早く会話に割り込むと考えられる。結果は予測を支持するもので、「不作法」をプライミングされた場合は平均で326秒待っていたが、「礼儀正しい」をプライミングされた場合は平均で558秒も待っていた。もちろんこのとき、実験参加者は自分が会話に割り込むまでに待った時間が、その前に行った課題に影響されていたことには気づいていなかった。言い換えれば、参加者の行動は参加者自身が意識してなされたものではなく、自動的だといえる。

　さらにバージらは、特性概念そのものではなく、特定の特性概念と結びついたカテゴリーをプライミングしても、後続の行動がプライミングされたカテゴリーと結びついた特性概念に合致したものとなることを示した。具体的には、彼らは「老人」というカテゴリーをプライミングし、老人カテゴリーと結びついた「遅い」という特性概念を活性化させた。参加者が実験終了後に廊下を歩

---

[1] 彼らが用いたプライミングの方法は「乱文構成課題」とよばれる方法で、それは以下のような方法であった。参加者は「礼儀正しい」または「不作法」という特性概念を意味する単語とそれ以外の4単語からなる単語セットを与えられ、その中から余分な1語を除いて文法上正しく意味が通る文を作るよう求められた（たとえば「"敬う""彼は""彼女らを""会う""いつも"」のセットから「彼はいつも彼女らを敬う」という文を作成する。この例では"会う"は余分な単語となる）。

> **COLUMN** 3-1 閾下プライミング

　プライミングとは，特定の知識や概念（または感情）を活性化させ，その活性化が後続の情報処理や行動にどう影響するかを検討するための手法である。たとえば，本章でとりあげた乱文構成課題（71頁注参照）では，実験参加者はある特性概念やカテゴリーを意味する単語を取り扱うことになるため，その単語が意味する特性概念やカテゴリーの知識が活性化する。しかし，課題の目標は文章を完成させることであるため，基本的に参加者が特定の単語（目標となる特性概念を活性化するための単語）のみに注意を向けることはない。

　このように，プライミング課題において単語は呈示するものの，その単語自体にあまり注意を向けさせない方法をとるのは，単語に注意を向けてしまうことで，その単語に接したことの影響が考慮されてしまい，活性化した知識の効果の検出が困難になるからである（第1章参照）。しかしこの方法では，単語以外のところに注意を向けているとはいえ，単語を見たこと自体は意識できているため，単語に接したために活性化した知識や概念の影響を純粋に測定できるとは言い難い。

　これに対し，閾下プライミングとは，プライム刺激（たとえば単語や写真など）の呈示時間をごく短時間にし，刺激を見たことを意識させずに目標とする知識や概念を活性化させる方法である。視覚的に呈示された刺激の場合，100分の1秒程度の短い時間呈示しても，「見えた」と感じることはできないが，実際には視覚刺激としてその情報は感覚受容器に入力され，処理される。つまり，「見た」という感覚がないにもかかわらず，その情報は取り入れられて，知識や概念の活性化は生じるのである。このことを利用し，非常に短時間（10〜100ミリ秒程度）刺激を呈示することで，目的とする知識や概念を活性化させる方法が閾下プライミングである。閾下プライミングによって生じた影響は，プライムを意識することの影響を受けておらず，純粋に知識や概念の活性化による効果だとみなすことができるのである。

く際の歩行速度を（参加者にはわからないように）計測したところ，老人カテゴリーをプライミングされた参加者のほうがプライミングされていない参加者に比べ，ゆっくりと歩いていた。

(3) **多様な自動的行動**　このように特性概念やその特性と結びついたカテゴリー知識を活性化させることで，その特性を示す行動が生起しやすくなる傾向は，話しかけるのを待ったり，歩行速度を緩めたりするなどの比較的単純な行

動だけでなく，ずっと複雑な行動（たとえば，知的な課題の遂行）においても示されている。

ダイクステルハウスらは一般常識のテストを用いた一連の実験で，この問題を検討している（Dijksterhuis & van Knippenberg, 1998）。この実験では，参加者は，「知的」ととらえられているカテゴリー（大学教授）あるいは「知的でない」ととらえられているカテゴリー（サッカーのフーリガン）の人々の典型的特徴について考える課題を行った後に，それとは関係のない一般常識のテストに回答した。するとその成績は，「大学教授」について考えた後は向上し，「フーリガン」について考えた後には低下した。つまり，活性化したカテゴリーに属する人の特徴に沿うように知的遂行成績が変容したということになる。

一般常識テストの成績だけでなく，記憶テスト，数学テスト，創造性課題などさまざまな種類の知的遂行においても同様の効果が確認されている（Dijksterhuis et al., 2000）。

対比方向の効果

第1章2節では，活性化した知識の後続の情報処理における影響には，同化方向と対比方向の相反する影響があることを述べた。本章でこれまでみてきた特性概念やカテゴリー知識の活性化を介した行動表象の活性化によって導かれる行動にも，同化的影響と対比的影響が存在する。

(1) **極端な実例による対比方向の効果**　プライミング後の情報処理における同化と対比と同様に，行動の場合も，ある特性概念やカテゴリーがプライミングされた場合には，そのプライムに同化した行動が生起するが，極端な実例がプライミングされた場合には，プライムに対比した行動が生起する。そのことを示した実験（Dijksterhuis et al., 1998）を紹介しよう。この実験では，カテゴリーのプライムとして「大学教授（知的）」と「スーパーモデル（知的でない）」のいずれかの典型的特徴について考える課題を行ってから一般常識テストを行う場合（カテゴリー条件）と，先のカテゴリーに属する極端な実例として「アインシュタイン（極端に知的な実例）」と「クラウディア・シファー（著名なスーパーモデル）」のいずれかの特徴についてよく考えてから一般常識テストを行う場合（実例条件）が設定された。条件ごとにテストの成績を比較すると，図3-1に示したようにカテゴリー条件では，「大学教授」について考えたほう（青色の縦棒）が「スーパーモデル」について考えた場合（白色の縦棒）よりもテストの

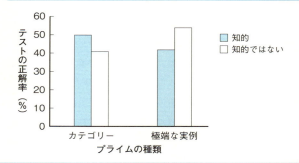

図3-1 ● プライムの種類に基づく同化方向の効果と対比方向の効果

> グラフ左側：知的なカテゴリーである「大学教授」について考えた後（青色縦棒）では，知的でないカテゴリーである「スーパーモデル」について考えた後（白色縦棒）よりも一般常識テストの成績がよかった。
> 　グラフ右側：極端に知的な実例である「アインシュタイン」について考えた後（青色縦棒）では，知的でないカテゴリーの典型例の人物（クラウディア・シファー）について考えた後（白色縦棒）よりも一般常識テストの成績は悪かった。
> 　このように同じように知的な対象について考えても，プライムの種類により行動に与える効果が逆転している。

（出典）　Dijksterhuis et al., 1998 より作成。

成績がよく，同化効果が認められたが，極端な実例条件では，アインシュタイン（知的）について考えたほうがテストの成績が悪く，対比効果が生じていた。

(2) 対比方向の効果を生じさせる自分との比較　　実例について考えることが対比効果を生じさせるのは，実例と自分とを比較する過程が働くからだと考えられている。アインシュタインについて考えると，アインシュタインと自分を比較してしまい，自分は知的ではないと見なす過程が自動的に意識されずに生じていると考えられる。意識されずに自分との比較が生じていることを確かめるために，ダイクステルハウスら（Dijksterhuis et al., 1998）は「アインシュタイン」または「大学教授」について考えた後，自己概念を活性化させるプライミングを含んだ語彙判断課題（COLUMN 1-2 参照）を実施する実験を行った。この語彙判断課題では，「知的」な意味の単語，「愚かさ」を意味する単語，そして無意味な文字列がランダムに呈示され，実験参加者は呈示された文字列が意

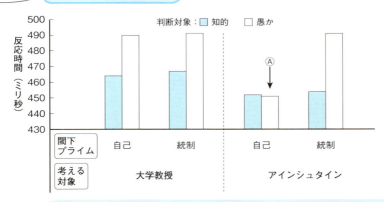

図3-2 ● 対比効果の検討

反応時間が短いほど判断対象の概念が活性化していることを意味する。

(出典) Dijksterhuis et al., 1998 より作成（一部省略）。

味のある単語かどうかをできるだけ速く判断した。第1章でも説明したように，活性化した概念に合致する単語の判断は速くなるので，この場合は「アインシュタイン」や「大学教授」について考えることで「知的」概念が活性化し，「知的」な意味の単語に対する反応が速くなると予測できる。この実験ではそれに加えて，判断対象の文字列が呈示される前に自分に関連がある語（1人称代名詞：自己条件）または，そうでない語（冠詞など：統制条件）が閾下でプライムとして呈示された。自分に関連した語がプライミングされた場合は，自己概念（詳しくは第4章参照）が活性化するため，後続の語彙判断課題において，そのときの作業自己概念と合致する単語の判断が促進することになる。もしアインシュタインについて考えると，自動的に自分と比較する過程が働くのであれば，「愚か」という自己概念が活性化するため，自分に関連がある語がプライミングされた後に「愚かさ」を意味する単語が呈示されると，大学教授について考えた場合よりも判断が速くなると予測できる。

結果は，図3-2に示したとおりで，統制条件では大学教授について考えたときも，アインシュタインについて考えたときも「知的」なことを意味する単語についての判断は，「愚かさ」を意味する単語に比べて速くなっていた（これ

は大学教授やアインシュタインについて考えることによって「知的」に関する概念が活性化したためである)。自己概念を活性化させた自己条件では，アインシュタインについて考えた場合にのみ「知的」な意味の単語だけでなく，「愚か」な意味の単語についても判断が速くなっていた（図3-2中のⒶ）。この結果はアインシュタインについて考えた場合には，自己概念の中の知的な概念が活性化しただけでなく，「愚かさ」に関する概念が活性化していることを意味する。このことから，極端に知的な実例（アインシュタイン）について考えたときにテストの成績が低下した実験の結果（図3-1）は，自動的に実例を自分と比較し，「愚かさ」が自己概念の中で活性化したことで生じた対比効果であるといえる。

行動の自動性

私たちは日常生活を営む中で，さまざまな現象を観察したり，体験するが，それらのことを通して私たちのもっている知識は活性化する。活性化した知識は後続の情報処理だけでなく，後続の行動にも影響を与える。つまり，私たちの行動は，私たちが身をおく状況によって活性化させられた知識や表象を通じて状況の影響を受けているのである。このようにまとめると，私たちの行動はそのとき，そのときにたまたま活性化した知識や表象に支配されているかのような印象を受けるかもしれないが，けっしてそうではない。私たちは受動的に活性化した知識や表象のままに行動しているわけではなく，目的をもって何かをめざして行動する主体であり，（自動的に生じた）行動を制御しようともする。しかし，私たちの意思や思考は意識されない自動的過程からまったく自由なものではないことも確かなことである。そこで次節では，目標の採用や追求における自動的過程の影響についてみていく。

SECTION 3 自動的な目標の採用と追求

　前節で述べたように，特定の特性概念が活性化すると，それと結びつく行動が生起しやすくなるが，めざすべき目標が活性化された場合は，その目標を追求する行動が起こりやすくなる。たとえば，乱文構成課題を用いて，「がんばる」に関連する単語をプライミングすると，そのようなプライミングをしない場合に比べて，後続の課題の成績がよくなる（Bargh et al., 2001）。特性概念や

カテゴリー知識だけでなく，目標もまた活性化することで，それに続く行動を目標に沿うように導く働きがある。では，目標はどのようなきっかけで活性化するのだろうか。

重要他者　自分にとって大切な人や影響力のある人のことを重要他者（significant other：第4章も参照）とよぶが，彼らはさまざまな形で私たちの行動に影響を与えている。たとえば，両親の期待に応えようと勉学に勤しむかもしれないし，ライバルに負けないようにスポーツに打ち込むかもしれない。もちろん，両親の期待やライバルを意識して行動する場合もあるが，重要他者から受ける影響は，意識的な過程を通じてだけでなく，非意識的な過程を通じても生じる。たとえば，援助行動を扱った研究では，親しい友人（ただし仕事仲間ではない）について考える課題をするほうが，仕事仲間について考える課題（統制条件）をするよりも，その後でそれとはまったく無関連な作業を依頼したときに，依頼に応じる率が高くなった（Fitzsimons & Bargh, 2003）。これは，友人との関係には「援助」が埋め込まれており，友人について考えると，「援助」という目標が活性化しやすいからだと説明されている。

また，重要他者をプライミングすることで，その他者の期待が私たちの中で活性化し，その期待が目標として機能する場合もある。シャーの研究（Shah, 2003）では，文字を並べ替えて意味のある単語を作るアナグラム課題（たとえば"がんりしく"を"しんりがく"と並べ替える）をする前に，その課題で自分が好成績を上げることを期待している友人，またはそう期待していない友人を挙げさせ，その後，取り組む課題に混ぜてどちらかの友人の名前を閾下でそれと気づかれないように呈示した（閾下プライミング：COLUMN 3-1）。すると，好成績を期待する友人の名前が課題の最中に閾下呈示された場合，アナグラム課題に取り組む時間が長くなり，成績も高くなった。つまり，重要他者のもつ期待を自らの目標として追求したとみることができるのである。

さらに興味深いことに，重要他者についての知識が活性化すれば，必ずその重要他者が抱いている期待が自らの目標として追求されるわけではないことも示されている。ある重要他者が自分をコントロールしようとしている，あるいは抑圧的であると感じている場合は，その重要他者をプライミングされることで，その期待とは逆の目標を追求する行動をとることを示した研究もある

(Chartrand et al., 2008)。

目標伝染

　私たちは自分の周囲の人を見て，その人の性格や能力，あるいは感情などを推論するが，ときにその人の目的や目標を推論することもある。そのように他者の目標を理解することは，その相手との相互作用をスムーズにするだろう。しかし，他者の目標を理解するということは，その目標が自分の中でも活性化することを意味するので，その他者の目標が自分の目標として自動的に追求される過程が働くことをも意味することになる。

　他者の目標を理解することで，自分もその目標を追求する，すなわち目標伝染（goal contagion）が生じることを示す研究に，アーツらの研究（Aarts et al., 2004）がある。この研究では，実験参加者はまず，読解の課題として，ある学生が休暇の過ごし方について他の学生と話し合っている様子を記述した文章を読んだ。半数の参加者は，主人公の学生が，最終的にお金を稼ぐ仕事をすることを選択したという内容（農場へ行ってアシスタントとして働く）の文章を読み，残りの半数の参加者は，そのような選択をしなかったという内容（ボランティアをする）の文章を読んだ。続いて実験参加者は読解課題とは無関連な別種の課題を行ったが，その際に，その課題が早く終了して時間が十分にあった場合に限り，賞金が当たるくじ引きに参加できると伝えられた。文章を読むことで主人公の目標を理解し，それが伝染するとすれば，お金を稼ぐ目標を追求する内容の文章を読んだ場合は，賞金を得る機会を求めて，2つめの課題を行うスピードが速くなると考えられる。結果は，この予測を支持するものであった。ただし，その傾向は，もともと参加者自身がお金を必要としている程度が強い場合にのみ認められた。つまり，もともと自分がもっている目標であれば，他者の目標を読み取ることで，その目標が活性化し，自分もその目標を追求するが，そもそもその目標を自分の目標としてもっていない場合には，活性化する目標が自分の中に存在しないので，その目標は追求されないのである。

　このため，社会的に承認されないような目標をプライミングしたり，他者が反社会的な目標を追求しているところを観察しても，その目標は自動的に追求されることはない（Aarts et al., 2004）。つまり，テレビドラマや映画で人を殺す場面を見た人が，その殺人者の目標（人を殺す）を自動的に追求するようなことは起こらない。また，目標をプライミングする際に，否定的な意味の単語

> **COLUMN** 3-2 実験協力者の役割

　社会心理学の実験では，実験参加者のふりをして実験に参加するが，実は実験者の計画に基づいて行動をとる役割を担う人物がいる場合がある。この人物を実験協力者とよぶ（サクラと言い表されていたこともあったが，近年ではこの呼称は使われなくなってきている）。実験協力者が用いられる実験では，その行動によって実験の独立変数を操作していることが多い。たとえば，本章でとりあげたチャートランドとバージの実験（Chartrand & Bargh, 1999）では，自分の行動が模倣されることで相手に好意を抱くという仮説を検討するために，実験協力者に実験参加者の行動を模倣させる条件と，模倣させない条件を設けている。ちなみに実験協力者の数は，1人とは限らず，第8章で紹介されるアッシュの同調実験のように大勢の実験協力者に対して参加者はたった1人という場合もある。

　社会心理学の実験研究では，他者の発言や行動に対する反応や行動を検討する場合，あるいは，2者（またはそれ以上の人数）の相互作用における人々の認知や反応，行動を検討することが多くある。しかし，特定の言動に対する反応を見るためには，その言動は完全に統制されていなくてはならない。たとえば，チャートランドとバージの実験では，実験協力者の行動は，実験参加者の行動を模倣するかどうかという点のみが条件間で異なり，それ以外の部分は同じになるようにしなくてはならない。また，チャートランドとバージの例のように，1回の実験には1人の実験参加者しか参加できないことが多く，十分なデータを得るためには何十回と実験を繰り返さなければならないが，条件を一定にするために，実験協力者は毎回同じように行動する必要もある。つまり，実験協力者とは，実験者の計画に基づいて指示どおりの行動ができるよう，訓練された存在なのである。

　他者と相互作用する場面を実験参加者に想像させ，そのときの自分の反応や行動を想像して回答を求めることはできるが，場面を想像して回答したことと，実際にその状況に身をおいたときに人々がみせる反応には隔たりがある（沼崎・工藤，2003）。そのため，真の反応を知るためには，実際に実験の中で他者に接する経験が必要であり，実験協力者は社会心理学の実験研究においてきわめて重要な存在なのである。

を一緒に呈示し，一時的に目標と結びつけても，その目標は追求されることはない（Aarts et al., 2007）。このような目標伝染を休止させる機能は，私たちが

他者の行動から意図や目標を読み取っても，むやみにその目標を追求するのではなく，目標が望ましく，潜在的には自分も同じ目標をもっている場合に限り追求されることを保証していると考えられる。

非意識的模倣

自動性の研究が盛んになる以前から，人は相互作用相手の発話パターン，表情，行動などを自然と模倣することが知られていた。たとえば，私たちは丁寧な言葉遣いで話しかけられた場合には，同じように丁寧な言葉遣いで返事をしやすいが，そのような言葉遣いをしようと意識しているわけではない。あるいは，他者が痛みに顔を歪めている様子を見ると，意識せずに自分も同じような表情をしてしまうことはないだろうか。そのほかにも他者の姿勢や癖を知らず知らずのうちに真似してしまうこともよくあり，弟子が師匠のことをよく観察しているうちに，自然と身のこなしやもの言いが似てくるということもよく見受けられる。このような意識されずに生じる模倣を非意識的模倣（unconscious mimicry）とよぶ。

模倣行動

チャートランドとバージは，人が他者の癖を非意識的に模倣することを実験室実験において示した（Chartrand & Bargh, 1999）。その実験では，実験参加者は別の実験参加者2名（実際には実験参加者のふりをしている実験協力者）と順番に共同で課題に取り組んだ。一緒に課題を行った1人の実験協力者は，課題を行っている間，脚を揺らしていた。もう1人の実験協力者は顔を触っていた。一緒に課題をした実験協力者が脚を揺らしているとき，参加者もまた脚を揺らすようになり，実験協力者が顔を触った場合は参加者も顔を触る回数が増えた。つまり，一緒に作業している相手の癖を模倣していた。しかし，参加者には自分が相手の癖を真似ているという意識もなく，相手にそのような癖があったことにも気づいていなかった。つまり相手の癖の模倣は，それを意識することなしに生じていたのである。

模倣行動の影響

では，こういった模倣行動にはどのような意味があるのだろうか。チャートランドとバージは，

共同の課題を行う間に実験協力者に実験参加者の行動を模倣させ，その効果を検討した。すると，行動を模倣された参加者のほうが，そうでない参加者に比べ，実験協力者に対して好意をいだき，さらに課題を実施する際のやりとりがスムーズであったと評価していた。このとき参加者は，自分の行動が模倣されていたことには気づいていなかった。つまり，自分では意識していないけれども，自分の行動が模倣されることで，相手との関係を肯定的にとらえるようになっていたのである。

さらに近年の研究では，模倣行動は相手と友好関係を結びたい場合に多く起こることが確認されている。たとえば，相手が自分と同じ集団に属している場合に模倣行動は増加する（Cheng & Chartrand, 2003）。また，仲間に入れてもらえないといった社会的排斥を経験すると模倣行動が増加する（Lakin et al., 2008）。後者の実験では，パソコン上で行うボール・パス課題（参加者のアイコンが画面に表示されて，画面上でボールを互いにパスし合うゲーム）で他の参加者からボールを回してもらえない経験をした（つまり仲間はずれにされた）参加者は，そのすぐ後の別な実験で，別な実験参加者と一緒に異なる課題を行った際に，ボール・パス課題で排斥されていない参加者に比べて相手の行動を多く模倣した。そして，その相互作用はよりスムーズであったと相手に知覚された。つまり，社会的排斥を経験することが，他者と結びつきをもちたいという親和欲求を高め，模倣行動を生じさせたと考えることができる。

また，模倣行動は相手から好意を引き出すだけでなく，援助行動などの向社会的行動を多く引き起こすことも見いだされており（van Baaren et al, 2003），自分の行動やしぐさが模倣されることで，人は他者に対してより好意的に，親切になるようである。

私たちが自分では気づくことなしに模倣行動をとることは，人が集団生活の中で生きてきたことと大いに関連があると考えられている。進化的視点に立って考えた場合，心のメカニズムも含めたヒトのさまざまな特徴の進化の舞台となった進化適応環境（更新世の石器時代と考えられている）において，他者の行動は環境の状態（危険の有無，獲物の有無など）についての重要な情報だったと考えられる。そのため，他者の行動を自動的に意識せず模倣することが，緊急事態の対処において有利であった可能性が考えられる。たとえば，危険を察知した他者の恐怖を示す表情を模倣することで，恐怖の感情が喚起し，危険を避

ける行動を迅速にとることができるかもしれない（田村・亀田, 2007）。ただし、これはヒトに限定された問題ではなく、集団で生活する動物すべてにあてはまることであるため、非意識的行動模倣の基盤はもっと古い祖先から受け継いだものと考えるべきなのかもしれない（Dijksterhuis et al., 2007）。

しかし、その源泉はどうであれ、さまざまな通信手段を用いたコミュニケーションが可能な現代社会においては、対面でのコミュニケーションが主なコミュニケーション手段である場合に比べ、非意識的模倣行動が適用できるコミュニケーションのチャンネルは制限されているといえるかもしれない。こういった環境において非意識的模倣が果たしている役割についてさらに検討することが求められるだろう。

意識の役割

非意識的過程、自動性に関する研究は過去30年足らずで激増した。いまだにわからないことは多くあるが、実証的知見の蓄積によって、私たちの心理過程における自分では意識できない部分の働きがしだいに明らかになり、それが果たしている役割についての認識も変化してきている。かつては、意識されない過程で行われることは、非常に単純な反応に限られるという見方が強くあったが、現在では複雑で柔軟な反応も生じることがわかってきている。

非意識的過程についての認識が変容するとともに、意識的過程が果たしている役割についての認識もまた変化してきている。たとえば、何か行動をしようとするとき、それをさせるのは「○○をしよう」という意識できる自分の意思であると考えられてきたが、本章でみてきたように、行動を始発させようとする意思を自分で意識する前に、非意識的過程ではその行動を起こすための働きが始動している。このことをふまえると、私たちの意識的過程が担っている役割は行動を始発させることではないことになる。また、慣れた行為をする場合、意識するとかえってうまくできなくなることや、本章の冒頭に述べたように、自分の行動の原因を考えると見当外れの原因を考えついてしまうことなどから、意識は正確さや正しさを保証するものでもないようである。そして、気づかずに他者のしぐさを模倣したりすることからも明らかなように、非意識的過程で

生じたことのうち，すべてを自分で意識できるわけではなく，その一部が意識に上り，認識される。その意味では，意識される世界は，自分の経験の中の一部でしかないということもできる。

　それでは，意識的過程の役割は何なのだろうか。この問いに対する明確な答えはまだみつかっていない。脳神経科学者のリベットは，意識の役割と考えられることとして，非意識的過程によって始発された行動を抑止することを挙げている（Libet, 2004）。社会心理学ではこの点について，特にステレオタイプの使用を意識的に抑えることができるかという問題として検討されてきている（第5章参照）。

　リベットは意識の役割として，もう1つ，「自己」という一貫した存在を保つことを挙げている。多種多様な経験をし，肉体的にも精神的にも多くの変化を経ても，私たちにとって自分自身は一貫した存在として意識され，私たちはこの意識された自分を生きている。それに加えて，自分の周りの人々や世界に対しても，私たちは意識的過程の中で一貫した理解を作り上げているのではないだろうか。意識的過程で利用可能な情報や知識を用いて，私たちは自分の行動や他者の行動，周りのできごとに解釈を与える。この解釈は非意識的な過程の働きをすべて考慮できるわけではないので，その点では正しい解釈ではないこともありうる。しかし，私たちにとって，自分や世界は，自分自身が理解したものとして存在し，また，私たちは自分自身が理解し，解釈した世界の中で生きているのである。

　特に社会心理学は，私たちがどのように自分を含めた世界を理解し，それに対峙しているかを解明しようとする学問であり，意識された自分の認知過程に対する理解（たとえば，ある行動をとった理由の認識）が正しいかどうかという点のみに学問的関心の焦点があるのではない。また，自分や周囲の人々や世界について，私たちがどう理解しているかということと無関係に，それらがいかに心的に表象されているのかを知ろうとしているわけではない。むしろ，自分や他者や世界に対する理解と行動，対処の関係に焦点はおかれている。たとえば第2章でとりあげた怒り感情は，意識されるからこそ適応的な行動を導く機能を果たすことができる側面もある。また，私たちは他者の中にも自分と同様に意識された世界が存在することを仮定し，その内容を推測しながら（たとえば，相手の考えを推測しながら），他者との相互作用を行う。人間を社会的な存在と

してとらえたとき，意識的過程において生じていること，つまり，「私たちが自分や世界をどう理解し，それらに対してどう反応するか」を理解することの重要性は，本書を通して述べられる内容を追うことでさらに明らかになるだろう。解釈を作り上げる過程における非意識的過程の役割は無視できず，その影響はとても大きいが，私たちが意識しているレベルで自分と世界をいかに理解しているかを知ること，そして意識的な理解が存在する意味を考えることもまた重要な課題である。

この章では，私たちが意識できない非意識的過程の働きに関する研究を紹介してきた。この分野は現在も急速に研究が進展している分野であり，非意識的過程の新たな側面が次々と明らかにされつつある。

ここまでの第1, 2, 3章は基礎的な心理過程について紹介してきたが，第4章では，自己に関する研究に焦点をあてる。内容が大きく変わるように感じられるかもしれないが，これまでの第1, 2, 3章で説明した基礎的知見を前提としている部分もあり，その共通性にも着目してほしい。社会心理学において自己の研究は主要な研究領域の1つであり，多様な研究がなされてきているので，その広がりをみていきたい。

再現性問題

2010年代にはいり，社会心理学は大きな困難に直面することとなった。当初，その問題は研究知見の再現性が低いという形で現れたが，社会心理学のスタンダードな実験室実験の研究方法を根本から見直す機運へと発展してきている。本章で取り上げた非意識的・自動的過程に関する研究もこの問題に大きく関わりをもつため，本章の最後に再現性問題を取り上げる。

科学的知見は再現可能であることが求められる。しかし，社会心理学の実験研究では，その再現はしばしば困難を伴う。まったく同じ実験状況を作っても，参加者が異なればその状況は異なる意味をもって（とらえられて）しまうため，異なる環境で異なる人々に対して同じ意味をもつ実験状況を作り出すことは難しい。そのため社会心理学においては，まったく同一の手続きを踏襲する直接的追試ではなく，同じ仮説を検証するが，追試を実施する状況にあわせた操作，手続きに改変した概念的追試が多く行われてきた（加えて，直接的追試は新たな

知見を提供しないとみなされ，学術雑誌に掲載されにくいという事情もあった）。そのため，著名な実験の追試を試みても結果が再現されないということが公に報告されることは稀で，結果が再現されなかった追試研究が報告されないことはお蔵入り問題（file drawer problem）とよばれてきた。しかし，インターネットの発展により情報発信が容易になり，結果が再現されない追試研究がインターネットを舞台に広く発信されることが増えてきたのである。

　加えて，大規模な共同研究によって組織的に過去の実験研究の直接的追試を行うプロジェクトが立ち上げられ，統一した実験手続きによって研究知見の再現性が検討されたが，その再現性は低かった。このプロジェクトの結果は科学雑誌 *Science* に発表され（Open Science Collaboration, 2015），広く知られることとなり，大きな問題提起の機会となった。

　実験結果が再現されないことはただちにオリジナルの実験結果が偶然の産物で信頼できないことを意味するわけではない。再現されないのにはいくつもの理由が考えられる（たとえば追試が十分な注意を払って実施されていないことによって実験の操作が十分な効果をもたない，実験参加者にとって適切な操作や刺激が用いられていないなど）。追試において結果が再現されない場合，研究者は通常，追試とオリジナル実験のどこに差異があるのか検討しようとする。そこには，これまで見逃されてきた要因が隠れている可能性があり，オリジナル実験が示した知見が成立する限定条件のヒントがあると考えるからである。

　ところが，多くの追試の失敗が蓄積されると，オリジナルの研究に対する疑念が表明されるケースが生じ，オリジナル実験を行った研究者との間に論争が生じることとなった。また，時期を同じくして多くの社会心理学研究者が行っている研究実践に問題があることを指摘し，警鐘を鳴らす研究者も現れた（Simmons et al., 2011）。問題のある研究実践（questionable research practice）とは，知見の確からしさを保証するものとして扱われてきた有意性検定の前提を崩し，過剰に有意差を引き出すもので，再現しない実験でそのような方法が用いられているとしたら，本当は存在しない効果，すなわち偽陽性（false positive）を検出している可能性が指摘されたのである。再現が難しい実験が多くあること，教科書に取り上げられるような著名な実験の再現が難しい場合もあること，そして問題のある研究実践の蔓延に対する懸念が重なり，この事態は多くの研究者によって社会心理学の"危機"ととらえられた（たとえば Giner-Sorolla, 2012）。

しかし、そのとらえられ方は多様であり、これまでよしとされてきた研究方法，分析方法，知見の発表の方法などに大きな改革を迫る動きや，直接的追試による再現性の確認を重視する動きなどがある一方で，再現性を確認するために実施された実験や，再現性の評価の基準，直接的追試の意義への疑問など，"危機"に対して異なった見解も表明されている（たとえば Stroebe & Strack, 2014）。再現性問題については日本でも学術雑誌で特集が組まれるなど，大きな関心を呼び，心理学のさまざまな立場から再現性問題が論じられている（友永・三浦・針生，2016）。

再現性をめぐる問題については，見解の違い，議論の対立は多くあるが，その根底にある，社会心理学が科学的に確固たる知見を提供していくために研究方法はどうあるべきかを問う姿勢は共通している。そして，議論はあれども，ほぼ確実と言える変化は，研究手法ならびにデータのオープン化と追試研究を重視する方向性であり，多くの学術誌が追試研究を掲載する方針を示してきている。この自己変革の着地点は現時点ではまだ明確になっていないが，そこは社会心理学がより確かな科学的な知見を提供できる場所になるはずである。

BOOK GUIDE　　文献案内

バージ，J. 編/及川昌典・木村晴・北村英哉編訳，2009『無意識と社会心理学——高次心理過程の自動性』ナカニシヤ出版
- 非意識的過程および自動性研究の最新の研究を集めた専門書の邦訳版（ただし原書の第4章と第7章は省略されている）。非意識的過程の研究の先端を知ることができる。

グラッドウェル，M./沢田博・阿部尚美訳，2006『第1感——「最初の2秒」の「なんとなく」が正しい』光文社
- どのようなときに直観が正しいのか，そしてそれはなぜかが非意識的過程の研究を引用しながら解説されている。著者は心理学の専門家ではないが，非意識的過程の研究例が数多く紹介されている。

リベット，B./下條信輔訳，2005『マインド・タイム——脳と意識の時間』岩波書店
- 意識と無意識の働きと役割についての脳科学研究の実証研究に基づく考察。

Chapter 3　考えてみよう　

❶ カテゴリー知識やステレオタイプの活性化に基づく自動的に生起する行動において個人による違いはどのように生じると考えられるだろうか，考えてみよう。

❷ 非意識的模倣が対人関係において果たす役割について考えてみよう。

第 4 章 自 己

"私"を作り上げる仕組み

「きみはだあれ？」：鏡を見てほほ笑む生後6カ月の赤ちゃん

- KEYWORD
- FIGURE
- TABLE
- COLUMN
- BOOK GUIDE
- SEMINAR

CHAPTER 4

社会心理学における自己の研究を概観する。まず，自分についての知識の総体として自己をとらえ，そうした知識や記憶がどのように貯蔵され，利用されるかを説明する。続いて，自己に特徴的な機能である自己評価維持のメカニズムについて，特にその柔軟性に焦点をあてて，説明する。さらに自己にとって重要な機能である自己制御の問題をとりあげ，最後に他者との関係における自己，具体的には他者にみせる自己である自己呈示と他者に自分がどうみられるかを推測する過程について説明する。

SUMMARY

> **KEYWORD**
>
> 自己概念　　自己スキーマ　　作業自己概念　　重要他者　　自己評価維持
> 自己評価維持モデル（SEM モデル）　　計画錯誤　　自己価値確認理論　　継
> 時的自己評価理論　　ポジティブ幻想　　自己制御　　制御資源　　自己呈示
> 自己呈示の内在化　　スポットライト効果

　「私とはどのような存在なのか」「私を私たらしめるものは何か」。このような問いは私たち1人ひとりが生涯自分に問い続けるものかもしれない。それと同様に社会心理学においても，これらの問いの答えを探る研究が積み重ねられてきた。本章では社会心理学における「自己」の研究の中から知識構造としての自己，自己評価維持の仕組み，自己制御，他者に見せる自己と見られる自己に関する研究を紹介する。

　社会心理学における自己の研究は，1970年代の後半に，「自己」を「自分に関する知識の総体」であるととらえるようになって，大きく変貌した。私たちが意識する，しないにかかわらず，自分についての知識や記憶は私たちの思考や行動に大きく影響する。第3章でみてきたように，私たちは自分の心の中で生じていること（たとえば知識や目標の活性化）を直接知ることはできないが，それらは私たちの思考や行動を導いているのである。

　しかし，自己は知識を蓄えた，ただの情報処理の装置ではなく，そのようなモデルでは説明できない能動的な働きがある。たとえば，自己には自分自身の評価を高く維持しようとする動機の機能があり，自分自身や周囲の人に対する評価や認識，ひいては自分自身の行動にも大きな影響を与えている。さらに，自己には自分をコントロール（制御）して目標を達成しようとする実行機能も備わっている。「こうしたい」と思っているのにできないこともしばしばあるが，自己制御の研究では，そのような失敗がなぜ生じるのかをも含めた検討がなされている。また，いうまでもなく私たちは社会的存在であり，他者との関係なしに私たちの自己も成立しない。他者に見られることの問題，そして他者にどう見られていると推測するのか，「自己」として研究されているテーマはこのようにとても幅広い。

自己概念

知識としての自己

　私たちの自分自身に関する知識や信念を自己概念 (self-concept) とよぶ。自分についての知識は膨大だが，私たちは自分が誰であるのか混乱することなく，この膨大な知識を利用し，参照している。ここでは，どのように自分についての知識や信念が保持され，利用されているのかという点に関する代表的な研究知見をいくつかみていきたい。

　たとえば，「まじめ」「責任感が強い」「体力がある」「背が高い」「目が悪い」など，私たちは自分自身のさまざまな特徴を挙げることができる。いずれも重要な特徴かもしれないが，それらの中に自分が自分であることにおいて，特に重要な特徴がある。たとえば，体力があることよりも，責任感が強いことが，私にとっては，私らしい重要な特徴であるかもしれない。

　自分にとって重要な特徴に関しては豊富な知識が体制化されて保持されており，スキーマ（第1章参照）として働くと考えられており，これを自己スキーマ (self-schema) とよぶ (Markus, 1977)。自己スキーマの中では多様な知識が互いに結びついているために判断や情報の処理が速くなるとされる。たとえば，自分が自立的だと強く確信している人は自立スキーマを有していると考えられる。したがって，自立に関連した単語が自分にあてはまるかどうかの判断が速い (Markus, 1977)。

　自己スキーマは，自分だけでなく，他者をみるときにも用いられる。私たちは自己スキーマに対応する知識（たとえば，自立スキーマであれば自立に関連する知識）を豊富にもち，その知識は接近可能性が高い。第1章で述べたとおり，接近可能性が高い知識は利用されやすいため，他者の判断においても自己スキーマに沿って判断がなされやすく，その次元に関する判断は容易にできることになる (Fong & Markus, 1982)。

　また，自己スキーマは他者の行動を解釈する枠組みとしても機能する。私たちの行動は，さまざまなレベルで解釈することができるので，この枠組みの影響は大きい。たとえば，ある人物が自宅の居間でビールを飲みながらテレビで

プロ野球を見ているところを考えてみると，この行動は，「プロ野球観戦」と解釈することもできるが，より低次レベルで行動を分割し，「テレビをつける」「ビールを飲む」「ファインプレーに喝采する」などの複数の行動と解釈することもできる。マーカスらは，ある人物がいくつかの行動をしているところを映したビデオを男性の実験参加者に見せ，意味のある単位に行動のまとまりを作らせた（Markus et al., 1985）。すると，男性性自己スキーマをもつ参加者は，一連の行動を「男性的行動」と解釈できる大きな単位でまとめたが（たとえば，先の例だと「プロ野球観戦」としてまとめてとらえる），男性性自己スキーマをもたない参加者は，ずっと細かい単位で行動を解釈していた。つまり，他者の同じ行動を見ても，その行動にどのような意味を付与するかが自己スキーマによって異なるのである。

　さらに，他者に関する情報の記憶についても，自己スキーマがある領域に関しては，それ以外の領域よりも記憶が優れていることも見いだされている（Higgins et al., 1982）。自己スキーマの内容によって，接近可能性が高い知識が異なることは対人認知における個人差（同一人物に対して人によって異なった印象を抱く）を生じさせる原因の1つと考えられる。つまり，接近可能性が高い知識に関連した他者情報は引き出されやすく，記憶されやすく，他者の行動の理解の枠組みとして働くために個人差が生じる一因となっているのである（第1章参照）。

　また，近年急速に発展している神経生理学における自己知識に関する研究により，自己スキーマに関する新たな知見も見いだされてきている。リーバーマンらの研究によれば，自己スキーマに関わる情報（たとえば，スポーツマンという自己スキーマをもっているスポーツ選手にとってのスポーツマンの特徴）を処理したときと，自己スキーマに含まれない情報（たとえば，スポーツ選手にとっての演劇人の特徴）を処理したときでは，使用される脳の部位が異なる（Lieberman et al., 2004）。前者では，より自動的で，より動機的で，より情動的な情報処理をするときに用いられる部位が使用されるが，後者ではより労力を要し，より意図的な情報処理をするときに用いられる部位や，エピソード記憶（できごとなどの記憶）を想起するときに用いられる部位が使用されることが示されている。これらのことから，自己スキーマが形成されると，そこに含まれる知識はその他の知識とは異なり，より自動的で，動機的で，情動的な情報処理が行われる

部位に含まれるようになる可能性が示唆される。このような神経生理学レベルでの自己知識や自己の機能の解明は，社会心理学の自己に関するこれまでの研究知見に新たな意味づけをもたらす可能性もある。

作業自己概念

自分についての知識の量は膨大であるが，それらすべてがつねに同程度に活性化し，利用されやすい状態にあるわけではない。一般的な知識と同様に，ごく最近使用された知識，あるいは頻繁に使用される知識は接近可能性が高く，取り出されやすい。この前提に立つと，自己概念として接近可能性が高い知識は固定しているわけではなく変動すると考えられる。たとえば仕事の場面では，仕事をしているときの自分についての知識の接近可能性が高くなり，家庭での自分や友人といるときの自分についての知識の接近可能性は相対的に低くなると考えられる。

このように接近可能性が高まり，活性化した自己の知識（自己概念）を作業自己概念（working self-concept）（Markus & Wurf, 1987）とよぶ（現象的自己；phenomenal self とよぶ場合もある）。そのときにどのような作業自己概念が活性化しているかということによって，私たち自身がとらえる自己像は変動するといえるだろう。しかし，私たち自身には自分自身が変化していると感じられるのではなく，どれも本当の自分であり一貫したものとして感じられることに注意する必要がある。

そのときどきに活性化している作業自己概念は，そのときの自分がおかれた状況の理解に影響し，私たちがとる行動をも変容させうる。たとえば，家庭で家族といるときの自分と学校での自分には共通する部分もあるが，異なっている部分もある。学校にいるときと家にいるときでは，活性化している作業自己概念の内容が異なるため，たとえ同じできごとを経験したとしても，それぞれにおいて異なった反応をすると考えると，その違いをうまく説明することができる。

関係における自己

私たちの自己概念はそのとき私たちがおかれている状況によって変化すると述べたが，自己概念の変動に大きく影響する要因の1つが私たちにとって大切な人の存在である。自分にとって重要な位置を占める他者を重要他者（significant other）とよぶ。重要他者とは，家族や恋人のように身近な存在である場合もあるが，尊敬する対象のように現実には遠い存在の場合もありうる。また，必ずしも好意をいだ

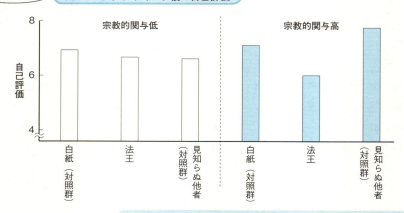

図4-1 プライミング後の自己評価

得点が低いほど自己評価が低くなっていることを意味する（可得点範囲は1～9）。

（出典） Baldwin et al., 1990.

いている相手とは限らない。職場の上司のように自分にとって大きな影響力をもつ他者は重要他者といえる。

　私たちの自己概念のある部分は他者との関係によって規定されており，特に重要他者の影響を強く受ける。たとえば，恋人と一緒にいるときには恋人にみられている（と自分が思っているところの）自分が活性化する。また他者との関係によって私たちの自己評価も変化することがある。たとえば，重要他者と一緒にいるとき，私たちはその人たちがもっている評価基準を用いて自己をとらえやすくなる。このことが生じるのは，その重要他者の存在によって自分の中にあるその重要他者の基準が活性化するからだと考えられる。そうであるなら，重要他者が現実に目の前にいなくても，重要他者に関する知識を活性化させるだけで，重要他者による評価基準も活性化し，その基準が自己評価に用いられると考えられる。

　このことを示す研究にバルドウィンらの研究がある（Baldwin et al., 1990）。彼らは，カトリック系女子大学の学生に性的な物語を読ませ，その後で，ローマ法王の不機嫌な顔写真，見知らぬ他者の不機嫌な顔写真，あるいは白紙を閾

下呈示した。つまり，重要他者を閾下プライミング（COLUMN 3-1 参照）したのである（見知らぬ他者の顔写真と白紙が呈示される条件は比較のための対照群である）。写真等の閾下呈示後に自己評価を測定すると，宗教に対する関与が高い女子学生では，ローマ法王の顔写真を呈示された場合に他の2条件に比べて自己評価が低くなっていた（図4-1右側）。この結果は，重要他者が活性化することで，その他者と関連した次元で自己を評価したことを示している（見知らぬ他者の不機嫌な顔写真の呈示では自己評価が低下しなかったので，自己評価が低下したのは，「不機嫌な他者」がプライミングされたからではなく，重要他者であるローマ法王がプライミングされたことによるといえる）。この研究では，プライミングが閾下で行われているため，実験参加者本人はそのことを意識していないことから，このプライミング効果（あるいは，自己の評価次元の活性化）が自動的に生じていることが示されたことになる。

この実験で示されるように，私たちの作業自己概念は，他者の存在によっても影響を受け，相手に応じた自己概念が活性化する。この働きは他者とのやりとりを円滑に進めるよう機能すると考えられるが，一方で，特定の他者との関係や役割を固定しやすくする側面もあると考えられる。

SECTION 2 自己評価の維持

自己に特有の機能があるとすれば，その1つは自己評価維持の機能であろう。私たちは基本的に自分自身に対する評価を維持しようと動機づけられている。たとえば，何かに失敗しても，自分にはそれとは別に優れた点があると思うような心理メカニズムがこれにあたる。

自己評価維持のために用いられる方略は多様であるが，ここでは，代表的な方略を示し，それらの相互の関係についてみていく。

恣意的基準の採用

たとえば，「あなたはやさしい人間か」と尋ねられたら，あなたはどのようなことを判断材料にしようとするだろうか。やさしさという言葉はいろいろな意味に解釈可能である。「困っている人をみると放っておけない」こと，あるいは「人に同情しやすい」こと，あるいは「怒らない」ことなど，やさしさの現れとしてみてと

れることは幅広い。したがって、やさしいかどうかを判断する基準はあいまいになる。こういったあいまいさのある属性についての判断を求められた場合、人は自分に都合がよい（自分の評価が高くなるような）次元を恣意的に用いて判断する傾向があることが見いだされている（たとえば Dunning et al., 1989）。つまり、「あなたはやさしい人間か」と問われたとき、人は自分自身をやさしいとみなしやすい基準を用いて判断し、自分は人よりやさしいと判断しがちなのである。逆に、基準が明確な属性の場合（たとえば、足の速さ）は、恣意的な基準を用いることは困難であるため、自分の評価を高く維持することは（実際に自分がその属性において秀でていない場合）難しいことになる。

テッサーの自己評価維持モデル

私たち自身についての評価は絶対的に定まるわけではなく、身近な他者との比較によって決まる部分が少なからずある。しかし、優れた他者が身近にいた場合、その人との比較によって自己評価が下がるかというと、必ずしもそうではない。逆にその優れた人と自分が親しい関係にあることで誇らしいと感じ、自己評価が高められることもある。

　テッサーは、このような他者との関係における自己評価において、人が自分に対する評価を高く維持する心理メカニズムを自己評価維持モデル（self-evaluation maintenance model；SEM モデル）としてモデル化した（たとえば Tesser, 1988）。このモデルは「他者との関係性は自己評価に重要な影響を与える（第1の前提）」「人は自己評価を維持・増大するよう行動する（第2の前提）」という2つの前提からなる。第1の前提に対しては、「比較過程」と「反映過程」が存在する。「比較過程」とは、たとえば、兄弟、友人などの自分に近い他者、すなわち、心理的に近い他者（近接性が高い他者ともいう）の自分より優れた遂行（たとえば、難関大学に合格する、スポーツでよい成績をあげるなど）と自分の遂行を比較し、自分の評価を下げたり、心理的に近い他者の自分より劣った遂行と自分の遂行を比較し、自分の評価を上げる過程である。「反映過程」とは、心理的に近い他者の優れた遂行により自己評価が高まる（たとえば、親友の成功を自分のことのように誇らしく感じる）、あるいは、心理的に近い親密な他者の劣った遂行により自己評価が低下する過程である。これらの反映過程と比較過程は相手が心理的に近い場合に生じると仮定されている。心理的に近い他者の遂行が優れている場合には「反映過程」によって自己評価にポジティブな効果が

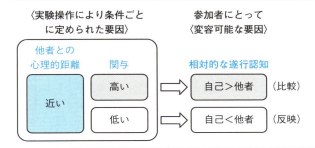

FIGURE 図4-2 ● 心理的距離と関与の2要因を固定した場合の相対的な遂行認知

この他に「他者との心理的距離」と「相対的な遂行認知」を独立変数として操作し（条件ごとに定め），「関与」を変容可能な状態にし，従属変数として条件ごとの違いを検討する場合と，「相対的な遂行認知」と「関与」を独立変数として操作し，「心理的距離」を従属変数として検討する場合がある。

生じ，その遂行が劣っている場合には「比較過程」によって自己評価にポジティブな効果が生じる。そして，どちらの過程が働くかを決定する要因は評価の対象に対する関与度（自分にとっての重要度）であるとされる。関与度が高い場合は比較過程が働き，関与度が低い場合は反映過程が働くと考えられる。

SEMモデルに関する研究は，「比較過程」と「反映過程」の働きと「人は自己評価を維持・増大するよう行動する（第2の前提）」から導かれる予測を検証する形で行われている。それらは，「他者と自分の相対的な遂行認知（他者と自分の遂行のどちらがより優れているかの認知）」「他者と自分の心理的距離」「対象に対する関与」の3つの要因のうち2つを独立変数として操作し（つまり条件ごとに心理的距離や関与を定め），従属変数となる残りの要因（ここでは相対的に遂行認知）がどのように条件ごとに異なるかを検討する形をとる。そして，たとえば，「心理的距離」と「関与」が「相対的な遂行認知」に与える影響は次のように予測できる。他者との心理的距離が近い場合，自分にとって関与が高い対象に対しては，比較過程が働き，自分の遂行のほうがその他者よりも優れていると認知しやすく，逆に関与が低いなら，反映過程が働くので，自分より他者のほうが遂行が優れていると認知しやすい（図4-2）。

この予測を確かめるために，テッサーらは小学生を対象にした研究を行った

第4章　自　己　95

COLUMN　*4-1* 将来の予測

　自分がこの先どうなるかという予測，すなわち将来の自分についての予測はどのようになされるのだろうか。このレポートはいつまでに仕上げられるか，この手編みのマフラーはいつまでに編み上げられるかなど，ある作業をいつまでに終えることができるかという見通しを立てることはよくある。しかし，これらの予測はかなり不正確であり，一般的には楽観的になりがちである。

　ビューラーらは，心理学科の学生に卒論がいつ完成するかを予測させた。できるだけ正確な予測に加えて，楽観的（すべてがうまくいった場合），悲観的（すべてが悪くいった場合）予測も尋ねた。実際に要した日数と比べると，それらのいずれよりも実際に要する時間は長かった（Buehler et al., 1994）。このように作業の終了時を実際よりも早く予測してしまう傾向を計画錯誤（planning fallacy）とよぶ。自分の予測よりも終了（または完成）が遅れることを繰り返し経験してもこの錯誤はなかなか修正されない。なぜなら，作業の終了時を推測するときは，私たちはこれから起こる将来のことのみに焦点をあててしまい，過去の類似の経験について考えることが少ないからである。作業の終了時がいつになるか考えているときの思考を調べてみると，ほとんどがこれから先のことについてであり，過去に同様の作業をしたときのことを想起している場合は非常に少なかった（Buehler et al., 1994）。また，クリスマスの準備のための買い物を題材にした実験では，数分間どのようにクリスマスの買い物

（Tesser et al., 1984）。彼らは，小学生に最もよく遊ぶクラスメートと自分について各教科の成績を評価させ，教師の評価（客観的評価）と生徒自身の評価（主観的評価）を比較した。すると，自分の関与が高いものについては自分の成績を高く，心理的に近い友人（よく遊ぶ友人）の成績を低く歪めて認知し，関与が低いものについては自分の成績を低く，心理的に近い友人の成績を高く歪めて認知していることが示された。つまり，生徒らは自己評価を維持するために，自己および他者の遂行（ここでは成績）を歪めて認知していたのである。

　SEMモデルからは，「関与が高い領域で他者の遂行のほうが自分よりも優れていた場合は，その他者と自分の距離を遠ざける」という予測，「他者の遂行のほうが優れており，その他者が自分に近い存在である場合は，その対象についての関与度を低下させる」という予測も成り立つ。いずれの予測も実験や調

を進めるつもりか，いつ，どこで，どんなものを買うつもりでいるのか，具体的な計画を考えて回答するよう指示し，これから先のことに思考を焦点化させた場合のほうが，そのような指示がない場合に比べて計画錯誤が強くなった (Buehler & Griffin, 2003)。将来の計画を立てるためにそのことに集中して考えると，過去の類似した経験を想起して参考にすることが難しくなり，余計に錯誤が大きくなるという皮肉な現象である。

しかし，将来に関する予測がいつも同じように楽観的なわけではない。楽観視の程度は将来までの時間的距離によって異なってくる。遠い将来に対する予測は楽観的だが，近い将来に関する予測は楽観性が弱まったり，悲観的になったりする。シェパードらは大学生を対象に調査をして卒業直後の給料はどのくらいになると思うかを尋ねた (Shepperd et al., 1996)。すると，学年が進むにつれ（現実が近づくにつれ）予測の楽観性は低減した。さらに，4年生の卒業直前時においては，予測と実際の初任給の平均との差は（統計的に有意では）なくなっていた。このような現象がなぜ生じるかはまだ明らかになっていないが，現実が目の前に迫ってくると，ものごとの否定的側面にも目を向けなければ，その状況をうまく乗り越えることはできないので，現実に備えるために楽観性が低下するのではないかと説明されている。

査研究によって支持するデータが示されており，たとえば，後者の予測を検討した兄弟姉妹を対象にした調査研究では，年齢の近い兄弟では，それぞれが得意とする領域が異なるのに対して，年齢の離れた兄弟ではそのようなことが認められないことが示されている (Tesser, 1980：ただし，姉妹では同様の結果は得られていない)。

自己価値確認 たとえば，仕事のうえで大きなミスをしてしまったとしたら，そのミスによって失墜した周囲からの評価を挽回するためには，仕事のうえで大きな成果を上げる必要があるだろう。しかし，自分自身による評価はどうだろうか。何かで失敗してしまった場合，そのことを直接帳消しにできるような成果を上げない限り，自分に対する評価は回復しないのだろうか。

実は，私たちが維持しようとしている自己評価は，個別の領域ごとの評価（たとえば，語学に強い，野球がうまい，責任感がある）というよりも，全体的な評価である。スティールらの自己価値確認理論[1]（self-affirmation theory）によれば，私たちの自己評価維持の目標となるのは，全体的な自己評価，言い換えれば，「自分が社会的に適応したきちんとした，価値のある人間であるという自己評価（self-integrity）」である（たとえばSteele, 1988; Sherman & Cohen, 2006）。そして，その評価が脅かされた場合，なんらかの手段を通じて自己評価を回復しようと人は試みるとされる。もちろん評価が下がった特定の領域の自己評価を回復してもよいのだが，真の目標は「自分はちゃんとしていて，価値のある人間である」という全体的な自己評価の維持であるため，この自己評価が維持できれば，低下した個々の自己評価に対する対処行動は必要ではなくなる。

　たとえば，失敗によって自己評価が脅威にさらされると，自己評価を回復するために自分より劣った他者と自分を比較しやすい（下方比較〔downward comparison〕とよぶ）ことが示されている（たとえばGibbons & Gerrard, 1991）。だが，自分自身が向上することをめざすのであれば，自分より優れた他者と自分を比較する（これを上方比較〔upward comparison〕とよぶ）ほうが役立つ情報を得ることができる（たとえばBrickman & Bulman, 1977）ので，上方比較をすることが有益で望ましい場合が多い。ところが，上方比較をすることで，さらに自己評価は低下する可能性が高いため，失敗の後では上方比較は避けられやすい。しかし，自己価値確認理論に基づけば，このような事態において，「自己価値確認」（self-affirmation）の機会があれば，防衛的反応が抑えられ，上方比較ができるようになるのである。

　スペンサーらは，知的能力を測定する難しいテストを用いてこのことを検討した（Spencer et al., 2001）。彼らは，実験参加者にテストの成績が平均以下であったと告げ，自己評価に脅威を与えた（この成績は，実際の得点とは無関係で，自己評価に脅威を与えるために全員に同様の成績が告げられた）。実験参加者はその後で，相手にできるだけ好印象を与えることを目標としたインタビュー課題に取り組むことになった。そして，インタビューの様子を知るために，他の参加

---

[1] self-affirmationのより適切な日本語訳は「自己確証」だと思われるが，その言葉はself-verificationという別な概念の訳語としてすでに定着しているため，ここでは「自己価値確認」と訳している。

者のインタビューの録音を聞く機会を与えられ，2本のインタビューの録音テープから1本を選ぶよう求められた。選ぶにあたっては，それぞれのテープを少しずつ聞いて，全体を聞くテープを選択したのだが，片方のテープでは，インタビューされていた参加者の印象はとても悪く，もう一方のテープではインタビューされていた参加者の印象はとても良かった。つまりここで参加者が前者を選択すれば，下方比較，後者を選択すれば上方比較をしたことになるが，実に8割以上の参加者が下方比較となる選択をしていた。ところが，先に行ったテストの後に自己価値を確認する課題（具体的には，自分にとって最も重要な価値観をとりあげ，なぜそれが重要であるのかを説明する文章を書く課題）を行った場合には，逆に8割以上の参加者が上方比較を選択していた。つまり，自分の価値を確認することができた参加者は，テストで悪い成績をとったことに対する防衛的反応である下方比較を行わず，次の課題をうまくやり遂げるために有益な情報を得るために上方比較を行うことができたのである。

自己価値確認の効果

先に紹介したテッサーのSEMモデルでは，関与の高い領域で，心理的距離が近い他者に比べて自分が相対的に劣っている場合は，自己評価が低下する脅威にさらされると仮定していた。そして，変更可能な要因を変更し（たとえば関与を低下させるか，他者を遠ざける），自己評価を維持しようとすると仮定されていた。しかし，SEMモデルにおける自己評価維持と自己価値確認理論における自己評価維持が同じものであるなら，自他の相対的遂行認知，心理的距離（近接性），関与のいずれかを変更するのではなく，自己価値を確認することによっても，自己評価を維持することが可能だと考えられる。

このことを確認した研究では，2人の実験参加者がペアで課題を遂行し，ペアの相手にヒントを出すという実験を行った（Tesser & Cornell, 1991）。参加者はペアの相手が見知らぬ他者（近接性低）の場合には，課題が参加者にとって関与が高いものかそうでないかにかかわらず，適切なヒントを出した。しかし，相手が友人（近接性高）のときは，自分にとって関与が高い課題の場合に，あまり効果的とはいえないヒントを与えた（これにより友人の遂行が低くなり，自己評価への脅威となることが妨げられる）。これは自己評価維持モデルの予測を支持する結果であった。しかし，自分にとって重要な価値についての質問に回答し，自己価値確認の機会があった実験参加者では，このような傾向は認められなか

った。つまり，自己価値の確認ができた実験参加者は，自分にとって関与の高い課題でも友人に対してわかりやすいヒントを与え，友人が相対的に優れた成績をとることを助けた。あらかじめ自分の価値観を確認し，自分がまっとうな人間であることを確認できた場合には，ある側面で自分の評価が脅かされることがあっても，やみくもに自己評価維持のメカニズムを働かせるのではなく，自己への脅威を許容することができるといえる。

　さらには，自己価値確認理論に基づくと，自分にとって脅威になるような，通常は受け入れにくい情報も，自己価値確認の機会を与えることで受け入れやすくなると考えられる。たとえば，自分の健康状態についての警戒すべき情報はつい避けてしまいがちである。しかし，自己価値確認の後では，そういった情報を避ける傾向が弱まることが示されている。乳ガンのリスクファクターを題材にした研究（Harris & Napper, 2005）では，若い女性の実験参加者に過度の飲酒が乳ガンを引き起こしやすいことを説明したパンフレットを読ませ，自分がかかえる乳ガンにかかるリスクを回答させた。すると，飲酒量の多いハイリスクの参加者たちは，自身のリスクを低く評定していた（つまり，パンフレットの説明を受け入れていなかった）が，事前に自分にとって最も重要な価値観について説明する文章を書く自己価値確認の課題をした場合はリスクを高く評定していた。つまり，自己価値確認をしたハイリスクの人々はパンフレットの説明を受容していたのである。そしてさらには，リスクを低減する行動をする（飲酒量を減らす）よう動機づけられてもいた。喫煙者を対象にした同様の研究においても，自己価値確認をすることで，喫煙者が喫煙の健康に与える害に関する情報を受容することが見いだされている（Harris et al., 2007）。また，自分の信念に反する情報に接した場合，通常は，自分の信念を守るために自分の信念に反する情報に対しては，あら探しをして否定的な見方をする（COLUMN 1-3参照）が，自己価値確認をすることで，信念に反する情報を客観的に吟味することができ，それが正しければ，それを受け入れるようになることも示されている（Cohen et al., 2000）。このように，直視することがためらわれるような自分にとって脅威になる情報も，自己価値確認をすることで受容できるようになるのである。

「現在の自己評価」の維持

　SEM モデルでは，他者評価との比較あるいは反映過程を通じて自己評価を維持するメカニズ

ムが説明されたが、ウィルソン、A. E. とロスは、過去あるいは未来の自分との比較（継時的自己比較）においても、現在の自己評価を高く保つために、過去、あるいは未来の自分を歪めて評価する心理メカニズムがあることを指摘した（たとえば Wilson & Ross, 2001）。

彼らの**継時的自己評価理論**（Temporal Self-Appraisal theory; TSA 理論）によれば、遠い過去の劣っていた自分は、現在の自分の評価を高めることができる（それと比較することで現在の自分を高く評価できるため）ので、現在の自己評価を高めるために、過去の自分は現実よりも劣って想起されると考えられる。彼らの研究（Wilson & Ross, 2001）では、学期のはじめとその2カ月後の2回にわたって自己評価を測定し、2回目の時点で2カ月前の学期はじめの頃を回想させ、その当時の自己評価を思い出して回答させ（回想的自己評価）、実際の学期はじめの評定と回想とを比較した。結果は、理論の予測どおりで、回想的自己評価は、学期はじめ当時の自己評価よりも低くなっていた。実際の自己評価は時間経過とともにやや下がっていたにもかかわらず、2カ月前と比較して自分は成長しているという幻想がみられた。

さらに彼らは別の研究において、実際の時間的距離を一定に保って心理的な時間的距離を操作することによって、主観的にかなり以前のことだと感じると、過去の自分を低く評価することも見いだした（図4-3）。主観的に感じられる過

FIGURE　図4-3　主観的時間的距離と想起された過去の自己評価と現在の自己評価

凡例：
- ･･□･･ 最重要・最近
- ─■─ 最重要・ずっと以前
- ･･□･･ 非重要・最近
- ─■─ 非重要・ずっと以前

横軸：過去（2カ月前を想起）／現在
縦軸：自己評価

高得点ほど高い自己評価を意味する。

（出典）　Wilson & Ross, 2001.

COLUMN **4-2 自己という認識の危うさ**

　私たちは普段「自分」の存在を疑うことはない。自分の身体は明らかに自分であると感じられ，たとえば，いま，私はこの文章を書くために動かしている手は確かに自分の手だと感じることができる。しかし，このコラムでみていくように，私たちはつねに正しく自分自身を感じられるわけではない。あくまでも私たちが感じている自分とは，そのときに私たちが作り上げたものであり，自分という認識は確実，あるいは絶対的なものではなく，本当は自分ではないものを自分と感じたり，その逆のことも生じる。

　社会心理学の中でこの問題を実証的に扱ったのはウェグナーである。彼は私たちが自分でした行為と他者が行った行為を混同してしまう場合があることを示し，私たちが感じている自己の主体感は絶対的なものではないと論じた（Wegner, 2002; Wegner et al., 2004）。たとえば，2人羽織のように，自分の背後に他者がいて，その他者の手が自分の上着の袖からでていて，その手があたかも自分の手のように見えるとき，私たちはその手が自分自身の手であるかのように感じることがある。ウェグナーらが行った実験では，右頁の写真のように2人組になって，前の人物の手の位置に後ろの人物の手を出し，正面の鏡でそれを見るようにし，ヘッドフォンから聞こえてくる動作指示にその手（自分の手のように見えている後ろの人物の手）が従って動くことを観察すると，前の人物は，後ろの人物の手をあたかも自分の手のように感じるようになる。たとえば，その手に対して衝撃（腕にはめた輪ゴムを伸ばしてはじく）を与えたとき，前の人物において，あたかも自分の手でゴムがはじかれたような生理的反応が生じた。この知見は，私たちが自分で動きをコントロールしているように感じられる対象を自分と認識することを示唆するもので，拡張された自己の可能性を示している。

　また，近年では，VR（Virtual Reality；仮想現実）技術を用いて，"幽体離脱"のような感覚を生じさせる実験も行われている。ヘッドマウント・ディス

去のある時点までの時間的感覚（ごく最近のことのように感じる，あるいは，ずっと以前のことのように感じる）を主観的時間的距離とよぶが，彼らはこの感覚を操作したのである。具体的には，主観的時間的距離が遠い条件では，学期のはじめの自分を想起させる際に「だいぶ前のことだけれども学期はじめのあなたについて……」というように学期はじめからかなり時間が経過していることを

前方に鏡があり，このように本人に見える

後ろの人の手
前の人の手は，"気をつけ"の姿勢の位置

（出典）　Wegner et al., 2004, figure1 p. 841.
　　　　写真に加えられた注は原典にはない。

　プレイをつけた実験参加者に，自身を背後から撮影しているリアルタイムの3D映像を示し，参加者の身体の一部を触り，それが映像でも確認できるようにすると，自分の前方に映し出されている自分の身体（実際にはその背中が見えている）が，自分自身であるかのように感じることが報告されている（Slater et al., 2010。ただし，すべての人にそのような感覚が生起するわけではないようである）。

　自分という感覚や認識にかかわるこのような研究は，私たちがどのような情報を利用して「自分」を形成しているのか，つまり，自分とは何であるのか，という大きな問につながるもので，社会心理学だけでなく，多様な研究領域からアプローチがなされている。

強調し，主観的時間的距離が近い条件では，「つい最近のことだけれども学期はじめのあなたについて……」というように学期はじめからあまり時間がたっていないことを強調した。その結果，図4-3の黒線で示されたように，自分にとって重要な領域においては，主観的時間的距離が遠い場合（黒色実線）には，過去の自分は現在の自分よりも劣っていたと想起された。しかし，2カ月前ま

での主観的距離が近い場合（黒色破線）には，想起された過去の自己評価は低くなかった。さらに，自分にとって重要でない領域については，主観的に遠い過去の自己評価を低く想起するということは示されなかった（青色線）。つまり，現在の自己評価を高めることができる場合に限り，過去の自分を劣って想起していると解釈できる。これらの結果は，過去の自分の想起は，記憶として貯蔵されていた過去の自分がそのまま取り出されるのではなく，現在の自己評価を高く維持するように想起されることを示唆している。

自己評価維持がもたらすもの

(1) ポジティブな効果　ここまで，いくつかの自己評価維持のメカニズムをみてきたが，なぜ人は自己評価を高く維持しようとするのか，あるいはなぜそういったメカニズムを備えているのだろうか。ここまでの議論では，高く維持される自己評価と現実の自分との関係についてとりあげてこなかったが，自己評価を高く維持することはどのような事態をもたらすのだろうか。ポジティブな効果についての議論では，基本的には自己評価を高く維持することが適応に結びついていると仮定されている。人には頑健な自己評価維持のメカニズムが備わっているので，それは進化的な観点からとらえた人間の適応（生き残り）に寄与していたはずだと考えられているのである。

ポジティブな効果を指摘する代表的な議論はテイラー，S. E. とブラウン，J. D. によるものである（Taylor & Brown, 1988）。ポジティブ幻想（ポジティブ・イリュージョンともよぶ；positive illusion）とは，現実より好ましい自己評価，現実より好ましい将来に対する予測，現実よりも自分の周囲のできごとをコントロールできると思うことを指す。テイラーらは，程度の差はあるが，誰にでもこのような傾向があり，私たちの精神的健康が保たれていると論じた。精神的健康に寄与するだけでなく，ポジティブ幻想は，「できる」と思えることによって，課題へ持続的に取り組むことを促し，結果的に成功確率を高めたり，自分のパートナーを現実よりも好ましく思うことで，その関係が良好に保たれるなどポジティブな効果がある。

テイラーらは精神的健康だけでなく，身体的健康についてもポジティブ幻想をもつことが有益であるとも論じている（Taylor et al., 2000）。たとえばHIV患者を対象とした研究の中には，将来について楽観的であることが，病気の進行を遅らせるという報告もある。

ただし，ポジティブ幻想のポジティブな効果をとりあげる研究では，必ずしもポジティブな自己評価や，将来予測や，コントロールについて，実際にそれらが現実より好ましいのか（幻想なのか）という点が測定されていないことも多く，「幻想」がポジティブな効果をもたらすという点については反論もある（たとえばColvin & Block, 1994）。

(2) **ネガティブな効果**　テイラーとブラウンの論文（Taylor & Brown, 1988）以降，ポジティブ幻想は適応的であり，そのほうが結果的にうまくいくという議論が多くあったが，それに対する反論，反証も出てきている。ここではポジティブ幻想の中の，現実よりも好ましい自己評価の傾向である，自己高揚（self-enhancement）に関する研究をとりあげる。

　多くのポジティブ幻想に関する研究は実験室で行われることが多く，そのため自己高揚的自己評価と適応の関係の検討も短期的なものに限られがちであったが，大学入学直後から卒業までの追跡調査を行い，入学時の学力に対する自己高揚的自己評価（ポジティブ幻想）と卒業時の通算成績の関係を検討した，現実場面における長期的な調査研究（Robins & Beer, 2001）もある。この調査では，対象者に大学の入学時に成績の自己評価をさせ，さらにこれからの成績の予測をさせた。そして実際の成績との差を自己高揚バイアスとした。もしポジティブ幻想が適応的であるなら，自己高揚バイアスがあるほうが良い成績につながると予測できる。しかし，自己高揚バイアスと在学期間の成績の平均には有意な関係はなく，自己高揚バイアスのポジティブな効果は認められなかった。さらに，大学を卒業できたかどうかという点については，弱い関係ではあるが，自己高揚バイアスが途中退学につながる傾向が見いだされた。また，自己高揚バイアスが強い人のほうが学科成績に対する関与が低下し，良い成績をとることが重要だと思わなくなる傾向にあった。このようにポジティブ幻想が負の効果をもたらす側面もある。

　学業成績だけでなく，自分についてのポジティブ幻想は対人関係にネガティブな結果をもたらすこともある。ポールハスは過剰に自己高揚的自己評価をする（自信過剰だったり，自己愛傾向が強い）人物が仲間からのどのような評価を受けるかを長期にわたって検討した（Paulhus, 1998）（毎週20分間の会合を7週間行った）。最初の会合ではこのような人物は好ましく評価されたが，最終的には否定的な評価を受けるようになった。しかし，その一方で自己高揚的自己評価を

する人物の本人の自尊心は高く保たれたままであった。

このように自己評価を高く維持する自己高揚傾向は，ポジティブな側面もネガティブな側面もあるが，ネガティブな影響は主に自己評価が高すぎることによると考えられる。したがって，適切な範囲であれば自己評価を高く維持することは，そうできずに自己評価を下げてしまうことに比べてポジティブな結果をもたらすと考えられるだろう。

自己制御
自分をコントロールする力

自己制御の重要性

なんらかの目標を達成しようと行動するということは，別のことをしないように行動を制御することでもある。見たいテレビ番組を我慢して受験勉強をする受験生や食べたいお菓子を我慢してダイエットする若い女性はよい例であろう。このように自分を制御，あるいはコントロールすることで私たちはめざす行動をとることができる。私たちが行う多くのことがらにはこういった自己制御（self-regulation）の要素が含まれているため，この能力はとても重要である。

自己制御の重要性を示す研究にミッシェルらの子どもを対象として行われた研究がある（Mischel et al., 1988）。この研究では，就学前の子どもがお菓子を1つ与えられ，部屋で1人にされ，実験者が戻ってくるのを待たされた。その際に，子どもは，お菓子を食べずに実験者が戻るのを待つことができればお菓子をもう1つもらえるが，待てずに途中で実験者を呼んでしまうとお菓子は1つしかもらえないという状況におかれた。実験者を長く待つことができる子どもは，すぐにお菓子が欲しいという欲求を制御できるので，自己制御能力が高いと考えられる。この子どもたちを約10年後に再度調査したところ，幼少時に長く実験者を待つことができ，自己制御ができた子どもたちのほうが，学業，社会的スキル，対処能力において優れていたことが報告されている。

制御資源と「筋肉」モデル[2]

自己制御の研究では，何かを我慢することで自分（の欲求）を制御し，目標に向かってがんば

---

[2] 強靱さモデルと訳されることもある。

るとき，特定のエネルギーが消費されると考えられている。そしてそのエネルギーは短期的には有限であり，いったん多くを消費してしまうと，その次の制御に費やすことのできるエネルギーは不足し，制御が不十分になると考えられている。つまり，「おいしいけれど高カロリーの食べ物を健康のために我慢して食べない」という自己制御に費やされるエネルギーと，「難しい問題を集中して解く」ための自己制御に費やされるエネルギーは同じ種類のものだと考えるのである。このエネルギーは制御資源（regulatory resource）とよばれ，筋肉を使いすぎると疲弊して力が出せなくなってしまうのと同様に，制御資源も使用しすぎるとその直後には使えなくなると考えられている。

　ムラヴェンらの研究では，自己制御が必要な異なるタイプの2つの課題を連続して行うと，2番目の課題の遂行成績が低下することが示されている（Muraven et al., 1998）。たとえば，第1課題で衝撃的なビデオを観て生じた不快な感情をより強めるように制御する，あるいは弱めて影響されないように制御するよう求め，続く第2課題では身体的な持久力をテストした実験では，第1課題をすることによって，第2課題の成績が低下した。その他の研究（Baumeister et al., 1998）でも，おいしそうなチョコレートを出され，それを食べることを我慢させられた実験参加者は，後続の難しい知的課題に取り組む時間が短くなった（つまり，がんばることができなかった）。

　しかし，この制御資源は筋肉が鍛錬により強くなるように，訓練によって増強することができる可能性も示されている。2週間にわたって食べたものの記録をつけるように指示された参加者の自己制御の能力が，その訓練期間の間に増強したことを示す研究もある（Muraven & Baumeister, 2000）。自己制御をするための資源（意思の力）が訓練によって高められるということは私たちの日常的な経験とも符合するものである。

制御資源の枯渇と反社会的行動

　私たちの日常生活の中では，社会的に適切な行動をするために自己制御が必要となる場面がしばしばある。たとえば，本当はとても怒っているときでも，それを抑えて冷静にふるまわなくてはならないこともある。しかし，このようなときには制御資源が消費されると考えられるので，仮にこのときに怒りを抑えられても，その後で制御資源が必要な仕事（たとえば，ささいなミスも許されない細かな作業）のできは悪くなると考えられる。

逆に，何かを我慢したり，統制しなくてはならないような，制御資源が必要な事態を経験し，制御資源を枯渇させてしまうと，すぐ後に怒りが喚起されるできごとに遭遇した場合，怒りの表出を制御することが困難になると考えられる。ある実験（Stucke & Baumeister, 2006）では，まず実験参加者は作文を書き，その後でビデオを見た。半数の参加者はビデオを見ているときに感情を表情に出さないように指示された。つまり，表情を制御することで制御資源を消費させられた。その後で，最初に書いた作文に対して，とても悪い評価が実験者から返却された。すると，実験終了後に実施された実験や実験者に対する印象を評定するアンケートにおいて，感情表出を抑えてビデオを見た参加者は，実験者を悪く評定した。つまり，実験者に対してより攻撃的になったのである。単にビデオを見ていた参加者は，自分の作文を悪く評価した実験者に対する怒りをそのままアンケートでの評定に表さなかったのに対して，表情を制御しながらビデオを見たために制御資源が枯渇した参加者は，実験者に対する怒りを制御できず，アンケートにおいて悪い評価をしたと考えられる。

　このように連続して自己制御が強いられるような状況では，制御資源が枯渇して後半の自己制御に失敗することがある。したがってふだんから自己制御によって抑制されている反社会的行動は，一時的な制御資源の枯渇により，制御されずに表出しやすくなると考えられる。満員電車の中で，ささいなトラブルを発端に激しい口論や諍いに発展するようなケースは，一時的に制御資源が枯渇したことによって，ふだんは抑えられている攻撃的反応が抑えられずに表出した例とみることができるだろう。ただし，制御資源の枯渇によって表出するのは自己制御によって抑えられている反応なので，望ましい反応が抑えられている場合は，制御資源の枯渇によって望ましい反応が表出することになる。

制御資源の存在を巡る論争

　本節では，ここまで，自己制御は共通の制御資源を消費するというモデルに基づいた研究知見を紹介してきた。しかし，近年そのことに対する反論とその反論を支持する実証研究が発表されてきている。ただし，自己制御を連続して行うことは難しいという現象や，子どものときの自己制御の力が将来の適応を予測するなど，自己制御の力が社会的に非常に重要なものであるという点についての対立ではないことに注意されたい。

　主な反論は2つあり，そのいずれも制御資源の存在を否定している。1つの

反論は，制御資源が枯渇することで連続した自己制御が困難になるのではなく，制御に対する動機づけが低下することが原因だとしている。つまり，連続した自己制御でも，制御しようとする動機を高めることができれば，継続できるという主張である（Inzlicht & Schmeichel, 2012; Inzlicht et al., 2014; Kurzban, 2010）。

もう1つの反論は，問題は"制御資源が有限だという人々の思い込み"だというもので，制御し続けることが可能だと考えている人は自己制御が必要な課題を連続して行っても，制御が困難にはならないことを示している（Job et al., 2010, 2013, 2015）。

自己制御の力を伸ばすための効果的な介入を考えるならば，いずれのモデルが正しいのかを明確にしていく必要があるだろう。

SECTION 4　他者にみせる自己・みられる自己

自己呈示の内在化

私たちはつねにあるがままの自分を他者にみせているわけではない。自己呈示（self-presentation）とは，相手にある印象を与えようとして，自分のある側面を呈示することを指す。もちろん本当の自分ではない自分を演じてみせることもあるかもしれないが，偽りの自分を呈示しているわけではなく，自分の中のある側面を選択的に呈示しているといえる。たとえば，就職面接では自分の長所を中心にアピールするが，友人の前では，自分の欠点をさらけだすこともある。しかし，これらはどちらも自分の一部である。

自己呈示は基本的に他者に向けられた行為だが，他者に自分のある側面を見せることは，私たち自身にも少なからぬ影響がある。この影響とは，自己呈示の内在化とよばれる現象で，たとえば，明るく外向的にふるまった後は自分自身に対する評価が（ふだんに比べてより）明るく外向的になる。このように，私たちの作業自己概念は，呈示された自己像の方向に変容する傾向にある。

自己呈示の内在化の生起の鍵を握るのは，自己呈示された行動そのものではなく，自己呈示が他者に向けて行われたかどうかということである。このことを検討したタイスの研究（Tice, 1992）では，実験参加者はインタビューを受けたが，参加者の半数は，インタビューが大学院生に観察され，回答の際に自分

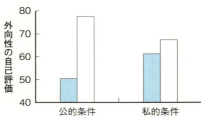

図4-4 自己呈示後の自己評価

高得点ほど外向的評価をしたことを意味する。可得点範囲は10〜110。

(出典) Tice, 1992.

自身の個人情報（氏名，学部など）を明らかにしなくてはならなかった（公的条件）。残りの半数のインタビューは誰にも観察されず，個人情報の開示もなかった（私的条件）。インタビューを受ける際に，実験条件により，半数の参加者は外向的にふるまうよう要請され（外向的呈示条件），残りの参加者は内向的にふるまうよう要請された（内向的呈示条件）。その後で，参加者は本当は自分はどの程度外向的な性格なのか回答した。結果は，図4-4に示したとおりで，公的条件では，外向呈示条件の参加者のほうが自分をより外向的だととらえており，自己呈示の内在化が生じていた。しかし，私的条件では，外向的呈示条件と内向的呈示条件の参加者の間に自己評価の違いはなく，自己呈示の内在化は生じていなかった。このことから，単に内向的，あるいは外向的にふるまうことによってその行動をするような性質を自分がもっているというように現象的自己（作業自己概念）が変容するのではなく，誰かに自分の行動をみせることによって，自分の現象的自己（作業自己概念）が行動に対応するように変化することがわかる。

「他者による自分に対する推論」の推論

自己呈示をするときには，自分が他者にどうみられているかを意識していることになるが，近年，この「他者に自分がどうみられているか」という推測についての研究が盛んに行われるようになってきた。これらの研究で扱う「他者が自分をみている推論過程に対する推論」は，**メタ推論**とよばれる。

この領域の多くの研究は，私たちが自分が他者にどうみられているかを推測

する際に，自己中心的な推論をすることを示している。つまり，私たちは自分が感じているように他者も自分のことをみると推測しがちなのである。代表的な研究にスポットライト効果（spotlight effect）の研究がある。ギロヴィッチらは，行為者が自分にとって目立つ（と思える）行為をしたときに，他者が自分に注目していると過度に思う傾向を，スポットライト効果とよんだ。たとえば，駅の階段で転んだときに，周りの人みなが自分に注目しているように感じてしまうことがこれにあたる。この現象は，他者と自分とでは状況の理解が異なる場合があることを子どもはしばしばわからないという自己中心的認知と基本的に同じメカニズムから発生するものである。大人は，自分が感じる自分と，他者に見える自分が異なることは認識しているが，他者にどうみえるかを推論する際に，自己中心性を完全に取り除くことは難しく，他者の視点に立った調整は不十分に終わり，その結果，過度に自分への注目があると推測してしまう。

　スポットライト効果を示したギロヴィッチらの実験（Gilovich et al., 2000）では，実験参加者に大物歌手の写真が胸に大きくプリントされたTシャツを着せ，すでに他の実験参加者がそろって作業をしている実験室に入室させた。そして，ほんの数秒後に退室させ，実験室にいた実験参加者たちの何人がTシャツにプリントされていた人物が誰か気づいたかを推測させた。Tシャツを着させられた実験参加者は，自分のことをみたほかの実験参加者の46％がTシャツにプリントされていた大物歌手に気づくと推測した。しかし，実際にそうとわかった人は23％しかいなかった。Tシャツを着た参加者にとっては，Tシャツに描かれた人物はとても強烈な印象の人物だと感じられたため，他者もそれに注目すると予測した。自分がそのTシャツを着るわけではない他者はそれほど注意を向けないという自分と他者の違いを十分に考慮することができなかったのである。

　ここでみてきたように私たちの自己は，自分だけで完結した存在ではない。自分がおかれた状況により変動し，また，重要他者にも大きく影響を受ける。自己評価維持のメカニズムに端的に表れるように，自己とは非常に柔軟な側面をもつが，私たちの認識のうえでは，自分自身の一貫性は保たれている。最後の項でとりあげた，他者に自分がどうみられるかというメタ推論の研究は，2000年頃から盛んにおこなわれるようになったが，この推論は他者の心を推

論することになるため，次章でとりあげる他者に関する推論についての研究と密接に関わることになる。

BOOK GUIDE ● 文献案内

ウィルソン，T. D./村田光二監訳，2005『自分を知り，自分を変える——適応的無意識の心理学』新曜社
- 自分について意識できる心理過程と意識できない心理過程がどのように働いているかを解説。

ギルバート，D./熊谷淳子訳，2013『明日の幸せを科学する』ハヤカワ・ノンフィクション文庫
- 自分がどんな気持ちを経験することになるのか，という感情予測がなぜうまくできないかをさまざまな実験を通して解説。

バウマイスター，R., ティアニー，J. 著/渡会圭子訳，2013『WILLPOWER 意志力の科学』インターシフト
- 自己制御がなぜ難しいのか，そして自己制御がいかに我々にとって重要な力かをさまざまな実証的証拠から説明。自己制御資源が存在するとする立場で書かれている。

安藤清志編，2009『自己と対人関係の社会心理学——「わたし」を巡るこころと行動』シリーズ21世紀の社会心理学13，北大路書房
- 社会心理学における自己研究がバランスよく紹介されている。初学者にも読みやすい平易な語り口で書かれている。

Chapter 4 ● 考えてみよう

❶ 自分にはどのような自己スキーマがあるか，また自分や他者について判断するときによく用いている評価の次元があるか考えてみよう。

❷ 意見が対立する人々がディスカッションする場合に，不要な対立を避け，互いの主張を認め合うことを促進する環境を作るにはどうしたらよいだろうか。自己価値確認理論の知見を応用して考えてみよう。

❸ 制御資源が不足したため自己制御に失敗した事例がないか考えてみよう。

第5章 他者に対する評価・判断・推論

他者をみる目とはどのような目か

「喜んでくれるかな？」：プレゼントをあげるとき，相手の気持ちを推測しようとする
(Jose Luis Pelaez Inc/Getty Images)

CHAPTER 5

- KEYWORD
- FIGURE
- TABLE
- COLUMN
- BOOK GUIDE
- SEMINAR

他者について評価，判断，推論する過程をとりあげる。他者に対する評価，判断をする過程では，個人情報よりもカテゴリー情報が優先的に用いられやすいが，その代表例であるステレオタイプの使用について説明する。さらに他者の言動からその人の内面を推論する属性推論の過程とそこで生じるバイアスについて，またそのときどきに変化する他者の心的状態（感情や思考など）の推論の過程とそこで生じるバイアスについて説明し，最後にそれらのバイアスの修正可能性について検討する。

SUMMARY

> **KEYWORD**
> 連続体モデル　二重処理モデル　カテゴリー依存型処理　ピースミール処理　ステレオタイプ　ステレオタイプ適用　属性推論　対応推論理論　非共通効果　共変モデル　原因帰属　因果スキーマ　割引原理　割増原理　対応バイアス　係留と調整　ナイーブ・リアリズム　ナイーブ・シニシズム　リバウンド効果

　誰かにあげる贈り物を選ぶのは，楽しくもあり悩ましくもある作業である。どんなものをあげたら喜んでくれるのだろうかと，あれこれと考えることになる。年配の方にお世話になったお礼として贈り物をするとき，（あなたが若者だったら）たとえ自分の好物であっても，ステーキ肉を送ろうとは思わないだろう。その代わり，年配の人の好みのイメージに沿って，産地直送の魚の天日干しを選ぶかもしれない。一方，恋人への誕生日プレゼントだとしたら，これまでの経験から，何を喜ぶかあれこれと考えるだろう。たとえば「私はバラの花が好き」というようにわかりやすく好みを明言される場合もあるだろうが，明言されなくても恋人の好みはある程度わかると思っているだろう。私たちは他者についてそういった直接目には見えない特徴（内的な属性とよぶ）をわかっていると思っていることも多くあるが，どのようにして直接見えないそれらを知るのだろうか。さらに後日，恋人の誕生日にプレゼントを渡したとき，恋人が本当に喜んでくれているかとても気になるだろう。このとき，「うれしい」「ありがとう」という発言をそのまま額面どおりに受け取るだけでなく，私たちは恋人が本当にどの程度喜んでくれているのか推論するだろう。では，こういった推論はどのように行われるのだろうか。そして，正しく行われるのだろうか。

人に関する2種類の情報とその利用

カテゴリー情報としてのステレオタイプ使用

2種類の情報と2つの処理過程

　私たちが他者についてその人の性格や好みなどを推論する過程で用いる情報には，その個人が属する集団カテゴリー（たとえば，性別，職業，人種など）に関する情報と，その人個人についての個別の情報がある。前者は

一般的情報で私たちが知識としてもっている情報であり，記憶から取り出されて推論の対象となる個人にあてはめられる形でトップダウン的に働く。後者は個人のもつ個別の情報であり，それらをまとめて人物像が描かれるようにボトムアップ的に働く。

　これらの2種類の情報が，どのように利用されて他者についての評価や判断が行われるかを説明する代表的なモデルにフィスクらの<u>連続体モデル</u>（continuum model）（たとえば Fiske & Neuberg, 1990）と，ブルーワーの<u>二重処理モデル</u>（dual process model; Brewer, 1988）がある。ここでは，よりわかりやすいモデルである，連続体モデルをとりあげて説明する。フィスクらは，集団カテゴリーに関する情報に基づいて他者を判断する<u>カテゴリー依存型処理</u>（category based processing）と，個人の個別の情報に基づいて他者を判断する<u>ピースミール処理</u>（piecemeal processing）が他者に対する判断（あるいは印象形成）において，どのように働くかを説明している。このモデルによれば，判断対象となる人物（ターゲット人物とよぶ）に遭遇したとき，まずカテゴリー化が起こり，カテゴリー依存型処理が行われる。その人物に関心があり，さらにその人を詳しく知ろうとする場合は，その人物の個別情報とカテゴリー情報の一致が検討される。一致した場合にはここで処理は終了するが，不一致な場合には再カテゴリー化，すなわち新たなカテゴリー情報との照合が行われる（たとえば，女性の政治家に出会った場合，最初は「女性」というカテゴリーを用いるが，その人は「指導力がある」という個別情報がある場合は，そのカテゴリーと不一致なので，「政治家」というカテゴリーを用いてみる）。ここでも一致しない場合にピースミール処理が行われ，ボトムアップな処理となる。つまり，ターゲット人物に関する個別の情報を検討し，その人物を判断することになる。このようにカテゴリー依存型処理とピースミール処理の両者が働くのだが，このモデルでは，ピースミール処理では，個々の情報が吟味されるので，情報を処理するために多くの労力を必要とすることから，カテゴリー依存型処理が優勢になりやすいことが仮定されている。つまり，私たちの他者に対する判断はカテゴリーに基づく情報に依存したものになりやすい。二重処理モデルでも，初期段階では，個人の個別情報よりもカテゴリーに基づく情報が用いられると仮定されている。

ステレオタイプ　ここでいうカテゴリーに基づく情報とは，特定の集団カテゴリーに付与された情報であり，そ

の代表例がステレオタイプである。ステレオタイプとは，ある社会的集団（人々）に関する知識，信念，期待（予期）によって構成された知識構造であり，集団カテゴリーに対する知識あるいは信念である。ステレオタイプが他者に対する判断や評価にどのように影響するかについての検討は，社会心理学の中でも最も活発な研究分野の1つである。

最近の研究では，多くのステレオタイプは，「能力」（competence）次元と「親しみやすさ・温かさ」（warmth）次元からなっていることが指摘されている（Fiske et al., 2007）。たとえば，女性や老人に対しては能力は低いが，親しみやすく温かいというステレオタイプがあり，社会的に成功している少数派（アメリカ社会ではユダヤ人）に対しては，能力は高いが，人柄は温かくないというステレオタイプがある。多くのステレオタイプはこのように能力次元と親しみやすさ・温かさ次元においてアンビバレントな評価をもち，一面的なネガティブな評価につながらないので，ステレオタイプが維持されやすいと考えられている（詳しくは第9章参照）。

ステレオタイプのあてはめが起こりやすいとき
ステレオタイプ適用を促進する条件

現代社会においては，一般的にはステレオタイプをあてはめて他者を判断すること，すなわちステレオタイプ適用は望ましくないという強い規範が存在するので，通常，私たちはステレオタイプを使用した判断を避けようとする。しかし，その規範が共有されているにもかかわらず，ステレオタイプとその適用はなくなっていない（もちろん，人種差別や性差別などは，以前に比べて解消されてきてはいるが，いまだに多くの問題が残っている）。では，他者を判断する際にステレオタイプをあてはめてしまうのはどのような場合なのだろうか。

ステレオタイプが使用されやすい場合の1つは，判断の対象となっている他者についての情報が十分にないときである。明確にある特性を示している行動情報がある場合は，その行動情報がその人物の判断に用いられやすい。しかし，得られた行動情報があいまいな場合，その行動の背景について解釈の可能性が広がることになる。そのときに，ステレオタイプは用いられやすくなる。

たとえば，クンダ，Z.らの研究では，参加者は，「主婦」または「建設作業員」が他者を殴ったという情報をもとにその人たちの性格がどの程度攻撃的かを判断した（Kunda & Sherman-Williams, 1993）（「主婦」のステレオタイプは「非攻撃的」であり，「建設作業員」のステレオタイプは「攻撃的」）。殴ったという行動情報には3種類あり，その攻撃性の程度が異なっていた。それらは，「その主婦（建設作業員）は，うっとうしい人を殴った」というあいまい条件，「その主婦（建設作業員）は隣人に彼女（彼）の結婚をあざけられ，我慢できず，隣人を殴り倒した」という攻撃度高条件，「その主婦（建設作業員）はカーペットを泥まみれにした6歳の息子を叩いた」という攻撃度低条件のようになっていた。隣人を殴るのは極端に攻撃的だと思われる状況を示す攻撃度高条件と，そのような状況で息子を叩くことは「必要なしつけ」だとみなすことができる攻撃度低条件では，その行為の主体が主婦でも，建設作業員でもその人の攻撃性は同程度に評価された。つまり，建設作業員は攻撃的であり，主婦はそうではないというステレオタイプが判断に使用されなかった。しかし，あいまい条件，つまり，場合によっては非常に攻撃的ともとれるし，そうでないとも考えられる情報が与えられた場合は，行為の主体が建設作業員であった場合のほうが主婦に比べて攻撃的な人物であると評価されていた。つまり，この判断においてステレオタイプ適用が生じていたことになる。現実の問題を考えると，人の行動は多様に解釈可能である場合が多く，ステレオタイプにより解釈する余地があることが多いと考えられるだろう。

自己に脅威が与えられたとき

　たとえば，何かに失敗したとき，あるいは誰かから非常に否定的な評価をされたとき，私たちの自己評価は脅威にさらされる。私たちには自己評価を維持したいという動機があるため，自己評価が脅威にさらされるとその脅威から逃れようとする（第4章参照）。否定的な評価による自己に対する脅威を逃れる方法の1つは，否定的評価が誤りであるとみなすことである。もし，評価者に評価能力が十分にないのであれば，その否定的評価の信憑性は低く，退けることができる。そのため，このような状況下では，人は，厳しい評価者に対して否定的なステレオタイプをあてはめるという方略をとりやすい。

　たとえば，シンクレアとクンダの研究では，「女性は男性よりも能力が低い」というステレオタイプの適用を対象に，大学生の成績と教員に対する評価の関

係を検討した（Sinclair & Kunda, 2000）。男性教員と女性教員に対する学生の評価を学生の成績別に検討したところ，男性教員に対する評価は，学生の成績によって違いはなかったが，女性教員に対しては，悪い成績だった学生による評価が低くなっていた。自分に悪い成績をつけた教員の能力が低いとみなすことで，悪い成績の妥当性が低くなり，自分の能力評価を守ることができると考えられるので，女性教員については「女性は能力が低い」というステレオタイプ適用が生じ，その能力評価を低くしたと解釈できる。しかし，自分に悪い成績をつけなかった女性教員に対しては，ステレオタイプを適用することはなかった（低い評価をしなかった）。

つまり，否定的評価をされることで自己が脅威にさらされると，自己評価を維持するために相手に対して適用可能な能力次元のネガティブなステレオタイプをあてはめてしまいやすいのである。実際，フェインとスペンサーの研究では，課題で悪い成績をとり，自己評価が脅威にさらされた実験参加者は，ステレオタイプを適用して他者を否定的に評価する機会があった場合，ステレオタイプを用いて他者を評価すること，そしてその後で参加者の自己評価が上昇することが示されており，自己評価維持のために他者評価においてステレオタイプが使用される場合があることがわかる（Fein & Spencer, 1997）。

認知資源とステレオタイプ

他者の評価においてステレオタイプ適用はどのようなメカニズムで生じるのだろうか。この点については，いくつかの争点はあるものの，全般的には，ステレオタイプの対象となる他者との接触などによってステレオタイプ（知識）の活性化（第1章参照）が起こり，活性化したステレオタイプは後続の情報処理に利用されやすくなるため，他者の判断に使用されやすいと考えられている。そして，このステレオタイプの活性化とその適用の鍵を握るのが認知資源（COLUMN 1-4 参照）の有無とステレオタイプ適用を避けようとする動機の強さだと考えられている。

ステレオタイプ適用が生じるには，それに先行してステレオタイプ知識が活性化する必要があるが，ステレオタイプが存在する集団に属する人に接することで，ステレオタイプはほぼ自動的に活性化する。たとえば，老人を目にしたとき，老人のステレオタイプ（たとえば，「動作が遅い」）が活性化する。ところがこの活性化の過程は完全に自動的というわけではなく，認知資源が他にとられている場合は，ステレオタイプの活性化が抑制される場合もある（Gilbert &

Hixon, 1991)。しかし,他のことに注意が向いていて認知資源が不足しているような場合でなければ,自分の意図とは関係なく,ほぼ自動的にステレオタイプは活性化する。ただし,認知資源が不足していても,自己が脅威にさらされている場合は,ステレオタイプは活性化する (Spencer et al., 1998)。

では適用の段階はどうだろうか。活性化したステレオタイプを後続の判断に使用するかどうか,すなわちステレオタイプ適用が生じるかどうかには,ステレオタイプの適用を避けようとする動機が大きな役割を果たすと考えられている。ステレオタイプの活性化は避けがたいことが多いが,それを判断に用いるかどうかは,意識して統制することが可能だということである。たとえば,ドゥヴァインは,黒人に対するステレオタイプについて,偏見の弱い人でも強い人でも活性化するステレオタイプに違いはないが,偏見の弱い人は強い人に比べて,黒人の対象人物を判断する際にステレオタイプを適用しないことを示した (Devine, 1989)(偏見についての説明は第9章を参照のこと)。つまり,ステレオタイプを使用する人としない人の違いは,その人が持っているステレオタイプ(知識)の違いにあるのではなく,ステレオタイプが活性化した後で,それを他者に適用するかどうかという段階での違いにあると考えられている。

しかし,ステレオタイプ適用を避けようとしても,うまくいかないこともある。なぜなら活性化したステレオタイプを使用しないようにするためには,認知資源が必要となるからである。そのため,ステレオタイプが活性化したときに認知資源が不足している場合は,活性化したステレオタイプがそのまま使用されやすくなってしまう (Gilbert & Hixon, 1991)。

他者の内的な特徴の推論

属 性 推 論 ●

ある人がどのような性格か,どのような好みをもっているか,どのような意見かということは,直接目で見ることはできない。このような人の内的な特徴である属性を私たちはその人の行動や発言から推論する。この過程を**属性推論** (dispositional inference) とよぶ。では,ある人がある行動をとったとき,それがその人の属性を表していると推論するのはどのような場合なのだろうか。また,私たちはそのような推論を正しくできるのだろうか。

第5章 他者に対する評価・判断・推論 119

TABLE	表5-1 ● 「今日の会議でAさん（人）は部長（実体）と話したときに緊張し				
弁別性情報	弁別性高				
	Aさんは他の人の前では滅多に緊張しない				
一貫性情報	一貫性高		一貫性低	
	Aさんは部長の前ではいつも緊張する		他の会議ではAさんは部長と話しても緊張しない	
合意性情報	合意性高	合意性低	合意性高	合意性低
	今日の会議で誰もが部長の前では緊張した	今日の会議でAさんだけが部長の前で緊張した	今日の会議で誰もが部長の前では緊張した	今日の会議でAさんだけが部長の前で緊張した
原因の帰属	部長はこわくて人を緊張させるタイプ 実体に帰属	Aさんと部長の両方が原因	その会議では誰もが緊張した 状況（様態）に帰属	その日Aさんは緊張しやすかった 状況（時）に帰属

（出典）　Fiske & Taylor, 2007 を参考に作成。

対応推論理論

上に述べたように，他者の内的属性を私たちは他者の言動から推測する。たとえば「いつも休み時間にお菓子を食べているから甘いものが好きなんだろう」「いつも授業で前のほうに座っているからまじめなんだろう」というように。

このように言動からその人の内的属性を推論する過程を説明するモデルの1つに，ジョーンズとデイヴィスの対応推論（correspondent inference）理論がある（Jones & Davis, 1965）。この理論は人の行動情報から，いかに合理的にその人の内的属性を推論するかを説明するものであり，他者の行動に対応した属性を推論できるのはどのような場合かを示している。彼らが特に指摘したのは，非共通効果（noncommon effect）への注目，すなわち，ある人が実際に行ったことと，それ以外の行動を比較し，その行動のみがもたらす帰結は何かを検討することである。それに加え，彼らは「社会的望ましさ」など行動に対応した属性を推論する際の基盤となる要素を指摘した。たとえば，ある人がスポーツクラブを選ぶ際に，トレーニングマシンが充実しプールがあるクラブAと，トレーニングマシンが充実しプールがないクラブBのうち，クラブAに入会したとしたら，その人は水泳が好きだと推測することができる（プールが非共通）。

「…ていた」という情報に基づく原因帰属

弁別性低			
Aさんはたいてい誰の前でも緊張する			
一貫性高		一貫性低	
Aさんは部長の前ではいつも緊張する		他の会議ではAさんは部長と話しても緊張しない	
合意性高	合意性低	合意性高	合意性低
今日の会議で誰もが部長の前では緊張した	今日の会議でAさんだけが部長の前で緊張した	今日の会議で誰もが部長の前では緊張した	今日の会議でAさんだけが部長の前で緊張した
Aさんか部長のどちらも原因でありうる	Aさんは緊張しやすい性格 *人に帰属*	特定の原因に帰属できない	特定の原因に帰属できない

そしてこの推測は，クラブAが駅から遠く，クラブBが駅から近かったときは（望ましくない要素を含んだものを選択しているため）確信をもったものとなる。逆に，クラブAもBもトレーニングマシンが充実し，プールがあり，駅から近い場合，これらの情報によってクラブAを選択したことに基づき選択者の属性を推論することはできないことになる。

共変モデルと因果スキーマ

ケリーは，できごとの原因を人が推論する過程を共変モデルとよばれるモデルによって説明した（Kelley, 1967）。彼は，人は，できごとの生起と共変する要因を探すことで，そのできごとの原因を推論すると考えたのである。このモデルでは，できごとの原因は「人」「実体（entity）」「状況（時と様態）」の3つに分類される。そして，できごとが生起するのはどのような場合であるのか，システマティックに検討することで，人，実体，状況のいずれが原因であるのか特定するよう推論するとしている。

たとえば，表5-1にみるように「ある会議でAさんが部長と話をしているときに，Aさんはとても緊張していた」という情報があったとき，この原因が「人（つまりAさん）」にあるのかどうかを推論する場合を例にして考えてみ

よう。この場合，部長が「実体」であり，ある会議が「状況」（時と様態）となる。Aさんが緊張しやすい人なのかどうかを判断するためには，**弁別性**，**一貫性**，**合意性**という情報を検討することになる。「弁別性」とは，実体の有無による違い（Aさんは他の人の前でも緊張するのか）に関する情報であり，「一貫性」とは，時や様態を越えての一貫性（Aさんは部長の前ではいつも緊張するのかどうか）についての情報であり，「合意性」とは，他の人の行動（他の人は部長の前で緊張するのか）に関する情報である。もし，弁別性が低く（Aさんは誰の前でも緊張する），一貫性が高く（部長の前ではいつも緊張する），合意性が低い（他の人は緊張しない）のであれば，Aさんは緊張しやすい性格と推論できる。このように人の行動あるいは現象の原因が何であるかを推論することを原因帰属（causal attribution）とよび，この例において，「Aさんがある会議で部長と話したときに緊張したのはAさんが緊張しやすい性格だったからだ」と考えるなら，「Aさんが緊張したことの原因をAさんの属性（緊張しやすい性格）に帰属」したことになる。

しかし，このモデルが前提とする多様な情報は現実には入手できないことも多い。たとえば，ある人の性格を判断しようとするときに，その人について自分が見ていない他の場面の情報を入手することは困難である。しかし，私たちはそういった場合でも他者の性格を推論する。ケリーはこの問題について，因果スキーマ（causal schemata）を提唱した（Kelley, 1972）。

つまりケリーは，私たちは因果関係についてあるパターンを学習しており，その知識を用いることで共変モデルが仮定するような情報があいまいであったり，不足していても，原因を推論することが可能だと考えたのである。先の例でいえば，実体，人，状況のいずれかが原因であるケースのうちで弁別性が低くなるのは人（つまりAさん）に原因が帰属される場合のみである。このことから，弁別性が低いという情報に基づき，他の情報が欠けていても原因を人に帰属してしまいやすくなるということである。日常の場面では，対象に対する情報が不足しているほうがむしろふつうの状態であることを考えると，因果スキーマに基づく推論は私たちのふだんの推論のあり方を説明するといえる。

また，ケリーは因果スキーマに付随して働くいくつかの帰属原理を提唱した。中でも後続の研究に大きく影響を与えたのは，割引原理（discounting principle）と割増原理（augmentation principle）である。割引原理とは，ある現象を生じさ

せる原因が複数存在するとき，ある1つの原因を重視した場合，他の原因の果たす役割は小さくなるというものである。割増原理とはその逆で，複数あるべき原因のいずれかが不在であるにもかかわらず，ある現象が生じているとき，存在していた原因の果たす役割は大きくなるというものである。

実際，これらの原理を用いた推論は日常頻繁に行われている。たとえば，二世議員が若くして大臣になっても，その実力の評価は低くなりがちである。それは，本人の実力だけでなく，親の七光りによる力も大臣就任に寄与したと考えられてしまい，その分が割り引かれて評価されてしまうからである。逆に，逆境の中から栄冠をつかんだスポーツ選手の努力や才能が高く評価されるのは，割増原理が働くからである。優れた成績を上げることにとって不利に働く要因があるにもかかわらず成功していることから，その分，努力や才能が割り増されて高く評価されるのである。

対応バイアス

先に述べた対応推論理論は，人の行動がその人の意思で行われた場合を前提としている。そもそも，自分の意思に反して無理にやらされている行動から，その人の属性を推論することはできない。しかし，次に述べるように，この前提は，属性推論において見過ごされやすい。

たとえば，電車の中で会社員らしき若い男性が，老人に自分の座っていた座席を譲ったとしよう。この情報から，この男性はどのような人物だと推論されるだろうか。誰もが老人に席を譲るわけではないことを考えると，この男性は親切な人だと推論されるかもしれない。しかし，現実には私たちの行動はなんらかの文脈におかれており，私たちの行動はその文脈や周囲のさまざまなものから影響を受けている。そのため，行動に対応した属性を推論することが必ずしも正しいとは限らない場合が多くある。

座席を老人に譲った男性の例にしても，男性が純粋に自発的に席を譲ったのであれば，その行動に対応した属性を推論することは適当かもしれない。だが，男性の上司が隣にいて，その上司に言われて席を譲ったのだとしたら，どうだろうか。もし，そうであれば，席を譲るという行動に対応した親切という属性を推論することは適当ではなくなってしまう。しかし，私たちは他者の行動からその人物の属性を推論するときに，その人がおかれている状況，言い換えれば，その人にその行動をとらせるような外的な要因や力の働きを十分に考慮せ

ずに，とられた行動に対応した属性を推論しやすい。つまり，その男性が老人に席を譲った本当の理由について十分に考えることなく，「老人に席を譲ったのだから親切な人だ」と思ってしまいやすいのである。このような推論傾向を**対応バイアス**（correspondence bias）とよぶ。私たちはさまざまな状況の制約のもとで行動しているため，日常場面では，状況要因を考慮しなくてはならない場合は非常に多いと考えられる。状況要因を十分に考慮できない場合，私たちは他者の発言の真意を読み誤ったり，他者の能力を誤って評価してしまったりすることになる。

　対応バイアスはかなり頑健なバイアスで，さまざまな形で実証的な証拠が挙げられているが，ここではクイズ番組を模した実験を紹介しよう（Ross et al., 1977）。その実験では，実験参加者はランダムにクイズの出題者役か回答者役か，あるいはクイズを見ている観察者役に割り振られた。出題者役は，できるだけ難しい問題を作成し，それを回答者に出題し，回答者がどれだけ正解できるかが観察された。出題者役は，自分は知っているが他の人はあまり知らないようなことを題材として出題するため，回答者の成績は芳しくなかった。このとき，出題者役と回答者役の知的能力を推測するよう求められた観察者役は，出題者役は回答者役よりもずっと知的能力が高いと推測していた。この推測は，出題者が有利な状況にあり，出題者役の状況におかれれば，誰でも他の人には答えられないような問題をいくつも作ることができる点が考慮されないことによって生じたと考えられる。つまり，観察者は出題者と回答者がおかれていた状況の違いを考慮して出題者と回答者の能力を推測するのではなく，両者の行動に対応するように能力を推測していたことを意味する。

　日常の場面で考えれば，たとえば，テレビCMの中でタレントが「○○ビールが好きだ」と言っているところを見た視聴者が，そのタレントはお金をもらって，そのビールの宣伝をしているとわかっていても，そのタレントはそのビールが好きなのだろうと思えてしまう場合が，対応バイアスが生じている例である。

　では，このような対応バイアスはなぜ生じてしまうのだろうか。その生起を説明するプロセス・モデルは複数存在するが，ここでは，その代表例として，ギルバートらのモデルをとりあげて説明する（たとえばGilbert & Malone, 1995）。ギルバートらは，属性推論の過程を，**同定の段階**，**属性推論の段階**，**状況要因**

図5-1 ●ギルバートらの3段階モデル

（出典） Gilbert & Malone, 1995 より作成。

を考慮する修正の段階からなる3段階モデルによって説明した（図5-1参照）。

図5-1に示したように，同定段階では，観察された他者の行動がどういった行動か（たとえば，誰かに対して怒った）が判断される。そして，判断された行動に基づき，次の属性推論の段階で，同定された行動に対応する属性が推論される（たとえば，怒ったから，怒りっぽい人だ）。その後で，その人が怒った状況を検討し，誰でも怒っても仕方がない状況であったのかという点が検討され，そうであるなら，先の「怒ったのだから，怒りっぽい人だ」という推論は修正される（誰でも怒るような状況だったから，それほど怒りっぽい人というわけではない）。ここで重要なのは，属性推論の段階では認知資源はあまり必要でなく，同定された行動から対応する属性は，ほぼ自動的に推論されるが，その後の修正は，認知資源を必要とするということである。そのため，修正が不十分になりがちで，状況の要因が十分に考慮されず，対応バイアスが生じることになる。

このように最初に自動的な推論があり，それを認知資源が必要な過程によって修正していく推論過程を係留と調整（anchoring and adjustment）とよぶ。先の例では，最初の属性推論（怒ったのだから怒りっぽい人だ）が「係留」となり，その推論から，状況要因（誰でも怒る状況だった）を考慮して推論を修正していく過程が「調整」である。属性推論に限らず，最初の自動的な係留とそこからの意識的な調整過程が働いていると想定される推論過程が多くある。

他者の心的状態の推論

前節では、比較的安定していてあまり変化しない他者の属性をどのように推論するかということを扱ったが、ここでは、状況に応じて変化する他者の心の状態、すなわち心的状態（mental state）をどのように推論するかという問題をとりあげる。ある状況におかれた他者が、どのように感じているのか、何を考え、どう判断するのかということはどのように推論されるのだろうか。

他者の心的状態の推論に用いられる2つの方略

他者の心的状態を推論する際によく用いられる方略には、自分の心的状態を投影する形で推論する方略と、ターゲット人物に関するステレオタイプを用いる方略がある。そしてこの2つの方略の利用を分けるのは、ターゲット人物と自分の類似性であるとされる。

エイムズは、推論の対象となるターゲット人物と実験参加者の類似性を操作した実験を行い、このことを確かめた（Ames, 2004）。その実験では、推論の対象となるターゲット人物が、MBA（経営学修士）コースの大学院生、社会福祉コースの院生、あるいは図書館学コースの院生であるというステレオタイプに関わる情報（それぞれのコースの院生に対して異なるステレオタイプが存在する）が与えられた。そしてその後、ターゲット人物と実験参加者自身が実験の中で尋ねられたいくつかの質問への回答が同じ（あるいは同じ答えがない）という情報で類似性が操作された。そのうえで参加者は、ターゲット人物が他の人とパズルを解いている様子を映した映像を30秒間見てターゲット人物の心的状態を推論した。すると、自分とターゲット人物が類似しているという情報が与えられた参加者は、ステレオタイプに基づく推論よりも、参加者自身の心的状態を投影した推論をする傾向が強かった。しかし、ターゲット人物と自分が似ていない場合には、逆の傾向が認められた。

エイムズはさらに別の実験において、ターゲット人物の心的状態の推測にかかる反応時間を測定し、自分の心的状態の投影とステレオタイプの利用との関係を検討した。ターゲット人物の心的状態の推測に要する反応時間は、ターゲット人物と自分が類似しているという情報が与えられた場合は、自分ならどう

考えるかということを先に回答した場合に短縮された。反対に、ターゲット人物が自分と類似していないという情報が与えられた場合は、ターゲット人物が属するグループの人々の反応について先に判断した場合にターゲットの心的状態についての反応時間が短縮された。

後から行う判断のスピードは、先行する判断に含まれる情報処理過程と後続の判断に含まれるそれとの重なりが大きいほど（その部分が省略されるため）短縮される。つまり、反応時間が短縮したという結果から、ターゲット人物と自分が似ている場合には自分のことが、似ていない場合はステレオタイプ情報がターゲット人物について推論するときに利用されているといえるのである。

特定の状況にある他者の心的状態の推論

私たちは他者の心的状態、たとえば何を考え、どうしたいと思っているかなどについて思いをめぐらすことがある。その人物が目の前にいなくても、その人に何か大変なことが起こったと知れば、その人の心的状態についていろいろと推測するだろう。

友人が失恋をしたと聞いたら、その友人がどのくらい強いショックを受け、悲しんでいるだろうかとその心情を想像するだろう。そして、友人を慰めるためにはどうすればよいのか、いろいろと考えるかもしれない。そのためには、友人が失恋したという状況下でどのようにさまざまなことを感じ、考えるか、その心中を推し量る必要がある。では、そういった他者の心的状態の推論はどのように行われるのだろうか。

ヴァンボーヴェンらは、現在の自分とは異なる状況にいる他者の心的状態を推論する際、私たちはまず、自分だったらそのような状況ではどうであるかを推論し、それをあてはめる形で他者の心的状態を推論することを指摘した（Van Boven & Loewenstein, 2005）。たとえば彼らは、実験参加者にハイキングに出かけて遭難した人たちが、「のどの渇き」と「飢え」とのどちらにより苦しむと思うかを想像させる課題によってこの推論過程を検討した（Van Boven & Loewenstein, 2003）。この実験は大学内のスポーツジムで行われ、半数の参加者は、ジムで運動をする前に質問に回答し、残りの半数の参加者は、ランニングマシンで汗をかいた直後に質問に回答した。すると、運動をしていない参加者は、のどの渇きよりも飢えに苦しむだろうと推測していたが、運動後に質問を答えた参加者は、のどの渇きに苦しむだろうと推測した。つまり、運動しての

どが渇いた状態にあった参加者は，自分のその状態をあてはめてハイキングで遭難した人たちの心的状態を推測したことになる。

　この例からわかるように，私たちはある状態におかれた他者の心的状態を推論するときに，自分がどうであるかということを投影する形で推論しやすい。しかし，私たち自身についてでさえ，ある特定の状況で自分がどう感じるか，考えるかということを正しく推論することは難しい。したがって，そのような不正確な推測を他者にあてはめても，その推測はさらにバイアスがかかったものとなってしまう。このように他者の心的状態を推論するときに，自分の心的状態を投影する基礎には，自分のものの見方や感じ方が客観的であると仮定する**ナイーブ・リアリズム**（naïve realism）があると考えられる。ナイーブ・リアリズムとは，無批判に自分は世界をありのままみていると考える傾向，言い換えれば，世界は自分のみているように実在していると考える傾向でありうる。そのため，自分のとらえ方は，偏ったものではなく客観的なのだから，他の人も同じようにとらえるはずだと推論してしまいがちなのである。

ナイーブ・シニシズム

　他者の心的状態を推論するとき，自分の心的状態を投影する場合があることを説明してきたが，自分と他者の心的状態が類似している可能性が高いにもかかわらず，他者の心的状態は自分と異なっていると推論してしまう場合もある。そのような推論は，動機などによって推論が歪みやすいと想定される状況で生じやすい。たとえば，2人で共同作業をした後で互いの貢献度を考える状況がこれにあてはまるだろう。このような場面では，人は自分の貢献を過大視しやすいと多くの人が考えるのではないだろうか。

　この問題を検討した実験研究を紹介しよう（Kruger & Gilovich, 1999）。この実験では，実験参加者は2人が同時にプレイヤーになるテレビゲームをプレイした。そして，ゲーム終了後にゲームにおける好ましい結果（ポイントの獲得など）と好ましくない結果（ポイントの喪失など）について，それぞれの貢献度と責任を評定し，さらに相手の評定を推測した。具体的には，2人の貢献度全体，責任全体をそれぞれ100とした場合，自分の貢献度や責任がどの程度か，また，相手はそれらをどう評定しているかを0～100で回答させた。

　実験結果を示した図5-2の縦棒の高さは，2人の参加者のそれぞれの評定を合計して100から減算した値を示している。この値がプラスであれば，貢献度

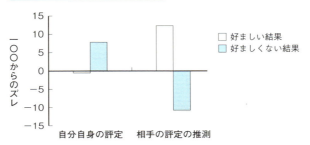

図5-2 ● ナイーブ・シニズム

（出典） Kruger & Gilovich, 1999 より作成。

や責任評定が過大視され，マイナスであれば，過小視されていることになる。図5-2をみると，好ましい結果についての両者の「自分の評定」を合計し，100から減算した値（自分自身の評定の白い縦棒）は，0に近くなっている。つまり，自分自身の貢献度の評定では，両者とも自分の貢献度を大きくも小さくも見積もっていないことがわかる。一方，好ましくない結果における責任評定では，青色の縦棒がプラス方向にあることから，両者の「自分の評定」の合計が100を超えており，相手よりも自分に責任があると評定し合っていることがわかる。ところが，相手が行った評定を推測させてみると，好ましい結果については，相手は大きく貢献していると評定すると推測し（右側の白い縦棒がプラス方向），好ましくない結果については，相手は責任はあまりないと評定するだろうと推測されていた（右側の青色の縦棒がマイナス方向）。つまり，自分はそうしないのに，相手は，自分に都合がよいように貢献度と責任の程度を評価すると推測していたのである。

　このように，他者の考えを推測する場合に，（同じ立場にある自分はそうしないのに）相手が相手自身にとって都合のよいように考えると推測する傾向があり，これをナイーブ・シニズム（naive cynicism）とよぶ。私たちは人の思考が利己的に歪む，つまり，自分に都合よく考えてしまいがちであることを知っているので，他者の思考を推測する際に「人は利己的なものだ」というシニカルな推測をしてしまうということである。このような推論の背景には，他者は自分よりもさまざまなバイアスから逃れられないと考える傾向が潜んでいると考え

> **COLUMN** 5-1 状況が考慮される場合——対応バイアスが生じないとき

　本章3節で述べたように対応バイアスは頑健なバイアスであるが，いくつかの研究は，対応バイアスが弱まる，あるいは消失する場合があることを示している。たとえば状況の要因が非常に目立つ場合は，そうでない場合に比べて，状況要因の考慮がなされやすいと考えられる。実際，トループらは，さまざまな実験操作によって状況要因を目立たせた場合，対応バイアスが消失することを示している（Trope & Gaunt, 2000）。

　また，行為者がとる行動の背景には別の動機があると推測される場合，行動に対応した属性が推論される程度，つまり対応バイアスは減少する。このことを検証した研究にフェインらの実験（Fein et al., 1990）がある。その実験では，実験参加者は，大学の研修生となった学生が研修の一環として書いた「スポーツ奨学金制度の変革の提案について意見を述べたエッセイ」を読み，書き手である研修生の制度変革に対する意見を推測した。その際，説得力のあるエッセイを書くことが研修において重要な課題だと説明された。

　エッセイの内容は，賛成の意見が述べられている場合と反対の意見が述べられている場合があった。賛成の意見のエッセイを読んだ条件のうち，半数の参加者には書き手である研修生の担当者で，研修における最終評価に大きな力をもつ教授が「エッセイは自由に書いてよいが，自分はこの制度に賛成だ」と言っていたという情報が追加して与えられ（動機あり条件），残りの半数には，研修の課題として賛成のエッセイを書くように求められたという追加情報が与えられた（要請条件）。反対の意見のエッセイを読んだ参加者に対しても，自由に書いてよいが，教授自身は反対意見だという情報または，反対意見のエッセイを書くよう求められたという追加情報が与えられた。

　通常の対応バイアスの実験にみられるのと同様に，強制的に賛成（または反対）のエッセイを書いたという情報を得ても，書き手の意見はエッセイの方向にあると推測された。つまり，求められた内容のエッセイを書いたという状況要因が十分に考慮されず，書かれた内容の意見をもっていると推測される対応バイアスが生じていた（図左側）。しかし，担当教授の意見が知らされていた動機あり条件では，エッセイの内容によって書き手の意見の推測は異ならなか

られている。

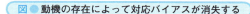

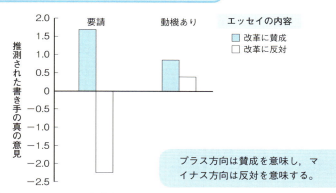

（出典）　Fein et al., 1990 より作成。

った（青色の縦棒と白色の縦棒の間に差がなかった）。つまり，エッセイの内容は，教授の意見に合わせたもので，書き手の真の意見はわからないと推測され，対応バイアスは消失していた（図右側）。

　このように，ある意見表明をする，あるいは行動をとる動機が別に存在すると観察者にとらえられている場合，表明された意見や行動に対応する属性が推論される対応バイアスは抑制される。このことから，他者がもっている自己利益追求に関わる動機は観察者にとってとても目立つ要因であると考えることもできるだろう。

　ほかにも，ターゲット人物の意見や考えを正しく推論できなければ，自分に大きな不利益がある場合（Vonk, 1999）のように，正確な推論をしようと強く動機づけられていれば，状況の要因が考慮されやすくなり，対応バイアスは低減される。

SECTION 5　判断の修正可能性

　他者に関する推論の過程には,さまざまなバイアスや誤りが生じる余地があることを述べてきたが,では,こういったバイアスや誤りは注意することによって修正したり,除去したりすることが可能なのだろうか。たとえば,対応バイアスは,認知資源が十分にあり,状況の要因を十分に考慮することができれば,その程度は小さくなると考えられる。では,その他のバイアスや推論の誤りも,注意することで修正できるのだろうか。この問題を包括的に論じたウィルソンらは,そもそも人は推論の誤りに気づきにくいために修正が行われにくく,また,修正をしようと十分に動機づけられないことを指摘している (Wilson & Brekke, 1994)。そこで,ここでは,修正が必要だとわかっている場面で,修正しようと試みた場合に適切な修正ができるのかという問題をとりあげる。

ステレオタイプの抑制とリバウンド効果

　何かを考えたくないと思っていても,そのことが頭から離れないという経験は誰にでもあるだろう。考えたくないことを考えないように努力しても,むしろ逆にそのことが頭に浮かびやすくなることがある。これを抑制のリバウンド効果という(たとえば,Wegner, 1992)。

　この現象はステレオタイプ適用を避けようとした場合にもあてはまり,他者についての評価や推論において,ステレオタイプを抑制しようとすると逆に余計にステレオタイプ的な反応をしてしまう結果になりやすい。マクレらは実験参加者に対してスキンヘッドの男性(この研究が実施されたイギリスにおいてネガティブなステレオタイプが存在する)の写真を見せ,その人の1日を想像して文章に書かせた(Macrae et al., 1994)。その際に半数の参加者には,ステレオタイプ的な記述は絶対に避けるようにとの指示があった。残りの参加者にはそのような制約は与えられなかった。記述内容を比較すると,前者の条件の参加者の記述のほうが,ステレオタイプ的ではなかった。つまり,この時点では,ステレオタイプの適用は避けられていた。しかし,この実験では,続けてもう1人別のスキンヘッドの男性の写真が呈示され,その人物の典型的な1日についての記述が求められた。今度はどちらの条件の参加者も記述内容に何の制約も与

えられなかったが，最初にステレオタイプを避けた記述をした参加者の記述のほうが，よりステレオタイプ的になっていた。つまり，ステレオタイプを避けて考えようと試みると，そのときはうまくいくが，その後で逆にステレオタイプ的思考が増加する，リバウンド効果が生じたのである。このように直接ステレオタイプを抑えるような避け方は，かえってステレオタイプ適用を強めることになってしまう点に注意が必要である。

修正の程度

他者に対する推論や判断ではないが，第2章1節でとりあげたシュワルツ，N.らの研究では，天気（晴天／雨天）によって気分が影響され，その気分と一致した方向に現在の自分の生活に対する満足度が評価されること，さらには，天気に注意を向けることでこの効果が消失することが示されている（Schwarz & Clore, 1983）。つまり，自分の判断が天気の影響を受けているということに気づけば，それを修正するという例である。しかし，判断を適切に修正するためには，判断がある方向に誤っていることに気づくだけでは不十分であり，どの程度判断が誤っているのか，その程度を知る必要がある。自分の判断にバイアスがかかっている可能性が高いということは，たとえば，これまで論じてきたような判断におけるバイアスについての知識があれば，ある程度はわかるかもしれない。だが，残念なことに，そのとき，どの程度自分の判断が歪んでいるのかということについて，自分では正確にはわからない。そのため，適切な量の修正をするということは至難の業となる（Wegener & Petty, 1997）。

さらに，属性推論のように係留と調整の過程で推論がなされていて，調整過程で修正がなされる場合，調整は不十分に終わりやすいことが指摘されている（Epley & Gilovich, 2006）。言い換えれば，最初の係留となる推論に近い範囲でしか修正は生じにくい。その理由は調整過程には認知資源が必要であり，そのために最小限の調整で打ち切られてしまいがちだからである。しかし一方で，過剰な修正が行われる場合もある。ウェゲナーらは，人物の暴力性の評定において，評定の文脈によって生じると予測されるバイアスを修正しようとすることで，逆に過剰な修正が行われることを示している（Wegener et al., 1998）。彼らは，実験参加者に極端に暴力的なイメージの人物（たとえば，ヒトラー）または極端に非暴力的なイメージの人物（たとえば，ガンジー）の暴力性を評定させ，その後に，中程度に暴力的なイメージの人物（たとえば，実在の著名な格闘技選

手)の暴力性を評定させた。先行する判断で極端に暴力的なイメージの人について考えれば、その後で評定する中程度に暴力的なイメージの人物は対比的にそれほど暴力的でなく思えてしまうし、逆に先行する判断で極端に非暴力的な人について考えれば、その後で評定する中程度に暴力的なイメージの人物の暴力性は対比的に高く感じられると考えられる。では、ここで、先行して行った判断の影響を排除するように試みたとしたらどうなるだろうか。ウェゲナーらは、中程度に暴力的なイメージの人物の攻撃性について評価させる際に、半数の参加者には「先に攻撃性を評定した人物(極端に暴力的な人物／極端に非暴力的な人物)の影響を排除するように」と指示し、残りの半数にはそのような指示をしなかった。その結果、図5-3に示されるように、中程度に攻撃的なイメージの人物の攻撃性評定は、修正指示があった場合とない場合では、まったく異なったパターンを示していた。

修正指示がない条件では、中程度に暴力的なイメージの人物は、先行して攻撃性を評定した人物が極端に暴力的な場合よりも、極端に非暴力的な場合のほうが、攻撃性が高く評定されていた(図5-3黒線)。これは、先行して評定した人物の攻撃性と対比する形で中程度に暴力的なイメージの人物の暴力性が評定されていたことを示している。ところが、修正の指示があった場合は、それとは反対に、先行して攻撃性を評定した人物が極端に暴力的な場合のほうが中程度に暴力的なイメージの人物の暴力性がより高く評定されていた(図5-3青線)。これは、修正を指示されることで、先にした評定の影響を排除しようと、想定される影響の方向とは逆の方向に中程度に暴力的なイメージの人物の暴力性が(修正されて)評定されていたことを意味する。つまり、先行して行った評定の影響を「正しい方向」に修正することはできていたことになる。しかし、先行する評定を行わず最初から中程度に暴力的な人物を評価した(統制)条件(図5-3破線)と比べると、先行して極端に非暴力的なイメージの人物を評定した場合は、そもそも存在しなかったバイアスを過剰に修正し、過剰に非暴力的に評定してしまっていることがわかる。このようにバイアスが生じるだろうという予測に基づき、実際には生じていないバイアスが過剰修正されることもある。

直接の修正ではないバイアスの是正方法

ここまでみてきたように、私たちの他者に対する判断は、カテゴリー情報(ステレオタイプ)が優先され、その修正は十分に行われにくい。さ

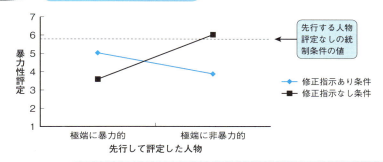

図5-3 ● バイアスの過剰修正

高得点ほど2番目に評定した中程度に暴力的なイメージの人物を暴力的だと評定していたことを意味する。

(出典) Wegener et al., 1998 より作成。

らには修正をしようという気持ちが強いと，修正が過剰になりやすいという問題がある。そのため，直接推論の修正を通してバイアスを是正するのではなく，カテゴリー情報の使用を減少させるような介入が検討されている。具体的には，特定の集団カテゴリーとそのステレオタイプ知識の結びつきを弱める訓練，ステレオタイプに反する人々（女性の数学者，男性の料理研究家など）の情報を多く呈示したり，そのような人々のことを思い出させる，ステレオタイプ適用の対象となっている集団の人物になったところを想像してみるなどの方法が提案され，一定の成果を上げている。たとえば，活躍する著名な女性CEO，最高裁判事などの写真と情報を参加者に示すことで男性とリーダーの結びつき（男性はリーダーシップがあるというステレオタイプ）が弱められたり（Dasgupta & Asgari, 2004），自分が老人になって一日を過ごす様子を想像した後では，老人ステレオタイプ（依存的）の適用が減少する（Ku et al., 2010）。

　これらをふまえると，バイアスの修正に対する特効薬は残念ながら存在しないようであるが，私たちの推論や判断はさまざまな影響を受け，さらにその影響を排除しようとしても簡単にはできないことを理解しておくことは重要なことだと思われる。たとえバイアスを正確に修正することがかなわなくても，どのような状況でどういったバイアスが生じやすいのかということについての理

解は，私たちの推論を正しい方向に導く助けになるだろう。

●●●

　本章では，他者についての推論，判断の過程についてみてきた。ここでとりあげたのは，主に評価・判断あるいは推論を行う主体が個人の立場で，他者個人について評価・判断や推論をする場合であった。個人対個人の関係は人間関係の基本となるもので，他者についての推論においても基本となるものと考えられる。しかし，日常的には，他者との関係は一対一で完結するものではなく，他の人たちも大勢関係している場合が少なくない。たとえば，集団と集団の関係のうえに成り立つ対人関係も存在する。このような集団を含めた問題については，第9章などでとりあげることになる。

BOOK GUIDE　●文献案内

北村英哉・唐沢穣編，2018『偏見や差別はなぜ起こる？――心理メカニズムの解明と現象の分析』ちとせプレス
　●偏見や差別に関する社会心理学研究の幅広い最新知見を紹介。この分野を詳しく知りたい人の必読書。

バナージ，M. R.・グリーンワルド，A. G.／北村英哉・小林知博訳，2015『心の中のブラインド・スポット――善良な人々に潜む非意識のバイアス』北大路書房
　●偏見の解消がなぜ難しいのか，意識することによるコントロールが困難な潜在的態度の働きに焦点をあてて解説。

唐沢かおり，2017『なぜ心を読みすぎるのか――みきわめと対人関係の心理学』東京大学出版会
　●他者に関する推論過程について，何のために私たちは他者のことを理解，判断しようとしているのかという視点から解説。

エープリー，N.／波多野理彩子訳，2017『人の心は読めるか？――本音と誤解の心理学』ハヤカワ・ノンフィクション文庫
　●人の考えや気持ちを推測することがなぜ困難なのか，私たちが利用する推論の方法を明らかにして説明する。

Chapter 5 ● 考えてみよう　　　　　　　　　　　　SEMINAR

❶ ステレオタイプが適用されやすい条件を整理し，日常場面ではそれらがどのような場面にあたるかを考えてみよう。

❷ 割引原理，割増原理が適用される具体的事例を考えてみよう。

❸ バイアスの過剰な修正が生じる可能性がある状況とはどのような状況かを考えてみよう。

第 **6** 章 態度と態度変化

感じ考えたことが行動となって現れる

私たちは主体的に意思決定し，行動しているのだろうか
(ⓒIDC/a.collectionRF/amanaimages)

KEYWORD
FIGURE
TABLE
COLUMN
BOOK GUIDE
SEMINAR

CHAPTER **6**

　態度とは，人間が何かを選択したり決定したりする際に，その根拠として働いていると考えられる，知識や好き・嫌いなどの心理的状態の総称である。ここでは主に，態度がどのような心理過程を経て形成されたり，変容していくのかについてみていく。特に，意識的過程と非意識的過程との対比に注意しながら，主要な理論とそれに基づく実証的研究の成果をまとめる。また，態度と行動が一貫する場合と，しない場合を分けるものは何なのかについて考える。

SUMMARY

> **KEYWORD**
>
> 態度　学習理論　認知的斉合性理論　バランス理論　認知的不協和理論　行動の正当化　説得　メッセージ学習理論　説得の4要因　接種効果　精緻化見込みモデル（ELM）　中心的ルート　周辺的ルート　周辺的手がかり　ヒューリスティック - システマティック・モデル（HSM）　態度と行動の一貫性　合理的行動理論　計画的行動理論　潜在的態度　潜在的連合テスト（IAT）　連合ネットワーク　MODEモデル

　野球のアメリカ大リーグ史上，最高の打者の1人として讃えられるのが，ピート・ローズである。彼の通算安打数 4256 本を，イチローの日米通算安打数が上回った 2016 年には，その比較が話題になった。1シーズン 200 安打以上を 10 年連続で記録したイチローも驚異的だが，仮にそれを 20 年間続けたとしてもまだ足りないという，気の遠くなるような数字である。オールスターにも 17 回選出され，輝かしい経歴をもつ名選手であるそのローズが，実は（本書の刊行時点でもまだ）野球界から永久追放の処分を受けている。その理由は，常習的に野球賭博に関わっていたことを本人も認めただけでなく，なんと自身が監督を務めるチームの試合にまで賭けていた疑いがもたれたことにある。

　人間がなんらかの決定に基づいて行動にでる背景には，対象に関する好き・嫌いの感情や，信念，価値観，そしてそれに基づく意思決定といった心理的状態が介在していると考えられる。社会心理学では，これを総称して態度（attitude）とよぶ。上で例にあげたローズも，野球を「愛する気持ち」や，賭博行為のもつ意味と結果についての理解や見通し，それに倫理観などが一緒になって，賭博は悪いという彼の「態度」をもっていたはずである。ただしこの例からも明らかなように，人間はつねに態度と一貫した行動をとるとは限らない。むしろ，わかっていて実行できないという事実に悩むことも多い。ローズの事例は，一種の依存症と考えられている。態度の影響力をも凌ぐ，その恐ろしさを物語っているといえるだろう。

　さて，民主的な社会における大前提は，「個人は主体的に意思決定できる存在だ」という考え方である。それはつまるところ，態度に基づいた行動の選択が基本になっていることを意味する。だから子どものときから，家庭でも学校でも「自分の頭で考えなさい」「自分で決めなさい」と繰り返し強調される。

そして個人は，その選択に対して責任をもつことが求められる。では，態度に基づいた行動を起こす際の心理過程とは，どのようなものだろうか。また，態度と一貫する行動，しない行動とは，どのような状況で起こるのだろうか。以下の議論にその答えを探すことにしよう。

1 態度とは何か

態度の定義　態度という概念の代表的な定義は，「対象に関する，好みや評価的な判断に基づいた心理的な傾向」というものである（Eagly & Chaiken, 1993 参照）。通常，態度は「感情的」「認知的」「行動的」という3つの成分をもつとされる。

上の定義にも明言されているように，態度の根幹には「好き・嫌い」「納得できる・できない」といった評価的な判断が想定されている。私たちがよく，「結局，好きだから続くんだよねえ」と言うときの，あの「好き」，つまり**感情的成分**が，態度の本質である。

これに対して**認知的成分**とは，態度対象に関する知識や信念，そして，その対象をめぐってどのようなできごとが起こるかについての「見込み」や「計算」のことである。たとえば，ある商品を買うかどうかとか，ある人と関係を維持するかそれとも距離をおくかなどについて選択をする際には，それぞれの選択肢がもつ性質や特徴についての知識が，多かれ少なかれ影響を及ぼす。どの選択が正しいかについての，固定的な信念が影響することもあるだろう。これらが，態度の認知的成分である。

行動的成分は，接近─回避，受容─拒絶といった，具体的に見ることのできる動きや決定を指す。日常語としての「態度」にも，目に見える具体的行動というニュアンスが含まれている。「人の話を聞くときに，なんですかその態度は！」と叱るとき，それはたとえば「頬杖をついている」とか，「よそ見しながら聞いている」といった具体的行動を指している。ただしそれは，ついた肘の角度や，よそ見の視線方向そのものを非難しているわけではない。むしろ，それらの身体動作から推測される，相手に対する評価や関心といった，内的で心理的な状態こそが問われているのである。

第**6**章　態度と態度変化

態度の機能

態度の働きを，機能という面から考えると，まず**情報的機能**が考えられる（Eagly & Chaiken, 1998）。これは，先に述べた「自由意思に基づいて決定する人間」にとって重要である。対象についてのメリットとデメリットを比較検討し，それをもとに選択や決定を行うことができるのは，態度があるおかげである。そうして形成された，好みや知識や信念の体系（つまり態度）は，同じ対象について一貫した行動をとり続けるためのデータベースとして，活用することができる。また，後に述べるように，態度はこうした入念な情報処理の面だけでなく，素早く判断を下すための便利なきっかけとしての性質ももっている。目の前にあるものが自分にとって「良いか悪いか」「好きか嫌いか」を瞬時に判断することは，環境への適応において最も基本的な要求といえるだろう。

態度には，**対人関係的機能**もある。他者に対して自身の信念や価値観を表明しておくことは，アイデンティティーの土台になる。他者に自分のことを理解してもらえるだけでなく，自分自身について理解するためにも，このことは意義をもつ。また，態度の表明が対人関係の調節を助けるという効能もある。自分と似た考えをもつ人とは，円滑なコミュニケーションが可能だろうから近づけばよいし，異なる考えの人とは距離をおくことによって，葛藤を避けることができるからである。

2 態度形成の理論

学習理論

人は，どのような過程を経て，対象に関する態度を形成したり変化させたりするのだろうか。人間が，ある特定の行動をとるようになる過程，つまり行動獲得の過程は「学習」（learning）とよばれ，その心理的メカニズムが学習心理学によって明らかにされてきている。態度の形成過程についても，学習理論を応用した説明が提案されている（Lott & Lott, 1968）。

学習の基本原理として重要なのが，古典的条件づけとオペラント（道具的）条件づけである。前者は，パヴロフ（Puvlov, I. P.）の実験で有名な「条件反射」ともよばれる現象である。はじめは特に良いとも悪いとも評価していなかった

商品でも，広告などで目にするたびに好きなタレントや有名人が一緒に登場すると，やがてその魅力が乗り移ったかのように好ましく感じるようになるのは，この種の条件づけによるものだと説明される。

一方，オペラント条件づけとは，偶然とった行動の結果が，たまたま好ましい結果に結びつくとその反応は繰り返される一方，不快な経験を伴えばやがて消去されるというものである。バーに触れると餌（報酬）が出てくるという装置の仕組みを知らないネズミでも，しばらく中に入れておくと，やがてすすんでバー押し反応を繰り返すようになるという実験は有名だが，このメカニズムは人間にも備わっているので，社会的な意味で「報酬」を受け取ることになる信念や行動，つまり周囲の人々からの承認・称賛を受ける態度を身につけるようになると考えられる。逆に，他者から罰せられるような態度はもたないようになる。実際，集団や共同体の中で行動の基準となる信念，つまり「規範」（norm）が個人によって獲得される過程（社会化：socialization）には，条件づけと似た影響が認められる。

認知的斉合性理論

人間のもつ複雑な信念体系や行動のバリエーションを考えると，条件づけのような単純なメカニズム以外にも，行動に影響を与える心理的な過程が働いているはずである。その1つが，「人間は考えのつじつまが合うことを求める」という原理である。多くの生命体には，生理的に不均衡な状態が生まれると均衡状態を回復しようとする自発的な機能（ホメオスターシス）が備わっている。これと同様に，認知システムも均衡を保つ仕組みをもっているはずだという考えから，認知的斉合性理論（cognitive consistency theory）とよばれる理論群が生まれた。

バランス理論

その1つが，ハイダーによるバランス理論である（Heider, 1958）。図6-1に示したように，この理論によると，人（P）が対象（X）に対してもつ態度は，他者（O）との関係によって左右される。三角形の3辺で表される三者の関係には，好き・嫌いのような情緒関係（sentiment relationship）もあれば，所有，所属のようなユニット関係（unit relationship）とよばれるものもある。

例として図6-1(A)で，PとOが「家族」というユニット関係でつながっていて，しかも「OはXが好き」というプラスの情緒関係があるとき，Pがどのような態度を形成するかを考えよう。常識でも，答えは「Xを好きになる」

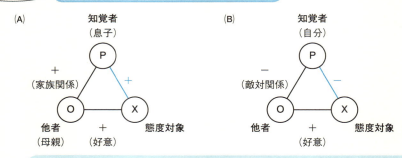

図6-1 ● バランス理論による態度形成の説明

(A) 家族関係（プラスのユニット関係）の例では，母親（O）と彼女が好きなもの（X）との関係はプラスの情緒関係と考えることができる。バランスを保つために，息子（P）もXを好きになるだろう。
(B) 敵対関係にある嫌いな他者（マイナスの情緒関係）の場合は，Oが好きなものはPは嫌うだろうし，Oが嫌うものはかえって好きになるかもしれない。

ことだとわかるだろう。バランス理論のおもしろいところは，態度形成のさまざまなパターンを単純な原理で説明したことにある。ハイダーは，3辺の記号（プラス・マイナス）を掛け合わせてプラスになる状態を，心理的に均衡のとれた状態として人が求めるのに対し，掛け算の結果がマイナスになる不均衡状態を，不快なものとして避けようとすると考えた。だから，図6-1(A)でOがXを嫌いだった場合には，PもXを嫌いになることが，同じ原理から予測できる。そればかりか図6-1(B)では，「嫌いな他者」であるOが好きなものを自分は嫌いに，Oが嫌うものはかえって好きになることも，やはり説明できる。

バランス理論の特徴は，知覚者と対象の関係に加えて，第三者の存在が態度形成に関与する可能性を指摘した点にある。定義からして態度は，知覚者と対象の二項関係でとらえられがちであるが，現実の社会的文脈の中で私たちは，他者との態度の共有・非共有といった関係も考慮しながら，態度を形成していると考えられるのである。

客観的事実の正当化　もう1つの代表的な斉合性理論に，**認知的不協和理論**（cognitive dissonance theory）（Festinger, 1957）がある。これによると，人は一般に，客観的事実に反する信念や態度を

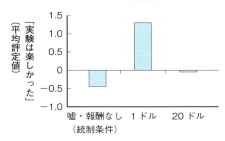
図6-2 ● フェスティンガーらの実験結果

(出典) Festinger & Carlsmith, 1959.

自分がもっていることを意識すると，まるで不協和音を聞くかのような不快感を覚えるという（Losch & Cacioppo, 1990）。この不快感を低減しようとする動機づけが，さまざまな行動のパターンを予測させるというのである。特に，本心としての態度とは食い違った行動を，なんらかの理由でとってしまった場合に，興味深い効果をもたらす。これを例証したのがフェスティンガーらによる有名な実験である（Festinger & Carlsmith, 1959）。

この実験に参加した大学生はまず，非常に退屈な課題を長時間にわたって続けることを求められる。その後，実験の都合上，他の参加者に「とてもおもしろくてためになる実験だった」と，心にもない嘘をつく役割を与えられる。ここで役割演技の謝礼として，1ドルを受け取る条件と，20ドルもらえる条件とが設けられる。後になって，自分自身が実験をどれくらい楽しんだかを評定してもらったところ，図6-2のような結果が得られた。つまり，1ドルしかもらわなかった条件のほうが，20ドルもらった条件や，嘘をつくよう求められず報酬も与えられなかった統制条件よりも，かえって「楽しかった」と評価していたのである。認知的不協和理論によると，この結果を説明する際の鍵は，行動の正当化という過程にある。つまり，20ドル条件の参加者たちは，本心とは異なる発言をしたことを，「お金のため」という理由で正当化できるが，1ドル条件ではそれが難しい。そこで残された方法として，「まんざら退屈でもなかったのだ」と，実験に対する態度を変化させることで，自分の行動との折り合いをつけようとしたというのである。

認知的不協和の規定要因　認知的不協和の効果を規定する重要な要因として，①態度と行動の不一致度，②行動の公然性，③行動への投資量をあげることができる。

まず当然のことだが，実際にとった行動が態度と食い違っているほど，これを正当化する必要が大きくなる。また，行動したことが公然の事実として多くの人に知られているほど，これを否定することは難しくなるので，態度のほうをこれに合わせることが必要になる。これは**コミットメント**の効果とよばれる。ただし，人から強要されたり，別の動機があるために，心にもない行動をとったのだと自分で意識できる場合には，先ほどの実験の報酬20ドル条件と同様に行動を正当化できるため，無理に態度を変化させる必要はなくなる。自分でも気づかないようななんらかの誘因によって，態度と不一致な行動をとってしまった場合に限り，不協和を低減させる心理過程が発動されるのである。

しかも，行動が容易ではなく苦労を伴う場合ほど，これを正当化する態度が強固になりやすい。せっかく手に入れた選択肢なのだから，良いものに違いないと思い込むことで，苦労の「つけ」を自分に対して払うような心理過程が働くのである。これが悪用されかねないのが，集団がその構成員に対して課す「入会儀礼」（イニシエーション）である。仲間に加わるため，あるいは受け入れられるために，高いハードルを越えたという実感さえ与えれば，ハードルを越えるのに要した苦労とつじつまを合わせるかのように，成員たちが自ら集団の価値を見いだして，忠誠心を示すことがある（Aronson & Mills, 1959）。その際のハードルは，集団本来の活動と無関係なものですら効き目がある。カルト集団などは，こうした苦労が「ありがたみ」に変わる仕組みを経験的に知っていて，うまく利用していると考えられる。他方で，これが良い方向に作用することを示した研究もある。「肥満解消のためのクリニック」と称する実験への参加者に，より多くの努力を要する課題を与えた条件では，3週間の「クリニック」の直後だけでなく半年後や1年後でも，他の条件に比べて顕著な体重減少がみられたという（Axsom & Cooper, 1985）。しかもそこで求められた「努力」とは，長時間の暗記課題といった，ダイエットとは無関係な認知的な課題であったにもかかわらず，効果が得られた。つまり，何であれ労力を要するような課題を与えさえすれば，これに見合った成果を得ようと自らに努力を課するため，おのずとダイエットが促進されたと考えられるのである。

行動が態度に影響する　認知的不協和理論とそれに基づく研究は，態度が行動に先立つ心理状態であるというだけでなく，行動の意味を後づけするように態度が形成される場合があることを端的に示している。みなさんも，商品を買った後だというのにわざわざカタログを読み返すなどして，やはり良い買い物をしたのだと1人で納得したことはないだろうか。また，喫煙をどうしてもやめられない人が，「ガンの原因は喫煙だけではない」と主張するのも，不協和を低減するために態度を後づけしている例といえるだろう (Jonas et al., 2001)。こうした，自己の行動を正当化してくれる情報への「選択的接触」(selective exposure) は，実は直観的に予測されるほど頻繁には起こらないのだとする議論もたしかにある (Freedman & Sears, 1965)。しかし，特定の状況下ではそれが起こることを示す研究もある。それは特に，多くの人の目にふれるところで公然と行われた行動や，自分にとって重要度の高いことがらに関する選択の後で，顕著なようである (Holbrook et al., 2005：本書第12章も参照)。

説得と態度変化

　どのようにして態度が形成されるかがわかれば，これを応用して，他者の態度を変えさせる方法，つまり説得の仕方がわかるかもしれない。態度を変化させるということは，新しい態度を形成して置き換えさせる働きかけだからである。

説得メッセージの学習　説得に関する古典的なアプローチの1つが，ホヴランドをはじめとするイェール大学の研究者たちによって提唱されたメッセージ学習理論である (Hovland et al., 1953)。彼らは，説得性をもった情報（メッセージ）が，学習の過程を通して受け手の態度に残ることこそが，説得の決め手であると考えた。そして，学習がなされるためには，説得メッセージに対して**注意**を払い，これを**理解**して**記憶**し，**納得**することが必要条件だと述べた。この理論をもとに，学習の規定要因として盛んに研究されたのが，いわゆる説得の4要因である。すなわち，メッセージの①送り手，②内容，③受け手，そして④経路（媒体）のそれぞれがもつ特徴によ

って，説得の効果が左右されるという考え方である。送り手の要因を例にとると，魅力的な人物を起用した広告の効果が古典的条件づけによって説明できるのは先述のとおりだし，専門家の言うことに従っておけば良いことがあったという過去の経験がオペラント条件づけとして作用するということもあるだろう。メッセージ内容については，それこそ注意・理解・記憶・納得を引き起こしやすいものが効果的だと説かれたし，受け手の要因では，知能のレベルが高い人はメッセージをよく理解するので説得されやすく，自尊感情の弱い人は他人の言うことに簡単に納得するので説得されやすい，といった説明が行われた。また，経路の効果の例として，ある種の説得は映像情報のほうが，またあるものは文字情報のほうが効果をもつといった違いがある。これも，それぞれの情報の種類によって，理解を促しやすい媒体とそうでないものがあるためだと解説された。

しかし，実証的な研究を積み重ねると，こうした単純な予測は役に立たないことがすぐに明らかになる（Petty & Cacioppo, 1986）。たとえば，魅力的な送り手や専門家からのメッセージだからといって必ずしも注意が払われているわけではないし，説得内容をよく記憶しているとも限らないことが実験で示された。メッセージ内容についても同様で，理解や記憶の程度と説得効果がつねに対応するわけではない。そこで，説得メッセージがどのように処理されるのかを考慮した，より精緻な理論モデルが必要となったのである。

熟考と反論　説得メッセージの受け手は，受動的にこれを学習するだけではなく，既存の知識や動機づけを働かせながら能動的に情報処理をしようとする存在であることを示す研究結果がある。その一例が，接種効果とよばれる現象である（McGuire, 1964）。

あることがらについて弱い説得メッセージを受け取った後で，さらに強い説得を受ける場合，単純に考えれば「繰り返し説得された」ことの影響によって，なおさら説得されやすくなると思われるかもしれない。しかし実験の結果によると，むしろ後からくる強い説得にも動じない，確固とした態度が作られるのである。最初の弱い説得が，あたかも予防接種のように働いて，後の説得に対する「免疫」ができたかのような結果である。それどころか，「後で強い説得メッセージがくるぞ」と予告しただけで，十分な自衛が行われて，説得されにくくなる。つまり，人は説得を受ける可能性にさらされると，メッセージ内容

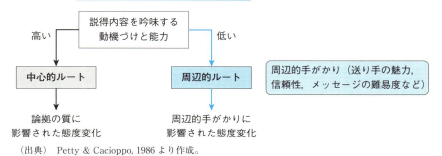

図6-3 ● 精緻化見込みモデルの概要

(出典) Petty & Cacioppo, 1986 より作成。

が正しいかどうかを十分に吟味し,ときには反論をも用意するような積極的な反応をみせるのである。

説得と情報処理過程　では,説得メッセージに従って態度を変化させるか,それとも反論してもとの態度を守ろうとするかは,どのような要因で決まるのだろうか。精緻化見込みモデル(Elaboration Likelihood Model；ELM) を提唱したペティとカシオッポによると,それは,メッセージ内容が妥当かどうかを吟味しようとする**動機づけ**の程度と,吟味できるだけの**認知的能力**があるか,の2点であるという (Petty & Cacioppo, 1986)。前者を決定づけるのは,主に説得されていることがらが受け手にとってどれくらいの関心事であるかという要因である。また後者については,情報処理能力の高い人,低い人といった個人差だけでなく,誰もが多かれ少なかれ影響を受けるような状況要因も含まれる。たとえばほかに同時並行でこなさなければならない認知課題や,思考を妨害する要因があるかどうかといった,認知容量の制約が認知的能力に影響する。

ELM が想定する過程の概要はこうである(図6-3)。情報精査への動機づけや能力が高い状況では,人は中心的ルート(central route)とよばれる情報処理モードに入ると考える。これは,メッセージ内容そのものが処理される過程である。ここでは,メッセージ内容が十分な説得力をもっているかどうかが入念に吟味されて,精緻な情報処理が行われるので,態度変化を起こすためには,論拠の質が高い,説得力のあるメッセージを送る必要がある。質の低い議論で

| FIGURE | 図6-4 ● 精緻化見込みモデルに基づく実験結果の例 |

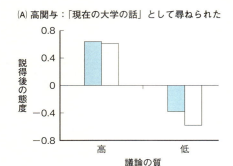
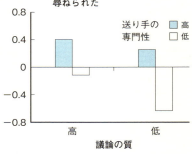
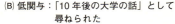

(出典) Petty et al., 1981.

は，かえって反論を招くからである。これに対し，関連の低い話題であったり，他に処理しなければならない課題があって気が散っているような場合には，精査への動機づけや能力が低下して，**周辺的ルート**（peripheral route）とよばれる経路に入ると，ELM は説く。この場合は，メッセージ内容の説得力には注意が払われず，むしろ**周辺的手がかり**とよばれる要因が影響力を発揮する。情報の送り手が魅力的な人だからとか，専門家だからといった送り手の要因や，長文だから，難しそうな用語が使ってあるからといったメッセージの表面的な特徴などが，周辺的手がかりとして効果をもつのは，こうした状況でのことである。ELM の考え方を支持する研究結果は，これまでに多数報告されている（Petty & Cacioppo, 1986）。

ELM の実証例 たとえばペティらによる実験では，大学生に「卒業要件として資格試験を導入することが必要だ」とする説得メッセージを読んでもらい，これに対する賛否を尋ねている（Petty et al., 1981）。そして，①試験導入が検討されているのが，現在の自分の大学か，同じ大学の 10 年後のことかによって，関与の程度すなわち「精緻な処理への動機づけ」を，②導入を主張しているのが教育の専門家であるとするか，地域の高校生であるとするかによって「送り手の専門性」を，③説得力がある，またはないと判断されることが予備調査で確かめられたメッセージを呈

示することで「議論の質」を，それぞれ実験的に操作した。結果は図6-4のとおりで，まず関与の低い条件では，送り手の専門性だけが説得に影響を与え，議論の質は問題ではなかった。一方，関与の高い条件では送り手の要因は無関係で，議論の質が結果を左右した。前者の条件では表面的な手がかりをもとにした情報処理が行われたのに対し，後者では説得内容そのもの（議論の質）を精緻に吟味する過程が働いたためだと解釈される。

態度の二重過程モデル

ELMが提唱した周辺的ルートと中心的ルートという概念は，COLUMN 1-4で述べた，「認知の二重過程モデル」に対応するものである。つまり，周辺的ルートで起こっている情報処理は，動機や能力などの認知資源を比較的必要としないという意味で「自動的」情報処理過程に，また中心的ルートでの処理は，認知資源を必要とする「統制的」過程に相当する。広く認知過程の一般に通用する，この二重過程モデルの枠組みで説得をとらえようとした理論化が，最近ではさらに進められている。

その代表的な例が，チェイキンらによる，ヒューリスティック‐システマティック・モデル（Heuristic-Systematic Model；HSM）である（Chaiken et al., 1989）。このモデルで重要なのは，説得メッセージが被説得者にどの程度の確信を与えるかが，説得効果の鍵を握るという考え方である。

(1) **節約して簡便な判断をする**　まず，人は概して「認知的節約家」であるため，納得できそうな手がかりであればそれを手近な「ヒューリスティック」として利用して，説得内容の真偽を判断してしまおうとすると考えられる（第1章参照）。「みんなが正しいと言ってるから」「データに基づいた話のようだから」というだけの理由で真実だろうと信じ込んだり，お笑いタレントの言葉だからというだけで信用しなかったりするのは，ヒューリスティックに基づいて確信を得る場合の例である。また，ヒューリスティック処理は一時的な感情にも左右されやすいので，それが説得効果に影響することもある。

(2) **掘り下げて精査する**　ところが，ヒューリスティックによる簡便な判断だけでは確信が得られない場合や，十分に認知資源を使って情報を精査することが可能な状況では，確信が得られるまでさらに掘り下げた検討が行われるようになる。これが「システマティック処理」とよばれる過程である。ここで特に注意したいのは，精査が行われるかどうかが動機づけに強く影響されるとい

うことである。そこには，ELMが想定した自己との関連性だけでなく，「正確な判断をしたい」「自尊心を守りたい」「他者に良い印象を与えたい」，さらにはなんらかの「目標を達成したい」といった，さまざまな種類の動機づけが作用すると考えられている。

ELMとHSMの相違点

ヒューリスティック-システマティック・モデル（HSM）と，先の精緻化見込みモデル（ELM）とは多くの点で類似しているが，重要な相違点もある。ELMの主眼は，説得メッセージの内容に十分な注意がはらわれる場合（中心的ルート）と，それ以外の要素に注意が向けられる場合（周辺的ルート）の区別にある。たしかに，前者においては精緻な情報処理が行われ，後者では簡便な処理が行われやすいであろうが，このモデルにとって重要なのは，情報処理の精緻さよりもむしろ，「メッセージ内容かそれ以外か」のほうである。一方，HSMにとってより重要なのは，情報処理の精緻さ，入念さの要因のほうである。実際，HSMも指摘するとおり，メッセージ内容以外の要因についても入念な（つまりシステマティックな）情報処理が行われることもありえる。

その例として，「大学教授」という肩書をもった人物を起用した広告について考えよう。ELMによるとこれは，情報の送り手という，メッセージ内容以外の要因の効果をねらっているというわけで，周辺的ルートでの情報処理に訴えたものということになる。メッセージ内容をろくに吟味しないで説得されてしまうかもしれないという意味では，たしかに簡便な情報処理ですまされることが多いだろう。しかし，メッセージ内容以外に注意が向いていると，つねに簡便な処理（つまりHSMでいう「ヒューリスティック処理」）しか行われないかというと，そうとも限らない。広告を精査しようとする動機づけや認知資源が十分にあれば，たとえば「ところでこの教授の専門って，商品と関係あるの？」といった吟味（システマティック処理）が行われることもありえるのである。

また，ELMが「中心的・周辺的のどちらのルートに入るか」といった二分法的な比較で説得効果をとらえようとしたのに対し，HSMではヒューリスティック処理とシステマティック処理が並行して行われたり，片方が他方に影響するといった相互作用の可能性が考えられている点も特徴的である。実際，説得メッセージについて入念な処理が行われる状況で，送り手の信頼性が低いという情報が付加されると，これが説得とは逆の方向へシステマティック処理を

導くため，結果的に説得への抵抗が起こることが知られている（Chaiken & Maheswaran, 1994）。

ELM や HSM といった認知モデルの功績は，人が説得を受けているときに，内部でどのような認知過程が作用しているかを考えることによって，古くからの研究で調べられてきた説得の諸要因の効果を洗い直し，系統的な理論モデルを打ち立てた点にある。それによって，情報処理が行われる環境や自身の内的状態（動機や感情状態）に応じて，説得メッセージの処理方法を使い分ける人間の姿が明らかになったのである。

4 態度と社会行動

態度が，行動のもととなる心理的な状態と定義されるなら，それは本来，実際の行動と高い相関を示すはずである。態度と行動の一貫性は，特に，投票の意向と実際の投票，商品の好みと購買行動，さらには健康に関わる行動などにおいて明らかである（Sheeran, 2002）。しかし，本章の冒頭で挙げたピート・ローズの例のように，頭で正しいと思っていることが必ずしも行動と一致するわけではない。また，偏見などの社会的に望ましくない態度は，これを隠そうとする傾向もあるだろう（COLUMN 6-1 参照）。では，態度と行動との間に一貫性がみられるのは，どのような場合だろうか。これについて，態度の意識的な側面と，非意識的な側面のそれぞれが研究されてきている。

意識的過程の影響　行動の先行条件となる心理過程のうち，行動に対して最も大きな影響を与えるのは「意図」であると主張したのが，フィッシュバインとアイゼンである（Fishbein & Ajzen, 1975）。彼らの理論は，行動をすることによって得られる結果とその価値を，人間が合理的に判断する過程に焦点をあてた。そのため，理論の名前（theory of reasoned action）は合理的行動理論と訳されることが多い。図 6-5 にみるようにフィッシュバインらは，行動意図を規定する主要な要素として，**行動に関する態度**と，その行動をすることに関する**主観的規範**（社会的規範に関する認知）の２つを挙げた。つまりこの理論は，事物に対する態度ではなく，ある特定の行動をすることについての態度について論じたのである（詳しくは広瀬，1995 な

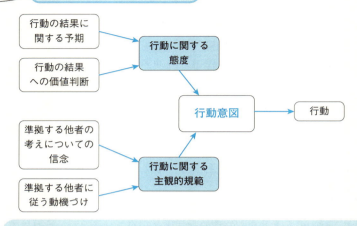

FIGURE 図6-5 ● 合理的行動理論の図式

行動を行おうとする意図は，その行動がもたらす結果への見込みと価値についての合理的判断に基づく態度と，周囲の他者がその行動を望ましいと考えているかどうかという社会的規範の認知（主観的規範）に規定されるという。規範の認知は通常，自身の行動の基準としている重要他者に準拠して行われると考えられている。

（出典） Fishbein & Ajzen, 1975 より作成。

どを参照）。

　行動することに関する態度を左右する要因は，その行動をすると，どれくらいの確率でどのような結果に至るかに関する予期と，結果のもつ主観的価値（その結果得られる効用）である。たとえば，自身の禁煙という行動に関する態度は，禁煙によってどの程度健康の害を逃れられると考えるか，そして，そのことに価値が見いだせるかに規定されるだろう。一方，主観的規範は，家族や親しい友人など重要な他者が，自分がその行動をするべきだと考えていると思うかどうか，そしてその考えに従いたいと思うかに影響される。これらの要因によって，「禁煙しよう」という意図が固まれば，それは高い確率で行動を予測するというのである。後にアイゼンは，この理論の修正版ともいえる計画的行動理論（theory of planned behavior）を提唱して，自分はその行動をとることができるのだという「行動統制感」も，行動意図と並んで重要な要因であると

FIGURE 図6-6 ● 連合ネットワークの例

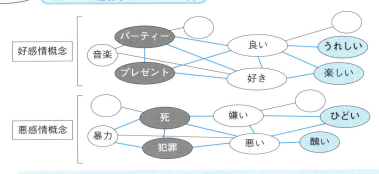

このモデルでは「態度の強さ」を、ノード（図中の楕円で表された概念）の間の連合の強さと位置づけている。たとえば「パーティーへの好意的態度」とは、「パーティー」という概念の活性化が、「良い」や「好き」という評価的な概念へと伝搬しやすいことを意味している。当然、「パーティー」と悪感情概念との間に連合はない。ファジオらの実験では、黒い楕円と白い楕円が連合してできた「態度」が活性化させられると、その影響で青い楕円の単語に対する判断が促進されるという結果がみられた。

（出典） Fazio et al., 1986.

している（Ajzen, 1991）。態度と行動の意識的な面に焦点をあてたこれらの理論は、上に挙げた健康関連の行動のほか、社会的ジレンマ状況での協力行動（第7章参照）や、消費者行動、環境行動（第15章参照）などに適用されている（広瀬, 1995; 大友, 2008）。

非意識的過程の影響

態度が行動を導き、予測を可能にする過程には、上に述べたような自覚的で意識的なものだけでなく、非意識的なものもある。たとえば、実験室にたまたま置いてあった鏡に自分の姿が映っているのを目にすると、自身の態度と行動との間の不一致に気づくので、態度と一貫した行動が起こりやすくなる。ここで、「鏡に自分が映っているのだから、行動を変えよう」と考えているわけではないので、行動への影響は意識されていないはずである。同様の効果は、自分の偏見的態度を修正しようとする過程としても現れる（Monteith & Mark, 2009）。

また、態度が内的に活性化すると、これと一致した反応が自動的に起こりや

> **COLUMN** *6-1* 潜在的態度の測定方法

　社会的態度を測定する道具として最もよく知られているのが，世論調査や「アンケート」調査に用いられる質問形式の尺度だろう。呈示された文言に「非常に賛成」「反対」「どちらともいえない」などの回答を行うというものである。この種の「顕在的指標」（explicit measure）の問題点としては，回答者が意識しながら自分の反応を制御できるので，社会的望ましさなどの影響を受けやすいことが指摘される。たとえば，少数者に対する偏見を態度尺度によって測ろうとしても，差別主義者だとみられたくないため，わざと好意的な回答をする人がいるかもしれない。また，自己評価を高く表明すること，あるいは逆に低く表明することが望ましいとされる文化では，それぞれ異なる方向に偏った回答が得られやすくなるだろう。

　そこで，回答者自身の意図的な制御を許さないような，そして本人も意識できないような態度の側面，つまり潜在的態度（implicit attitude）を測定する方法が考案されるようになった。その代表例が，グリーンワルドらによる潜在的連合テスト（Implicit Association Test；IAT）である（Greenwald et al., 1998）。図は，アメリカなどで黒人に対する潜在的態度を測定する場合の例である。コンピュータ画面の下方にある＋の位置に，ランダムな順序で多数の単語や顔写真が次々に呈示される。(A)のシリーズでは顔写真が黒人だと思ったら左手で，白人ならば右手でキーを押して反応することが求められる。これに混ざって呈示される単語が，良い意味をもつときは左手，悪い意味ならば右手で反応する。この課題は，回答者が黒人に対してネガティブな態度をもっているほど難しい課題となる。なぜなら「黒人＝悪い」という連合のために，あるときは左手で（黒人の顔写真），他のときは右手で（悪い意味の単語）反応することが葛藤を起こすからである。一方(B)のように，黒人にも悪い意味

すくなることも知られている。これは，第1章でもふれた連合ネットワークの考え方によって説明することができる。つまり，態度の活性化とは，態度対象である概念（図6-6でいうと「パーティー」という概念）が活性化することを意味し，その概念と強く連合した「好き・嫌い」などの評価的感情が活性化しやすくなると考えられるのである（図6-6）。この評価的感情は，さらに別の概念とも連合していると考えられるので，その影響は他の概念に対する認知や行動に影響を及ぼすだろう。言い換えると，活性化した態度が，プライミング効果を

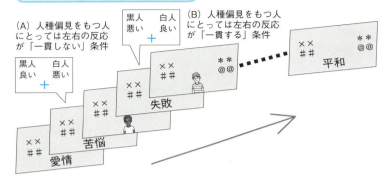

図 ● 潜在的連合テスト（IAT）の例

(A) 人種偏見をもつ人にとっては左右の反応が「一貫しない」条件

(B) 人種偏見をもつ人にとっては左右の反応が「一貫する」条件

の単語にも同じ左手で反応するシリーズでは，偏見が強いほど容易な課題となるだろう。しかし黒人に対する偏見がまったくない人にとっては，(A) でも (B) でも難易度は変わらない。そこで，両シリーズ間で黒人に対する反応時間の差をとれば，それが偏見に関する潜在的な指標となる。IAT のウェブサイトは公開されていて日本語ページも用意されているので（https://implicit.harvard.edu/implicit/japan/），実際に試してみるとよくわかるが，このような反応は本人の意志の力で制御しようとしても，なかなか簡単にはいかない。つまり，統制的過程ではなく自動的過程に支配された態度の側面を反映しているといえる。IAT は，人種的偏見だけでなく，自尊感情や性別ステレオタイプ，高齢者ステレオタイプなど，さまざまな領域における潜在的態度について開発されていて，多くの研究で利用されている。

喚起することが予測できるのである（COLUMN 3-1 参照）。

態度の活性化　態度活性化の効果を示したよい例が，ファジオらによる実験である（Fazio et al., 1986）。この実験では，コンピュータの画面上に「うれしい」「ひどい」などの語が次々に呈示され，それぞれポジティブな意味をもつか，ネガティブな意味をもつかを判断することが求められる。各単語の直前には，別の単語が 0.2 秒というきわめて短い時間，呈示される。その中には，「プレゼント」や「パーティー」のよ

うに多くの人が好感情を抱く対象（好感情語）もあれば，「死」「犯罪」など嫌悪感情を喚起するもの（悪感情語）も含まれている。すると，「うれしい」を「ポジティブ」と判断するあたりまえの反応が，好感情語の直後で速くなったのである。同様に，「ひどい」を「ネガティブ」とする判断も，悪感情語の直後ではより速く行われた。これは図6-6に示したように，瞬間呈示される事物と連合した感情的評価（つまり態度）が活性化し，後続語に対する判断を促進したのだと説明される。

これと似た結果は，「パーティー」などの事物の代わりに白人の人物の顔写真を，また「犯罪」などの代わりに黒人の顔写真を呈示しても得られた。第9章で詳しく述べるように人種偏見も態度の一種であると考えられるので，その活性化によるプライミング効果がみられたのだといえる。また，アメリカ人が"we"という単語を見た直後では，"they"を見た後よりも，「信頼できる」などの好ましい意味をもつ単語に対する反応が速くなることも示されている（Perdue et al., 1990）。これは自分の所属する集団への好意的態度が活性化したためだと解釈できる（これも第9章で詳しく述べる）。

キー押しに要する反応時間を指標に用いるのは，活性化の過程を調べる研究では常道であるが，こうした実験ばかりをみていると，これがはたして「行動」に対する態度の活性化の影響といえるのかといった疑問をもつ人もいるかもしれない。しかし，活性化した態度の影響は，投票行動など実際的な行動についても調べられている。また，好ましいとも好ましくないともいえない，あいまいな意味をもつ対象に関する判断も，そのときに活性化した態度によって評価が方向づけられるという効果も実証されている（以上の実証例についてはOlson & Fazio, 2009 参照）。第3章でもみたように，プライミングの効果が，思いもかけない具体的行動に影響することを示す研究が次々に行われている。今後は，態度の自動的な影響について，より多様な行動領域で知見が蓄積されていくことだろう。

態度と行動に関する二重過程

これまでの議論から，態度と行動の関係を規定している心理過程にも，意識的な情報処理と非意識的な処理の「二重過程」が関わっていることがわかるだろう。ここで重要なのは，2種類の情報処理様式が，それぞれどのような条件のもとで，より起こりやすくなるかを知ることである。ファジオ

らは，フィッシュバインらが考えたような，自分の態度や意図についての意識的な熟考が行動を導く過程が生起するためには，態度を意識的に想起することへの**動機づけ**と**機会**が必要であると主張している。関心のないことがらについて人は深く考えようとしないし，十分な情報処理を行う余裕がない状況では，自動的に活性化した態度に基づいた行動が起こりやすいからである。「動機と機会が態度の規定要因となる」（Motivation and Opportunity as DEterminants）という，この考え方は，頭文字を取った MODE モデルという名のもとで体系化され，多くの実証的研究を生んでいる（Fazio, 1990; Olson & Fazio, 2009）。

本章では，私たちの行動のもとになる内的な心理状態として想定された「態度」が，どのように形成され，どのような要因に影響を受けて変化するのかについて考えた。態度は，対人関係における好き・嫌い（第7章），他の集団に対する偏見やステレオタイプ（第9章）などと強い関連をもっている。また，よりマクロなレベルでの現象としては，世論（第14章）や，消費者行動，環境行動（ともに第15章）などの土台となっている。そして，説得の過程を説明した認知モデルや，態度と行動の関係についての議論からも明らかなように，態度の意識的な側面と非意識的な側面を区別することによって，より多くのことがわかる。そこでは，第5章までで説明した認知過程や感情の働きについての理解が役立つだろう。

BOOK GUIDE　●文献案内

今井芳昭，2006『依頼と説得の心理学——人は他者にどう影響を与えるか』セレクション社会心理学10，サイエンス社
- 態度に関する基本的な考え方と説得過程についてわかりやすく解説してある。本書第8章「集団の中の個人」や第16章「組織と個人のダイナミクス」の内容とも関連する。

チャルディーニ，R. B./ 社会行動研究会訳，2014『影響力の武器——なぜ，人は動かされるのか』（第3版），誠信書房
- これも他の章の内容にまでわたるが，社会的影響過程についてわかりやすく書かれた，世界的ベストセラーの1つ。他に『実践編』や『戦略編』，さらに『PRE-SUASION（プリ・スエージョン）——影響力と説得のための革命的瞬間』（チャルディーニ，R. B./ 安藤清志監訳・曽根寛樹訳，2017）などの姉妹編もある（いずれも誠信書房）。

Chapter 6 ● 考えてみよう

❶ 態度の対象となるものの具体例を挙げて，それに関する態度の3成分とはどのようなものであるかを考えよう。
❷ 具体的な行動を後追いするように態度が形成されるという例が，実際に思いあたるかどうか，経験をもとに考えてみよう。
❸ 周囲にある広告について，どの部分が「中心的ルート」（または「システマティック処理」）を考慮したもので，どの部分が「周辺的ルート」（またはヒューリスティック処理）をねらったものであるかを考えよう。

第 Ⅱ 部

社会関係から
集団・ネットワークへ

第 7 章 対人関係

「人の間」と書いて人間と読む

なぜあるときは親しく接し、あるときは遠ざけてしまうのだろうか

CHAPTER 7

- KEYWORD
- FIGURE
- TABLE
- COLUMN
- BOOK GUIDE
- SEMINAR

人は他者との関係において，お互いに惹かれ合ったり，憎しみをいだいたり，助けたり傷つけたりといった経験をしながら生活している。本章ではまず，人間が他者に対して魅力を感じるようになる条件について，実証的な研究の結果をもとに考える。続いて，人間が社会的な資源を授受し合うという社会的交換の関係や，対人関係に作用する認知過程などについて議論する。さらに愛情や葛藤といった感情の働きについてみた後，最後に他者を助けることの意味を考える。

SUMMARY

> **KEYWORD**
>
> 対人魅力　交換関係　共同的関係　満足　比較水準　代替選択肢との比較水準　コミットメント　分配的公正　手続き的公正　平等の原則　衡平の原則　ゲーム理論　囚人のジレンマ・ゲーム　社会的ジレンマ　愛情　愛着スタイル　愛の三角形モデル　利他行動　互恵的利他行動　（援助の）意思決定モデル　責任の拡散　共感

　日本を代表する小説家，村上春樹氏の作品は世界中の読者に愛されている。彼の作品がここまで人気を博する理由は，もちろん数多く指摘できる。中でも重要な要素として，複雑なキャラクターをもつ登場人物たちと，彼ら彼女らの間に織りなされる人間関係の奥深さが，強いリアリティをもって私たちに迫ってくるという点が挙げられる。村上作品に限らず，文学や演劇，映画などの芸術作品においては，そこに描き出される人間関係の綾が，作品の魅力となっていることが多い。

　人はなぜ，どのような過程を経て，他の人との関係を築いていくのだろうか。どのようにして，あるときは他者に親しく接し，またあるときは遠ざけて意識の外へ追いやろうとするようになるのだろうか。家族，友人，恋人，同僚，上司や部下など，他者との関係の複雑さと不思議さは，私たちの社会生活のさまざまな局面で顕著になる。対人関係が良好ならば，快適で健康な毎日を送ることが可能になるが，これがこじれると，人生の悩みの中でも最もやっかいな問題にまで発展する。実際，「職場で一番困っていることは」といったアンケート調査では，「人間関係の悩み」が常連として上位に顔を出す。本章の副題としたように，他者との関係こそが人間の本質だという考え方すらある。

　芸術作品は多くの場合，対人関係の現実を，その複雑さのまま虚構の中に描き出すことによって，人間のあり方について私たちに問いかけてくる。これと違って社会心理学は，科学的なアプローチによって人間の理解をめざすので，幾重にも折り重なった対人関係の構成要素を，分析的に取り出して，これを実証的に理解しようとする。関係の中で，相手について知ったり理解したりするときの「認知」の仕組み，ときに身体反応をも伴うような強烈な「感情」の働き，そして関係を続けようとか避けようとかいった「意思決定」の過程などを明らかにしようとするのである。

対人魅力の要因

人はどのような他者を好きになるのだろうか。友人関係，異性との関係，ビジネスでの関係など，さまざまな場面で作用する対人魅力の規定要因について考えよう。

親近性　他者に対する魅力は，まず物理的に近いところにいて，よく顔を合わせることから始まる。第2章で述べた「単純接触効果」により，よく目にする相手に対しては，魅力の基本レベルが高くなっていると考えられる。それに加えて，接触を重ねるごとに情報や経験の共有を経るなどして，親密度はさらに増す。50音の名簿順に着席することが決まっている授業の多い学校などではよく，苗字の最初の文字が近い者同士が仲良しグループになっているのに気づくことがある。これも接触機会の結果かもしれない。実際，アメリカの大学寮で行われた古典的な調査では，隣同士はもちろん，階は違っても互いに階段に近いなどの理由から接触頻度の高い部屋の住人同士は，その後も長年にわたって親友関係にあったことが確かめられている（Festinger et al., 1950）。

類似性　「類は友をよぶ」という言葉どおり，自分と似た性質をもつ人に対して，私たちは魅力を感じやすい。信念や態度の似た人，価値観を共有できる人，あるいは，出自や経歴，現在おかれている社会的地位が近い人のことを，そうでない人たちよりも好きになりやすいのである。もっとも，現実の場面では「似ているから好きになる」というだけでなく，「好きだから似てくる」という逆方向の因果関係もありうる。好きな相手とは食い違いを避けようとするので，結果として互いに似てくるかもしれないのである。しかし，**類似性**のほうを独立変数（COLUMN 1-1参照）として操作した実験的な研究の結果からみる限り，類似性が魅力の原因として影響する可能性はかなり高い。たとえばあるテーマについて，自分と態度（態度については第6章参照）の似た他者と似ていない他者が大勢いる中では，自身との類似性が高い人ほど，より魅力的だと感じるようになる（Byrne & Nelson, 1965）。

第7章　対人関係

では，なぜ類似性は魅力に影響するのだろうか。まず学習理論の立場からは，類似性が「報酬」として作用するという説明が可能である。自分と同じ態度や信念をもつ人がいるのを知ることは，自身についての支持や確証を与えてくれることになるだろう。また，考えの異なる他者よりも，似た他者といるほうが，相手に合わせていろいろ調整する必要が少ないため，スムーズな関係を保てるという利点もある。いずれの場合も，関係の維持のために払わなければならないコストや不快な経験（学習理論でいう「罰」）が少なくてすみ，心地よい感情（「報酬」）を味わう可能性が高いことが影響していると考えられる。あるいは，第6章でふれたバランス理論からの説明も可能であろう。自己（P）と他者（O）とが，対象（X）について，ともに好意的な態度（＋）あるいは嫌悪感（−）をもつとき，両者の間の情緒的関係はいずれの場合もプラスとなることが予測される（Heider, 1958）。

　その一方で，人は自分にはないものをもっている人に惹かれることもたしかにある。ある種の対人関係や集団においては，異なる能力や性格がうまく補い合って機能することで，目的や課題を達成することができるのは事実である。これは相補性（complementarity）の効果とよばれる。しかし，多くの場合に共通する基本的な要因という観点からみれば，やはり類似性の果たす役割は大きい。

　たとえば，人は一般に，社会的地位，教育の程度，さらには外見上の魅力に至るまで，さまざまな点で自分と同じ程度に望ましい属性をもつ他人に対して，魅力を感じやすいという。これは魅力の**マッチング仮説**とよばれる。「メタ分析」とよばれる手法（数多くの実証データで得られた効果が全体的にみて統計的に信頼できるものかどうかを分析するもの）を用いた研究の結果によると，マッチング仮説はおおむね支持されている（Feingold, 1988）。その解釈としては，**期待−価値説**（expectancy-value theory）からの説明が試みられている。誰からみても魅力の高い人と親しくなれれば，満足感（つまり「価値」）は大きいだろうが，競争率が高いので近寄っても拒絶される可能性がある（つまり「期待」は小さい）。そこで，自分の魅力が平均並みだと思っている人は，受け入れられる可能性が高くてしかも適度な満足が得られそうな，同じく平均並みの人に近づくだろう。また，魅力に自信のない人は，やはり人気のなさそうな人に接近して最低限度の満足を得ようとするかもしれない（Lee et al., 2008）。

返報性

他人から好きだと言われることは、誰にとってもうれしいことだろう。相手が異性であっても同性であっても、嫌いだと言われるのはつらい経験である。このように、自分に魅力を感じてくれる人に対して好ましい感情をいだくことを、魅力の**返報性**（reciprocity）という[1]。逆に、人をほめることによって相手からの好意を獲得できるということも私たちは知っているので、良好な対人関係を築くための一種の戦略として活用されている。

外見の魅力

外見が、他者への第一印象に大きな影響を与えることは、誰もが日常の経験から感じているだろう。広告などに起用されるのは大抵の場合、異性から見ても同性から見ても好かれそうな容貌をした人物である。実証的な研究のデータも、この直感をほぼ裏づけている。「ルックスが良い人ほど頭は悪い」といった偏見もたしかに存在するが、全体としては外見の良い人のほうが高い評価を受けやすい。しかもそれは、精神的健康度や知性といった、外見とは関係のなさそうなことにまであてはまる（Jackson et al., 1995）。上質な衣服を身につけ、外見に十分な手入れをしていることは、ある人々にとっては豊かさや能力の表れと理解されるかもしれないし、社会的な礼儀や専門性の証しという意味をもつこともあるだろう。しかもおもしろいことに、他者の目から見た外見的魅力よりも、自己評価による外見の良さのほうが、他の領域での他者からの評価との相関が強い（Feingold, 1992）。外見だけでなく、そこから派生する自信のようなものが、全般に好ましい評価へとつながるのであろう。

魅力と進化

異性間の魅力については、生物的な起源の可能性も指摘されている。進化行動学の観点からみると、男性は、多産や養育の能力を示唆する身体的特徴をもつ女性に魅力を感じるのに対し、女性は自分が出産と育児に時間をとられている間に生活の資源を家庭に運んでくれるだけの、体力や財力、そしてその間に浮気しない誠実さを備えた男性に魅力を感じるという。この傾向は、国や文化の違いを越えて報

---

[1] 進化心理学的な研究や、第12, 13章でとりあげる分野では、reciprocity はふつう、「互酬性」「互恵性」と訳される。しかし、対人魅力の研究では、「報酬」としての性質を強調するよりも、魅力の「お返し」という現象の特徴を表現しようとする意図が強いためか、「返報性」という訳語が用いられることが多い。

告されている (Buss, 1989)。もっとも，各個人が繁殖に関わることをいちいち意識しながら，それを理由に魅力を感じるということは，まずないと思われるので，これらの好みは長い進化の歴史の結果として残った性質だと推測される (Buss & Kenrick, 1998)。

ただし，どういう身体的特徴を「美しい」と感じるかは，時代や文化によって異なる。メディアに登場するモデルたちの影響があるのか，現代では昔よりも細い女性への志向性が強い。ウェストの細い女性ほど魅力的と考えるのは，アメリカ的な文化の影響であって，これがむしろ「不健康」だとして嫌われる文化も存在する (Yu & Shepard, 1998)。また，社会経済的な要因の影響も複合しているであろう。伝統的に女性のほうが男性よりも，家事や育児といった，経済的成果を得にくい役割を与えられているため，その結果として男性の地位や財力が魅力の源泉になったという可能性も考えられるのである。現に，女性の経済的地位向上に伴って，男性の魅力の要因が変化することも知られている (Eagly & Wood, 1999)。

対人関係

交換関係と共同的関係　他者との社会的関係は，その土台にある心理過程に着目すると，少なくとも2種類に分類することができる。交換関係 (exchange relationship) と共同的関係 (communal relationship) の区別である (Clark & Mills, 1979)。交換関係とは，何らかの資源や利益をやりとりし合っていると考えられるもので，関係の基本ルールは，交換が公平に行われることや，返報性が確保されることである。ビジネス上のつきあいなどは，その典型的な例である。一方，共同的関係において重視されるルールは，信頼や相互扶助，必要に応じた資源の分配というものである。当事者たちにとっては，自己と他者との区別よりも，相手との同一視と連帯感，関係への所属と安心感こそが関心事となる。典型的な例として，家族や親族，伝統的な共同体などが挙げられる。

ただし，「仕事上のつきあいは交換関係，家族との間柄は共同的関係」といった単純な二分法は，必ずしも通用しない。ここでの区別の主眼はあくまでも，

対人関係のもつ心理的な特徴を抽出することにある。たとえば，利益やコストの計算のうえに成り立っているビジネス関係であっても，一面では互いに犠牲を払い合う共同的な性質を併せもつことによって，より強固な関係が維持できる場合もあるだろう。一致して難題に立ち向かうような場面では，相手の状況に対する配慮や，相互に犠牲を払い合うことも必要になるだろう。一方，損得の計算ではなく互いの信頼や親密な感情に基づいた，友人関係や恋愛関係などであっても，実はなんらかの資源が交換されている場合もあるだろう。ただ，そこで交換されているのが，知識や情報，作業や家事などの労力といった実利的なものから，関係によって得られる地位や名声，さらには友情や愛情といった心理的な資源に至るまで，互いに性質の異なるもの同士のやりとりであるために，交換関係が成り立っているという実感が伴わないだけかもしれないのである。言い換えると，本人たちが「交換」という視点から互いのことをみていない限り，共同的な側面が強く意識されることになる。

交換関係の原理

(1) 満足の基準　交換関係では，自身が投入する資源の量や損失を上回るだけの利益を得ることが求められる。ただし，関係から得られる満足は，利益と損失の差をとった絶対量だけで決まるわけではない。小さな見返りでも幸せを感じることはありうるし，大きな富が手に入ったからといって，それがつねに満足をもたらすわけではない。ティボーとケリーは，満足の重要な基準とは，その関係から自分がどれほどの利益を得るに値すると考えているかであるとして，これを比較水準（comparison level）とよんだ（Thibaut & Kelley, 1959）。利益から損失を差し引いた「成果」（outcome）が，比較水準を上回るほど，人は満足を感じるというのである。

ただし，得られる満足が大きければ，人はいつまでもその関係に留まろうとするわけではないし，逆に満足が小さくても別の関係に移ってしまうとは限らない。その分かれ目となる，もう1つの重要な要因が，代替選択肢との比較水準（comparison level for alternatives）である。これは，現在の関係から別の関係に移ったときに得られる満足のことで，それが現在の関係からくる満足を上回らなければ，そのままの状態が続く。さらに，単に留まるというだけでなく，より良好な関係にしようとするなど，主体的にこれと関わろうとする心理過程は，コミットメント（commitment）とよばれる。これは，自身がその関係に対

> **COLUMN** **7-1 手続き重視の心理と「公正さ」の判断**

　人間は，自分がどのような利益や損失を得たかという，交換の結果だけをみて「フェアだ」とか「正義だ」とかを主張するとは限らない。むしろ，どのような手続きを経たかが，公正さの判断で重視されることがある。つまり利益の分配的公正（distributive justice）だけでなく，決定の手続き的公正（procedural justice）が問われるのである。現に，組織や集団において下された決定が，自分たちに利益をもたらすものであることが明白な場合ですら，決定までのプロセスに納得がいかないというだけの理由で，反対意見が出されたり決定が覆されたりすることがある。

　特に司法の領域では，訴訟法の詳細で膨大な体系をみればわかるように，手続き的公正が重大な意味をもつ。リンドとタイラーによる優れた論考が示すように（Lind & Tyler, 1988），法的な紛争解決では，その結果が自分にとって有利・不利のどちらだったかだけでなく，手続きの正当性に関する知覚が，結果への満足度を左右することが多い。日本でも，民事訴訟の当事者を対象とした大規模な面接調査が行われている。その結果によると，裁判の結果に対する満足度は，結果の有利・不利にも当然影響されるが，司法制度全体に対する満足度はむしろ，手続き的公正の知覚に左右される（Ohbuchi et al., 2005）。法以外の領域でも，手続き的公正は重要な役割を果たす。特に集団における決定と，決定権をもった「権威」（authority）に対する評価や満足感は，手続き的公正の判断に影響される。たとえば，政府や行政当局の施策を市民が支持するかどうかも，手続きの公正さが鍵を握ることになるのである。

　紛争解決であれ集団意思決定であれ，その結果をコントロールするには多大な労力を要するし，難しい作業である。それに対し，正当な過程を経て決定へと運ぶようにコントロールを発揮することは比較的容易である。これが，手続き的公正が重視される理由であると考えられている。実際，決定者が自分の立場を尊重してくれたか，十分な発言の機会を与えてくれたかといった，「過程コントロール」に関わる知覚が，満足感の大きな要因となる。

してこれまでに行ってきた投資の量や，関係を続けることに対する義務感，倫理的判断などにも影響を受ける。ラスバルトの研究によると，長期的な関係の質を規定するのは，このコミットメントの要因であるという（Rusbult, 1980）。

　以上に述べたさまざまな概念を具体的な例で考えると，たとえば取引先と現在の関係を続けるか，それとも他の会社に乗り換えようかと考えている場面な

どが相当するだろう。いまの相手との取引関係に対する満足は，関係を続けることによって得られる利益と，そのために必要なコスト（資金や時間，労力など）との引き算の結果が，自社が得るべきだと考えている利益（比較水準）を上回るかどうかで決まる。そして，別の会社に相手を変えたときに得られるであろう満足（代替選択肢との比較水準）が現在ほどでなければ，取引を続けようとするだろう。また，これまで関係維持のために要した投資量が多いほど，あるいは，仕事上の仲間として感じる一体感や忠誠心，さらには一度始めた取引は簡単に解消すべきでないといった責任意識などからくるコミットメントが強いほど，取引をやめるわけにはいかなくなるだろう。

(2) **衡平と公正**　どのような交換が「公正」あるいは「フェア」だと感じられるかについては，いくつかの原理がある。まず，労力の投入量に関わりなく，関係した者が一律に同等の結果を得ることが正しいと考えるのが，平等（equality）の原則である。これは，先に述べた共同的関係などにおいて，しばしば採用される原理である。これに対して，個人の投入量（input）に比例した量の成果（outcome）を得るのが公正だと考えるのが，衡平（equity）の原則である。この原理に基づくと，多く働いた人が多くの利益を得るべきだと考えるのは当然として，投入量に比べて過大な利益を得ていると考える人も，いわゆる「居心地の悪い」思いを経験することになる。現に，結果の一部を返還しようとしたり，利益に見合った投入をしようと努力するといった変化がみられることがある。これらの原理は，複合的にあるいは階層的に運用されていることも多い。たとえば民主主義社会では，競争が原則になっているとはいえ，生存していくために最低限必要な権利や資源については平等に分け与えられるべきだとするのが，基本的な考え方になっている。

(3) **相互依存性**　人が自分の得る利益を最大化しようとしてなんらかの選択をするとき，それが自身だけでなく他者の利益や損失をも左右するのであれば，後者は前者に対して「依存」の関係にあると表現される。自身と他者の損得が相互に影響し合う場合は，相互依存の関係である。ティボーとケリーは，二者間の相互依存関係を，客観的な利得の構造として抽象化できることを示した（Thibaut & Kelley, 1959）。それが，COLUMN 7-2 にある，**利得行列**による分析である。これにより，利得構造に対する選択反応を記述するという方法を通して，一定の関係の中で起こる行動を記述し，それに対する理論的考察を深め

COLUMN 7-2 ゲーム理論——相互依存関係を図式化する

　社会的交換における相互依存関係の分析には，図のような2×2の利得行列を用いた，ゲーム理論の考え方が用いられる。X, Y をゲームの「プレーヤー」に見立て，各人が2つの選択肢をもっているとする。4つの各セルで，斜線の右上は X の得点，左下は Y の得点を表す。こうしたゲームのアナロジーで対人関係を考えると，得点は「満足」などを意味することになる。

　図(A)のような利得構造をもった状況のもとでは，X が x_1 を選べば，Y が y_1, y_2 のいずれを選んでもプラスの結果が得られるが，X が x_2 を選択すると，Y が何を選ぼうが結果はゼロであることがわかるだろう。つまり，X が Y の満足を完全に決定できる関係を表しており，「運命統制」(fate control) とよばれる状況になっている (Thibaut & Kelley, 1959)。特にこの図の場合は，Y も X に対して運命統制をもっているので「相互運命統制」(mutual fate control) とよばれる（簡略化のために得点は＋と0だけで記してある）。

　図(B)では，X が x_1 を選ぶと，Y は利益を求めて y_1 を選ばざるをえないし，x_2 なら y_2 に向かうしかない。X が Y に対して「行動統制」(behavior control) をもっている場合である。Y も X に対して同様の影響力をもつので，ここでも両者は「相互行動統制」(mutual behavior control) の関係にある。具体的な場面への適用例として，選択肢1が X と Y にとって「映画を見に行くこと」，選択肢2が「喫茶店で話すこと」だとしよう。この図(B)は，2人が同じ選択肢を選ぶことが双方の満足につながる場合を表している（つまり x_1・

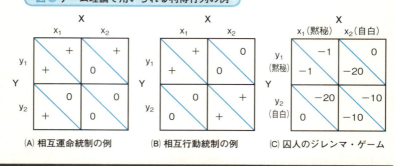

図 ● ゲーム理論で用いられる利得行列の例

(A) 相互運命統制の例　　(B) 相互行動統制の例　　(C) 囚人のジレンマ・ゲーム

y_1 あるいは $x_2 \cdot y_2$ のいずれでもよい)。これに対し,逆の対角線($x_1 \cdot y_2$ と $x_2 \cdot y_1$)にプラスの結果がある場合を考えると,それは 2 人が別々の行動に分かれたほうが満足のいく状況を表現していることになる。

　実際の社会では,行動統制と運命統制の組み合わせという場合も多い(Kelley et al., 2003)。中でもよく知られるのが,図(C)の囚人のジレンマ・ゲームである。この名前の由来は次のようなシナリオにある。2 人の共犯者 X,Y が取調べで黙秘を続けているとする。このままだと($x_1 \cdot y_1$),起訴しても両方を懲役 1 年くらいの刑にしかできないとみた取調官は,X に「Y が黙秘している間に自白して($x_2 \cdot y_1$)協力しないか? Y だけを起訴して,おそらく懲役 20 年くらいの刑にできるが,お前のほうは放免してやるぞと」と取引をもちかける。ところが Y にも同じ誘いをかけているので,2 人がそろって抜け駆けを狙って自白すれば,2 人とも 10 年の刑を受けるはめになる($x_2 \cdot y_2$)。ここで 2 人にとって最も賢明な選択は,相棒を信頼して両方が黙秘を続けることである($x_1 \cdot y_1$)。ところが多くの人は,このような状況を与えられると,目先の個人的利益を求めて,2 人そろって大きな損失を招いてしまう($x_2 \cdot y_2$)ことが多い。つまり,各人が目先の利益を追求したため,結果的に全体にとっての損失につながるという,「社会的ジレンマ状況」である。同様のジレンマ構造は,コイン駐車場まで行く小さなコストを惜しんで道端に一時駐車する人が増えると,道路全体が渋滞してしまうという例のように,日常のあちらこちらに待ち受けている。

　ゲーム理論は,心理過程を直接調べようとするのではなく,**状況のもつ構造**を分析することによって,意思決定と行動のパターンを理解することを可能にするツールである。これを用いて,選択が 2 人同時なのか逐次的なのか,繰り返しがあるのか,プレーヤーの間でのコミュニケーションが可能かどうかなどの要因の影響を系統的に調べることができる。そして,国際関係の理論に用いられることもあれば,個人の間の信頼関係を分析するためにも使われることがあるなど,その応用範囲もきわめて広い。特に,近年,急速な進歩が見られる行動経済学の分野では,利得分配ゲームが主要な研究ツールとして用いられており,研究発展の原動力となっている。

ることが可能になった。

　このモデルは,「人は自分の利益を最大限にしてくれる選択を好む」という前提に立っている。つまり,「合理的選択をする経済人」という経済学モデルのアナロジーである。しかし現実はもっと複雑で,利得ゲームの「プレーヤー」たち(つまり関係の中におかれた個人たち)が,利得構造の全体を理解しているとは限らない。むしろ,一部分だけを意識しているために,COLUMN 7-2 に述べられた「社会的ジレンマ」のような状況に陥るのである。また,他のプレーヤーたちが,利得構造をどのように理解しているかを推測しながらプレーしているはずだが,この推測が,正確に他者の心理状態を見抜いている場合もあれば,とんでもない勘違いをしている場合もある。長らく「合理的な人間」を前提としてきた経済学者の間でも,こうした認知バイアスの可能性に対する関心が急速に高まっている。

対人関係と認知過程

(1) 他者への配慮　二者間の関係を分析する視点からみると,COLUMN 7-2 のような利得行列による分析は,便利で有効な手法である。しかし,こうした第三者の視点からみた客観的な利得の構造が,当事者にとっての主観的な利得構造と同じであるとは限らない。そのような乖離は,当事者が相手の必要への配慮を始めたときに顕著に現れる。たとえば,COLUMN 7-2 の図のような利得構造の中でゲームするプレーヤーであっても,親密な他者のために自分のもつ資源を差し出すのであれば,それを少しも「損失」とは考えないかもしれない。つまり,「犠牲」を払うことは必ずしも「損失」を意味しないのである。それは,「好きな人を助けた満足感の分だけ損失感が差し引かれる」といった単純な加算や減算ではとらえきれない,質的な変容といえるだろう。このように,犠牲をいとわない態度や,損失を分け合おうという意思を表明することは,共同的関係が育っていく過程にとって重要な役割を果たす (Lydon et al., 1997)。

(2) 自己と他者の同一視　関係の親密さが増すと,相手を自己の一部のように,あるいは自己を相手の一部のようにみなすようになる。それに伴って,自己犠牲的な資源の配分を相手に行うようになる。また,「私たち」という言葉を頻繁に使って,自分たちのことを表現するようになる。それだけでなく,夫婦や恋人同士の間では,相手に関する認知表象と自己に関する表象との区別がつきにくいくらいに重なり合ってくる。

図7-1 ● アロンらによる「自己と他者の包含性」尺度

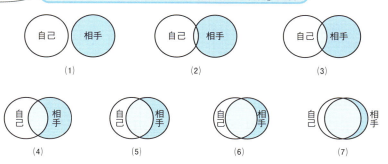

回答者は自己と相手との関係を最もよく表現していると考えられる図を(1)〜(7)の中から1つ選ぶよう求められる

（出典） Aron et al., 1991 に色づけした。

　これを実証したのがアロンらの研究である（Aron et al., 1991）。この実験には既婚の学生が参加し，まず，いろいろな性格特性が配偶者と自分の両方にあてはまるのか，どちらか片方だけにあてはまるのかを回答した。次に，コンピュータ画面上に次々に呈示される特性語について，自身にあてはまるかどうかを瞬時に判断することが求められた。すると，時間をかけて考えれば，自分と配偶者のどちらか片方にしかあてはまらないとわかっていた特性語でも，即断を求められると，両方にあてはまるかのような錯覚が一瞬働くため，躊躇が起こって反応時間が長くなることがわかった。この傾向は，自分だけにあてはまる特性の場合も，相手だけにあてはまる場合も同様だった。第3章でも述べたように，親密な関係にある重要他者と自己に関する認知表象は，非意識的なレベルでも強く結びついていることが，ここでも示されたのである。
　ところで，自己と相手との「重なり」（overlap）の度合いは，図7-1のような単純な課題で測定できることが確かめられている。そして，上に述べた反応時間の遅延は，この課題で測った重なりの認知と強く相関していた。つまり，親密な関係にある人たちの間では，互いの認知表象が重なり合っていることが，顕在的なレベルと潜在的なレベルの両方で確かめられたのである（顕在的指標と潜在的指標の区別については，COLUMN 6-1 を参照）。図7-1の測定手法は，個人

を相手とした関係性認知だけでなく，所属集団との一体感などを測る場合にも応用されている。集団との自己同一視については，第9章で詳しく述べる。

愛情と葛藤

対人関係の中でも，特別に親密で深い関係は，愛情という特殊な感情をもとに成り立っている。家族や親族や恋愛関係の相手はもちろん，仕事仲間や所属集団に対しても，「○○愛」とよばれる特別な感情をいだくことは珍しくない。

一方，愛情の対極にあるのが敵意や葛藤関係である。対人的な葛藤は，地域や職場をはじめ身近なところで頻繁に経験するものであると同時に，多くの人々にとって，生活の中で最も大きなストレス源の1つとなっている。人はどのような過程を経て他者に愛情をいだくようになるのだろうか。また，対人葛藤の要因にはどのようなものがあるのだろうか。

愛情を構成する要因

(1) **愛着のタイプ**　世の中には，他の人に親愛の情を表現するのが得意で，容易に人間関係を築いているようにみえる人たちがいる一方で，他人と距離をおき，むしろ親しくなることを避けているのではないかと思えるような人たちもいる。こうした，対人関係における愛着スタイル（attachment style）の個人差に着目したのが，ボウルビーである（Bowlby, 1969）。彼は，幼少期に接した養育者の態度や別離などの経験が，成人した後の対人関係への指向性を方向づけると考えた。こうした決定論的な考え方は多くの批判を招いたが，その後，成人の愛着スタイルに関する研究を触発したという功績も見逃せない。

ボウルビーの理論を発展させて，バーソロミューとホロウィッツは，対人関係における「他者」についての一般的なイメージ（つまり「認知表象」）と，自己に関する認知表象の内容が，愛着スタイルの基礎になると考えた（Bartholomew & Horowitz, 1991）。つまり，図7-2に示したような，①他者は概して，自分が援助を必要とするときに受容し助けてくれるものであるかどうかという期待や信念（他者への評価）と，②自己が他者からの援助を受けるにふさわしい人間であるかどうかという感覚（自己評価）が，愛着の基本要素となるというのである。このモデルによると，他者への評価について不安をもつ人たちは他者

FIGURE 図7-2 ● 成人の愛着スタイルと特徴

	自己評価	
他者への評価	ポジティブ （低不安）	ネガティブ （高不安）
ポジティブ （回避傾向弱）	**安心型** ・自立心 ・他者への敬意 ・良好な関係	**没頭型** ・主な関心は他者からの受容 ・他者を理想化する傾向 ・感情の起伏が大きい
ネガティブ （回避傾向強）	**離脱型** ・関係の意義を軽視 ・感情抑制的 ・自立心を強調	**畏怖型** ・他者からの拒絶を恐れる ・他者への不信感 ・個人的不安定性

（出典）　Bartholomew & Horowitz, 1991 より作成。

との関係を回避する傾向を示し，自己評価についてネガティブな意識をもつ人々は，他者に強く依存しがちであるという。そして，これら2つの点でともにポジティブな観点をもつ「安心型」，両方がネガティブな「畏怖型」，片方の要素がそれぞれネガティブである「没頭型」「離脱型」といった分類が，友人関係においても家族関係においても可能であることを調査によって示した。このほかの研究でも，「安心型」の愛着スタイルは，親密で安定した恋愛関係や，対人関係を調整する能力，つまり「社会的スキル」と関連することが示されている。また，他者に対する寛容な態度などとの関連も強い（Miklincer & Shaver, 2005）。

(2)　**愛の分類**　　ひとくちに「愛」といっても，さまざまな種類がある。恋愛感情だけをみても，かなりの細分化が可能である。その一例が，「熱愛」（passionate love）と「友愛」（companionate love）の区別である。前者は「手をふれただけでも胸の高まりを感じる」とか，「離別のときを考えると深く落ち込んでしまう」といった情緒性の高い愛の状態である。この種の愛情は，生理的な反応や性的な考え，そして「没頭型」の愛着にみられるような相手の理想化を伴いやすい。そして一時的な感情の高まりという性格が強いので，長続きするとは限らない。これに比べて友愛的な愛情とは，感情の高ぶりは強くないものの，相手に対する信頼や寛容，深いところでの相互依存性の認識といった

第**7**章　対人関係

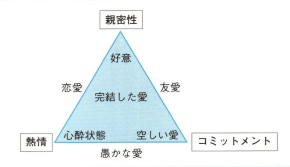

FIGURE　図7-3 ● 愛の三角形モデル

愛を構成する要素として，親密性（intimacy），熱情（passion），コミットメント（commitment）の3つをあげ，これらを頂点とした三角形を描くことによって，愛の種類を分類している。各頂点の近くにある愛は，3要素のいずれか1つだけで成り立つと考えられている。親密性だけのものは好意（liking），熱情だけなら心酔状態（infatuation），コミットメントだけならば空しい愛（empty love）とよばれる。また3辺の上にある愛は，2種類の要素から成るものである。たとえば恋愛（romantic love）は親密性と熱情を備えているがコミットメントには欠ける。友愛（companionate love）とは親密性とコミットメント，愚かな愛（fatuous love）は熱情とコミットメントだけのものを指す。そしてすべての要素を備えているのが，完結した愛（consummate love）である。

（出典）　Sternberg, 1986 より作成。

過程を伴うもので，長期的な関係の中で成熟していくと考えられる。

　さらに詳細な分類の試みとして，スターンバーグの，愛の三角形モデルを挙げることができる（Sternberg, 1986）。図7-3の説明にもあるように，これは親密性，熱情，コミットメントの3つの要素の組み合わせによって，さまざまな種類の愛を理解しようとしたものである。3要素のうち，ただ1つだけで成り立っている愛，2つは備えているが他の1つには欠けているもの，3つの要素をすべて備えているものなど，それぞれの特徴が理解できる。

葛藤と破局

(1)　**葛藤の原因**　愛情によって結ばれた関係でも，そのすべてが，物語の世界のように永遠に続くとは限らない。親密な関係，特に夫婦や長期的なカップルにおいて葛藤

が生じる原因の代表的な例は，まず外的環境の変化である。子どもの誕生や高齢者家族の介護といった，家族的環境の変化もあれば，急激な経済状況の変化や転職といった突発的な要因などのために強いストレスにさらされると，人は家族からも距離をおくようになる。このために生じるコミュニケーション不足は，亀裂や葛藤を引き起こしやすい（Bolger et al., 1989）。

　ただし環境の変化は，どのような関係にとっても多かれ少なかれ必ずやってくるものである。それによって起こる葛藤を，うまく解決できるカップルや家族もたくさんある。そんな中で，特に葛藤の影響を受けやすい心理特性にはどのようなものがあるのだろうか。まず指摘できるのが，相手に対する「理想化」の要因である。理想が高すぎると，現実との違いによる落胆が大きくなるため関係がうまくいかなくなる危険性がある。しかしその一方で，未婚であれ既婚であれ相手に理想をもち続けるカップルのほうが，ポジティブな態度で難局にあたることができ，結果的に関係を持続できるという調査結果もある（Murray & Holmes, 1997）。いずれにせよ，相手の欠点を指摘するのでなく，それを埋め合わせるプラス面を見いだせることが，良好な関係を維持するための秘訣のようである。

　また，先に述べた愛着のスタイルも，葛藤の回避に影響を与える。自己評価が低い「没頭型」や「畏怖型」の人は，問題に直面した際に，不安やストレス，そして相手に対する怒りが原因となって，愛情やコミットメントの低下を招きやすい。また「離脱型」の人は，相手を支援するような態度を示さないために，関係が冷めてしまうことがある。この傾向は特に離脱型の男性に多い（Simpson et al., 1996）。

　葛藤の心理的要因は個人差だけではない。たとえば男女間の関係であれば，「男性は経済的責任を負い，女性は家事を分担する」という性役割分業に関するステレオタイプ的な信念が多くの人々にもたれているために，これとは異なる役割分担が必要になった場合，そのことからくる心理的負担や，うまく分担ができなかったときに相手を責める言動が，対立を引き起こしてしまうことがある。しかもこの危険性は，夫婦だけでなく未婚のカップルにも同様にあてはまる（Denmark et al., 1985）。

　問題の原因に対する理解の違い，つまり認知過程も重要な役割を果たす。カップルで，相手のいやな行動を，性格や不注意などの内的な原因に帰属しやす

いと幸福感が低下することが明らかになっている (Fincham et al., 1990)。一方,「仕事が忙しいので, そのストレスで機嫌が悪かったのだろう」といった具合に, 外的な環境要因に帰属しやすいカップルでは, 相手に対する信頼度が高く幸福感も強い (原因帰属過程については第5章第3節を参照)。また, 夫婦のように長期的で責任を伴う関係においては, なおさら事態と相手に対する認識の一致が, 関係のあり方に重大な影響を及ぼす (Neff & Karney, 2004)。

欧米を中心とする研究によって示されたこれらの過程が, 日本をはじめ他の文化における対人関係において, どのように作用しているのかを, 今後の研究でさらに明らかにしていく必要があるだろう。

(2) **葛藤を解決する鍵とは**　これまでに述べてきたことから, 親密な関係における葛藤を解決するためには, 問題の所在を明らかにし, 互いの不安や不信感を拭うために十分な話し合いを行い, 外的原因を適切に認識することが重要であることがわかる。また, 相手の失敗を許す態度も, 関係を長続きさせるためには重要である。

しかし, それ以上に重要な要因が, 前節で述べた「コミットメント」である。互いにコミットメントを強くもったカップルは, 相手の欠点に目をつむることができるが, いざ問題が起こったときには隠すことなく明らかにして, これについて徹底的に話し合う傾向が強いことが示されている (Rusbult et al., 1991)。また, 自身を犠牲にしたり行動を改めようとする傾向も明らかである。その結果, 長期的な関係を持続させる場合が多い。

ただし, 結婚のように公の場でコミットメントを誓ったはずの関係も, 時代の変遷とともに, 必ずしも長期的に持続するわけではなくなってきているのも事実である。離婚率の上昇は, 先進諸国において顕著であるが, それは特に低所得層など社会的弱者といえる人々に深刻な影響を及ぼしやすいという (Karney & Bradbury, 2005)。「家族を中心とする価値観」(family values) という考え方については, 保守主義的なイデオロギーとの関連から賛否両論あるだろう。しかし少なくとも, 対等の権利と共通の価値観をもった個人同士が, 信頼と協力関係に基づいた家庭や共同体を形成し維持していくのを支援する方法について考えることは, 政策決定者をはじめ社会全体にとっての課題といえるだろう。

SECTION 4 援助の関係

対人関係の中で大きな位置を占めるのが，互いに依存するだけでなく積極的に他者を助けるという行為である。なぜ人は，他者を助けようとするのだろうか。特に，自分の利益にならない援助や，犠牲を払ってまで行われる援助の理由を知ることは，人間性の本質を理解するうえで重要な課題である。

生物学的要因　進化心理学の観点からは，他者の利益になる行動，すなわち利他行動（altruistic behavior）をとることが，結果的に自分とその集団の生存にとって適応的に働くのだという説明がなされる。獲得した資源を，個体で消費してしまわずに仲間と分け合うことを繰り返せば，長い目で見ると集団全体に恩恵がいきわたるからである。この互恵的利他行動（reciprocal altruism）の考えに基づくと，自分と遺伝子を多く共有する他者ほど助けやすくなるはずだと予測できる（Hamilton, 1964）。実際，血縁関係の近い親族に対するほど利他行動が行われやすくなること，しかもそれは生死に関わる危機的状況ほどあてはまることが，社会心理学的な場面想定実験によって示されている（Burnstein et al., 1994）。

社会意識　回りまわって自分のところへ利益が返ってくる可能性があることを，どの程度まで意識できるかは別にして，人間には少なくとも，「他人を助けるべきだ」と考え，主体的に利他行動を選択する意識的過程が働いていると考えられる。ここで大きな役割を果たすのが，集団や社会において共有された「規範」の役割である（第8章参照）。「助けられたらお返しするものだ」というルールに基づく行動は，たとえばCOLUMN 7-2で述べた囚人のジレンマの状況でも，結果的には双方の利益を最大化することになる（Axelrod, 1984）。また，第2節で述べた社会的公正の意識の影響も見逃せない。特に，「衡平」の原則が顕在化した状況では，自身の投入量以上に大きな利益を得ていると感じた人ほど，利他的な行動でそれを埋め合わせようとすることが知られている（Schmitt & Marwell, 1972）。一方，社会的弱者に援助の手を差し伸べる場合などをみればわかるように，「平等」原則に基づいた公正観から，利他行動が選ばれることもあるだろう。

危機の意識と責任意識

道端で苦しそうな顔をしてうずくまっている人がいるとしよう。この人を自分が助けなければならないことを認識し，実際に援助行動に至るまでに，人間はどのような心理的段階を経るのだろうか。これについては，援助の諸段階を考慮した意思決定モデルがよく知られている（Latané & Darley, 1970）。それによると，人が援助に至るまでの過程は以下のように分けることができる。

① 何か深刻なことが起こっているという認識。
② それが危機的状況だという認識。
③ 自分に助ける責任があるという認識。
④ どうやって助ければよいかを自分は知っているという認識。
⑤ 援助しようという決断。

ここで，③の責任に対する認識は特に重要である。なぜなら，周囲にいる他者（つまり潜在的な援助者）の数が多くなるほど責任の拡散が起こって，結局は助けずに終わるケースが，たびたび観察されるからである（Latané & Darley, 1970）。また④の段階では，苦しんでいる人が病気なのかどうか，動かしてよいのかどうかなど，自分が正しい知識をもっているという確信がなければ容易に手を出せないかもしれない。さらに，⑤の段階では「へたに騒いで愚かだと思われたくない」といった余計な考えが援助を邪魔することもある。

利他的動機か利己的動機か

以上の議論をみてもわかるように，「純粋に利他的な動機」なるものが本当に存在するのかという問いは，観点によって意見の分かれる難問である。なぜなら，他者を助けることによって，たいていの場合はやはり，周囲から称賛されたり，よい評判を得たりといった利益を得ることになり，結局は「利己的」な行為なのではないかと考えることができるからである。しかし，被害者に対する共感（empathy）が強く働く状況では，援助行動のかなりの部分が利他的動機によって説明できることを示した研究もあって，すべてが利己的動機に還元できるわけではない（Batson et al., 1981）。また，「人間は本質的に利己的だ」という直観的な人間理解は，実際よりも誇張されやすいという知見もある（Miller, 1999）。実証的研究の成果だけをもとにこの問題に決着をつけることは現段階では難しいが，今後の研究によってさらに深い議論が行われていくことが期待される。

対人関係をめぐっては，個人の認知や感情だけでは説明のつかない現象が数多くある。たとえば相互依存性の研究などにみられるように，他者との関係という文脈の中におかれた人間の認知と行動を説明するためには，人々の間に働く心理的な要因の仕組みと影響を，個人のレベルとは異なる，対人的なレベルならではの概念によって説明することが必要になる。この領域の研究の成果は，これ以降の各章で展開される，集団行動，集団間の関係，そしてさらにマクロなレベルでの社会現象の理解にとって重要な手がかりを与える。

> BOOK GUIDE ● 文献案内
>
> 松井豊，1993『恋ごころの科学』セレクション社会心理学 12, サイエンス社
> ●対人魅力と恋愛について，わかりやすく書かれている。
> 山岸俊男，1990『社会的ジレンマのしくみ――「自分 1 人ぐらいの心理」の招くもの』セレクション社会心理学 15, サイエンス社
> ●題名のとおり，社会的ジレンマの原因と，解決方法を求める試みについて，わかりやすく述べられている。心理学以外の考え方へも視野を広げてくれる。
> 長谷川寿一・長谷川眞理子，2000『進化と人間行動』東京大学出版会
> ●進化の観点から人間の行動について考えるための多くの手がかりを与えてくれる。初学者にもわかりやすい。
> 北村英哉・大坪庸介，2012『進化と感情から解き明かす 社会心理学』有斐閣
> ●表題の通り「進化」と「感情」の観点から，典型的な理社会心理学の教科書で取り上げられる内容に換骨奪胎を試みた意欲作。特に本章で取り上げたトピックスに対する，別の観点からの解説が参考になる。

> Chapter 7 ● 考えてみよう　　　　　　　　　　　　　　　　SEMINAR
> ❶ 現在仲の良い友人，あるいは恋人と，親しくなった過程を思い起こしながら，どのような対人魅力の要因が作用していたのかを考えてみよう。
> ❷ 自分が日頃関わっている「交換関係」と「共同的関係」の例を挙げ，それぞれの特徴について考えてみよう。
> ❸ チャリティーや社会的弱者の救済など具体的な状況をいくつか思い浮かべて，そこで援助行動を促進するためにはどのような方策を用意すればよいかについて考えよう。

第 **8** 章 集団の中の個人

認知と行動に及ぼす集団の影響力

集団の中におかれた個人の行動を規定するものとは？
(©absodels RF/amana images)

CHAPTER 8

 KEYWORD
 FIGURE
 TABLE
 COLUMN
 BOOK GUIDE
 SEMINAR

　人が集まって集団を結成すると，そこには個人の性質を足し合わせただけではない，独特の性質をもった社会的実体が生まれると考えられている。では，個人の総和を超えた存在としての集団とは，どのような特徴をもっているのだろうか。本章ではまず，この点について考える。次に，集団がその成員に対して及ぼすさまざまな社会的影響について，多くの研究結果をもとに述べる。さらに，人々の集まりが，集団として認知される基礎にはどのような心理的過程が働いているのか，そしてそのような認知がもたらす結果とは何かについて考える。

SUMMARY

> **KEYWORD**
>
> 集団　相互作用　相互依存関係　集合体　集団凝集性　集団同一視　集団規範　社会的促進　動因仮説　評価懸念　社会的手抜き　相互調整のロス　責任の拡散　地位　役割　コミュニケーション構造　同調　情報的影響　規範的影響　フォールス・コンセンサス効果　多元的無知　社会的勢力　集団実体性　しろうと理論

　わが国ではじめての裁判員制度が2009年にスタートしようとした時,「自分の意見が少数派だとわかったら,信念が貫けないのではないか」「日本人は特に周囲に流されやすい国民性なので……」といった懸念の声が聞かれた(後にみるように,こうした状況で周囲の影響を受けやすいのは,もちろん日本人だけではないが)。

　集団には,個人がもつ性質や能力を足し合わせた以上の力が備わっているという考えは,多くの人たちの間にいきわたっている。集団で暴行を働く少年たち,それが慣行だからと誰も止められなかったために起こった組織の不祥事,さらにはきわめつきの例として,人を殺人にでも駆り立てることのできる軍隊の規律などをみると,なるほど集団のもつ力の大きさを実感する。

　その一方で人間は,他の人々と協力して集団を作ることによって,1人では決して成し遂げられなかったであろう目標を次々に達成してきた。長い適応の歴史の中で,災害,病気,他の動物種の襲撃といった自然環境に潜む危険を克服し,また,豊かで文化的な生活を行うための生産手段と経済的基盤を得ることができたのは,人々の能力を効率よく組織化した「集団」のおかげだったはずである。メリットとデメリットの両方を持ち合わせているようにみえる,社会集団の特徴とは,いったいどのようなものだろうか。そして,集団の中におかれた個人の行動を規定するのは,どのような心理的過程なのだろうか。

社会心理学からみた「集団」

　いうまでもなく集団とは,複数の人々からなる,社会的なまとまりのことである。集団には,社会心理学の視点からみて重要な,少なくとも2つの顔があ

> **COLUMN** 8-1 「集団」の意味について

　日本語で社会心理学を勉強していると，「集団」という用語のもつ語感のせいで，違和感を覚える事例に出会うことがよくある。その違和感は，「男性」「女性」「黒人」「アジア系」といった社会的カテゴリーも，英語の文献には group と書いてあるのを目にしたときなどに，特に強く感じられる。実験論文に「実験参加者には，『銀行員』『公務員』『高齢者』『ゲイ』『イスラム教徒』など，多数の集団が刺激として呈示された」などと記されているのを理解するには，少々の慣れを要する。

　その一因は，英語の group と日本語の「集団」との意味のズレにあるように思われる。また，日本語であえて「グループ」という語を使うと，これまた固有のニュアンスを生じさせる。日常語のレベルでも，日本語なら「集団」ではなく他の語で指すであろうと思われるものでも，英語では group とよばれることがある。「おい，そこの三人組！」の「組」や，心理学ではおなじみの「実験群」「統制群」というときの「群」，あるいは「コンビを組む（解消する）」「今回のライブのためだけに結成されたユニット」なども，すべて group とよんでおかしくはない。事物の場合も同様で，たとえば机の真ん中にスペースを空けるため，そこにあった多くの物を，いくつかは左のほうに，他のものは右のほうに分けて置いたとして，英語ではそれぞれのかたまりを this group, that group と比喩的によんでも違和感はない。

　社会心理学で主な研究の対象となってきた「集団」とは，第一義的には，本文で「1つ目の顔」として述べる，相互作用と相互依存性を基礎とした人の集まりを指す。しかし「2つ目の顔」として挙げるように，社会的実体としての意味を付与されて，人々の認知と行動に影響を与えるものであれば，「組」であれ「カテゴリー」であれその他のものであれ，「集団」という概念のもとで心理学的な考察の対象となるのである。

る。その1つは，互いに依存関係にある人々が，対面的な相互作用を通して，共通の目標に向かって役割を果たすという特徴である。会社や学校のように，明確な目標と役割分担が組織化されたフォーマルな集団から，近所の公園に集まって情報交換やサポートをし合う「仲良しグループ」のようなインフォーマルなものまで，規模や活動内容はさまざまでも，成員同士の相互作用と相互依存関係が主な要素になっているという点では共通している。第17章でも述べ

るように，これらの基本要素が比較的長期にわたって維持されることが，「集団」を他のさまざまな集合体から区別して考えるよりどころになる。

社会集団のもつもう1つの顔は，「意識されることによって影響力を発揮する」という性質である。自分自身が，ある集団に所属していると意識すること，あるいは所属していないと意識することは，人間の行動を大きく左右する。たとえば，外国からの客人に接したり，海外に行ったりすると，自分が「日本人」というまとまりの一員であることを実感する。そしてこの集団所属意識は，他者との接し方やものの見方に影響を与える。この場合の「日本人」は，社会心理学の概念でいう「内集団」（in-group）として機能しているのだが，それは構成員が共通の目標をもって相互作用するといった意味での「集団」とは性質が異なる。まとまりとして意識されることが，集団としての存在意義のもとになっているのである。同じことは，自分が属していない「外集団」（out-group）についても起こりうる。

私たちの周囲にある現実の社会集団には，これら2つの顔を両方とも備えているものも多い。それぞれの側面が，どのような心理学的意味をもっているのかについて，以下で詳しく考えよう。

SECTION 2 「行動する」集団

では，相互作用と依存関係を伴う「集団」は，どのような構造を備えて，どのようなふるまいを示すのだろうか。いくつかの重要事項について説明しよう。

集団凝集性

個人では不可能な目標の達成を可能にすることが集団の効用であるとすれば，その構成員がそこを去ろうという気を起こさずに最大限の能力を発揮できるようにすることが大切になる。成員を集団に引きつけて留まらせるよう働く力のことを集団凝集性（group cohesiveness）という（Festinger et al., 1950）。

凝集性の高い集団には，概して，次のような特徴がある（図8-1：Cota et al., 1995も参照）。まず，成員たちは目標に向かって互いに協力し合う傾向が強く，結果的に集団の課題遂行にもプラスに働くことが多い。ただし，第16章で述べる集団思考（groupthink）の例にもみられるように，過度に凝集性が高くな

FIGURE 図8-1 ● 集団凝集性と集団特性の関係

集団凝集性
- 集団同一視
- 成員間の影響関係
- 集団課題の遂行
- 成員間の協力関係

集団の凝集性が高いほど，この図に示したような集団の特徴が促進されることが知られている。また，これらの要因が強く働く集団ほど，結果として凝集性が高くなるという逆方向の因果関係もみられる。

った集団には，不敗幻想をいだき内部統制がおろそかになるという危険も潜んでいる。また，リーダーの指示が通りやすく，成員相互の**影響関係**も強い。そして，自身を集団の一員と見なす集団同一視の傾向が強くなり，他の集団よりも自分の集団に対して「ひいき」する傾向も顕著である（Karasawa, 1988：詳しくは第9章参照）。

集団凝集性は，成員がお互いについて感じる「対人魅力」の集積だという考え方もある（Cartwright, 1968）。しかし，個々の成員が特定できないような大規模な集団においても，その団結の程度が成果を左右することがあるのをみると，個人間の魅力という対人的な要素には還元できない，集団に固有な特性として凝集性を考える必要があることがわかる（Hogg, 1992）。「国民が一丸となって難局にあたる」といったスローガンが，実際に多くの人々の「われわれ意識」を喚起して共通の目標に向かわせる様子や，スタジアムに集まったサポーターの「一体となった応援」がスポーツ・チームの好成績を引き出す場面などをみれば，それは明らかであろう。

集団規範

集団の中では通常，どのような行動が適切で，どのような行動は不適切であるかという信念が共有されている。これが集団規範（group norm）である。規範には，校則や社訓のように明文化されたものもあれば，成員の間で暗黙のうちに共有されているものもある。規範に反する行動をとる者に対する周りの反応にも，忠告や処罰といった明示的なものもあれば，周囲からのコミュニケーションが減少した

> COLUMN　**8-2 錯覚の中の集団規範**

　他人に贈り物をしようするときなど，どれくらいの金額が適切なのか迷ってしまうことがある。ときには冠婚葬祭のルールを記した本などが，「相場」を教えてくれることもある。この例にみられるように，判断や行動の基準として「社会的規範」を知ることが重要になる場面がある。判断の基準があいまいな場合ほど，規範の影響力は大きくなるだろう。

　この種の規範が形成される過程を例証したのが，シェリフによる古典的研究である（Sherif, 1935）。この実験では，「光点の自動運動」とよばれる現象が利用された。暗室の中で静止した光点を見ていると，やがてこれが動いているような錯覚を覚えるようになる。実際には自分の眼球が動いているのだが，視覚の手がかりとなる壁や天井が見えないため，光点のほうが動いているように感じるのである。シェリフは，実験参加者に，光点が何インチ動いたと思うかを，一定の時間ごとに繰り返し尋ねた。錯覚なのだから，もちろん推定値は個人差のせいで大きくばらつく。ところが，2人あるいは3人で実験に参加すると，他の人の判断を参考にするため，各人の回答がある1点に収斂してくる。この図は，3人の集団から得られた推定値の推移の一例である。最初の個人判断にみられたばらつきが，セッションを重ねるごとに1点に集中していく様子がよくわかる。

　さらに興味深いことに，集団のメンバーを入れ替えてみると，新しく加わっ

り無視されたりといった暗示的な形をとることもある（Levine, 1989; Schachter, 1951）。また，先に述べた凝集性の高い集団ほど，規範が成員の行動に及ぼす影響は増大する。

課題の遂行　　人が集まって集団を結成すると，本当にバラバラの個人よりも優れた成績をあげることができるのだろうか。集団が個人の遂行に与える影響や，集団としての課題の達成については，以下のようなことが知られている。

(1) **社会的促進**　19世紀の末にトリプレットが行った研究は，「社会心理学の中で最古の実験的研究」だといわれる（Triplett, 1898）。彼は，自転車のレースや釣竿のリールを巻くといった作業をする際，1人でするよりも他者と一緒に課題遂行したほうが，成績が良くなることを示した。社会的促進（social

図 ● シェリフの実験結果の例

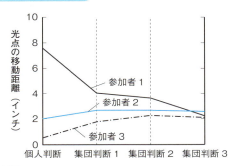

(出典) Sherif, 1935.

た者もただちに集団の基準を採用して判断し始める。これを繰り返すと，結局は「第1世代」で偶然できあがった基準が独り歩きして残り，人が入れ替わっても判断値だけが後の「世代」にまで伝えられる。こうして考えると，規則などの決めごとの中だけでなく，後に第18・19章でみる「文化」の中にも，規範の形成過程が作用していることがうかがえる。

facilitation)とよばれる現象である。しかしその後の研究では，他者がそばにいるとつねに成績が向上するわけではなく，逆の場合もあることが明らかにされた。特に，容易な課題の遂行は他者の存在によって促進されるが，難しい課題を実行する場合には，かえって成績が低下することがわかった。

　ザイアンスは，こうした一貫性に欠ける現象も実は「動因」(drive)という単一の原理で説明できると考えた(Zajonc, 1965)。つまり，成績の向上には「頑張り」が，また低下には「気が散る」過程が関与しているという具合に別の心理過程を想定するのではなく，どちらも共通の過程が異なる形で現れただけだと説いたのである。この動因仮説の中で彼は，他者がそばにいるというだけで生理的な覚醒水準(arousal)が高まるという考えを提唱した。一般に覚醒水準が高くなると，その個体がもつ「反応レパートリー」の上位にある行動が

第8章 集団の中の個人　189

起こりやすくなる。ネズミであれば，空腹によって動因が高まると「走る」という反応が起こるし，髪の毛をいじることが癖になっている人は，人前で緊張するとそれがいっそう起こりやすくなる。これを課題遂行にあてはめると，難しい課題では誤りを犯すことが，また簡単な課題ではうまく遂行することが，反応レパートリーの上位にあるといえる。そこで，容易な課題では成績の向上，困難な課題では低下という結果が，それぞれ他者の存在によって「促進」されるというわけである。

他者がそばにいるという事実だけで単純に覚醒が起こるのか，それとも，気が散るために起こる**注意の葛藤**からくるストレスや，他者からの評価を気にかける過程，つまり**評価懸念**などが媒介しているのかについては見解が分かれるが，いずれにしても生理的覚醒といった低次なレベルの過程が集団行動の基礎にあるという事実は重要である。そして，たった1人の他者によっても，個人の遂行が元来の方向へと促進されるのであれば，複数の人々からなる集団の中におかれた成員の行動は，なおさら周囲からの影響を受けながら，課題の達成へとふり向けられていくと考えられる（たとえば第16章の「集団極化現象」）。

(2) **社会的手抜き**　集団状況におかれたために，本来なら発揮できるはずの個人の能力が生かされなくなる場合もある。たとえば，綱引きで綱を引っ張る1人あたりの力の強さは，参加する人数が増えるにつれて，これに反比例して減少する。同様に，多くの人と一緒に叫ぶときの声の大きさや，手を打ち鳴らす強さも，1人のときよりも集団状況のほうが低下する（Ingham et al., 1974）。**社会的手抜き**（social loafing）とよばれる現象である。

集団としての**遂行**（performance）のレベル（生産の質や量，成績のこと）が個人のそれよりも劣るという現象については，さまざまな原因が考えられる。その1つが，個人間の**相互調整のロス**（coordination loss）である。綱引きで力の入れどころが各人で異なれば，その結果は当然，個々人の力の総和よりも弱まる。同様に，チーム内のコミュニケーションに障害があれば，個々人の意思や能力がうまく結集できないだろう。これらはいずれも，集団としての課題遂行に伴う環境要因といえる。さらに重要なのが心理的要因の影響である。相互調整のロスが起こらないように，一斉に実力が発揮できる環境を用意したとしてもなお，他に人がいるというだけの理由で**責任の拡散**が起こって，課題に取り組む動機づけが低下し，遂行量が減少するのである（Latané, 1981）。しかも，

参加する人数に比例して手抜きも増大する。そして，これは特に個々人の遂行を合成すると集団の遂行となるような，**加算的課題**で起こりやすい。先に挙げた，綱引きや声を上げるなどの例はいずれも加算的課題である。一方，集団の中で最も成績の良い人の成果が集団全体の成果とされるような課題や，新商品の開発のように既存の知識から新しいアイディアを生み出すことが要求される課題では，人数が増えても手抜きが起こらず，みんなが真剣に取り組むことも多い。特に，課題が集団やその成員にとって重要であったり魅力的であったりする場合には，集団状況におかれたほうが，かえって遂行レベルが向上することも示されている（Karau & Williams, 1993）。

集団の構造

集団内の地位

結成されたばかりの集団と違って，歴史や経験を積んで発達した集団では，成員の間に地位や役割が細分化し，互いに有機的に機能し合うようになっている。細分化はまず，集団内の位置づけにみられる。野球のチームでいうと，「投手」「捕手」といった「ポジション」が文字どおりこれにあたる。どの位置がほかよりも偉くて，どの位置は劣るといった優劣関係は，位置そのものには本来はない。しかし実際には，集団内の各位置に何らかの評価が付加されていることが多い。これが地位（status）である。会社の「窓際族」という名称は，物理的位置に由来してはいるものの，これが蔑称として用いられるのは，その職務内容がもつ価値を表しているからである。ある位置のもつ地位は，他人からみた**威光**（prestige）が基準になる場合もあれば，本人の**満足**が根拠になる場合もある。また，集団の目標と関連する能力や特性を根拠に付与される地位もあれば（例：野球の4番打者は長打力で選ばれるし，会社内での地位は業績で決まる），直接は関係ないものもある（例：性別，年齢，人種などの社会的カテゴリーや，縁故関係，組織内の年功序列で決まる地位など）。いずれの根拠に基づくにせよ，低地位におかれた人は高地位者から社会的影響を受けやすく，服従しやすい。第4節で述べる**社会的勢力**の1つである，**正当勢力**の基盤もここにある。

第**8**章　集団の中の個人

役 割

集団内で、ある位置を占める人がとるべき行動として周囲から期待されたものの集積が役割 (role) である。役割が分化することによって、集団目標の達成のために各成員の貢献が効率よく組織化され、集団の機能も安定化する (Bales & Cohen, 1979)。役割の内容が明確になっていれば、仮にある成員が集団を離れることがあったとしても、同じ役割を果たす能力をもった別の人への置き換えがスムーズに行えるからである。逆にいうと、役割を補充するための人員が確保できない集団は安定性に欠けるということである。

集団内での役割は、成員にとって単に行動の基準となるだけでなく、精神的健康に対する影響源になることもある。特に問題なのは複数の役割が葛藤を起こす場合である。女性が、仕事に忙しくて家事に十分な時間や労力をさけないと、男性が同じ立場におかれた場合よりも非難されやすいのは、男性より女性のほうが「仕事と家事」の役割葛藤が大きいからである。また、上司としての役割を担う場合と部下としての場合とで、行動内容を切り替える必要がある中間管理職の人たちは、板ばさみとなって役割葛藤のストレスを経験することになる。

コミュニケーション構造

組織化の進んだ集団では、異なる地位や役割をもつ成員の間で効率よく情報交換を行う必要が生まれる。どのようなコミュニケーション構造をもつ集団が成果を上げることができて、成員も満足できるかという問題は、古くからとりあげられてきたテーマである (Leavitt, 1951)。図8-2は、5人集団における典型的なコミュニケーション構造を模式化したものである。一般に、単純な課題に対しては**車輪型**のように情報を集中化できる構造のほうが高い生産性を生むといわれる (Shaw, 1954)。成員のもつ情報の量は集団内の地位とも関連するので、このような構造で中心に位置する人物は、他の成員に対する影響力も大きくなりがちである。しかし課題が複雑になると、成員が共通して情報をもつことが、生産性においても満足度においても重要になる。**鎖型**や**円環型**は、一見これに適しているように思えるが、情報伝達に時間がかかるという欠点がある。一方、**完全連結型**では組織が複雑になりすぎるおそれがある。課題の性質や集団の特質に合わせて、それぞれの特徴を生かしたネットワーク構造作りが必要になる。

FIGURE 図8-2 ● さまざまなコミュニケーション構造

鎖型　　　車輪型　　　円環型　　　完全連結型

4 「影響する」集団

　集団はその目標を達成するために，成員たちの行動を統制し，望む方向へと進むよう働きかける。集団と個人の間の影響関係は，どのような仕組みになっているのだろうか。

集団への同調　集団に所属すると，ときには自分自身の意見や信念を曲げて，多数派に従ってしまうことがある。集団への同調（conformity）とよばれる現象である。これを例証した実験として有名なのがアッシュの研究である（Asch, 1952）。実験の参加者は，図8-3のような課題で，左側の「標準刺激」と同じ長さの線分を，「比較刺激」の3本の中から選ぶことを求められる。1人で行えば正答率が99%以上という，きわめて簡単な課題であるが，他の実験参加者たち（実は，あらかじめ回答パターンを実験者から指示された実験協力者）が口をそろえて誤った回答をする（たとえば図8-3で全員が「3」と答える）。このような状況では，全体の32%にあたる場合で同調がみられたのである。

　同調の起こりやすさと大きさを規定する**状況要因**としては，集団凝集性が高いほど，集団が大きくなるほど（ただし5～6人より多くなっても大差はない），そして集団内で低い地位におかれるほど，同調が増大することがわかっている（Allen, 1965）。また，多数者側が全員一致することも重要で，他に1人でも正解を表明する成員がいると同調は激減する。さらに**個人差要因**としては，自尊感情が弱い人や親和要求が強い人は同調しやすいことが知られている。

　では，集団のどのような特性が同調を引き起こすのであろうか。ドイチとジ

第**8**章　集団の中の個人

> FIGURE　図8-3 ● アッシュの研究で用いられた実験刺激の例

標準刺激　　　　　　比較刺激

（出典）　Asch, 1952 より作成。

ェラードは，同調の原因として情報的影響と規範的影響の2つを提唱した（Deutsch & Gerard, 1955）。情報的影響とは，「多くの人の判断や行動は，『正解』に近い」という信念に基づいている。一方，規範的影響は，他の成員と異なる行動をとって周囲から拒絶されたり，集団の和を乱したりするのを避けて，むしろ承認や賞賛，集団の一致を得ようとする動機づけからくるものである。先に述べたように全員一致が崩れると同調が低減するのは，主に情報的影響が低下するためであろう。また，自尊感情が低い人は，自分の判断より他者の判断のほうが正しいという信念をもつようになっているのかもしれない。一方，凝集性や集団内の地位が効果をもつのは主に規範的影響のためだと考えられる。

周囲も自分と同じ？

規範的影響のもとでは，自分が変わり者だとみられることを避けようとするだけでなく，自分と同じ考えをもつ人たちが実際よりも多くいるかのような錯覚を起こす。こうした合意性の過大推測はフォールス・コンセンサス効果（false consensus effect）とよばれる。これは，集団規範に従い，同調することを示すことを正当化する働きをもつと考えられる。

逆に，集団内で実際には多数者側の意見や立場をもっている人たちが，自分は少数者であると錯覚したために，周囲からの拒否を恐れて沈黙してしまう場合もある。つまり，多数者の意見が表明されないために，本来なら集団を代表する意向だったものが抹殺されてしまうことになる（Prentice & Miller, 1996）。これは多元的無知あるいは集合的無知（pluralistic ignorance）とよばれる。この事態を避けるためには，周囲に対する思い込みや懸念を排除して，本心を率直に表明できる環境を作ることが必要となる。さらに，これがマクロな規模へと

発展すると，第14章で述べる**沈黙の螺旋**現象や，第17章に登場する**情報のカスケード**（雪崩現象）と複合する可能性が考えられる。

少数者の影響と革新

同調への圧力はたしかに強力であるが，だからといってつねに多数者が集団全体を制して，刷新や変革が起こらないというわけではない。多数者に反発する勢力が集団を改革することによって，環境の変化に適応するという例は，歴史上のできごとにも，日常の生活にも数多くみられる。では，少数者が多数者をしのぐ影響力をもつのは，どのような場合であろうか。

モスコビッチらは，ちょうどアッシュの研究を裏返したような実験を行っている（Moscovici et al., 1969）。「色の判断の実験」と銘打った実験に参加した学生たちは，6人集団の1人に加えられて，明度は異なるがすべて青色のスライドを，多数呈示される。実際には，本当の参加者は集団の中の4名で，彼らの目にはすべてのスライドが「青」に見えている。ところが，他の2名（実験協力者）は，すべてを一貫して「緑」とよび続けた。すると，多数者の中にも青色のスライドを見て「緑」と答える者が現れたのである。

しかも，少数者の影響を受けず表向きには「青」と答え続けた参加者も，本人すら気づかないうちに知覚の基準が変化していたことがわかった。すなわち，先の実験の後で「別の実験」と称して，今度は青から緑までのさまざまな色を呈示して命名してもらった。そして，中間色のうちどこからを「緑」と呼ぶかという境界線（知覚心理学でいう「閾」）を計測したところ，先に「緑」と言い続ける少数者と過ごした多数者の参加者では，「緑」の知覚領域が広がっていることが明らかになったのである。つまり，少数者からの影響は，目に見える顕在的なレベルだけでなく，むしろ知覚現象のような本人にも統制が難しい非意識的なレベルにおいてこそ，観察されたのである（意識的過程と非意識的過程の区別については第3・6章を参照）。

少数者が影響力をもつためには，いくつかの条件が満たされる必要があることがわかっている。すなわち，ある争点について一貫して異論を唱え続けること，ただしすべての点で「変わり者」なのではなく，問題となる争点以外の属性では多数者と共通点も備えていることなどが重要である。また，集団が外的な脅威にさらされるなどして変革や独自性が求められ，多数者が自分たちの観点を根本から疑うような状況では，少数者が力を得やすい（Nemeth, 1986）。企

表8-1 ● 社会的勢力の分類

	源泉	例
報酬勢力	実際的または心理的報酬	承認，賞賛，優遇，見返りとしての報酬
強制勢力	実際的または心理的な罰	否認，叱責，懲罰，脅迫，低地位への配置
正当勢力	役割と責任	制服など，権威や地位の象徴の利用
専門勢力	専門性	専門家のもつ説得力
参照勢力	魅力，同一視	好きな人物や理想とする人物からの影響
情報勢力	選択肢のもつ有用性	試しにとってみた行動がもたらした結果（効能あるいは弊害など）

（出典）　Raven, 1965 より作成。

業や政党などにおける「改革」の実例を思い浮かべれば，こうした条件のもつ影響力がよくわかるだろう。

社会的勢力

多数者と少数者という関係だけでなく，集団や共同体の中で細分化された，地位や役割をもとにした影響関係もある。そして，ある人物や組織が他の人々の行動を左右する力，つまり影響を及ぼすに至る潜在能力のことを社会的勢力（social power）とよぶ。レイヴンら（French & Raven, 1959; Raven, 1965）は，社会的勢力を，その源泉が何であるかに着目しながら，表8-1 の 6 種類に分類した。このうち，**報酬勢力**（reward power）と**強制勢力**（coercive power）は，いわゆる「アメとムチ」のことで，賞罰を与えることのできる人がもつ影響力である。勢力者の要求に従わせるためには監視が必要である点が特徴といえる。次の**正当勢力**（legitimate power）は，「特定の役割についた人の指示には従うべきだ」という了解を共有している人に対してのみ有効に働く。**専門勢力**（expert power）は専門家で正しい知識をもっているはずだからという理由で，また**参照勢力**（準拠勢力）（referent power）はその人のようになりたいからという理由で，それぞれ追従者を生む影響力のことである。以上はいずれも，影響を行使する人や集団に備わった属性が根拠となっている。これに対し，最後の**情報勢力**（information power）は，行使する人ではなく選択肢そのものがもつ情報に依拠するものである。たとえば，薬局で薬剤師から勧められた薬を購入するのは専門勢力によると解釈できるが，ある薬が効くとわかっているために，誰が勧めようが

あるいは否定しようが，関係なく自分は買うという場合は，その薬に関する知識をもとにした情報勢力に影響を受けたと説明できる。

「意識される」集団

　これまでに述べた「集団」は，典型的には成員同士が相互作用をし，しかもある成員の立場や行動が他の成員になんらかの影響をもたらすという依存関係をもつものである。しかし，そうした成員間の関係がなくても，私たちの生活にとって「集団」としての意味をもつものは数多くある。たとえば政治家が「有権者の顔色を見ながら行動する」という場合，不特定多数とはいえ「有権者」という一群の人々を意識していることを意味する。しかし，いうまでもなく，ここで想定された「有権者」のすべてが相互作用を行い，互いに依存関係にあるとは考えにくいし，またその必要もない。むしろ重要なのは，複数（または多数）の人々をある種の「まとまり」としてみると，そこに所属する人たち（あるいは属さない人たち）に対する認知や行動に影響が生じるという事実である。また，まとまりのある集団は，個人の場合と同様にまるで「好み」や「意図」「意思」といった心理的な状態を備えているかのように認知されるようにもなる（ただし，相互作用や依存関係は，ここで考える「集団」にとって必要条件ではないというだけであって，そうした性質をもった集団を除いて考える必要はない）。

まとまりの認知　企業や自治体が不正な行為を行うなどの不祥事を起こした場合，それが「組織ぐるみ」で行われた行為かどうかが，しばしば問題となる。これは，責任ある地位や役割を与えられた特定の個人だけでなく，集団全体にも責任が問われるからである。また，自分の集団が過去に他の集団に対して与えた損害について，どこまで「連帯責任」を負う必要があるのかという問題も，しばしば私たちに突きつけられる難問である。戦争に関わる国家賠償などは，その典型的な例といえる。こうした問題を考えるにあたっては，個人ではなく集団に対して「行為」の善悪を問い，責任を追及する際の心理的過程を明らかにすることが重要になる。

　複数の人々が，ただの寄せ集めではなく，まとまりをもった意味ある集団として認知されるのは，どのような条件がそろったときであろうか。これを論考

第**8**章　集団の中の個人　　197

> **FIGURE** 図8-4 ●「まとまり」知覚の例
>
> (A) 類似性　○ ○ ○ ● ● ● ○ ○ ○　　(C) 閉合性　〔　〕 〔　〕 〔　〕
>
> (B) 近接性　● ●　● ●　● ●　● ●　　(D) 共通運命　● ○ ● ○ ● ○ ● ○
>
> (A) 見かけの似ているもの同士は，落ち着いたまとまりとして知覚されやすい。この図はふつう白と黒の丸が3つずつあるように見え，「左から順に○○，○●，●●のペアがあって，右端に1つ○が余っている」などとは見えない。
> (B) 空間的に近くにあるもの同士は，他の組み合わせよりも，まとまりとして知覚されやすい。
> (C) 開いた関係にあるもの同士よりは閉じた関係にあるもののほうが，まとまりとして知覚されやすい。したがって，〔　〕のペアが並んでいるようには見えるが，〕　〔のペアが並んでいるようには見えにくい。
> (D) 同時に動いたり，同じ結末に至るもの同士は，まとまりとして知覚されやすい。矢印の方向に図の2点が動くと，見かけの類似性は低くまた離れていても，1つの群れとして知覚される。

したのがキャンベルである (Campbell, 1958)。彼は，「同じ要素でも，それがおかれた文脈や全体像によって異なる意味をもつようになる」というゲシュタルト心理学の発想にヒントを得て，人間の集合についても，「個々の要素を合計した以上の性質が知覚される」という現象を説明しようと試みた。たとえば図8-4は，物理的刺激についてまとまりが知覚されるいくつかの原理を例示したものである。図(A)や(B)が示すように，類似性や近接性が高い対象の間には，他のものに比べてまとまりが知覚されやすい。キャンベルは，同じ原理に従って，類似性の高い人同士，近くにいる者同士の集まりには，社会的実体としてのまとまりが知覚されやすくなると考えた。これが集団実体性 (group entitativity) の概念である。同様に，集団の境界を越えて移動することが難しい（つまり透過性の低い）集団ほどまとまって見えるのは，図(C)の閉合性のためだと解説される。また図(D)で見かけの類似性や近接性を上回って共通運命がまとまりの知覚に影響するという効果は，人間を見るときにも起こりえる。近年の研究は，キャンベルが提唱したこれらの要因が，たしかに実体性認知の構成要素となっていることを裏づけている (Lickel et al., 2000)。

集団の責任

集団としての実体性が知覚されると，個人に対するときと似た情報処理が行われることが知られている（McConnell et al., 1997）。また，集団が攻撃行動や反社会的行動をとった場合には，その責任を特定の個人にではなく，集団全体に負わせようとする傾向がみられる。その理由の1つとして，集団状況におかれた個人は集団の圧力に逆らうのが難しいことを，一般の人々も理解しているということが挙げられる。少年犯罪の報道などによくみられる，「集団に働く独特の心理状態が，通常では考えられない行動を引き起こした」という考え方である（Lickel et al., 2001）。言い換えると，本章でみてきたような集団の影響過程を，人々が**しろうと理論**（lay theory：第14章参照）として理解しているといえる。

さらに，まとまって行動する集団は個人と同じように「心理状態」を備えているかのように推論される。たとえば，「某高校の生徒たちが破壊行為をした」という状況を呈示されて，「なぜその行為が行われたのか」について説明を求められると，「全国各地で高校生たちが破壊行為をした」という状況を説明するときよりも，「△△したかったから」とか「○○できると思ったため」といった，**動機**や**信念**を前提とした説明を加えやすくなる（O'Laughlin & Malle, 2002）。つまり，集団に対するまとまりの知覚は，行為の背後に共通の**意図**や**目的**といった心理的状態を想定させやすくなるのである。

こうした心理的状態が集団に推測されると，個人の行為が「過失」ではなく「故意」だと判断される場合と同様に，行為に関する責任が，より強く集団に対して問われるようになる（日置・唐沢，2010）。「薬害が起こる危険性を，国はどこまで認識していたか」「A社は不正が発覚するのを恐れて」などの表現はいずれも，集団や組織もどこかに「認識」の機能を備えていて，そのため行為に対し責任を負うべきだという判断が行われることを示している。近年，企業や自治体などにおいて内部統制を強化し，ガバナンス能力を高めることの必要性が，組織の「社会的責任」の1つとして脚光を浴びている。そうした組織変革においては，消費者や市民の側に，上に述べたような責任判断の過程が働いていることが，十分に考慮されるべきであろう（第16章参照）。

●●●

1人ではできないことでも，多くの人が力を合わせれば可能になる。集団が結成されることの目的は多くの場合，このような課題達成におかれている。し

かし社会集団は，目標の達成のために結成されたものばかりではない。家族や社会階層のような「集団」は，生まれたときから付与されていて選択の余地がない場合が多く，しかも伝統的な社会ほど，これがあてはまる。性別や世代，人種や国籍といった社会的カテゴリーもまた，付与されるものである。こうした付与されるタイプの集団では，上で述べた「行動する集団」としての顔よりも，「意識される集団」としての顔のほうが，より重要な意味をもっているといえる。集団のもつ異なる2つの顔が，他の集団との関係の中で，どのような心理過程を引き起こすかについては，次の章で考える。

BOOK GUIDE　●文献案内

吉田俊和・斎藤和志・北折充隆編，2009『社会的迷惑の心理学』ナカニシヤ出版
　●規範を逸脱した行為が，どのような形で他者への迷惑となって現れるかが，社会心理学のさまざまな領域との関連で議論されている。

山口裕幸，2008『チームワークの心理学――よりよい集団づくりをめざして』セレクション社会心理学 24，サイエンス社
　●「チームワーク」という，集団・組織にとっての重要概念に焦点をあて，その定義や測定法の紹介，チームワーク育成法の検討などを通して，集団に関する多くの問題をとりあげている。第 16 章など他章との関連事項も多い。

Chapter 8 ● 考えてみよう　　　　　　　　　　SEMINAR

❶ 他の人がいたため，あるいは大勢の人の前だったために，1人でいるときよりもうまくいったことがら，逆にうまくできなかったことがらの具体例を1つずつ挙げ，「社会的促進」にあてはまるかどうかを考えてみよう。

❷ 多数者への同調，そして少数者からの影響による多数者の変化について，それぞれ1つずつ，身近な具体例を挙げなさい。それぞれ，どのような要因が影響していたかについて，本章の記述をもとに考えてみよう。

❸ 社会的勢力の各種類について，具体的な例を挙げなさい。

第 9 章 集団間の関係

ステレオタイプ，偏見，差別行動の原因と解決方法

戦争——究極の集団間葛藤：「対テロ戦争」の発端となった9.11同時多発テロ事件
（©AFP/時事）

KEYWORD
FIGURE
TABLE
COLUMN
BOOK GUIDE
SEMINAR

CHAPTER 9

　前章では，主に集団内におかれた個人と集団との関係について考えたが，本章では集団全体が，他の集団と向き合う場合の認知と行動について考える。それは典型的には，自己の所属する「内集団」と他の「外集団」とに関わることがらである。まず集団間関係の基本概念である，ステレオタイプ，偏見，差別などについて理解した後で，これらの「集団間態度」がどのような心理的過程を経て成立するのかについて学ぶ。そして，社会的な問題のもととなる偏見やステレオタイプの解消方法について，社会心理学の立場から何が提言できるのかを考える。

SUMMARY

> **KEYWORD**
>
> 内集団　外集団　集団間態度　ステレオタイプ　偏見　差別　錯誤相関　カテゴリー化　外集団均質性効果　ステレオタイプ内容モデル　社会的アイデンティティー　自己カテゴリー化理論　最適弁別性理論　内集団バイアス　最小集団状況　集団間情動理論　ステレオタイプ脅威　接触仮説　泥棒洞窟（での実験）　上位目標　サブタイプ化　脱カテゴリー化　共通内集団アイデンティティー・モデル

　2001年9月11日にアメリカ合衆国の各地で起こった，イスラム過激派による同時多発テロと，その後に起こった「対テロ戦争」は，21世紀初頭の歴史上の重大事件として，おそらく後世の人々にも語り継がれていくことだろう。この事件とその後の一連の経緯を通して私たちは，「テロリスト」といった，境界線が必ずしも明確でない集団が相手でも，「戦争」が起こることを目のあたりにすることになった。その「テロリスト」たちが敵視する相手も，伝えられるところによると，「アメリカ中心主義」あるいは「ユダヤ・キリスト教社会」という，これまたかなり抽象的なものである。過去の長い歴史の中においても，こうした目に見えるようで実はよく見えない「敵」に向かって突進していったために失われた，尊い命がどれほど多くあったことだろう。近代以降，戦争といえば，国民国家や民族集団など比較的明確な実体をもつ集団の間に起こるものだと考えることに慣れていた私たちは，象徴的な集団やカテゴリーの間にすら，世界規模での紛争が起こりうることを，あらためて思い知ったのである。

　世の中を「うち」と「そと」とに分けてみる眼が備わると，そこには摩擦や対立が容易に生まれる。身近なところでは家族や親族，職場の部署同士といった日常的な関係の中でのいざこざから，大規模なものでは人種や社会階層の間に起こる偏見と差別，さらには上で述べたような熾烈な戦争に至るまで，集団間の葛藤にはさまざまな種類がある。それらの間には，ある種の共通した心理的原理が働いていることを，社会心理学は明らかにしてきた。その詳細を以下でみていくことにしよう。

集団間の心理過程

ステレオタイプ, 偏見, 差別

自身が所属する集団のことを社会心理学の概念では**内集団**（in-group）とよび，それ以外の集団を**外集団**（out-group）とよぶ。両者の間の関係で問題となるのは，双方の集団に対するものの見方，感じ方，そして接し方である。つまり，集団間の関係において重要な心理学的問題とは，**集団間態度**に関するものである。第6章で学んだように，態度は一般に，感情的，認知的，行動的成分に分けることができる。

表9-1にまとめたように，まず集団間態度の認知的要素として位置づけることができるのが，**ステレオタイプ**である。これに好き・嫌い，不安，恐怖，憤りや憧憬などの感情を含んだ先入観が加わると，それは**偏見**となる。そして，ステレオタイプや偏見には**差別**とよばれる明確な行動が伴うことが多い。

対立の起源

集団間態度の中でも特に問題となるのは，敵意や対立感情など，ネガティブな内容をもつものである。では，なぜ集団間には対立が起こるのだろうか。最も単純な，しかし重要な説明は，**実際的利害の衝突**（realistic group conflict）に基づく考え方である（Sherif et al., 1961）。社会集団の多くは，個人が1人では到達できないよう

表9-1 ● 集団間態度の構成要素とその具体例

ステレオタイプ	集団成員の属性に関する一般化された固定観念（知識，信念，将来の行動予測など主に認知的なもの） 例：「女性はやさしい」「男性は乱暴」「東北生まれの人は粘り強いので仕事をやり通すだろう」「○○大学出身者には優秀な人が多い」
偏　　見	感情的要素が加わった先入観 例：「育児は女性のほうが向いているから任せるべきだ」「男性はみな乱暴だから嫌い」「○○大学出身というだけで憧れを感じる」
差　　別	選択や意思決定など，観察可能な行動を伴う 例：「細やかな配慮が必要な秘書職には女性しか雇わない」「根気のいる仕事なので東北生まれの彼に任せてみる」「○○大学出身なので，彼のほうを採用することにした」

な目標を達成するために形成されているといえる。利潤を上げるための集まりである企業，教育や研究を目的とする学校，勝利を目標に結成されるスポーツ集団など，例は無数にある。そしてこれらの集団は多くの場合，その1つが目標を達成すれば，他はこれを手に入れることができないという「競争的な相互依存関係」におかれることになる（COLUMN 7-2 参照）。つまり，外集団の存在が，自分たち内集団の目標達成にとって邪魔になるという状況である。こうした相互依存関係のもとでは当然，外集団に対する敵意や嫌悪感情が起こり，それが偏見や差別を生むと考えられる。

　外集団に対する偏見は，価値観やイデオロギーといった，堅固で広範な領域にわたる信念によっても支えられている。たとえばシダニアスらは，他者を支配する力を備えた者が高い地位に上るのは当然だという信念を**社会的支配傾向**（social dominance orientation）とよび，これが偏見の強さに結びついていることを明らかにしている（Sidanius & Pratto, 1999）。そして，実際に集団間の競争が存在するところでは，やがて勝者と敗者，高地位と低地位の集団という格差が生み出される。すると，格差がある現状を肯定し，さらにはこれを維持することを望むような心理過程が起こる。**システム正当化理論**（system-justification theory）を提唱したジョストらは，これを実証的研究で証明している（Jost et al., 2001）。

　一方，弱者に対して偏見をもってはいけないと頭ではわかっているにもかかわらず，実際には偏見をもっている現実の自己に気づくと，そのギャップからくる複雑な感情が，かえって外集団への攻撃行動に転じてしまうこともある。また，自分が偏見をもっていることを知られたくないために，知らず知らずのうちに相手集団との接触を避けようとする傾向（aversive racism）が，偏見や差別的行動を助長することもある（Dovidio & Gaertner, 2004）。偏見をもつことを忌まわしいと思っている人ほどこの傾向に陥りやすいのだから，まさに皮肉である。さらに，シアーズたちの研究が示すように，「社会的弱者も他人に頼らず自力で道を切り開くべきだ」といった価値観をもっている人たちの間には，一見ではそれとわからない微妙な内容を含んだ偏見（**象徴的偏見**；symbolic prejudice）が潜んでいることもある（Sears, 1993：第14章参照）。

認知過程とステレオタイプ

ところが, 外集団に対する態度は, そのすべてが敵意や悪感情に基づくわけではない。現に, 表9-1にも挙げたように, ポジティブな内容をもつ偏見やステレオタイプも存在する。また, ポジティブなものであれネガティブなものであれ,「あの集団の人たちは, みんなこういう性質をもっている」という偏った認知, つまり過度の一般化が行われやすい。偏見やステレオタイプがもつ, こうした特徴を理解するためには, 認知過程について知ることも重要になる。

目立つ事例の影響　第1章では, 人間が簡便な情報処理を行おうとするために, さまざまな誤りや偏りを示すことが詳しく述べられているが, こうした錯覚はステレオタイプ的な信念や判断のもとにもなる。その一例が,「利用可能性ヒューリスティック」に基づくステレオタイプである。第1章2節で述べたように, 目立つ事例や記憶に浮かびやすい事例は, 実際に起こっているよりも頻繁に, 数多く生起していると錯覚されがちである。このため, 単に少数派であるというだけの理由で人目を引きやすい集団の成員が, 少しでも「通常」と異なる行動を示すと,「あの人たちには○○する人が多い」と知覚されてしまう。ハミルトンらが実験で例証したこの現象は, 錯誤相関 (illusory correlation) とよばれる (Hamilton & Gifford, 1976)。集団の違いと行動傾向の間に, ありもしない相関関係が錯覚されるという意味である。たとえば, アメリカ社会における黒人は少数派の人種だが, その中に占める「犯罪者」(これも全体からみれば少数) の比率が, 白人など多数派に占める割合に比べて, 仮に等しかったとしても,「黒人には犯罪者が特に多い」という錯覚を生むのである。

カテゴリー化　情報を分類して区別する過程, つまりカテゴリー化 (categorization) もステレオタイプのもとになっている。私たちの認知システムは, 互いに似ているものを分類することによって, 効率よく情報を処理できるようになっている。これは人間が相手の場合も同じである。他人を, その年齢や性別, 人種や職業などで区別することで, 性格などの性質についておおよその推測ができている。しかし, こうした

第9章 集団間の関係

便利な面がある一方で,落とし穴もある。たとえば,カテゴリーを手がかりにしたおかげで,記憶や推論が助けられるということがあるかわりに,第1章でもみたように,ひっくるめて覚えるためにカテゴリー内で混同が起こる危険性が考えられるのである。しかもこの混同や,過度の一般化といった傾向は,よその集団に対して特に起こりやすい(**外集団均質性効果**;out-group homogeneity effect)。内集団成員に対しては各個人の差異がよくみえるのに,外集団成員については互いの類似性や典型的な属性が目につくのである(Judd & Park, 1988)。

判断基準の使い分け

現在の,少なくとも先進国とよばれる地域では,偏見をもつことは望ましくないという共通認識があるために,あからさまな偏見を口に出す人は以前より少なくなっている。しかし,判断基準を使い分けるなどの認知方略を使いながら,偏見や差別を存続させるケースも依然としてみられる。たとえば,社会的なハンデをもつ人々に対する偏見はしばしば「能力はないけれど,いい人たちではある」といった微妙な形をとる。後半部分だけみるとほめているようでもあるが,養護を必要とする弱者として見下していることには変わりがない。このように,対人認知の基本次元である**能力**(competence)と**親しみやすさ・温かさ**(warmth)の使い分けが,偏見の維持と関わっていることを指摘したのが,フィスクらの**ステレオタイプ内容モデル**(Stereotype Content Model;SCM)である(Fiske et al., 2002)。

表9-2にまとめたようにSCMによると,能力と温かさの判断の根拠には,社会構造に根差した集団属性があると考えられる。すなわち,能力の判断は対象集団の社会的地位に基づき,温かさの判断は,「競争の相手(敵)」であるか「味方」であるかに基づいている。しかもこれらの次元は,下に詳しく述べるように,各集団に対して起こる感情や差別行動の種類をも規定するという。

まず表9-2の左上の部分をみると,「温かいが能力は低い」という偏見をもたれる集団の代表例として高齢者や障がい者が挙げられる。味方としての位置づけから,同情が喚起されやすい。これに対し,「冷たくて能力が低い」とみられやすいのは(表の左下),社会的弱者の中でも特に,貧困層やホームレスの人たちである。侮蔑など敵対的感情が起こりやすいとされる。次に,現代のアメリカ社会で「冷たいが能力は高い」とみられるのは(表の右下),金もちやユダヤ系,アジア系の人たちで,彼らに対しては妬みの感情がいだかれやすい。最後に「能力が高く温かい」という最も望ましい組み合わせのステレオタイプ

TABLE 表9-2 ● アメリカ社会における「ステレオタイプ内容モデル」

		能力次元（←社会的地位）	
		低	高
温かさ次元↑（味方か敵か） 温かい	対象集団	高齢者 障がい者	中産階級 「内集団」一般
	感情	同情	賞賛
	差別行動の形態	積極的助成 消極的危害	積極的助成 消極的助成
冷たい	対象集団	貧困層 ホームレス 薬物依存者	富裕層 ユダヤ系 アジア系
	感情	侮蔑	妬み
	差別行動の形態	積極的危害 消極的危害	積極的危害 消極的助成

（出典） Fisk et al., 2002; Cuddy et al., 2007 より作成。

FIGURE 図9-1 ● ステレオタイプ内容モデルにおける感情と差別行動の次元構成

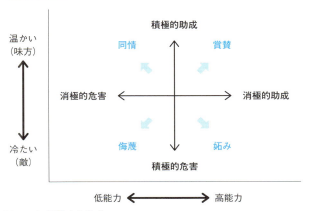

（出典） Cuddy et al., 2007 より作成。

は，内集団や中産階級といったカテゴリーにあてはめられやすい。このモデルをもとにした実証研究は，多くの集団や社会的カテゴリーに対する認知が，おおむねこれらの位置づけと一致していることを示している。

さらにSCMは，さまざまな集団に対してみられる，複雑な形態の差別行動の原因についても説明している。ここで重要なのは，対象集団を，温かい（味方）とみなすか冷たい（敵）とみなすかによって，積極的な面での「助成」（facilitation）と「危害」（harm）のどちらが起こりやすいかを予測することができるという点である。一方，能力の高低は，消極的な意味での「助成」対「危害」を喚起するという（図9-1）。

図9-1を参考にしながら再び表9-2に沿って説明すると，「温かくて低能力」の対象には，「困っている限りは積極的に援助（助成）する」という姿勢がみられるが，その一方「できることなら無視して放置したい」という消極的な危害の可能性もある。高齢者に対する放置（ネグレクト）が発生する原因はここにあるのだろう。これが，「同情」という感情に基づく対処の限界ともいえるのかもしれない。次に，同じく社会的弱者ではあっても，「冷たくて低能力」とされる集団に対しては，いじめや暴力などの積極的危害と，無視して放置するという消極的危害の両方が起こりやすい。また，「冷たいが高能力」と知覚される集団には，「戦っても勝ち目がない間は言うことを聞いておく」という消極的助成と，「スキがあったら攻撃する」とう積極的危害とが裏腹になった差別的反応が起こる。まさに「妬み」の特徴といえるだろう。このようにSCMは，「味方なら援助，敵なら攻撃」といった単純な区別ではなく，「助成・危害」「積極的・消極的」という複合的な次元を想定することによって，一見矛盾するようにもみえる複雑な差別的反応を総合的に理解するための枠組みを与えることに成功している。

集団所属意識がもたらすもの

「過酷な競争を乗り切るため，わが社は強い覚悟をもつ必要がある」
「最近のA国の動向には，侵略的意図がみてとれる」
「今回の選挙では無党派層がどのような選択をするかが鍵を握る」

これらの表現にもみられるように，会社や国家といった集団に擬人法を用いて，あたかも心的状態が備わっているかのように考えるということを，私たち

はごく自然に行っている（第8章参照）。それは「無党派層」のように，不特定多数の人々を指す場合にすらあてはまる。単なる個人の集積を越えた，固有な社会的実体として集団が認識される状況で，当の集団を構成する成員たちの間には，どのような心理過程が働くのだろうか。

社会的アイデンティティー　この問いに答えるための1つの手がかりは，第4章で考えた「自己概念」にある。私たちは自分自身について，さまざまな角度からみた知識と理解（自己スキーマ）をもっているが，その中には，なんらかの集団やカテゴリーに自分が所属しているという自覚も含まれている。タジフェルらによる**社会的アイデンティティー理論**（social identity theory）(Tajfel & Turner, 1979) は，このように自身を集団の一部として自覚し，集団における成員性（membership）を自己の属性の1つとして認識する過程に着目した。そして，こうした自己同一視の認知に，誇りや愛着，あるいは恥ずかしさや嫌悪といった感情的意味合いが加わったものを**社会的アイデンティティー**（social identity）とよんだ。

さて，人は一般に，より望ましい自己評価を得るように動機づけられていると考えられる（第4章参照）。これを，集団に所属する成員にあてはめると，彼らは内集団に誇りや愛着などを求め，ポジティブな社会的アイデンティティーを獲得するよう動機づけられているということができる。スポーツの試合で，自分の学校や地域を代表するチームが勝利すると，内集団を誇る気持ちが高揚し，国旗などのシンボルを誇示する人たちが出てくるのは，その現れであろう。一方，所属していることに恥ずかしさや自己嫌悪を感じるような集団は，ネガティブなアイデンティティーを与えるものとなる。その結果，集団の地位向上への試みをかき立てることもあれば，集団から離脱しようとする者も現れる。

自己概念と集団　ただし，自己概念は複雑な内容をもっているので，特定の集団への所属意識だけが，つねに活性化しているわけではない。では，どのような状況のもとで，そしてどのような集団に対してなら，社会的アイデンティティーが特に活性化するのだろうか。図9-2を見ながら，次のような例を考えてみよう。

F君はサッカー部員だが，就職活動の場ではきっと「A大学のFです」と自己紹介するだろう。面接担当者に向かっていきなり「サッカー部のFです」と名乗っても意味が通じないどころか，おそらく愚かに聞こえるに違いない。

図9-2 ● 自己カテゴリー化の階層

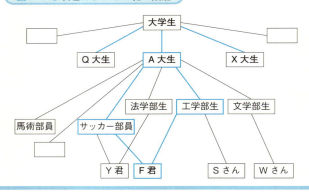

　しかし，出身大学が明らかになった後で，他のA大生と自分を区別したいと感じたときには，かえってサッカー部員であることを強調するほうが良い場面があるかもしれない。他方，大学に戻って，単位が危なくなりかけた講義の担当教授のところへ相談に行くときは，サッカー部よりも所属学部を示すほうが適切だろう。このように，自己や他者を位置づけるのに適したカテゴリーは，文脈によって変化する。

　ターナーらの**自己カテゴリー化理論**（self-categorization theory）（Turner et al., 1987）は，これを図9-2のような階層構造によって説明しようとする。ここで，より上位または下位におかれたカテゴリーのうち，どれが最も意味のある社会的アイデンティティーを自己に付与してくれるかというと，それは，**外集団他者と自己との差異**をできるだけ際立たせ，なおかつ**内集団の仲間との類似性**を明確にしてくれる集団である。つまり，自己の立場を明確に示してくれるような社会的アイデンティティーを与える，**適度な包含性**（inclusiveness）をもった集団が，内集団として意識されやすいのである[1]。

　適度な包含性の効果は，動機過程を考えるうえでも重要な意味をもつ。自分1人だけが他のすべての人々と異なっている孤立無援の状況というのは，誰に

---

1) これと同じ過程が，他者の社会的アイデンティティーを認知する場合にも作用する。図でF君がWさんのことを「自分と同じA大生」とみるか「文学部の人」とみるかは，その文脈において相手を理解するうえで適度の包含性をもったカテゴリー化がどれであるかによって決まる。

とっても不快なものである（第8章でみた同調行動の場面を思い出そう）。しかし，みんなが自分と同じ考えや行動では，これまたおもしろくない。ブルーワーの最適弁別性理論（optimal distinctiveness theory）（Brewer, 1991）によると，極端に人数の少ない集団も，また逆にあまりにも人数の多い集団も，ともに自己同一視の対象から外されるのは，これらの相反する動機の結果であるという。

認知や行動への影響　ポジティブな社会的アイデンティティーを求める傾向は，**内集団ひいき**（in-group favoritism）あるいは内集団バイアス（in-group bias）とよばれる現象の原因になると考えられている（Brewer, 1979）。たとえば，第三者の視点から客観的にみて優劣の差がないと思われる集団同士であっても，成員たちは互いに，内集団のほうが外集団よりも人格や能力において優れていると評価したり（Ferguson & Kelley, 1964），外集団成員の望ましくない行為はよく記憶しているが内集団成員にとって都合の悪いことは忘れてしまったりする（Howard & Rothbart, 1980）。こうした偏った認知や評価に見合うかのように，行動面での差別傾向も起こる。内集団には，より多くの資源や報酬が分け与えられがちなのである（Brewer & Kramer, 1986）。しかもこれらのバイアスは，初対面の人同士で実験室に人工的に構成された集団で，成員の間のコミュニケーションなどが最小限度に制限された状況であっても起こる（COLUMN 9-1）。

原因の説明　内集団バイアスは，原因帰属，つまり観察された社会的事象がなぜ起こったのかという推論（第5章参照）にも現れる。応援する野球チームの選手がぎりぎりセーフになったところをみると，「俊足を生かして」「全力で走ったから」といった本人の内的原因に基づいた説明が行われやすいが，憎い相手チームの場合なら「審判が偏っている」などの外的原因に帰属されやすいことは，多くの人が思いあたるだろう。つまり，内集団成員の望ましい行動は一般的に内的原因で説明されやすいのに対し，望ましくない行動は外的原因に帰属されやすい。外集団成員の行動についてはこの逆である（Hewstone, 1990）。こうした原因帰属バイアスは**究極的帰属エラー**（ultimate attribution error）とよばれ，偏見やステレオタイプの維持に影響すると考えられる。内的要因への帰属は，行為者に関する先入観を確証するが，外的原因情報は行為者自身への評価についてあいまいさを残すからである。

> **COLUMN** 9-1 内集団ひいきが起こる「最小限の条件」とは

「内集団ひいき」の意識や行動を起こさせる最小限度の条件とはどのようなものであるかを明らかにするために，タジフェルたちは次のような実験を行っている（Tajfel et al., 1971）。実験の参加者はまず，世の中が，画家クレーの作品を好む人たちと，カンディンスキーの作品を好む人たちとに二分されるという，聞いたこともない（実際つくり話の）話を聞かされる。そして自分がどちらのタイプであるかを，見せかけの絵画評定課題の結果をもとに教えられる。その後で，実験参加への謝礼と関連する得点を，実在するかのように見せかけ

図 ●「最小集団状況」での実験結果の例

得点を 2 人の人に分配するとしたら，どの組合せが最も適切だと思いますか？
○で囲んで下さい

(A)

分配対象者	No. 138	クレー派	4	5	6	7	8	9	10	11
	No. 041	カンディンスキー派	11	10	9	8	7	6	5	4

(B)

分配対象者	No. 068	クレー派	10	11	12	13	14	15	16	17
	No. 214	カンディンスキー派	7	9	11	13	15	17	19	21

- ID 番号だけで示された，しかも実在しない他の実験参加者に，得点を分配することを求められる。
- この図は，回答者自身がクレー派に属する場合に特徴的な回答例を示す。
- 上下左右などを入れ替えた多数のマトリックスを用いても，また，回答者がカンディンスキー派だと告げられた場合も，内集団ひいきがみられる。

望まれないアイデンティティー

現実には，所属集団がつねにポジティブな社会的アイデンティティーを与えてくれるわけではない。逆に，内集団に対して恥ずかしさを覚えるような場合もある。低い地位におかれたり少数派であるために，ネガティブなアイデンティティーを負わされた人々には，どのような心理過程が作用するのであろうか。特に，集団間の地位を逆転させることが難しい場合や，集団間

たクレー派の1人とカンディンスキー派の1人とに分け与えるとしたら、どのような配分が適正だと思うかを、図(A)のような組み合わせの中から選ぶよう求められる。すると図のように、自分の集団の成員に少しだけ多めに与えるという反応が、多くの参加者にみられた。また、図(B)では、単純に内集団成員の得点を増やすことが目的ならば、できるだけ右のほうの選択肢を選べばよいが、そうすると内集団成員以上に外集団の成員が得点できるようになっている。このような場合は、図示したように、むしろ左のほうを選ぶ者が多かった。つまり、絶対量としての内集団の取り分を犠牲にしてでも外集団の利得を抑え、両集団の間の差を保つような選択肢が好まれたのである。

参加者は、他の人たちのうち誰がどちらのグループに属するかを知らされていないし、一緒に作業したり話したりといった相互作用もいっさいない。この意味で、第8章でみた「実体として行動する集団」としての機能はほとんどない。そのため、この実験事態は最小集団状況（minimal group situation）とよばれる。この状況では、誰かに得点を多めに与えたからといって、それが他の人に知られることはない。にもかかわらず、ひいきが生まれるのはなぜか。社会的アイデンティティー理論（Tajfel & Turner, 1979）は、この問いに答えようとして提唱されたものである。

ただし、報酬分配におけるひいき行動をめぐっては、他の説明も可能である。たとえば神・山岸（1997）は、最小集団状況であっても、内集団の誰かが得をするように分配しておけば、きっとみんなもそうしてくれるから最終的には自分を利することにもなるはずだという「ヒューリスティック」を、人間はどこかで学んでいるはずだという説明を行った。実際、他の内集団成員からの見返りが期待できないことを明示すると、ひいき行動は低減することを、実験結果は示している。

の境界が厳格に規定され、成員の移籍や移動が難しい状況で、劣位集団の成員が示す反応は複雑である。

まず、内集団の劣っていることが明らかな次元で、他の集団と比較することをあきらめて、自分たちの得意分野を探すという方策が考えられる（Cadinu & Cerchioni, 2001）。実際、そのような比較次元をみつけることのできた集団成員は、自己評価を防衛することが可能になる（Derks et al., 2006）。また、必ずし

も優れた面でなくても，他の集団と違ったユニークな特徴を見つけ出せるだけでも，内集団への評価を保つことができる。さらに，内集団の特異性を発揮できる比較次元がみつかると，特にその点で集団の「まとまり」や一体感を強調した認知や判断が起こりやすくなる（Karasawa et al., 2004 も参照）。

　また，地位の低い状態に長らくおかれた集団の成員は，低い成績や評価といった，なんらかの「失敗」を経験したときに，それが自身のせいなのか，それとも偏見や差別によるものなのか，判断に迷ってしまうことがある。たとえば，同期の男性社員と比べて明らかに昇進が遅れている女性社員は，「不当な差別だ」と訴えてみたくても，「もしも客観的にみても自分の実力不足のせいだとしたら」という不安がよぎれば，躊躇してしまうだろう。メイジャーとクロッカー（Major & Crocker, 1993）は，こうした葛藤を**原因帰属におけるあいまいさ**（attributional ambiguity）の問題としてとりあげ，その心理過程を検討している。実際，内集団の仲間が受ける差別には敏感でも，自分の受けている差別は認めたがらないといった乖離が起こることが，北米だけでなく日本でも観察されている（浅井，2006；Ruggiero & Taylor, 1997）。

　差別を認めたがらない理由として，1つには，アメリカのような社会であっても，ことあるごとに偏見や差別を指摘する人は「うるさい人」として嫌われるということがある（Kaiser & Miller, 2001）。一方，偏見や差別のせいにすれば，失敗からくる直接のショックを和らげることができて，自己評価が傷つかずにすむようにみえるかもしれない。ところが，実はそうとは限らない。なぜなら，社会全体に広まった偏見や差別という構造的問題に原因を帰属すると，問題の解決が難しいことをあらためて認識することになり，いっそうの絶望感を味わうからである。この場合はむしろ，自身の弱点にもう一度目を向けるなどして努力を重ねるほうが，建設的な解決となるかもしれないのである。

集団間の感情

　本章の冒頭で述べた定義にもあるように，感情は偏見の重要な構成要素である。では，どのような感情が，どのようなメカニズムで起こるのだろうか。まず，自己と異質な性質をもつことが予想される外集団との接触は，それ自体，

不安感情を喚起しやすい。そして，不安感情は先入観などに基づく簡便な情報処理を促しやすいので，ステレオタイプ的な認知が活性化し，それがもとになりさらに不安が喚起されるといった，相乗効果を起こすおそれがある（Wilder & Shapiro, 1989）。集団をとりまく，感情の複雑な効果について考えよう。

感情の認知的評価

感情の「認知的評価理論」（cognitive appraisal theory）とよばれる考え方によると，私たちの感情，中でも喜びや悲しみのような「情動」（emotion）とよばれるタイプの感情経験は，その原因となるできごとが，どのような状況で起こったと解釈されるかしだいで，内容が変化するとされる。特に，「事態が自分にとって好ましいか好ましくないか」「原因は他者・自己・状況のいずれにあるか」といった状況認知が，影響を及ぼすことが知られている（Lazarus & Smith, 1988）。これは個人だけでなく集団の場合も同様で，上記の要素に加えてさらに，内・外集団の力関係（強者 - 弱者）なども評価に加えられる。

例として，集団の間に利害の衝突が起こった場合を考えよう。これは，内集団にとって好ましくない事態であるが，その原因が外集団の側にあると解釈され，しかも内集団のほうが強者の立場にあると認知されれば，「怒り」という情動が内集団成員の間に広がるであろう。ところが，同じその外集団が，内集団に向かって攻撃してきていると解釈され，さらに内集団のほうが弱者だという認知であれば，怒りよりもむしろ「恐れ」が経験される。あるいはまた，外集団の影響によって好ましくない思想が侵入してくるという認知が働くと，ちょうど汚染物質や病原菌が流入してくるときに感じるような「嫌悪感」や，象徴的な意味での「脅威」が喚起される（Stephan et al., 2009）。

集団間情動理論

認知的評価に基づく集団成員の感情は，集団への同一視によっても促進される。マッキーらの研究チームは，その過程を集団間情動理論（intergroup emotion theory）としてまとめている（Mackie, et al., 2000）。たとえばある実験では，「麻薬使用への法的制裁強化」といった争点について，「賛成」「反対」の集団に参加者を分け，相手の集団に対していだく情動を比較している。結果は，自分の側の意見集団に強く同一視するほど，反対意見の集団に怒りの感情をもったことを示した。集団同一視の強さに応じて，集団の一員としての情動が増大したといえる。

> **COLUMN** ***9-2*** ステレオタイプ脅威——自分の集団への偏見によって成績が上下する

　ステレオタイプ内容モデル（Fiske et al., 2002）も強調するように，偏見やステレオタイプの多くは「能力」に関わるものである。たとえばアメリカ社会では，黒人は全般に学業成績が悪いと多くの人が思っている。こうしたステレオタイプを，その集団の成員が意識すると，実際にそれを裏づけるかのように成績が低下するというやっかいな現象がある。**ステレオタイプ脅威**（stereotype threat）とよばれるものである。つまり，ステレオタイプの活性化による影響は第5章でみたような知覚者の側だけでなく，ステレオタイプの対象となる集団の成員も受けるのである。これが原因でますます努力の意欲をなくし，さらに成績低下を招くといった悪循環が起こる可能性が大いにある。

　スティールとアロンソンの有名な実験（Steele & Aronson, 1995）では，黒人学生にかなり難度の高い数学の問題が与えられた。すると，これが知能を測ることのできるテストだと伝えられた条件では，知能と無関係だと伝えられた条件に比べて，目に見えて成績が低下した。同様の効果は，同じように学業について偏見をもたれている他の少数者集団についても報告されているし，「女性は数学が苦手」「高齢者は物覚えが悪い」などのステレオタイプについても起こる。それどころか，数学を専攻とする白人学生でさえ，「アジア系学生の数学能力を確かめるため」と称して難問を与え，白人の相対的な劣位性を示唆すると，やはり成績が低下したという（Aronson et al., 1999）。つまり，本当は得意なはずの課題でも，苦手かもしれないという不安を与えただけでステレオタイプ脅威は起こりうるのである。逆にいうと，「大丈夫，できる」という確証を与えると成績は回復する可能性をもっている（Martens et al., 2006）。ステレオタイプの解消は，当の本人たちにとっても必要なのである。

集合的罪悪感

　集合的感情は外集団に対してだけでなく内集団にも向けられることがある。特に，自分は直接の当事者でないにもかかわらず，過去において内集団が犯した行為についていだく罪悪感（**集合的罪悪感**；collective guilt）は，やはり集団同一視の程度に左右されることがわかっている（Doosje et al., 1998）。ただし，同一視の高い成員のほうがかえって防衛的になり，罪悪感を否定する傾向をみせることが多く，その過程は複雑である。また，内集団が被害者になった場合を想起すると，自分

たちの加害行為に対する罪悪感が軽減することも示されている (Wohl & Branscombe, 2008)。いずれの場合も，同一視の対象となる集団の行為をめぐって，あたかも自分自身のことであるかのような感情を経験していることがわかる。

5 対立の解消

集団間関係の研究にとって大切なのが，「どうすれば偏見や差別はなくせるか」という問いである。この点について，これまでの研究からわかっていることについてみていこう。

接触仮説

「偏見は相手集団に対する無知から生まれるのだから，集団間の接触回数を多くして知識を得させれば，偏見はなくなるはずだ」という声をよく聞く。この考え方は接触仮説 (contact hypothesis) とよばれ，古くはオールポートなどによって提唱されている (Allport, 1954)。しかし実際には，敵対する集団同士を近づけると，かえって紛争が激化する場合もあるなど，話はそう単純ではない。接触仮説が成り立つためには，以下のような条件がそろう必要があることが知られている (Amir, 1969)。

(1) **地位の対等性**　接触する成員同士は，共同作業にあたる同僚のような対等の地位関係であることが望ましい。片方は指図をするリーダー，他方はそれに従うフォロアといった関係では，親密な関係が育ちにくい。また，片方の集団が高地位で他方が低地位といった，集団間の地位差がある場合は，それが顕著にならないようにすることも必要である。

(2) **協力的関係**　双方の集団が限られた資源を争うような競争的依存関係ではなく，ともに活動することが双方の利益になるような協力的関係が必要である。しかも，協力の結果は成功で終わる必要がある。失敗すれば責任のなすりつけ合いが起こるからである (COLUMN 9-3 参照)。

(3) **反ステレオタイプ的情報**　接触した相手が，ステレオタイプを破るような特徴をもっていることが，偏見解消の前提である。そうした特徴が，たとえ少しずつでも多くの成員の間に万遍なく広がっているほうが効果をもつ場合と，ステレオタイプを劇的にくつがえすような少数事例のほうがインパクトをもつ

第 9 章　集団間の関係

> COLUMN **9-3 少年キャンプでの葛藤実験**
>
> 　集団間葛藤の実態を，リアルに例示したことで有名なのが，シェリフらによるフィールド実験である（Sherif et al., 1961）。1954年の夏，オクラホマ州の泥棒洞窟（Robbers Cave）とよばれるキャンプ場へ，11歳の少年たち24人がやってきた。引率した大人たちは，この研究のために入念にトレーニングされたスタッフだった。出発前から少年たちは，2つの班に分けられた。さっそく彼らは，自分たちの班に「イーグルズ」「ラトラーズ」（ガラガラ蛇）といった勇ましい名前をつけてアイデンティティーを形成する。キャンプ場で共同生活をするうちに，各班の中には「集団」としての構造が生まれる。そこで次に設定されるのが，集団の間に葛藤が発生する様子を観察する段階である。
> 　ここで特に注目を集めたのが，本章第1節で述べた競争的な相互依存関係の影響である。班対抗の，綱引きや「テント張り競争」，それに野球の試合といった，競争的関係を導入することで，2つの集団の間には容易に敵対意識が生まれる。たとえば少年たちは，相手方の宿舎に奇襲攻撃をかけたりし始める。キャンプ途中で実施した質問紙調査では，外集団は「乱暴」で「ずるい」といったステレオタイプや，内集団のほうが何かにつけて優れているといった内集団バイアスが観察された。
> 　次に，葛藤解決のための方策が検討された。まずは敵対する集団同士を近づ

場合とがある。

(4) 典型性　　ステレオタイプに反する特徴をもった外集団成員と接触しても，その人が例外的だと認知されれば，集団全体に関する印象が好転することはない。このような例外化はサブタイプ化（subtyping）とよばれる。逆に，集団にとって典型的な成員が反ステレオタイプ的な面をみせると，それは他の成員にも一般化されやすいことを，ヒューストンらが明らかにしている（Johnston & Hewstone, 1992）。

間接的接触　　集団間接触が，敵対的ではなく友好的な雰囲気のもとで行われる必要があるのはいうまでもない。しかし，自身が友好的な接触を経験していなくても，自分の友人の中に，仲の良い外集団の知り合いをもつ者がいることを知るだけでも，その集団に対する印象が良くなることがある。このような間接的接触の効果は，**拡張型接触**

けて，交流の機会を増やすことが試みられる。しかし，これではかえって逆効果となることが明らかになる。仲の悪い集団同士を近づけても，花火大会の場は文字どおり「一触即発」，食堂はフード・ファイトの戦場と化すだけだった。ここでも，「接触仮説」が有効に機能するためには，いくつもの条件がそろう必要があることが明らかになったわけである。

最後にシェリフたちが示したのは，上位目標（superordinate goal）を導入することの重要性だった。これは，2つの集団が協力してはじめて達成できるような目標のことである。具体的には，両方の集団にとっての「共通の敵」が導入される。まず少年たちは，貯蔵タンクの故障による水不足という，全員に関わる問題に直面する。さらに，食料を運ぶトラックが立ち往生すると，両方の集団から動員された者たちが，ロープで引っ張るという作業に参加する。つまり，かつては競争の象徴だった綱引きが，今度は2つの集団の協力作業へと変わったのである。いうまでもなく，上位目標を達成した後で行った調査では，外集団に対する態度も飛躍的に向上し，相互の友好関係が確認された。

集団間に敵意と偏見が生まれる過程，そしてその有効な解消方法を突き止めようとした初期の試みとして，永く人々の記憶に残る研究となるであろう。一方，近年ではその倫理的側面に関する批判がなされている点にも留意したい。

効果（extended contact effect）とよばれ，エスニック集団など現実の集団から，人工的に作り出した実験室集団に至るまで，広くみられる（Wright et al., 1997）（図 9-3(A) 参照）。拡張型接触は，集団間の不安を低減させると同時に，外集団成員に対する自己開示を促進し，それらがさらに態度の改善につがなることも示されている（Turner et al., 2007）。

脱カテゴリー化　これまでにも何回も例に挙げたように，男性ばかりの中に女性が1人だけいるといった状況では，性別というカテゴリーが顕現化するため，これに基づいたステレオタイプや偏見が作用する可能性が高まるだろう。しかし，たとえば「女性の心理学者で北海道出身，現在は高齢となり介護を受けている」といった具合に，交差するカテゴリー情報が数多く与えられると，個々のカテゴリーの情報的価値が希薄化され，ステレオタイプの影響は軽減されるかもしれない。これが，ブルー

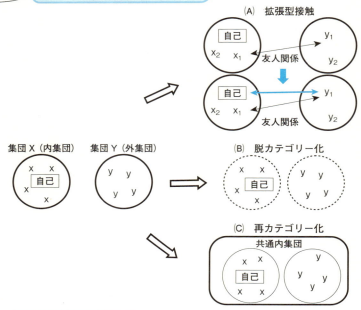

図9-3 ● 集団間葛藤の低減モデル

境界意識が明確な2つの集団X・Yを例にとり，両者の間の葛藤を低減する方法に関するモデルの中から代表的なものを3つ挙げる。
(A) 拡張型接触：内集団成員の1人である x_1 が外集団成員の1人 y_1 と友人関係にあることを知ると，それが自己にも一般化されて y_1 との間に友好的な関係が生まれる。
(B) 脱カテゴリー化：個人の集合の中に自己がいるという意識を強くすることにより，相対的に集団XとYの間の境界意識が希薄化する。その結果，集団間の葛藤が低減する。
(C) 再カテゴリー化：集団XとYの間の境界意識がなくなるわけではないが，それにまさって共通の内集団アイデンティティーが強められることにより，もとの境界意識は相対的に低減する。

ワーらによる脱カテゴリー化 (decategorization) モデルの考えである (Brewer & Miller, 1984)（図9-3(B)参照）。あるカテゴリーの成員としてではなく「1人の人」として接することによって，偏見に基づいた扱いを減少させようとする試みといえる。

共通のアイデンティティー

人種や性別のように，カテゴリー間の境界を目立たなくすることが難しい場合には，脱カテゴリー化は容易ではない。むしろ互いの差異を認めたうえで，同じ共同体や社会に属しているという一体感を育てる，**再カテゴリー化**（re-categorization）を試みるほうが協力関係を築きやすいかもしれない（図9-3(C)参照）。これが，ガートナーとドヴィディオの提唱する共通内集団アイデンティティー・モデル（common ingroup identity model）である（Gaertner & Dovidio, 2000）。政党内の派閥同士の関係や，欧州連合（EU）に属する国々の関係などには，これがあてはまるだろう。個別の集団アイデンティティーが高揚することによって分裂が起こるようなことがないときは，互いに同列の「下位集団の1つ」として位置づけることによって，集団同士に好意的な態度が形成されるかもしれない。その意味で，良好な集団関係を築くための現実的なモデルとなる可能性をもっている。

これまでにみたように，集団間の対立を解消させるための特効薬というのは，いまのところみつかっていない。どのモデルが主張する過程にも，制約条件がついてまわるからである。それぞれの集団がおかれた個別の状況に応じて，より実効性の高そうなモデルに基づいた解決方法を実行することが要求される。たとえば，異なる国の複数の法人が，国境を越えて新たな連合体を組織するような場合は，共通内集団アイデンティティーが機能する可能性がある。新組織としてのアイデンティティーを形成する際に，元組織のアイデンティティーを放棄することは必要ないし，当初は外集団であったパートナーに対しても，ネガティブな評価を示すことは少ないであろう。これに比べて，複数の企業を完全に統合して，単一の法人とするような場合は，「脱カテゴリー化」が必要だろう。いつまでも「旧・〇〇系」といった派閥意識が残っていては，一枚岩の組織を作れないからである。グローバル化の中で集団や組織が離散・集合を繰り返す現代社会において，状況に適したアイデンティティー転換のモデルを探すことが，どの集団にとっても重要な課題となるに違いない。

●●●

集団と集団の間に起こるさまざまな関係の背景には，社会構造的な要因や，歴史的，経済的要因が複雑に絡み合っているに違いない。これに対して，社会心理学の役割は，人間の認知や感情，そして行動の原理について私たちがもっている知識を最大限に利用して，いろいろな現象を読み解くことである。第1

章から第5章までに述べた，認知的なシステムに関する法則や，第6章で「態度」として考えた心理状態の特質が，集団間行動のさまざまな側面を理解するのに役立つことがわかっていただけただろうか。また，社会的アイデンティティーに関する多くの研究が明らかにしたように，文脈から切り離された単体としての個人ではなく，集団の一員として行動する姿を，自己にも他者にも認識するという過程が，集団の間にみられる葛藤の発生や解消という具体的な現象のもとになっているのである。

BOOK GUIDE　●文献案内

ブラウン，R./橋口捷久・黒川正流編訳，1999『偏見の社会心理学』北大路書房
- 原著には改訂が重ねられており，これは1995年の版の翻訳であるが，集団間関係の研究に関する基本的な知識を網羅した好著として，現在でも役立つ。

マクガーティ，C.・イゼルビット，V.Y.・スピアーズ，R.編/国広陽子監修/有馬明恵・山下玲子監訳，2007『ステレオタイプとは何か——「固定観念」から「世界を理解する"説明力"」へ』明石書店
- 本章では扱い切れなかった，新しい観点からの研究も盛り込まれている。やや上級者向け。

北村英哉・唐沢穣編，2018『偏見や差別はなぜ起こる？——心理メカニズムの解明と現象の分析』ちとせプレス
- 一般読者を念頭において，社会心理学の理論に基づいた総論と，さまざまな種類の集団ごとに問題点を洗い出す各論との両面から，解説している。

Chapter 9 ● 考えてみよう　　　SEMINAR

❶ 内集団バイアスの具体的な例を，日常の経験から挙げ，そこに働いている心理的要因について考えてみよう。

❷ 自分自身の社会的アイデンティティーには，どのようなものがあるかを考えよう。それをポジティブなものとネガティブなものを分類し，それぞれどのような結果をもたらしているかを比較してみよう。

❸ 身近にある偏見やステレオタイプの例をいくつか挙げて，それぞれどのようにすれば解消することができるかを考えてみよう。

第10章 コミュニケーション

伝えること，受けとめること，つながること

気持ちを伝えるスピーチ

- KEYWORD
- FIGURE
- TABLE
- COLUMN
- BOOK GUIDE
- SEMINAR

CHAPTER 10

　人間と社会との関係を考える際に，忘れてはならないのがコミュニケーションの役割である。本章ではまず，言語的コミュニケーションが，ある種のルールに基づいて行われる行為であるという観点から，その特徴を考える。また，さまざまな種類の非言語的コミュニケーションについても述べる。次に，地位や集団などの社会的環境と，人間の認知過程がもつさまざまな特徴が，情報の伝達と共有に与える影響について考える。最後に，コミュニケーションを通じて，人間がいだく期待や考えが「事実」としての姿を現すに至る過程について説明し，その意味を考える。

SUMMARY

> **KEYWORD**
>
> コミュニケーション・ルール　　会話の格率　　比喩　　アイロニー（皮肉）
> ポライトネス　　共通の基盤　　受け手へのチューニング　　非言語的コミュ
> ニケーション　　ボディ・ランゲージ　　近言語（パラ言語）　　社会的地位
> 話体応化理論　　言語期待バイアス　　集団間言語バイアス　　連鎖再生法
> 予言の自己成就　　行動的確証　　教師期待効果

　2007年の「新語・流行語大賞」で候補の1つに挙げられたのが,「KY」だった。現在では,もはや死語の部類に属するが,当初は「空気を読め」の意味で使われていたものが,「空気を読めない（人）」という否定的ニュアンスに転じて広まり,当時さかんに使われた。仲間うちの同質性を強く求める日本社会,特に10代を中心とした世代では,「KY」であることが社会的な不適格者であるかのように語られ,同調が強要されたり,イジメの原因にまでなった例もあるという。

　こうした,おもしろ半分のとりあげられ方をしたことは明らかに問題であるが,場の雰囲気を察知して適切に対応したり,言葉にならない相手の意図を汲み取ったりする能力が求められるというその事実は,コミュニケーションのもつ本質的な特徴をよく表している。なぜなら,コミュニケーションとは,言葉で表現された内容を正確に伝え,理解することだけを指すものではないからである。会話ひとつを例にとって,話し手の表情やしぐさ,あるいはその人のおかれた立場や役割までをも考慮しながら,感情の状態や意図を推察することが聞き手には求められる。また,みんなが押し黙っていて重苦しい雰囲気のときに,さらに暗い気持ちにさせることは,もちろん言うべきではないが,だからといって,から騒ぎすればよいというものでもない。こうしたことがいずれも当然のこととして人々に了解されているのである。

　「言わなくてもわかるはず」「以心伝心」といったコミュニケーションのあり方は,日本文化に限ったものではない。相手の心理状態を推測し,社会的役割や状況に配慮することが,良いコミュニケーションの決め手となるのは,どの文化にも多かれ少なかれ共通することである。では,こうしたコミュニケーションの特質は,どのような心理過程と関連しているのだろうか。

1 言語的コミュニケーション

コミュニケーションのルール

コミュニケーションとは，情報の送り手と受け手の間の共同作業である。送り手は，自分の頭の中にある思考を的確な言葉に変換して伝えさえすれば，それで意思が伝達できるというわけではない。受け手の知識や関心，あるいは好き嫌いの「態度」を考慮に入れたうえで言葉を選ばないと，自分の考えが伝わるとは限らないのである。言い換えると，送り手は受け手の理解の過程を先読みすることを求められるし，受け手もそのことを承知のうえで，送り手の意図を読み返すということを，お互いに行っているのである。もしもこうした過程がなかったなら，私たちの日常会話は，無駄を省いたニュース原稿のような文章を，ただ読み上げるだけのほうが，よほど効率の良いコミュニケーションだということになってしまうだろう。最初にふれた「空気を読む」ことも，求められはしないはずである。

コミュニケーションが共同作業だとすると，そこには伝達に関するなんらかのルールが，理解され共有されている必要がある。この，コミュニケーション・ルールについて言語哲学者のグライスは，以下のような会話の格率（maxim of conversation）の存在を指摘している（Grice, 1975）。

① 量の格率：必要なことはすべて述べ，必要以上に多くの情報は送るな。
② 質の格率：真実だけを述べ，確証のない情報や嘘の情報を送るな。
③ 関係の格率：受け手にとって無関係な情報は送るな。
④ 様態の格率：あいまいな表現，わかりにくい表現は避け，簡潔で順序だった述べ方をせよ。

コミュニケーションは，相手がこれらのルールを守りながら情報のやりとりをしているはずだという，互いの信頼と推論のうえに成り立っている。たとえば，「あれ取って」という発話が成り立つのは，「あれ」の指すものが自分の理解できる範囲にあるに違いない，つまり「関係の格率」が守られているはずだと，受け手が信頼しているからだし，何より，そのように理解されているはずだと送り手の側も信頼しているからである。そのおかげで，「あれ」という一

見あいまいな表現でも「様態の格率」に反しないですむのである。

　もっとも，ときにはわざとルールを破ることによって，さらに含蓄のある伝達が行われることもある。この点については，次項で再び考えることにする。

言語行動と対人関係

私たちは自分でも気がつかないうちに比喩を頻繁に使っているが，これは上で述べた「関係の格率」に対する了解を前提としている。比喩は，理解する努力を相手に強いる代わりに，それを通して対人的に親しくしようとしているというサインを送り，円滑で奥行きのあるコミュニケーションを可能にする。会話の中でいっさい比喩を用いなかったとしたら，それは実に無味乾燥な情報伝達になってしまうことだろう（現に，この直前に使った「円滑」「奥行き」「無味」「乾燥」などはすべて，物理的比喩である）。

　また，字が下手だと自覚している人に向かって「字がきれいな人はいいねえ」と言ったとしたら，それは直接「下手だ」と指摘する以上に辛辣なコミュニケーションとなるだろう。こうしたアイロニー（皮肉）は，「質の格率」を破ることによって，さらに強い意味を生じさせていると考えられる（岡本，2006）。一方，自分でも得意だと思っていることについて，わざわざ「さすがに，得意なことはうまくできるねえ」と言われたら，実は少しも「うまい」などと思っていないことが，聞き手にも伝わるだろう。これは，当人も自覚していることをあえて述べ，冗長な情報を送ることで「量の格率」を破るという，別のタイプのアイロニーである。

　対人関係においては，相手の「体面」（face）を脅かさない，つまり礼儀正しく丁寧なコミュニケーションを行うという，ポライトネス（politeness）のルールも重要な働きをする（Brown & Levinson, 1978）。たとえば，ものを頼むという行為ひとつをとっても，「〇〇してくれない？」と気軽な表現を使ったほうが相手も緊張しなくてすむ反面，それが失礼にあたるとわかっている相手には「△△をお願いできますか」という表現や，もっと婉曲な表現が用いられる。相手との関係に応じて，どのような表現が相手の立場にとって脅威にならないかを，つねに考慮した言語選択が行われるのである。これは，敬語や婉曲表現が発達しているといわれる日本語の文化圏に限った話ではなく，多くの文化に共通した行動傾向である。ポライトネスのルールは，上で述べた依頼，要求表現のほかに，申し出，謝罪，感謝，悪い知らせの伝達など，さまざまな文脈で

| FIGURE | 図 10-1 ● コミュニケーション実験の刺激の例

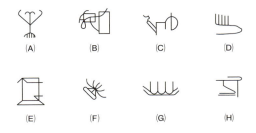

(出典) Fussell & Krauss, 1989 より作成。

効力を発揮する（岡本，2006）。

　第7章でもみたように，対人関係における問題の発生と破綻は，しばしばコミュニケーションの不足や困難さが原因となっている。したがって，意図の通じ合うコミュニケーションを確立することは，関係の修復，葛藤の解決にとって重要な要因となる。たとえば感謝は感謝として，謝罪は謝罪として，的確に相手に理解される必要がある。それが皮肉や言い逃れだと解釈されるうちは，相互の信頼を得ることが難しいからである。

共通の基盤　コミュニケーションの送り手が，受け手の知識や心理状態を考慮に入れる様子を実験で示したのが，ファッセルとクラウスによる一連の研究である（Fussell & Krauss, 1989 など）。そこで用いられた課題は，図10-1のような，意味のあいまいな図形を数多く示して，それについて記述を求めるというものであった。ある条件では，その記述を読んだ他者が，どの図形を指すのかがわかるようにと教示した。また別の条件では，後で自分が読んでどの図形のことかがわかるようにという教示であった。すると，自分への覚え書き条件では，たとえば(D)の図形であれば「櫛みたいなもの」などと，特徴だけを短い言葉で記していたのに比べ，他者への伝達条件では，細部にまで言及した精緻な記述がみられた。これは，情報伝達の前提となる共通の基盤（common ground）をもたない他者への，配慮の結果だと考えられる（Clark, 1996）。こうした言語の変容行動は，受け手への

> **COLUMN** *10-1* ベビー・トーク
>
> 　コミュニケーションに際して，相手の立場や知識などへの配慮が過度に行われた場合には，かえって望ましくない結果に至ることもある。たとえば，自分よりも地位の低い人や，知的な面で劣ると考える相手には，幼児を相手にしたような話し方が用いられやすい。これは，短めの表現で，ゆっくりと，声の調子はやや高く，理解しやすそうな語彙を多めに使って，繰り返しを用いながら話すといったもので，要するに「ベビー・トーク」である。また英語の場合には，命令文など相手をコントロールするような表現が多用される。
>
> 　こうした口調が問題となるのは，それが幼児でもない相手に用いられるからである。たとえば，高齢者や知的障がいのある人，あるいは外国人に対しても，同様のコミュニケーション様式がとられる（DePaulo & Coleman, 1986）。ときには，目の不自由な人に対して話すのに大声になるといった，見当はずれの行動まで起こる（Ferguson, 1979）。
>
> 　こうした話法は，何も低い地位の人を見下したときにだけ現れるわけではなく，恋人同士など，親密な関係でもたびたび用いられるので，一概に「差別的」だと断定できない難しさがある。使っている本人たちにすれば「単なる親近感の表れだ」という意識かもしれないが，ここでも，「ステレオタイプ内容モデル」が主張するような，偏見の次元のすり替えが起こっている可能性がある（Fiske et al., 2002：本書第 9 章 2 節参照）。

チューニング（audience tuning または audience design）とよばれる。

　「共通の基盤」を意識した言語行動は，日常でも頻繁にみられる。よその土地から来たとわかっている人に道順を説明するときには，「消防署の角を曲がって」などという前に，まずその消防署がどこにあるかから教えようとするだろう。たしかに，外国人のように異なる文化をもつ人や，年少者に対しては，注釈めいた情報を加えた，丁寧な伝達や描写が行われることがある。しかし，ときにはこれが聞き手を知識不足と決めつけているように受け取られ，偏見あるいは侮蔑的だとして反感をもたれることすらある。実際，「噛んで含めるような話し方」の中には，偏見が含まれていると思われる場合もある（COLUMN 10-1）。また，他の集団との心理的境界を暗に示すための手段として，仲間内でしか通じない言葉遣いが用いられることもある。いわゆる「業界用語」や

「ギャル語」などは，仲間に通じやすいという便利さだけではなく，「社会的アイデンティティー」(第9章参照) をもたらすという機能ももっていると考えられる。

非言語的コミュニケーション

　言語を介したコミュニケーションは，人間に特有といってよいくらい顕著に発達した情報伝達手段である。しかし，他の動物の多くが，たとえ言語を使わなくても，多かれ少なかれ情報のやりとりを行うことができるように，人間もまた，非言語的な方法でコミュニケーションを行っていることは明白である。人間の用いる非言語的コミュニケーションのうち，重要なものには以下のような種類がある。

空間的距離　相手とどのくらいの物理的距離にまで近づこうと (あるいは遠ざかろうと) するかは，往々にして感情の親密さ (または疎遠さ) を表す。もちろんこれには，個人差もあれば，性差や文化差などの群間差もある。ただし，同じ集団や文化の中だけをみると，対人的な遠近の感覚に応じた「適切な距離」というものが，人々の間に了解されている。

視線　他人の目を凝視することは，あるときには親しみを表す一方，敵意の表れだと解釈されることもある。状況によってその意味は大いに異なるのである。アージャイルらによる研究では，会話において聞き手は全体の時間の約75％，話し手は41％の間，相手の目を見つめているという (Argyle & Ingham, 1972)。言い換えると，相手から少し目をそらすことが，発言権を求める合図の1つになる。ただしここでも，文化差があることは間違いないだろう。

顔の表情　内的な心理状態である感情を，顔の表情によって他者に伝えることができるという事実，そして，そうした表情の中には文化を越えて共通の意味をもつものがあるという可能性は，すでにダーウィンも指摘している (Darwin, 1872)。特に，「幸福感」「驚き」「悲しみ」「怒り」「嫌悪」「恐怖」といった基本的感情については，か

> **COLUMN**　10−2　教室での「怖い話」
>
> 　第1章でもふれたアンバディーとローゼンタールの研究（Ambady & Rosenthal, 1992）は非言語的な手がかりが対人的な印象を大きく左右することを示している。この研究では，大学と高校の教員たちの協力を得て授業の様子をビデオ撮影した中から，各人につき，10秒ずつ3カットの場面を採取した。このビデオ・クリップを見て，それぞれの教員の能力や性格の印象を，（受講者ではない）大学生たちに評定してもらった。その評定結果と，教員たちが実際の授業で学期末に受講者から受けた授業評価の内容とを比較してみたところ，両者の間には驚くほど高い相関がみられた。特に，各教員の活発さや自信の程度，熱意や温かさなどについての印象は，合計わずか30秒間のビデオ・クリップからでも，その教員の全体評価を言いあてられるほどの予測力をもっていた。教員たちの身ぶり手ぶりについて，さらに詳細に分析したところ，顔の表情や手の動かし方といった非言語的な情報が，評価に影響していることもわかった。教員に限らず，人から見られる立場にある人たちにとっては，かなり気になる話である。

なりの程度まで通文化的に理解が共有されていることを，エクマンらの実証的研究が裏づけている（Ekman, 1972）。また，感情は一般に「快―不快」と「覚醒―沈静」の2次元で分類できることが知られており，それぞれの次元で対比が明確な感情を他者の表情から弁別することは，比較的正確にできる（Russell & Bullock, 1985）。その反面，次元を共有する感情同士，たとえば「興奮」と「喜び」はどちらも「快」かつ「覚醒」というカテゴリーを共有しているため，区別が難しい傾向にある。

ジェスチャー

「身ぶり手ぶり」という言葉のとおり，身体の一部を動かすことも，情報伝達の手段として盛んに用いられる。ボディ・ランゲージという言葉も，日本語としてほぼ定着しているといってよいだろう。ジェスチャーの中には，電話で話すときの手の動きや，うなずきのように，言語的コミュニケーションに伴って現れるものもあれば，別れのときに手をふる行為や，あいさつとしての敬礼や会釈，ウィンクのように，黙っていてもできるもの，つまり言語的コミュニケーションに代わるものとがある。ジェスチャーに似た機能をもつものとして，体の向きや傾き

なども，親密さの表れや地位関係を示そうとする合図としての役割を果たす。

近言語　言語的な意味内容を伴わない音声情報，たとえば声の大きさや高さ，抑揚，テンポ，さらには「間」のおき方から咳払いやため息に至るまで，意味や意図を伝える手段はたくさんある。これらは近言語（またはパラ言語；paralanguage）とよばれ，特に感情表現などの道具として重要である。

社会的関係とコミュニケーション

社会的地位と言語　言語的，非言語的を問わず，コミュニケーションの内容と様態は，当事者間の社会的な関係に大きく左右される。最もわかりやすい例は，社会的地位の影響であろう。日本語では，年齢や地位に応じて適切な敬語を選ぶことがつねに要求される。あるいはその裏返しとして，「タメ言葉」を適切に使い分けられることが，親しさの表現として有効に機能する。敬語の使い分けが日本語ほど明確でない言語文化でも，地位の影響はさまざまな形で表れる。COLUMN 10-1 でもみたように，それはしばしば，地位差からくる偏見とも関連している。

さて，方言やアクセントなどが異なる人と会話をしていると，知らず知らずのうちに口調が「移って」しまうことがある。これには，おそらくこの口調のほうが相手にとって理解しやすいだろうという配慮も働いているだろう。しかしそれだけでなく，話者同士の地位差に対する意識も影響しているという考え方がある。これは特にイギリスのように，アクセントが社会階層と強く連関している社会にあてはまる。つまり，低地位集団の成員のほうが，高地位集団の成員である相手へと言語的特徴を合わせる（応化）行動に出やすいのである。ジャイルズらの話体応化理論（speech accommodation theory）（Giles & Coupland, 1991）によると，これは「収束」（convergence）とよばれる現象で，高地位集団からの受容や是認を求める動機のためだと考えられている。もっとも，これとは逆に，低地位（あるいは少数者）集団の側が自分たちのアクセントを誇張して，高地位（あるいは多数者）の外集団から差別化を図る場合もある。こうした「拡散」（divergence）の現象は，内集団の社会的アイデンティティーを強調す

るための手段として用いられるのだと考えられている。日本でも，方言をいわゆる「標準語」に収束させる場合と，逆に方言を誇張した拡散が起こる場合とがある。場面に応じて，関西弁や博多弁をあえて使ってみせる芸能人をテレビで目にすることがあるが，これは後者の例である。ただし，イギリスのように社会階層と言語が密接に関係した社会や，カナダをはじめ言語集団の間の葛藤が明確な社会とは異なった，日本社会に特有な応化の過程を考える必要もあるだろう。

隠す行為と見破る行為　言語的であれ非言語的であれ，発信されたメッセージが必ず発信者の感情や思考を反映しているとは限らない。本人も統制できないままに，ふと口をついて出てしまう言葉もあれば，隠そうとした本心が身ぶり手ぶりに表れてしまうこともある。では，人はどのような状況でなら，そしてどのくらい上手に，感情や思考を隠すことができるのだろうか。

　発話の内容や，顔の表情などについては，本心を隠したいという強い動機づけがある限り，かなりうまくコントロールできるようである。ただしそのぶん，かえって非言語的な面で嘘がばれやすくなるというのも事実のようである。一方，嘘をつかれている側が，これを見破る能力は，一般に考えられているほど高くはない。アメリカで行われた研究によると，司法関係の取調官，警察官，ポリグラフ（取り調べに用いられる検査機）技術者，精神科医など，嘘を見抜く能力を特に必要とする職業の人々でも，大学生と比べて顕著に優れているわけではなかった。唯一優れていたのは，シークレット・サービス（要人警護）の人たちであったという。また，一般に女性のほうが男性よりも見抜くのが得意だといわれているが，それは主に非言語的手がかりに関することで，言語的な嘘を見破る能力の差は小さい（DePaulo, 1994）。

コミュニケーションと認知

伝達と認知の共有　これまで，コミュニケーションの際の心理過程，特に認知過程とそれをとりまく社会的な要因が，コミュニケーションに与える影響について考えてきた。しかしこれとは逆に，

| FIGURE | 図10-2 ● 情報の伝達と共有の結果

(1) 話題の対象（ターゲット人物）のことを「好き」（または「嫌い」）だと思っていることがわかっている人を相手に，ターゲットに関する情報を送ろうとする際には，(2) 情報の受け手に合わせて，良い情報（または悪い情報）へと歪めて伝達が行われる。(3) その後，送り手自身のターゲットに対する印象を尋ねると，「好き」（または「嫌い」）と答えるようになっていた。送り手自身も，歪めて伝達した情報の影響を受けたのである。

（出典） Higgins & Rholes, 1978 の実験より作成。

　コミュニケーションを行うことによって，当事者たちの認知や行動が影響を受けるという事実も見逃すことはできない。特に，「共通の基盤」に基づいたコミュニケーションの結果として，これに加わる人々の間に共有された認知表象が形成されるという点が重要である。

　この複雑な過程を実験で示したのが，ヒギンズらによる研究である（Higgins & Rholes, 1978）。まず実験の参加者には，ある人物に関する情報を受け手に伝えるという，送り手としての役割が与えられる。その際，話題の人物（ターゲット）のことを，受け手が好きだと思っていることが知らされた条件では，ターゲットの良い面を強調したコミュニケーションが，逆に受け手が嫌っていると知らされたターゲットについては良くない面を中心とした情報伝達が行われる。つまり，ここでも「受け手へのチューニング」がみられたのである。

　さらに重要なのは，受け手に配慮して伝達内容を変容させたはずの送り手自身が，今度はそれと一致するような認知を行うようになったことである。すなわち，情報を伝達した後で，送り手自身がターゲット人物に対していだいた印

象を評定してもらったところ，望ましい内容を多く伝えた後では好意的な印象が，望ましくない内容を多く伝えた場合は非好意的な印象が，形成されていた。また，ターゲットに関する最初のプロフィール情報を，送り手がどの程度まで覚えていたかを自由再生によって調べると，やはり印象に一致する方向へ記憶が歪んでいたのである（図10-2）。このように，私たちの他者に関する「認知」とは，その対象（上の実験でいえばターゲットに関するプロフィール情報）から直接得られる情報だけをもとに形成されるのではなく，他者に情報を伝えたり共有したりしたという経験を介して，成り立っている面もあると考えられる。

印象を表す言葉

これまで，言語的なコミュニケーションと認知の関係をみてきたが，そこで用いられる言語の性質それ自体も，認知のあり方と深く関わっている。その手がかりとして，人物に関する**印象**や集団に対する**ステレオタイプ**が，どのような言葉で表現されるか考えてみよう。「彼女は努力家だ」「女性だから気が弱いかもしれない」という具合に，名詞や形容詞が使われることが多いのに気づくだろう。これらの言葉は，時や場面が違っても変わることがない，人物の安定した性質を表すという特徴をもっている。現に，性格語の多くは名詞や形容詞である。第5章で述べた「属性推論」は，言語的にはこれらの品詞で表現されるような人物表象の形成過程であるといえる。

相手の人物に対して，印象やステレオタイプといった先入観がある場合，これと一致した行動が観察されたときには，名詞や形容詞などの属性語を使った表現が行われやすい。たとえば，好ましい印象をもっていた人が他人を助けるところを目にしたときは，「（やっぱり）**親切な人だね**」という表現や解釈が行われやすい。ところが，嫌いな人が同じことをしても，せいぜい「**手を貸した**」「**手伝った**」くらいの表現ですまされることが多い（Maass, 1999）。後者の例にあるような動詞は，形容詞などの属性語と比べると，具体的な行為を記述するだけで，別の場面でもその人物が同じ行為を繰り返すということを，必ずしも意味しない。言い換えると，その場限りのできごとを記述するに留めて，「嫌い」という印象を変更するまでには至らないような表現が選択されるのである。こうした言語使用の傾向は，言語期待バイアス（linguistic expectancy bias）とよばれ，英語などの欧米言語だけでなく，日本語やその他の多くの言語においても確認されている（Karasawa & Maass, 2008）。

この種の言語バイアスは，集団間の関係で特に顕著に起こる。身内である内集団には概して好ましい期待を，それ以外の外集団には好ましくない期待をもっていることが多いので，内集団成員の望ましい行為や，外集団成員の望ましくない行為は，「期待に一致する」ことになる。そのため，こうした行為は形容詞等で表現されやすい。しかし，これと逆の場合は動詞が用いられやすい。これらは第9章で述べた内集団バイアスの一種と考えることができるもので，集団間言語バイアス（linguistic intergroup bias）とよばれる。

情報伝達の影響　　情報伝達の受け手への配慮やコミュニケーション・ルールは，言語表現の形式だけでなく，話題の選択にも影響する。共通の基盤に立って，互いに理解しやすい話題を選ぶという行為が繰り返されると，結局のところ，もともと共有度の高かった情報が集団やネットワークの中で生き残っていくことになる（第16章で述べるように，これは集団意思決定の過程にもあてはまる）。

　人々の間に広く共有された信念の代表的な例が，ステレオタイプである。第5章で詳しくみたようにステレオタイプは，対象となる集団やカテゴリーの成員がもつ特徴についての，簡潔な要約として人々に共有されていることが多い。そのためステレオタイプは，対象となる集団やその成員について，要領よく情報を伝えられる手段になりやすい（Karasawa & Suga, 2008）。「弁護士の○○さん」「女性議員の△△さん」といえば，一を聞いただけで十を知ることができるかのような，情報的価値を見いだしやすいのである。実際，ステレオタイプ的な情報伝達をすることによって，さらに強固な印象や信念が形成されることが実験によっても確かめられている（Wigboldus et al., 2000）。

　情報の伝達を通して，ステレオタイプを強めていくような話題の選択が行われる過程は，嘉志摩らのグループが，連鎖再生法（serial reproduction）を用いた実験で明らかにしている（Kashima, 2000）。これは伝言ゲームのように，数名の実験参加者が，あるターゲット人物に関する話題を次々に伝えていくという方法である。その結果によると，連鎖の最初のほうでは，ステレオタイプに反した意外な情報のほうが，ステレオタイプ的な情報よりも，むしろ強調されて多めに伝えられる傾向がある。しかし何人かの伝達者を経るうちに，ステレオタイプに一致する情報のほうがしだいに多くの比率を占めるようになり，最終的には逆転することが多い（図10-3）。先入観に一致した情報が，噂として

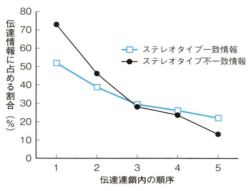

図10-3 ● 連鎖再生にみられるステレオタイプ一致情報・不一致情報の割合の推移

（出典）　Kashima, 2000 より作成。

　人々の口の端に上りやすいことは，古くはオルポートたちの研究によっても示されているが（Allport & Postman, 1947），これはちょうどその実験室版といえる。

　連続的に，一方向へ向かって情報が伝達されていく連鎖再生法と違って，双方向的に情報がやりとりされる会話の内容については，結果はやや複雑である。全般的には，ステレオタイプに反する情報よりもステレオタイプに一致する情報のほうが，会話に登場しやすいことを示す実験結果が多い（Ruscher et al., 1996 など）。ところが，ターゲット人物について正確な判断を下すことが求められたときや，会話者同士で合意を形成することが目的である状況では，むしろステレオタイプに影響されまいとする過程が働くため，これに反する「意外な」情報のほうが話題になりやすい（Karasawa et al., 2007）。

わかりやすいことが伝わりやすい

　対人間のコミュニケーションだけでなく，よりマクロなレベルの情報交換においても，人々に理解されやすい認知表象はさらにコミュニケーションを喚起しながら，増殖していく傾向をもつ。たとえばアメリカ・大リーグのファン投票を行う人々が，インターネット上でどういう情報交換をしていたかを調べた研究の結果によると，話題の内容を強く規定していたのは，選手

の成績ではなく，どの程度メディアでとりあげられているかという知名度だった（Fast et al., 2009）。どの選手に投票したかについては，そのシーズンの成績もたしかに影響を及ぼしていたが，その影響をとり除いた知名度の単独効果も，統計的に有意であった。しかも，投票に及ぼす知名度の効果は，ネット上での仲間との会話の内容に完全に媒介されていた。このように，アメリカ社会でかなりの文化的意味をもつ一大イベントの動向も，いわゆる「実力」だけでなく，メディアが発信する情報と，それを受けとめる人々の間での話題にも，強く規定されるのである。しかも，オールスターの投票結果のように，制度化され「歴史的事実」として残る情報は，さらに知名度と話題性を再生産していくだろう。

5 コミュニケーションとしての対人行動

コミュニケーションは，言語や非言語的手がかりを介してやりとりされるだけとは限らない。ときには，行動の全体的パターンそのものが，コミュニケーションとしての機能を果たす場合もある。

 予言の自己成就　人々が何らかの知識や予期を共有しているところでは，それがコミュニケーションの内容だけでなく，行動パターン全体に反映されることもある。これは，予期が真実に基づくものではなくて，単なる思い込みだった場合に，特に重大な意味をもつ。ただの幻想だったものですら，コミュニケーションを介することによって「事実」に生まれ変わることになるからである。社会学者のマートンが予言の自己成就（self-fulfilling prophecy）（Merton, 1957）と名づけたこの現象は，社会心理学の研究では，ときに行動的確証（behavioral confirmation）の過程ともよばれ，これまでに多くの研究の対象となってきた。

中でも有名なのがスナイダーらによる実験である（Snyder et al., 1977）。男女の大学生1名ずつ（互いに未知の仲）が，顔は合わせずにマイクとヘッドフォンを通じたコミュニケーションを行う状況におかれる。ここで相手の女性の顔写真だと称して，半数の男性には，事前調査で特に容貌の評価が高かった女性の写真が，他の半数には容貌評価が低かった女性の写真が手渡される。その後，

第 **10** 章　コミュニケーション

FIGURE 図10-4 ●「予言の自己成就」過程の概念図

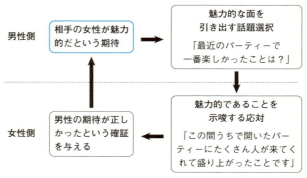

（出典） Snyder et al., 1977 より作成。

　10分間の会話を録音して，女性側の発言部分だけを多数の評定者に聞いてもらって印象を尋ねた。すると，自分を美人だと信じた男性と話した女性たちのほうが，美人だとは思っていない男性と話した女性たちに比べて，社交的で，ユーモアや社会的スキルに優れ，バランスのとれた性格だと評定された。つまり，魅力的だと信じ込んでいる男性と会話したときのほうが，アメリカ社会で「魅力的な女性」と評価される姿を，実際の会話の中でも示していたことになる（図10-4）。

　行動的確証の過程は，人種や性別に関する偏見についても起こる。偏見がもとで起こる，知覚者の側の行動が，結果的にこれを証明するような「事実」をもたらしてしまうことを実験的に示したのが，ワードらによる模擬就職面接の場面を用いた研究である（Word et al., 1974）。まず実験1では，実際に目の前にいる黒人の受験者を相手にしたときに，白人の面接官が示す疎遠な態度の特徴と，白人受験者に応対するときの親密な態度の違いが，明らかにされた（図10-5(A)）。実験2では，先の2種類のどちらかでふるまうように訓練した面接官を相手に，今度はいずれも白人の大学生が面接を受けた。すると，黒人受験者に接するときのように疎遠な態度を見せる面接官の条件では，たとえ白人受験者であっても，まるで「能力の低い黒人」というイメージの生き写しのように，失敗を繰り返してしまうのであった（図10-5(B)）。実際の面接場面におか

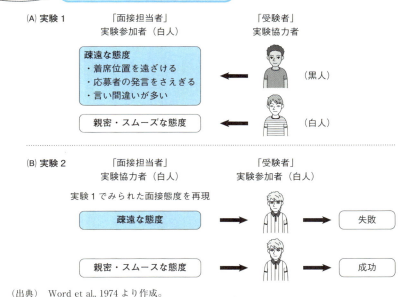

図10-5 ● 人種偏見と行動的確証

(出典) Word et al., 1974 より作成。

れた黒人受験者は、おそらくこの実験場面と同じような扱いを受けるであろうから、上手な面接ができないというハンディキャップが、もともと与えられているといえるのである。

地位関係の影響

行動的確証の起こりやすさは、各人のおかれた立場などの社会的要因によっても影響を受ける。たとえば、実験状況で地位の高い役割と低い役割とに参加者をふり分けると、高地位者側に与えられた期待は、これを確証する行動を低地位者から引き出しやすい。一方、低地位者のもつ期待は必ずしも自己成就しない (Copeland, 1994)。この結果は、自己成就現象の研究の端緒となった教師期待効果 (teachers expectancy effect) についても、多くの示唆を与える (Rosenthal & Jacobson, 1968)。これは、生徒の能力について教師が期待をもつと、それが実際の成績となって自己成就するというものだが、そこには教師―生徒間の地位関係も影響している可能性が考えられるからである。また、低地位におかれると、当然

のことながら高地位者に従う行動が増えるだろう。するとこれが,「高い地位につくための資質に欠けている」という期待を確証してしまうことになる。ここでも,低地位でスタートした者が実力を発揮して地位を向上させることには,最初からハンディキャップがあるということになる。

　立場の強さと弱さの影響は,親密な対人関係においても現れる。交際中のカップルについて調べたある研究では,自分は嫌われ始めているかもしれないという疑いをもつと,その影響が,よりによって相手が嫌だと思う行動に出てしまって,関係が実際に悪化することが示されている。立場の弱さが焦りを生み,事態をかえって悪くしてしまうのである。しかも,相手からの拒絶に敏感なパーソナリティーの持ち主ほど,こうした罠に陥りやすい (Downey et al., 1998)。

　もっとも,高地位の側にいる人たちも,自分が行動的確証を起こすかもしれない立場にあることを自覚すると,その危険性について「気を遣う」ため,やはり複雑な心理的状態に追い込まれることになる。たとえば,カナダの白人大学生が,偏見の対象となる先住民族の人と一緒にいるようすを,ビデオで録画して分析したところ,他者からみられる自分に対する意識(「公的自己意識」とよぶ)が強い人ほど,偏見を示してはいけないという「気づまり」を感じるために,かえってよそよそしい行動に出ることが示された (Vorauer & Turpie, 2004)。しかも,自分が偏見をもつ人間だと相手が思っていると信じるよう,実験的に誘導された人たちの中では,実際には偏見が弱い人のほうがかえって,こうした逆効果に陥りやすいという,皮肉な結果も得られた。こうして生まれる外集団からの回避傾向は,結局のところ,実際に偏見があるのとなんら変わらない行動を引き出してしまう (Dovidio & Gaertner, 2004)。

●●●

　コミュニケーションとは,ある人の頭の中にある考えやイメージを,できるだけ正確に言語などの信号に変換して,雑音の少ない条件のもとでそれを正確に伝えることにより,受け手が送り手の頭の中にあった考えをうまく再現できるようにすることだと,考えられがちである。しかし,本章で繰り返し述べたように,コミュニケーションはそのような一方向的な活動に留まるものではない。それは,送り手が受け手の期待や態度を先読みし,共通の基盤を活用しながら,一緒に理解を形成しようとする営みなのである。こうした過程が成り立つ基礎として,これまでの章で論じられた個人内の心理過程や対人関係の要因

が作用していることが，わかっていただけただろうか。また，情報の伝搬と，それを介した認識の共有というコミュニケーションの特徴は，二者間のような限られた人間関係の間だけでなく，今後の章に登場する，よりマクロな文脈でも十分に発揮される。たとえば第 14 章で述べる「世論」などにとって大きな役割を果たすし，第 18・19 章で考える「文化」を構成する要素としても重要な働きをする。

BOOK GUIDE ● 文献案内

大坊郁夫，1998『しぐさのコミュニケーション――人は親しみをどう伝えあうか』セレクション社会心理学 14，サイエンス社
- 対人レベルのコミュニケーションに関するトピックスが網羅されている。著者自身による実証研究の結果もふんだんに盛り込まれている。

池田謙一，2000『コミュニケーション』社会科学の理論とモデル 5，東京大学出版会
- 対人レベルとマクロ・レベルの両方の視点から論じられていて，コミュニケーションの全体像を理解するうえで参考になる。もちろん，本書のさまざまな章と関連が深い。

岡本真一郎，2010『ことばの社会心理学』（第 4 版）ナカニシヤ出版
- 心理言語学，社会言語科学などの領域と社会心理学を橋渡しする労作。専門書ではあるが，事例が豊富で初学者にも比較的理解しやすい。新書版の『言語の社会心理学――伝えたいことは伝わるのか』（岡本真一郎，中公新書，2013 年）はさらに平易に書かれていて読みやすい。

Chapter 10 ● 考えてみよう　　　　　　　　　　　　　　　　SEMINAR

❶ 他人から，自分の立場やメンツを無視した発言をされた例や，自身がそうした発言をして失敗した例を思い出してみよう。それをもとに，言語的コミュニケーションにおける「ポライトネス」が実際にどのような働きをしているかについて考えよう。

❷ よく知っている人と 2 人 1 組になって，身ぶりや手ぶりに気持ちや感情が現れるときの癖や特徴について，互いに話し合ってみよう。相手から指摘されたもののうち，自分でも意識していたものと，していなかったものは，それぞれどのようなものだっただろうか。

❸ 予言の自己成就現象の具体例を考えてみよう。

第11章 ソーシャル・ネットワーク

人と人のつながりは何を生み出すか

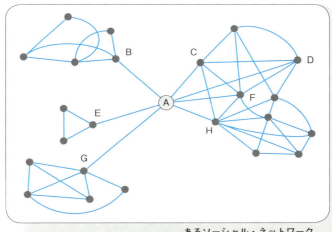

あるソーシャル・ネットワーク
（Burt, 2005 の実例を単純化）

CHAPTER 11

SUMMARY

　これまでみてきた集団は，その中に構造が存在する。複数の人々の対人関係が人と人のつながりとなってネットワーク構造をなしている。ネットワークの中に位置する個人は，他者との間に強い紐帯や弱い紐帯をもち，またオピニオンリーダーといったネットワークに関連した行動特性をもつ。これら特性を点検し，「世界は小さい」と認識されるメカニズムをたどった後，ネットワーク内の個人が「ネットワークに埋め込まれている資源」にどのようにアクセスしているかをみていく。ネットワーク上の位置が個人の判断を左右し，アクセスできる資源を規定する一方で，その位置の中で人は集団や社会を能動的に認識し，意思決定を行っているという二重の側面をもつ。

> **KEYWORD**
>
> ソーシャル・ネットワーク　オピニオンリーダー　イノベーション　ブリッジ　採用者カテゴリー　スモールワールド　弱い紐帯　強い紐帯　ソーシャル・サポート　ネットワーク資源　結束的なネットワーク　橋渡し的なネットワーク　類同性の原理　ネットワークの同質性・異質性

「ぼくらの世界は人と人のネットワークで成り立っている」。こう言われて否定する人はいないだろう。古い言葉だが，ひとり超然と光を放つ「孤高の人」でも他者につながっていなければ，「孤高の人」として知られることさえない。ましてスマートフォンで日々連絡をとりあう間柄の友人たちを思い起こせば，「ネットワーク」という言葉には実感が伴う。

だが，日常生活の中で，自分がつながったネットワークの「形」を意識することはどの程度あるだろう。自分の友人たちなら誰と誰が仲が良いという認識はあっても，あまり身近でない人になると，互いに知り合いなのかどうかさえ考えることは少ないだろう。まして本章冒頭の図のようなネットワークを思いめぐらし，集団の中で自分が占めるネットワーク上の位置が自分の行動にどれだけ影響を与えているのか，自覚的になることはまずない。たとえば，ファッション行動はネットワーク内にいる友人のファッションに大きく影響されているはずだが，購買の瞬間にそのことを自覚することがどれだけあるかはあやしい。ここでは，こうした見えないネットワークが私たちに何をもたらしているか，私たちはネットワークをどのように利用しているかを概観する。

●●●

本章では集団や集団関係を，ネットワークという視点からとらえる。人と人の間のネットワークを「ソーシャル・ネットワーク」とよぶが，ここでは人間の行動がどれだけソーシャル・ネットワークの「関数」としてとらえられるか，つまりネットワークに規定されるものとしてどこまでとらえうるかをみていく。それは，「独立した個人」とか「1人で能動的に意思決定する人間」という近代社会の人間論的前提からは矛盾する主張のようにも聞こえる。しかし社会心理学では，日常生活の中で意識しにくいネットワークを体系的に検討することで，私たちがネットワークの中でこそ日々を過ごし，その中で何がリアルだと感じているのか，私たちの行動がいかに自分のもつネットワークに反応しやす

く，影響されているのかを示す。また一方で「近代社会の人間論的前提」である能動的な個人の姿もネットワークの中にありながら息づいていることを確認する。

ソーシャル・ネットワーク研究の発展
世界は狭く，あっという間につながる

オピニオンリーダー　ソーシャル・ネットワークの中の人間行動を研究するアプローチは多彩である。

歴史的な先駆はラザスフェルド（Lazarsfeld, P. F.）を中心にした 1940～50 年代の研究であるが，その影響力は現代でも強く残っている。

ナチス・ドイツが支配するオーストリアからアメリカへと難を逃れた心理学者のラザスフェルドが試みたのは，アメリカ大統領選挙の中でマスメディアが果たす影響力の強さを実証しようとすることだった。しかし，そうして行った名高い社会調査を通じて，彼とその仲間が偶然にも発見したのは，人々の政治行動がソーシャル・ネットワークの中でオピニオンリーダーを中心に展開していることだった（Lazarsfeld et al., 1944）。その後 10 年ほどの間に，彼らは同じことが消費者行動など，他の生活分野にもあてはまることを明らかにしていった。後者の研究も『パーソナル・インフルエンス』として今日でもよく知られている（Katz & Lazarsfeld, 1955）。

ここで提案された初期のネットワークのモデルは，マスメディアがもたらす影響力がオピニオンリーダーに及び，オピニオンリーダーから集団の中の「フォロアー」へと影響が伝わる，という「2 段階の流れ」が存在するというものであった（図 11-1）。

当初はマスメディアの影響の大きさを図 11-1 の (A) のような形で示そうと試みた研究であったが，逆にオピニオンリーダーを含むソーシャル・ネットワークの力が図 (B) のように生活に浸透していることが浮かび上がったのである。多くの人々は，映画を見るにも，買い物をするにも，投票をするにも，周囲にいる「少し詳しい人々」，つまりオピニオンリーダーの考えを念頭におきながら行動するのであり，オピニオンリーダーはマスメディアに接し，その内容を選択的に受容することで，周囲の人々にふさわしい情報や行動の選択のモデル

図11-1 ● マスメディアの影響力の2つのモデル

(A) 初期のマスメディアの影響力モデル

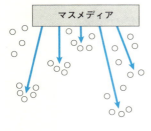

○=孤立した個人

(B) 「2段階の流れ」モデル

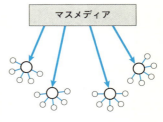

◯=オピニオンリーダー
○=フォロアー

(出典) McQuail & Windahl, 1993, p.62.

となっているのであった。そのことによって、リーダーはときにこの映画は受け入れがたい、このニュースは私たちには関係ないというように、マスメディアの情報をシャットアウトする役回りを果たすこともあれば、逆に積極的に支持するモデルともなる。ここでは「フォロアー」とはリーダーからの情報や説得に従う人々というほどの意味となる。

オピニオンリーダーという言葉は、なにやら古くさい「町内のご隠居」や「職場のご意見番」といった人々、あるいは原宿の街のカリスマ店員のような人々を、必ずしも意味しているのではない。あなたの友人の中にも、あなたがスマートフォンを買いかえるときに少し話を聞いてみたくなる人はいないだろうか。近所のゴミ収集が問題化したときに意見のまとめ役を買って出る人、あなたが趣味で参加しているサークルで頼りになる人、ファッションが参考になる友人、マイブームの健康食品をチェックして役立つツイートをしている人、このような人々もオピニオンリーダーである可能性が高い。その意味で、オピニオンリーダーは古色蒼然としたアイディアではなく、現代でも広く見受けられる存在である(なおカリスマ店員や雑誌に掲載されたモデルは流行の送り手側なのでオピニオンリーダーとはよばない。次で述べるロジャースの用語では change agent とよぶ。ただし SNS を通じて両者の境目はあいまいになってきている)。

> イノベーション研究

1960年代には，ロジャース（Rogers, E. M.）がイノベーション研究を確立し，消費者行動研究の分野に決定的ともいえる影響をもたらした。それはもともと新しい農作物や農薬（イノベーション＝新製品である）がコミュニティの中でどのように採用されていくかの「普及研究」から始まる流れであった。農作物の栽培や農薬の効力は少なくとも数カ月経たないと「実り」や「効き目」として実感しにくいものが多いため，他者の影響力が生じやすい。結果が出るまでに時間を要し，うまくいくかどうか不透明であるのに，投資と利益（収穫）に大きく影響するからである。このため，新製品をよく知る他者に詳しく話を聞いてから採用するかどうかを決めることが重要な意味をもっていた。それはオピニオンリーダーの影響力の研究にはうってつけの対象だった。ロジャースはこうしたイノベーション採用の意思決定のモデルを一般化して命題の形で提示するとともに，社会レベルで普及が進行するさまを追跡し，またオピニオンリーダーを含むソーシャル・ネットワークがもつ影響力を明らかにしていったのである。彼の研究対象は時代とともに，パソコンや電子ネットワークの普及にまで変化していった。

この研究で明らかにされたことは多い。その１つとして挙げられるのは，オピニオンリーダーが集団の内側と外側をつなぐ橋渡し的役割を果たすブリッジ（bridge）というネットワーク上の位置を占め，それこそが集団にイノベーションを導入する決定的な位置となるという点である。本章冒頭の図（243頁）を例にすれば，ネットワークの中でAの占めるような位置がそれである。オピニオンリーダーは単にさまざまな人とリンクしているFやHの人々であるのではなく，ネットワークのまとまりとなっているクリーク（clique；これが集団とよばれる単位であることが多い）の境界を越えて外側に伸びるリンクをもつ位置にいるのである。たとえばAは右側のクリークに属しながら，その外のB，E，Gという別々のクリークに属する人々とつながりをもっている。

Aの位置は集団の内側に対して，BやGといった外側の世界からもたらされる新しいイノベーション導入の窓口となり，集団メンバーにイノベーションを勧める起点となるが（変化の始発者），その評価がプラスになるには，同時にAが集団（図中右側のクリーク）から受容されていなければならない（集団からの許容）という，二重の方向性をもつ。仮にBとの間のリンクを伝ってクチコ

> **COLUMN** *11-1 オピニオンリーダーの尺度と採用者カテゴリー*

オピニオンリーダーを社会調査で測定するときに典型的に用いられる尺度を示そう。これらはそれぞれ「よくあてはまる」「ある程度あてはまる」「あまりあてはまらない」「まったくあてはまらない」などの選択肢をもつ，4点尺度として質問される。そして，因子分析などの手法で「オピニオンリーダー尺度」を示す数値が回答者ごとに与えられる。尺度は次の7問から構成される。

1. ある特定分野の製品・サービスについてよく知っているほうだ。
2. いろいろな製品・サービスについてよく知っているほうだ。
3. ある特定分野の製品・サービスについて人からよく聞かれるほうだ。
4. いろいろな製品・サービスについて人からよく聞かれるほうだ。
5. 新製品・サービスや新しいお店などは人より早く使ってみるほうだ。
6. 友人から何か相談されたり聞かれたりする。
7. 周囲に新しいものの考え方や流行を持ち込む。

次の図は，ロジャースの採用者カテゴリーであるが，「初期採用者」でオピニオンリーダー尺度の数値が最大となることがよく知られている。イノベーターは最初に採用する人であるが最大値は獲得できない。単に新商品を先に採用するのみならず，周囲の他者から判断を頼られ，自らの集団内にその商品を持

ミでAに新しい健康サプリメントの情報が伝わったとしよう。Aが属する集団（クリーク）がそれを健康のための新しいイノベーションとして受け入れるかどうかは，Aがこの集団から与えられた「信用供与」(idiosyncrasy credit：Hollander, 1958) の範囲内でそれを受容できるかどうか，つまりAが理解した健康サプリメント情報が集団内のみんなにとって信頼できる情報で，健康増進のモデルとして受け入れ可能か，に依存している。オピニオンリーダーは，変化を起こす人という点で逸脱者であるとともに（「いままでのサプリメントでは古い」），集団から支持されていないと変化が可能にならないという点で，集団への同調者でもある。このバランスの上で，Aはリーダーとして集団に対して影響力をもつのである。つまり新しいアイディアの導入者としての地位を獲得する。この知見は初期の研究の1つの到達点であり，現代でもそのまま通用す

ち込むことがオピニオンリーダーとなる1つのポイントだからである。

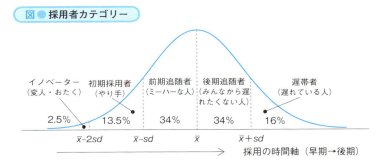

図 ● 採用者カテゴリー

図中の初期採用者がオピニオンリーダーにあたる。採用者カテゴリーの分布は正規分布をなし，$\bar{x}$ は集団の採用の平均値であり，sd は統計的な標準偏差である。イノベーターは平均値よりも $2\,sd$ 以上採用が早く，初期採用者は早いほうから $2\,sd$ と $1\,sd$ の間を占める（全体の10％強）と一般化されている。

（出典） Rogers, 1971 を一部改変。

る。

　ロジャースはまた，イノベーションの採用の時期による採用者カテゴリー概念を提唱した。最早期の採用者でありながら他者に対する影響が限定的なイノベーター，オピニオンリーダー（初期採用者），リーダーの影響を受けるフォロアー（追随者：前期と後期に分かれる），すべてに遅れをとるラガード（遅滞者）という分類を提案したことでも知られる。そして，ネットワークの広がりの中でイノベーションが社会的な過程としていかに普及していくかを示すことに成功した（COLUMN 11-1 参照）。

　以上のネットワーク研究は総じて，私たちの最も身近な人々が及ぼす影響力に着目したものであった。他方で，日頃それほど接することがないようなネットワークが何を私たちにもたらしているか，という点において興味深い研究が

登場する。

スモールワールド研究と弱い紐帯

私たちは，日常いつでも接しているような友人ばかりとではなく，しばしばその範囲を越えてさまざまな人々と交流する。学生なら入学・進学の機会，新しいサークルに入る機会，あるいは他大学との対抗試合の機会，社会に出れば，同じ企業内の他部署ばかりでなく，他社や顧客との交流の機会，はたまたイベントや合コンといった機会など，交流を広げる機会は多様に存在する。そうしたときに，はじめて出会う人との間で自分と共通の友人がいることを発見した，郷里が近く恩師が同じだった，さらには友人の友人が顧客と同じ会社の同一課内にいた，などが判明し，「世界は狭いね」と驚くことも多い。

ミルグラム（Milgram, S.）が注目したのはまさにそこであった。彼は「スモールワールド・テクニック」とよばれる手法を通じて，「世界が狭い」ことを実感させる，遊び感覚に溢れたフィールド実験を行った（Travers & Milgram, 1969）。アメリカ中西部のネブラスカ州でランダムサンプリングされた一般の個人からスタートし，「知人」から「知人」だけを手紙でリレーすることで「（アメリカ北東部の）ボストンの株ブローカ」まで「つなぐ」という実験である。このブローカは単にスタート地点の人から遠く離れたところに住む人である。参加者（知人から手紙が届いた人）はブローカに手紙がたどりつくことをめざして，自分の知人の中で誰がそのブローカを知っていそうか，あるいは知っていそうな人を知っているかを考えながら，手紙をリレーしていった。こうして知らない人へとつなぐリレーの結果をグラフにすると，リレーポイント数（手紙をリレーした中継者の数）の中央値が6であることが判明した（図11-2）。広大なアメリカの国土で見ず知らずの人々を結ぶのに，なぜそんなに小さい数字になるのだろうか。

考えてみれば，私たちには250人程度の知人があり（日米で大きな差がある。ここでは日本のデータで考える），知人同士の重複の程度を4割としても，「友達の友達」だけでも（250人×重複除く6割=150人）×150=2.25万人もの多人数になる。さらのその1つ先は150倍して337万人（たとえば友達のアルバイト先から紹介された人），もう1つ先の150倍は5億人（友達の親の会社の上司の娘）にまで達してしまう。ネットワークがランダムな構造をもっているとしたら，理論的には知人をたった4人経由するだけで，これだけの人数にまで達してしま

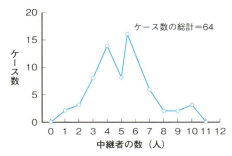

図11-2 ● スモールワールド実験の結果

（出典） Travers & Milgram, 1969, p.432.

う。だから6人でリレーが可能だったことには現実味がある。

　このような「世界の狭さ」は，私たちが日頃それほど親しくもない人々を自分のネットワークの一部として保持しているということに由来する。これらの人々との間のつながりを弱い紐帯（または弱い絆；weak tie）とよぶが，それがもつ現実的な効果を，別の形で劇的に示してみせたのがグラノヴェッターだった（Granovetter, 1974）。彼はその職業移動研究の中で，転職の際に人々が用いる有効な情報源がしばしば日常の親密なコミュニケーションのネットワークの中にはなく，弱い紐帯からのものであることを明らかにした。それは「弱い紐帯の強さ」というキャッチワードで，その後の多くの研究に強いインパクトを与えた。

　たとえば本章冒頭の図で，AがCやDやHから新しい情報を得る可能性（転職の機会の情報を得る可能性）と，BやEやGから得る可能性を考えてみるとよい。同じ集団の中の人々は異なる集団に属する人々よりも類似した情報を共有している可能性が高い。それは類似の情報源，考え方の類似性，経験や場の共有性などが同じ集団で高いことによるだろう。このことから考えて，BやEやGという外の集団につながる弱い紐帯が，情報源としてより有用な可能性が高いと推測できる。自分（A）が日常知りつくした情報とは異なる情報に接している人々だからである。それはAにとって新しい情報である。まして知人の知人，知人の知人の知人ともなれば，さらに異質な情報源を有している

可能性が高くなる。こうした可能性を，転職という現実生活の中で重い意味をもつ行動について，データのうえで明らかにしたのがグラノヴェッターだったのである。

ネットワーク・バッテリーとスノーボール調査

バートは1980年代半ばに，アメリカで定期的に実施される「総合社会調査」(GSS) という著名な全国共同調査の中に，ソーシャル・ネットワークを測定する「ネットワーク・バッテリー」の質問群を入れることに成功した (Burt, 1984)。この質問群は，調査対象者にとってたとえば「重要な他者」は誰かを数名尋ねたうえで，そのそれぞれの他者と対象者との間柄や他者の社会的属性を答えてもらったり，他者がもっているだろう意見を推測させるもので，結果として一般の人々がどんな形で「重要他者」に囲まれており（たとえば本章冒頭の図のAの場合はCやFやHといった人々），その重要他者とどんなつながりをもっているのかを明らかにするのに大きなインパクトをもたらした。私たちが日頃鳥瞰的な目でみることのない対人関係，つまり私たちと家族や友人といった関係性，そこでのコミュニケーションの量と内容，アドバイスを受ける関係なのかどうか，どんなものの考え方をもった他者なのか，といった特性を個人のもつネットワークとして分析可能にしたのである。

またハックフェルトは大統領選挙の投票行動の際に，同様の質問群を含む調査を実施したうえで，さらにここで言及される重要他者その人にも調査を実施する**スノーボール・サンプリング調査**を行った (Huckfeldt & Sprague, 1995)。それは，Aに調査するだけでなく，CやDの人々も直接の調査対象者とする「雪だるま」的な調査である。この調査は，人々がどんな他者に囲まれているかを他者自身の「客観データ」で示すことを可能にした。つまり，人が自分のネットワークをどうみているかという主観（AからみたCやD）と，ネットワーク上の他者（CやD）自身はどう考えているかという客観との間のずれが何をもたらすか，を明らかにする。たとえば自分の周囲の他者の投票先について，人は6割程度の正確さで認識していることが判明したが，こうした正確な認識は他者の影響力を強めるものであった（正確なほうがAはCやDから影響される）。このことは日米ともにあてはまる（池田, 2000）。

こうしたネットワークにまつわる研究の流れをふまえて，次節ではネットワークのもつ基本的な構造について社会心理学的視点から検討しよう。

ネットワークの構造とネットワーク資源

ネットワークの「支え」「つて」「コネ」「ほだし」「仲介」

　ネットワークの基本的な構造として弱い紐帯と強い紐帯の特性に注目しよう。

　すでに述べたように，本章冒頭の図でAのもつ「弱い紐帯」は，自分の所属グループのように見えるCやDやFやHとの間のリンクではなく，それより外に達するBやEとのリンクに多くみられる。こうした弱い紐帯を私たちは数多くもっている。あなたが趣味のサークルに属していれば，中のメンバーには強い仲間意識のある強い紐帯だけでなく，それほど日常的に交流せず，弱い紐帯でしかないメンバーもいるだろう。サークルが大きくなるほど，そうした弱い紐帯のメンバーのほうが多くなるに違いない。

　実は紐帯の強弱の定義は必ずしも1つではないが，「強い紐帯」とは，基本的に同じクリークの中で親密さや互恵的なやりとりの多い人々との間のリンクである。一方，「弱い紐帯」はクリーク内の紐帯よりも，クリークから外に出ていく紐帯に多くみられる。クリークのもつ「開放性」と「閉鎖性」は，クリーク内から弱い紐帯がどれだけ外側へ広がっているかによる。弱い紐帯が多ければ開放的であり，外部との交流が盛んであることを意味する。なお，クリークは多くの場合，「集団」と重なる。Aのいるクリークは同じ職場の△△課という集団やある趣味のサークルの集団かもしれない。しかし集団とまったく同じではないこともある。たとえばAのクリークは△△課の中の（一部の）仲良しグループであるかもしれない。

　私たちは通常，さまざまな集団に属しているから，そのそれぞれで強い紐帯・弱い紐帯を多様に保持している。親族，職場の集団，近隣，趣味の集団の中で，そうした強い紐帯・弱い紐帯の関係にある人は多様に存在する。あるいは職場を越えた業界団体や取引先の企業，趣味のサークルの対外試合の相手チームにいる人々となれば，ほとんどの人が弱い紐帯の相手であったり，あるいは紐帯の外にいる「顔見知り未満の人」や「知り合いでない人」の場合さえあるだろう。

　私たちは強い紐帯よりも，弱い紐帯をはるかに多くもっている。強い紐帯の範囲に入る家族や親友などの身近な人，親しい人，大事な人はそれほど多くな

い。しかしそれ以外に私たちが日頃コミュニケーションする機会のある人が何十倍もいる。それらすべてが弱い紐帯ではないが，相手を識別でき，知り合いだと確認できる程度の弱い紐帯はかなりの数になる。

　では，こうした強弱双方の紐帯は私たちに何をもたらすだろうか。1つの視点は，個人にとってある紐帯をもつことが結果として何をもたらすか，つまり紐帯保有の**帰結**（consequences）を検討するネットワーク資源の視点である。

> ネットワークには資源が埋まっている

強い紐帯の中では，多くの場合人々は相互にサポートし合う。人は1人で生きられない，周囲の人に支えてもらっている，という言葉はしばしば耳にするが，それはこのことを指している。一般にソーシャル・サポートとよばれる研究の分野では，こうした強い紐帯によるサポートの様相を検討している。その「支え」には大別して2種類がある。**情緒的サポート**と**道具的サポート**である（浦，1992）。

　私たちはいつもなんらかのストレスに苦しんでいるわけではないが，ストレスにさらされて弱い気持ちになる可能性は誰しもあるだろう。そんなとき，親友や家族として慰めたり癒してくれるのが情緒的サポートである。道具的サポートは問題解決のヒントをくれたり，金銭などモノの面で「助けてくれる」サポートである。サポートの多くは強い紐帯からやってくる。「この人を助けたい」という直截的なサポートは強い紐帯関係ならではのものである。

　サポートはネットワーク資源である。つまり，ある人本人がもっている能力や知力，体力，精神力といった資源ではなく，その人のネットワーク内の他者が必要に応じて自発的に提供してくれる資源である。それはサポートしてくれる個人とサポートされる側との人間関係に依存した資源である点で，ネットワークという関係性の中にこそ「埋まっている」資源である。それは道具的サポートのみにとどまらず，情緒的サポートにもあてはまる。後者も心を癒してくれる源泉となるという意味で資源である。

　私たちは自らの人生の時期によってネットワーク資源の相手が移り変わる。秋山らの**コンボイ・モデル**はこのことを的確に示している（Antonnuci & Akiyama, 1987）。幼少時から高齢期に至るまでのそれぞれの時期において，サポートを提供してくれる他者は入れ替わり立ち替わりして「コンボイ」（護送隊）を組み，それぞれの時期に私たちの人生を支える機能を果たしてくれているという

のである。幼少時には両親が中心であるコンボイ，成人してからは配偶者や親友や親しい同僚によるコンボイ，高齢になってからは自分の子どもや永年の親友がコンボイ，というように変化していきつつ，つねに誰かが自分の強い紐帯としてサポートに加わっていることが人生の幸福感に重要な貢献をしてくれる。

さて，弱い紐帯にもまたネットワーク資源が埋まっている。グラノヴェッターが典型的に見いだしたように転職に関する有用な情報は，強い紐帯よりも弱い紐帯から手に入れやすい。前節で述べたように強い紐帯との間では日常の情報源を共有している可能性が高く新規な有用性に欠ける。一方，弱い紐帯は自分と異なる「世界」に暮らしているため異質な情報源を有している可能性が高い。つまり，弱い紐帯のもつ「ネットワーク資源」とは，強い紐帯の中には存在しない関係性の異質さや新鮮さ，紐帯人数の多さからくる確率の高さ（それぞれが低い確率でしか資源を提供できないのだとしても，弱い紐帯は強い紐帯より人数がはるかに多い）を基盤としている。転職情報に限らず，アルバイトの紹介や頼みごとの仲介も弱い紐帯経由となることがしばしばであり，新しい流行や新商品の有用性の認識も弱い紐帯をつたってくる可能性が高く（「クチコミ」である），さらに，なかなか手に入らないチケットや施設の優待的利用，商品の特別割引など「コネ」に近い道具的な機会も弱い紐帯を介した流入ルートからやってくることが多い（小林，1998）。いずれも強い紐帯からは確率的に獲得しにくいものである。

このような形で，強い紐帯も弱い紐帯もネットワーク資源に接続しており，そのことがソーシャル・ネットワークの1つの重要な特徴となっている。資源という視点も含めて，それぞれの紐帯の特性をそのメリットとデメリット（コスト）を中心にまとめておこう。

強い紐帯のメリット・デメリット

強い紐帯の基本的な特性は，紐帯間の相互連結，それと連動する強い凝集性や相互の魅力，アイデンティティーの提供，高い同質性である（第8章参照）。

強い紐帯はその定義上，互いが緊密に連結しており（結束的〔bonding〕なネットワークという），互いのことをよく知っている。家族や仲良しグループに代表されるように，互いの魅力が高く，その魅力と相互影響・コミュニケーションの結果として，互いの同質性が高く，「われわれ」意識，つまりアイデンテ

ィティーを共有する。それは同時にメンバー相互のソーシャル・サポートの重要な供給源となる。これらは強い紐帯のもたらすメリットである。

　一方，強い紐帯にはコストもかかる。紐帯を意味する「絆」（きずな）の語が「ほだし」とも読むことがもつ意味を考えればよい（大平，1995 の指摘）。同質的な仲良しグループはしばしば互いに「しばり合う」。仲間につきあいをいつも強要されるため新しい友人を作り損なう，という例にみられるように，絆の外の人々と出会う機会を減少させたり，阻害する。そして，弱い紐帯からもたらされる資源の獲得に不利な状況を作り出す。既定の強い紐帯に拘束されることは，他にありえた強い紐帯を獲得し損なう機会コストも生み出すということである。さらに，「ほだし」は心理的な拘束でもあり，「息苦しさ」「心の中に踏み込まれる不快感」をも伴いうる。

弱い紐帯のメリット・デメリット　　弱い紐帯は，自分の所属するクリークを越えた外のネットワークに接続する相手であることが多く，そのため「橋渡し的」（bridging）なネットワークとなる役割を果たす。そのメリットは，外部からくる情報の提供，機会の提供の力にある。自分のクリークにない情報が他のクリークに高い確率で存在することはしばしば生じる。たとえば，サークル外のクリークにつながっているサークルの先輩は，自分がもたない就職の耳より情報をもっていて，その弱い紐帯を通じてあなたに就職情報の橋渡し的で仲介的な役割を果たしてくれるかもしれない。そうした外部資源入手の機会を高めることが弱い紐帯のメリットである。この例からわかるように，弱い紐帯があなたにとって間接的なものでも，あなたにプラスになる可能性がある。本章冒頭の図でいえば，Cにとって A を通じて E から情報が入るというような例である。

　ロジャース的なオピニオンリーダーの研究では，オピニオンリーダーがクリークから外への弱い紐帯をもつからこそ，外部の新しいイノベーションを持ち込むことができるのであった。また，つてを頼る，コネを探すなどのことは，ときにアンビバレントな意味合いをもつが，それは自分にとっては未知の重要な行動の機会の情報（就職など）を身近な他者がもつ可能性が低いことを示すと同時に，そうした情報をもたらす弱い紐帯をもつ人がねたまれやすく，ときに不公平な匂いがすることを示唆している。本章冒頭の図では C が E の情報をもらえるかどうかは A の胸先三寸であることは容易にみてとれる。C が情

報をもらえず，DがもらうなL，CはAを不公平だと思うだろう。

さて，弱い紐帯のもたらすメリットは異質な相手との結合によって生じるものである以上，そこには固有のデメリットが伴う。

第1に，弱い紐帯からくる情報の信憑性には問題が生じうる。強い紐帯と異なり，アイデンティティーを共有したり緊密な関係にある相手ではないため，手に入る情報資源の信憑性の判断がしばしば問われる。「がせねた」や「ためにする情報」をつかまされることもある。一方で，情報を探している本人その人の信用や信頼が大きく問われることもある。転職情報を手に入れたが，自分がその職業にふさわしい人材であることを転職情報の発信者に証明しなければ，それ以上転職話が実際に進展しないということは十分考えられるだろう。こうした判断をめぐって，強い紐帯の他者が関与することがしばしば観察される。転職先と本人とのマッチングなど転職についての助言を行う，人物保証をしてあげるといったサポートがみられる。そもそもの情報源が弱い紐帯経由であっても，その情報に本格的に関与するときに強い紐帯のサポートが有効になるのである（日本や中国ではこの点が特に重要だとする研究もある）。

第2に，弱い紐帯との関係性の異質さそのものが，対人的葛藤とストレスの源泉になる。異質な他者とは，よって立つ規範や文化が異なる，マナーが異なるなど，しばしばコミュニケーションの「ずれ」を経験することになる。関西と関東，年長と年少，さらにはちょっとした校風の違いといったことですら，しばしば軋轢（あつれき）を生み出す。

第3に，定義上，弱い紐帯は強い紐帯より広いネットワークであり，直接的なつながりでも強い紐帯の人数よりはるかに多数存在する。このことはネットワークを維持するコストが高くつくことを意味する。長期にわたって，ある紐帯を維持し続けるために，特段の情報取得のメリットがないときでも関係性維持のコストがかかるのは強弱どの紐帯にもあてはまる。連絡を欠かさない，ときに会食する，こちらからの情報を提供する機会を差し出す，などはいずれの紐帯でも行われるが，単位あたり（1人あたり）のコストが安価でも，それが100人の弱い紐帯すべてであったらどうなるか，考えるとよい。

第4に，弱い紐帯がもたらす資源について，他者との競合コストが存在する。同じ資源を手に入れたい人は1人とは限らない。それは転職のケースだけではないだろう。プレミアム・チケットの入手なども含めて，一般的に希少性があ

る資源の獲得で生じやすい。このようなときに自分のほうが優先される紐帯であるようにするためになんらかのコストを払わなければならないかもしれない。一方，他者との競合のない弱い紐帯をもつことは強力である。先に述べた不公平感の例はそれである。つまり弱い紐帯は機会の利益をもたらすばかりでなく，情報の独占ルートとして**ネットワーク統制力**をもつ（Burt, 1992）。会社で有利な取引先の情報を独占する営業社員を考えてみてもよい。社員の情報共有はよく謳われるが，自分のネットワーク統制力を維持するために，共有をいやがる社員は多い。それは彼／彼女の勢力（第8章参照）の源泉なのである。

　ネットワークの中で働く力

類は友をよぶが，人は同調するばかりではない

類同性の原理とネットワークの同質性・異質性

「類は友をよぶ」ということわざは，**類同性の原理**（principle of homophily）として知られ，強い紐帯によるネットワークの1つの基本的な特性である。それは類似した人々が結束的なネットワークを形成しやすいことを意味している。アメリカの全国調査 GSS のデータでは，アメリカ人が自分にとって大事な話をする相手は人種，宗教，性，年齢，教育程度などの社会的属性の類似した人同士である傾向が高いことが示されている（Marsden, 1988）。またさらに一般的に，類同性は態度についてもあてはまる（McPherson et al., 2001）。趣味や関心の同質的な人々でも，ネットワークは構成されやすいのである（第7章1節も参照）。

類同性には，類似しているから互いに引きつけ合って紐帯を結び合うという側面と，紐帯を形成した人々がコミュニケーションを重ねることで互いに類似してくるという側面，さらには類似している紐帯のみが長期間のうちに脱落しないで残るという側面とがあり，これらのことがネットワークの変化をもたらす。

類同性原理は身近なネットワークが同質的になりがちだという特性を示すが，そうでありつつも，ほとんどのネットワークでは，逆の力も働いている。すなわち，外に向かう開放的な側面である。ネットワークがブリッジを通して異質な要素が流入しうる機会をもつのはその側面である。ロジャースのオピニオン

リーダー研究では，オピニオンリーダーが新しいイノベーション採用を働きかけるときに有利な条件は，イノベーション採用の一点に限って他の人々と異質（heterophilous）であり，他の点においては同質（類同的）であることだ，と知られている。このことは同質なネットワークの中で，異質さがいかに取り込まれていくかの1つのメカニズムを示している。

ネットワークの同質性・異質性はネットワークの変化を理解するキーワードの1つであり，後の第13, 14章でもふれられる。

ネットワークの受動的な同調と能動的な利用

ネットワークの強い紐帯が「ほだし」となり人の行動を「しばる」可能性もある，とすでに述べたが，ネットワークのクリークの中でも，そのような「しばり」は存在する。同調圧力や服従への要求は緊密なネットワークの中では効率よく働きやすい。第8章で概説したとおりだが，ネットワークのクリークの中で生じる影響力は，そうした私たちを「しばる」ことだけから生じるのではない。

ネットワークが「しばる」という典型的な議論は，伝統的な日本人の投票行動の議論の中にみられる。つまり，日本ではネットワークが密に発達しており，何党の候補者に投票するかは，選挙の期間中活性化された地域のネットワークによる同調圧力が決め手になる，あるいは地域のボスに対する服従的な行動として投票先が決まる，という議論だった（Richardson, 1991）。ここでは「近代社会論」的な自律的に判断する個人という視点はなく，「集団の同調圧力に強制される個人」しかみえていない。しかし池田（2007）は，投票行動を含む日本人の政治参加において，このような同調・服従的な行動は20世紀末以後は少なくとも一般的ではないことを実証している。周囲の人がA党に投票し，自分もA党に投票する傾向はあっても，それは社会的圧力によってB党に投票することを妨げられているからではなく，A党の良し悪しを自ら判断したうえでのA党の選択なのである。その中でネットワークはもはや「しばる」ものではなく，私たちの判断をサポートし，情報を提供する存在である。私たちはソーシャル・ネットワークという情報環境（第12章参照）の中で自発的で能動的な判断をしているのである。

ほかの日常場面の中でもどこまでネットワークが同調圧力をもつか，あるいは人々がネットワークを能動的に利用し，そのメリットをよく活用しているの

> **COLUMN** 11-2 ネットワークのダイナミクス

　本章の議論では，ネットワーク研究で当然出てくるはずの問いが2つ出てきていない。ネットワーク全体の構造とネットワークがどう変化するか，である。

　ネットワーク全体の構造は，1990年代に数学のグラフ理論の延長線上で劇的に発展した。ソーシャル・ネットワークの構造は，次数分布のべき乗則（社会の中で多数の知人数〔=次数〕を有する人は少なく，多くの人は知人数をそれほどもたないか，全体の分布が末広がりの「べき分布」となるという法則），小さな平均頂点間距離（巨大なネットワーク内でもスモールワールド現象のように比較的少数のリンクを経るだけで相互接続される），大きなクラスタリング係数（知人同士が互いにも知り合いであるようなグループ構造をもつこと）といった特性をもつことを発見し，これを数理モデルで再現しようとしたのである。

　ネットワークの変化はこうした構造のうえで生じる。興味深いのは，類同性原理に従ってネットワークの中の人々が変化していくとすると，世の中は長い間に同質化してしまうのか，あるいは局所的に同質的な人々が集まるが，局所同士では話の通じないほどの異質な人々が散在する社会になってしまうのか（世代差，性差，文化差などによる相互分離。たとえば黒人のアメリカと白人のアメリカがあるというように），という問いである。

　このことは1990年代から実証的に関心をもたれ，ネットワークのマルチエージェント・シミュレーションという手法の開発に大きく助けられて検証されている。この手法は，「独立した判断」ができる「エージェント」をネットワークのノード（人のいる位置を指す：本章冒頭の図のA，Bといった位置）に位置させ，エージェント間の相互影響によってエージェントの判断が変化するのを時系列的に追う（コンピュータ上でシミュレーションする）ことで，ネットワーク社会全体の変化を検討しようとする。たとえば，あるエージェントAが，「Aとリンクした周囲の複数エージェントのうちの多数派がある意見Pをもつ場合に，Aは非Pの意見から意見Pに変更する」という多数派追随的な判断特性をもつとしよう。巨大なネットワーク内のすべてのエージェントがそうした判断特性をもつ場合，社会の変化は最終的に，意見Pに染まってしまうだろうか。

　マルチエージェント・シミュレーション研究を2つ紹介しよう。

　まず，研究の先駆けとなったラタネ（Latané & L'Herrou, 1996）やアクセルロッドが上の問いに答える研究をした（Axelrod, 1997）。彼らはいずれも比

較的単純な構造のネットワークを用いて，ネットワーク内に基本的に2点の変化が生じることを明らかにした。それは「等質化」と「少数派の残存」である。単純化していえば，大きなネットワーク内の広い範囲で同質的な意見が支配的となる等質化が生じ，意見Pによる多数派が出現する一方で，非Pの意見についてもそれが淘汰されて消滅するのではなく，多くの条件下で，少数派として小さなクリークを形成して残存するのである。弱い紐帯構造が存在したり，マスメディア的な情報伝播構造がある場合でも基本的に同じことが生じうることが知られている (Shibanai et al., 2001；志村・小林，2005)。つまりネットワークの形状やエージェントの性質がさまざまでも，エージェントの多数派追随的な判断特性により，社会の変化は等質の単色の世界に染まってしまうとは限らない。

別の研究として池田 (2010b) は，ソーシャル・ネットワークと等価な複雑系の性質をもつ数理ネットワーク上でシミュレーションを行う「普及過程」研究を行った。消費者行動の調査データをもとに複数タイプのエージェントを設定して，そのそれぞれに消費者行動特性を与え（たとえばオピニオンリーダーの判断特性やクチコミ特性），そこから商品の普及予測をシミュレーションしたこの研究は，現実の社会の実データをもとに「クチコミ」を通じた普及過程を数理的に再現するモデルを構築した。

こうしたシミュレーション手法の価値は今後重要性を増すと考えられる。第1に，それは実験や調査では不可能な長期的な複雑系（人間社会もそうである）の予測にとって基本的なツールを提供する。つまり，変化を引き起こすパラメーター（パラメーターとはつまりネットワーク特性，心理特性，コミュニケーション特性など）の効果（敏感さ）を検討可能とする。そのことによって，何が変化を引き起こすパラメーターとなっているのかを明らかにする。第2に，それは理論的な疑問を解く一助となる。たとえば社会の中に等質なグループ形成が容易に生じる一方で，社会的な少数派がいかなる社会においても存在するメカニズムは不明であったが，ラタネにはじまる一連の研究はこれを解く鍵を提供した。第3に，「現実の単純化されたモデル」として重要である。現実世界で変化が生じる鍵は何なのかを明らかにすることは，複雑な現実の中の単純なメカニズムを読み解くことにほかならない。その謎解きの中で，たとえばマスメディアという要因が等質の単色な現実を一律に押しつけるといった，一般的な言説が陥りがちな「誤解」を正すことさえ可能である。

か，検討する必要があるだろう。

●●●

　さて，ここまで私たちがその中で暮らしているのに目には見えないソーシャル・ネットワークについて述べてきた。中にいるのに見えない，というのは不思議でもあるが，それはグーグル・マップのストリートビューと地図の関係に似ているかもしれない。私たちの人間関係の日常はストリートビューである。しかしそれは上から見ると地図として表現でき，道路と道路がつながるように人々はつながっている。このことは地図を見ないとよくわからない。地図が見えるのと同様にソーシャル・ネットワークが見えるようになると，ネットワークの中の人々の位置づけもよくわかる。Aとつながるネットワークが相手の特性によってAに何をもたらし，Aには何が見えていないかも理解できるようになる。そうした鳥瞰的な視点によって，オピニオンリーダーやイノベーションの研究は身近なネットワークの影響力を明らかにした。またスモールワールド研究はそれほど身近でないネットワークがいかに世界を小さく結ぶかを実証した。これらを強い紐帯，弱い紐帯として一般化させ，ネットワークを資源としてとらえることで，各紐帯のもたらすメリットとデメリットがより明らかとなった。

　次の第12章では，ソーシャル・ネットワークとは異なるコミュニケーションの姿をもつ，マスメディアとインターネットを検討していく。長い間，マスメディアとソーシャル・ネットワークはそれぞれマスコミュニケーション，対人コミュニケーションという対で語られてきた歴史をもつ。続く第13章では，これらコミュニケーションの全体像をふまえたうえで，ソーシャル・ネットワークが深く関与する社会への参加や他者に対する信頼を検討する。第11章で論じられたソーシャル・ネットワークのプラス・マイナスは個人にとってのメリットとデメリットだったが，第13章ではコミュニティや社会にとってのメリットとデメリットを語ることになる。

BOOK GUIDE　●文献案内

ロジャーズ，E. M./三藤利雄訳，2007『イノベーションの普及』（第5版）翔泳社
　●5000を超える普及研究の集大成で原書の第5版である。インターネットや携帯電話など情報通信技術も含めた商品・技術の普及を検討する。

バート，R. S./安田雪訳，2006『競争の社会的構造——構造的空隙の理論』新曜社
- ソーシャル・ネットワークの構造を体系的に実証し，その中で個人がどのようにネットワークから利得を得るかを検討。

浦光博，1992『支えあう人と人——ソーシャル・サポートの社会心理学』セレクション社会心理学 8，サイエンス社

浦光博，2009『排斥と受容の行動科学——社会と心が作り出す孤独』セレクション社会心理学 25，サイエンス社
- 1 冊目では人間関係はどう人を救うのか，ストレスとソーシャルサポート過程の研究を通じて解明したが，2 冊目はさらに踏み込んで，いじめや孤立，排斥の問題を扱い，またより大きな社会階層の文脈で格差の問題を検討。

西川正之編，2000『援助とサポートの社会心理学——助けあう人間のこころと行動』シリーズ 21 世紀の社会心理学 4，北大路書房
- ソーシャル・ネットワーク研究を越えて広い視点から援助行動とソーシャルサポートを検討。

池田謙一編，2010『クチコミとネットワークの社会心理——消費と普及のサービスイノベーション研究』東京大学出版会
- COLUMN 11-2 参照。

ワッツ，D. J./辻竜平・友知政樹訳，2016『スモールワールド・ネットワーク〔増補改訂版〕——世界をつなぐ「6 次」の科学』ちくま学芸文庫
- グラフ理論に基づくソーシャル・ネットワーク構造の代表的な概説書。

Chapter 11 ● 考えてみよう　　SEMINAR

❶ オピニオンリーダーが私たちの身近な人たちの中でどんな形で存在しているか，考えてみよう。政治や消費といった広い領域だけでなく，もっと特定の関心や趣味に対してもみつかるだろうか。その人のもっているネットワークはどのようにみえるだろうか。

❷ 弱い紐帯，強い紐帯の強さと弱さを列挙してみよう。私たちの生活にそれらはどのように関わっているだろうか。あなたの人生の節目でどんな役割を果たしたか，思い出そう。

❸ あなたの友人を見渡して，類は友をよぶ，ということがあてはまるだろうか。そうなっていないとすれば，どこが違うか，考えてみよう。

第 Ⅲ 部

社会，組織，文化の中の個人

第12章 マスメディアとインターネット
巨大にみえる影響力はどこまで実像か

当選の花つけをする小泉首相
(2005年)

当選の花つけをする鳩山民主党代表
(2009年)

華やかなマスメディアの報道
(提供：朝日新聞社)

CHAPTER 12

- KEYWORD
- FIGURE
- TABLE
- COLUMN
- BOOK GUIDE
- SEMINAR

本章では，マスメディアがその受け手＝視聴者に何をもたらすかを検討してきた「効果研究」について概観し，その後，マスメディアが構成する情報環境というキーワードを用いて，受け手の情報処理的特性と，制度的な情報の送り手としてのマスメディアという観点から研究の発展をみる。そのうえでソーシャル・ネットワークとマスメディアとの関連性を検討しよう。最後に，インターネットがもたらす可能性を吟味しつつ，インターネットがもつマスメディア的様相と集団・対人コミュニケーション的様相のいずれにおいても信憑性・信頼感・リアリティの不安定性が存在し，それらをユーザーが克服しようとする姿を描く。

SUMMARY

> **KEYWORD**
>
> 強力効果　限定効果　議題設定効果　教化効果　プライミング効果　フレーミング効果　情報環境　マスメディアの環境監視機能　対人的情報環境　マスメディアの「利用と満足」　選択的（情報）接触仮説　戦略的中立性　社会的リアリティ　CMC 研究

　マスメディアの「マス」が不特定多数の人々を指すのだとすると，不特定多数に届くメディアであるがゆえの特徴は公開性・大衆性・遍在性である。テレビや新聞はその代表である。またそうした特徴のゆえに，マスメディアは人々の生活に大きな影響力をもっていると考えられてきた。

　本章冒頭の写真左は 2005 年に小泉政権が郵政民営化を争点として衆議院を解散し，自民党が圧勝したときの報道，右の写真は，小泉政権後衆議院議員選挙なしに首相を 3 代交代した後の麻生政権下の 2009 年選挙で民主党が圧勝し，鳩山政権が成立したときの選挙報道である。21 世紀の初頭の二大政治事件である。2005 年のときには，マスメディアの報道があたかも時代の動きを作り出したかのような議論がなされた。小泉首相が民営化反対の自民党議員に対して対抗候補を擁立してそれを「刺客」とよび，話題となった。刺客についての報道が小泉の圧勝をもたらしたと断定する言動も広く行われた（インターネットについても，小泉政権圧勝に寄与したかのような議論があった）。2009 年の選挙時には敗れた麻生首相の失言などが広く執拗に報道され，それが弱り目に祟り目となったのではないか，という推測もある。はたして私たちはそれほどまでにマスメディアやインターネットが強大な影響力をもつ世界に住んでいるのだろうか。

　こうしたマスメディアの影響力を強調する議論に対抗する 1 つの視点は，マスメディアは単に現実に起こったことを伝えているだけだ，というものである。小泉政権が圧勝したのも首相の言動を単に伝えたにすぎず，本当に力のあったのは報道ではなくて小泉自身だ，また自民党政治の行き詰まり自体が鳩山政権をもたらしたのだ，と議論される。マスメディアの研究はこれら矛盾する論点をどう解き明かしているのだろうか。

●●●

　上でみたマスメディアの影響力についての 2 つの議論には，社会心理学の視

点からみると，ともに問題がある。それはインターネットでも報道に関わる部分では同様でありうる。この点を，本章を始めるきっかけとしよう。

影響力を強調する議論では，マスメディアが説得者であり，視聴者に対して説得力をもっている，と前提している。またマスメディアの報道の中に特定の方向に人々を導こうとする意図があるかのようにみなしている。一方その反論では，マスメディアが現実のできごとをあたかも鏡に映すように転写して報道しているように想定している。いずれも誤りである。

第1に，報道は基本的に説得コミュニケーションではない。また後にみるようにマスメディアのもつ戦略的中立性のゆえに，「マス」をターゲットにする限り誘導の意図はマスメディアの基本的な報道姿勢に反する[1]。第2に，報道は基本的に現実の鏡ではない。取材できた内容さえ，取捨選択して（数）十分の一にまで削り，さらに編集を経て，できごとを系統立てて首尾一貫しているようにみえるようにまとめたものが報道である。それはマスメディアの側からみえる現実の再構成物なのであって，現実以上に強調された部分もあれば，みえなくなった部分もある。誤ったバイアスを持ちこむことさえある。

では，マスメディアをどうみればよいのか，と問い返されそうである。実はマスメディアの研究の歴史も，同じことを模索し続けた歴史にほかならない。

マスメディアの効果をめぐる多様な視点

ぶれる影響力の見解

マスメディアは20世紀はじめに姿を現し始めた大衆社会と軌を一にするようにして，大きく発展した。国民国家の成立，大衆の政治参加の拡大とともに，言論のメディア，社会の「いま」を伝えるメディアとして広範囲な情報伝播力を確立した。また，娯楽のメディアとしても歓迎され，受け入れられるようになった。

その「強力さ」が人々に最も切実に感じられたのは，不幸にも戦争を通じてであった。ヒトラーの宣伝戦，日本のメディアの戦時統制といった一元的な報

---

[1] アメリカのフォックステレビのように細分化したケーブルテレビのチャンネルでは，必ずしも「マス」を念頭におかずにターゲットを絞るために，送り手の党派性が鮮明になることが起こりうる。その影響力について，近年はアメリカ社会をリベラルと保守に分断することが憂慮されている。

道が人々を全体主義に突き動かすという強い印象を与える一方，アメリカでもルーズベルト大統領のラジオを通じた「炉辺談話」の語りかけが人々の共通認識を支え，戦争支持へと向かわせる大きな原動力となったといわれる。

だがこの時代においてさえ，はたしてメディアが単体でどこまで人々の動員に貢献したかには疑問の余地があった。日本でもドイツでも全体主義政権を支えたのはメディアだけではなかった。学校や隣近所，地域の団体までもがこぞって戦争を支え，批判的な人々を抑え込んだことがしばしば忘れられている（たとえば小熊，2002）。アメリカでさえ，ラジオは集合的な形で聴取され，大統領はそこに大きな支持の源泉を感じていた。

マスメディアの「限定効果」論

20世紀半ばに史上はじめて，マスメディアの強大な影響力を実証しようとしたラザスフェルド（Lazarsfeld, P. F.）らのアイディアの卓抜さはよく知られている。前章第1節でもふれたこの研究の方法論的優位点は，マスメディアを通じて膨大な情報が流れるアメリカ大統領選挙を対象としたこと，**世論調査**の手法を用いてデータの代表性を確保したこと（恣意的に対象者を選ばず，ランダムサンプリングを用いたこと），同一人物に対して毎月調査を行い，対象者の複数回の回答を通じて（パネル調査という）時々刻々の個人の意見（誰に投票したいか）を測定し，調査期間中の変化とマスメディアへの接触行動との関連性を探ったことなどいくつもある。ときは1940年，新聞の全盛期であった。

方法が先進的なら結果も斬新，そして以後の研究の方向性まで長らく決定づけた。人々は大量のマスメディアの報道に接したにもかかわらず，それによって意見を変えることは少なかった。意見が何度かぐらぐらした人々（15％），完全に意見を変えた人々（8％）は少数派で，むしろ大半の人は意見を変えるどころか強化させていたのである。対立する2つの大統領候補者陣営がある中で，大量のマスメディア報道はどちらか一方を利したり大量の意見変更を導くよりは，当初から人々のもっていた支持への方向性（先有傾向という）を強化していた（Lazarsfeld et al., 1944）。

ラザスフェルドらはこの知見をさらに検討する中で，よりインパクトのある発見をした。予想外のことではあったが，意見を変更したケースを丁寧に分析した結果，マスメディアよりも調査対象者の周囲にいる他者の影響力のほうが

> COLUMN　*12-1* マスメディアの「利用と満足」研究

　マスメディアが受け手に一方的に影響力をもつのではないという主張は，娯楽番組も含めた別の視点からもなされた。「利用と満足」研究がそれである。1940年代に始まったこの研究は，マスメディア接触時の受け手の能動性を如実に示すものであった。代表的な研究に沿っていえば，人々はテレビドラマをさまざまに「利用」したり「満足」を得ているのである（McQuail et al., 1972）。それは制作者の意図からは独立したもので，見て気晴らしを得たり，現実への教訓や人生のスキルを学んだり，自らの価値観は正しいと確認したり，あるいは主人公との擬似的な交流と一体感を覚えていたり，と多様であった。受け手は必ずしも放送の内容を直球で受けとめるのではなく，自らの生活の文脈や関心によって能動的に読み替えるのである。近年ではインターネットの「利用と満足」が研究されている。

どうも勝っているらしいことが浮かび上がってきたのである。この発見を受け継いだ10年後の『パーソナル・インフルエンス』では（Katz & Lazarsfeld, 1955），マスメディアが無防備な個々人に直接個別的に影響力を及ぼすのではなく，マスメディアのもたらす影響力が「2段階の流れ」をとるという仮説を提出した（図11-1も参照）。

　この仮説はその後の研究の洗練の中で次のように実証されていった。それまでの大衆社会論では大衆は「甲羅のない蟹」であると揶揄されたように，マスメディアからの情報伝播は，人々に情報が直接届くと影響力が自動的に発生するかのように発想されていた。これに対し，たしかに届くのではあるが，届くだけでそれを説得的であるとして人々が受容したり，商品を購買したり，ある大統領候補者に投票を決めるような影響力は生じないことが明らかになった。多くの人々の周囲にはマスメディアの内容をチェックするオピニオンリーダーが存在し，そうした人々が影響力を媒介するのである。オピニオンリーダーの影響力は，周囲に同調圧力をかけて従わせるようなものであるというよりは，マスメディアの内容を吟味し，集団にとってプラスとなるようなものを選択的に集団メンバーに伝える媒介的・間接的な力なのであった。

　この知見は，大衆がマスメディアに容易に振り回されるといった戦前の強力

効果論（弾丸効果論ともいう：弾丸で打ち抜くようにマスメディアの放送内容が視聴者に直接強烈なインパクトをもたらすと考えた効果である）に対し，オピニオンリーダーが一般大衆とマスメディアの間に立って後者の影響力を媒介したり，ときには緩衝材となるような限定効果論として広く受け入れられた。それは，アメリカの民主主義の草の根の健全性といった大義にも合致していたため，テレビが広く普及した1970年代までもその地位が揺らぐことはなかった。

議題設定効果

しかし，日常の世界の隅々にまで行き渡るマスメディアが，はたして「限定」された役割しか果たしていないのか，という疑問は途絶えることはなかった。ふだんの生活の中でも私たちはしばしばマスメディアから逃れられていない。近所の火事もテレビで放送されれば大きな事件だと受けとめられるが，「放送もされないほどの小さな火事」ならささいなことだったというように，判断の基準が報道の有無にあることはしばしば体験されてきた。まして「年金問題」などの社会的・政治的争点に至っては，それがどれだけ本質的に重要であっても，報道がなければ人々はそれについて考える「すべ」さえもたないだろう。

こうした発想に基づいた調査研究は1970年代に出現し，その一連の流れは「強力効果」論の復活として受けとめられる。興味深いことにそれは「限定効果」論に打ち勝って代わりの主流の理論になったのではなく，限定効果論の主張や実証の結果に何ら言及することも否定することもなく，いわば別の入り口からこっそりと主流の研究になった。その最初のものが議題設定効果（agenda-setting effect）研究である。

この研究は，1972年にマックームスとショーが地方新聞にみられる記事の重要性の優先順位（トップ記事にするか，2面以後の記事にするかなどによって，読者は優先順位を見分けられる）とその地域の住民が重要だと考える政治争点の重要性判断順位との間に明白な対応関係がある，と指摘したことに始まる（McCombs & Shaw, 1972）。その発想は明確であった。つまり，人は社会や世界についての情報をほとんどマスメディアに依存しており，そのために世の中のできごとや進むべき方向についてマスメディアが強調する情報に頼るだろう。だとすれば，メディアが主要争点としてとりあげたものは受け手にも同様に主要な争点として受けとめられるはずである，というのである。実際そうだというのがこの発見だった。

議題設定効果研究はその後方法論的にも発展したが，複数のメディアが異なる争点を強調する可能性があること，受け手によって情報の受け取り方の枠組みが異なりうることでインパクトも変化すること（同じ政治ニュースでも違う政党の支持者ではその重要性が異なって受け取られうる：第2節参照）といった点から，「強力効果」というほどの強力さはなかなか見いだせていない（相田・池田,2007）。

教化効果　類似の主張は，マスメディアの娯楽番組では教化効果（cultivation effect：培養効果ともいう）として検討された。論点はこうである。たとえばドラマが強烈な印象のある場面にこだわるほど，そこにはスリルやサスペンス，殺人や犯罪，愛憎や権力闘争が必然的に入り交じる。そうしたドラマを見続けるならば，受け手は世の中をそういう恐ろしさに満ち満ちた社会的なリアリティをもったものとして受けとめるはずではないか，というのである。

　この疑問をもとにガーブナーは，アメリカのテレビのプライムタイムの莫大な量のドラマを内容分析し続けるとともに，長時間のテレビ視聴者では短時間の視聴者よりもこの効果が明確にみえるかを検討した（Gerbner & Gross, 1976）。この系統の研究には根強い批判はあるが，基本的に支持されている（Morgan & Shanahan, 1997）。

プライミングとフレーミング　1980年代になると異なる視点からの研究が出現する。アイエンガーの実験である（Iyengar & Kinder, 1987; Iyengar, 1991）。彼は，条件ごとに提示されるテレビの内容を体系的に操作した実験によって，議題設定効果から始めて，テレビ視聴が人間の情報処理過程に及ぼす効果を検討していった。その効果はプライミング効果やフレーミング効果とよばれる。

　プライミングについてはすでに第1章でふれられているが，マスメディアの効果研究の文脈では次のような現象として説明される。調査データに基づく研究例でみよう。1990年代初頭のブッシュ大統領（いわゆる父ブッシュ）に対する評価についてのプライミング効果である（Iyengar & Simon, 1993）。ブッシュ大統領は，湾岸戦争によって，クウェート侵攻後のイラクのフセイン大統領の立場を大きく弱めたことで知られる。戦争に至る3つの時期で大統領の評価要因を検討したところ，侵攻前の時期には経済政策のウェイトが重く，大統領の

全体評価はひどい経済運営という認識によって大きく下げられていた。ところが，侵攻後の開戦準備期や戦争中には対外政策が重いウェイトをもつようになった。戦争報道の膨大さによって戦争という争点が大統領の全体評価の中でプラス方向に（意識されずに）「プライム（点火）」され，彼の対外政策のインパクトを強めるのに大きく寄与したのである。

　近年の研究は議題設定効果とプライミング効果を区別しながら進行している。マスメディアがある争点を心の中により顕出的にする（認知しやすくする）のが議題設定だとすれば，争点や候補者について視聴者が評価・判断時に考慮する内容をマスメディアが形作るのがプライミングだといえるのである（Scheufele & Tewksbury, 2007）。

　アイエンガーはさらに，報道の枠組みの呈示の仕方によって視聴者に異なるインパクトが生じることを示した（Iyengar, 1991）。この報道の枠組みによる視聴の効果をフレーミング効果とよぶ（フレーム＝報道の枠組み）。たとえば不況を報道するときに，ある方法は経済指標などを使って経済の状況を鳥瞰的に呈示し，それに対していかなる政策が必要か識者の声を拾うというように報道を大きなテーマに沿ってフレーミングする。一方，現場の生の声や視覚的な側面に焦点をあてるのが不況という社会的問題を訴えかけるのに最も有効だと考えるならば，数カ月前に失業した50歳のAさんの日常の行動をつぶさに追い，気持ちのつらさ，再就職の難しさ，家族の心配などをリアルにエピソードで再構成するといった手法も有力なフレーミングである。一見，両者のインパクトの差異は想像しにくいが，実験によって検討することでアイエンガーはそこに大きな違いを見いだした。視聴者が失業問題を社会的に大きな問題だと受けとめ，その対応も社会的，つまり行政的な政策として行われるべきだ，というインパクトをもつのは前者のテーマ的フレーミングに限られ，後者のエピソード的フレーミングでは失業はAさん個人の問題で，彼がなんとかすればいいはずだ，というような判断に導かれやすいことが判明した。つまりある種のフレーミングは社会的な争点を明瞭に「身にしみて」印象深く描き出そうとして個別の事例にこだわるあまり，その問題の社会的な広がりを視聴者に見失わせ，個人の問題として切り捨てさせることになったのである。このように，同じ争点を強調してもフレーミングが違えば異なるインパクトが生じる。

　報道の枠組みであるフレーミングそのものが多様でありうるので，フレーミ

ングを扱った研究の相互の統一性はあまり高くない。たとえば，2001年にアメリカで起こった9.11同時多発テロ事件の報道のフレーミングが戦争フレームか犯罪フレームか（テロを戦争として扱うか犯罪として扱うか）を分析し，その受け取られ方を吟味するような研究もある（Edy & Meirick, 2007）。フレーミング効果が，起きたできごとの理解の枠組みの提示によって受け取られ方の差異をもたらす影響だと広く考えれば，こうした多様性は不可避かもしれない。

送り手によって作られる情報環境と情報処理する受け手
制度化されたマスメディアは何をもたらすか

これまでみてきたようなマスメディアの研究をその全貌がみえるように鳥瞰するには3つの視点をもつ必要がある。情報環境という視点，受け手の情報処理という視点，ソーシャル・ネットワークとの関連性という視点である。

情報環境　マスメディアは私たちの情報環境を作り出している。代表的なものはニュースである。社会のできごとや争点，近い将来に予想されるできごと（例：「来年は東京オリンピックだ」）も含めて，世の中の「いま」を伝える（マスメディアの環境監視機能とよぶ）。ときには市井の意見を代表するかのようなコメンテイターがつくこともある。テレビドラマは直接現実世界を描写するのでなくとも，「いま」の流行や関心事を伝えるのでなければ，視聴率を大きく稼ぐことは難しい。ドラマはそれ自体が社会的なできごとでもある。他のエンターテイメントも，私たちの話想世界（会話の世界）に情報を供給する点で情報環境を構成する一部である。

ここでいう情報環境とは，私たちの耳目に飛び込む外界の自然的・社会的な現象を情報伝播する環境全体を指している。それは私たちの自然的・社会的環境そのものではない。なんらかの形の**選択**と**編集**を経て，世界で生じていることが選び取られ，並び替えられ，変容されて伝えられたものである。もちろんドラマやエンターテイメントはメディアの中で創造されたものであるために，現実世界との対応は間接的ではあるのだが。

こう考えたときに，議題設定効果も教化効果も，現実からの取捨選択を経て形成される情報環境ゆえの産物であることがみえてくる。制作サイドに焦点をあて，オリジナルの環境からどのような取捨選択を行い，その中でなんらかの

政治的バイアスを生じさせたり，社会的なステレオタイプを紛れ込ませたり，現実を裏切るような編集をしてはいないかどうか，という視点で問うてみることもできる。

　さて，情報環境はマスメディアだけではない。対人的情報環境が存在する。前章でとりあげたソーシャル・ネットワークは私たちにとっての対人的な情報環境である。周囲をイエスマンで囲まれた首相には諫言（かんげん）が届かないだろうと容易に推測できるように，周囲の友人たちはあなたの欠点を伝えてくれないかもしれない。あるいは周囲の人がみんな同じ東京生まれなら関西の悪口がしばしば耳に入るのに，江戸っ子の情けない点は聞こえないかもしれない。同じことは政党の支持などにもあてはまる。つまり対人的情報環境があなたに届く情報を妨げたり偏らせたりしているのである。そしてそれはしばしば意図的ではない。あなたがガンになったら周囲の人はそれを意図的に隠すかもしれないが，あなたの前でフランス料理の話が出ないのはあなたがB級グルメ好きだと知ってのことではなく，自然のなりゆきで非意図的なことでもありうるだろう。

　さらに，インターネットもまた重要な情報環境となりつつあるが，対人的情報環境にみたように，それがどこまでバイアスある情報環境となっているのかはまだ定かではない（本章第4節参照）。インターネットはマスメディアより能動的な情報収集の手段であり，そのために意図的に送り手側のバイアスを回避しうる可能性をもつが，そこで発揮される情報収集の能動性は受け手側のバイアスを強化する可能性をもつ。巨人ファンのあなたはナイター後に関連サイトやフォローしている関連のSNSを見たりするだろう。しかしそのときに阪神ファンのためのサイトやSNSを見るなど考えてみたりすらしないのではないだろうか。後者では巨人選手の欠点を事細かに指摘しているかもしれない。敵ながらあっぱれと書いてあるかもしれない。しかし「敵」の球団のファンページや応援するSNSまで見ることはあまりないだろう。結果としてあなたの巨人バイアスは強化される。これはあなたという受け手がもつバイアスである。

　言い方を換えれば，情報の取捨選択は情報環境の側で行われているばかりではなく，情報を利用する個人の側でも行っているのである。それはインターネットならばわかりやすいが，テレビであっても対人的情報環境であっても同様に生じている。過去のマスメディアの「利用と満足」研究（COLUMN 12-1参照）における受け手の能動性はそのことを如実に示した初期の例である。対人的情

報環境を構成する友人の選択・被選択過程にも情報環境の選択が関与している。同じ趣味の友人と仲良くなる，価値観が同じだから結婚するといった行動（第11章3節参照）にはそうした情報環境の選択が付随している。

情報処理する「受け手」

このように情報環境からの情報を（選択を含めて）情報処理する個人という視点は，近年のマスメディア研究でもその重要性が浮かび上がってきた。議題設定にもフレーミングにも，マスメディアの情報の呈示のあり方が影響するだけではなく，受け手の側での情報処理のあり方によって効果が倍加されたり弱められたりする。議題設定効果研究では，こうしたことをしばしば随伴条件とよんでいる。アイエンガーのプライミング効果研究（Iyengar & Kinder, 1987）では，共和党の大統領だったレーガンの軍備の主張のプライミング効果は民主党支持者で生じにくく，逆に共和党支持者では民主党の大統領だったカーターの環境問題の主張に影響されにくいことが示されていた。何が大統領の評価においてウェイトを占めるかが党派によって異なる，つまり立場によって異なる情報処理がなされるのである。

こうした情報処理をする人間という視点は，人々は議題設定やフレーミングのインパクトを受ける一方で，メディアに対して能動的・選択的に接触しているはずだという選択的（情報）接触仮説につながる。この仮説はすでに最初のラザスフェルドの研究から知られていたが，どこまで人の情報接触行動が意図的で選択的かには疑問符がついていた（第6章2節参照）。だがマスメディアが多様であるばかりか，インターネットもまた大きな多様性をもたらすような時代では，選択の幅は極限にまで広がり，選択なしには何もできなくなりつつある。さきほどの巨人ファンの例もそうだが，自らの政治的志向性に反する情報にいっさい接触しなくてもニュースを追える時代でもある。人々は自分の志向性と異なる情報に出会う機会を減らしやすくなっている。前章でソーシャル・ネットワークについて述べたのと同じような同質性・異質性問題がここでも生じているのである。そして，異質性の低い，同質的な情報環境に人々が住まうほど，その信念は自己強化され，異質な考え方に対して非寛容になる危惧が生じる。この点は第4節でも再論する。

制度的送り手と非制度的送り手

情報環境を論ずる最後に，マスメディアが制度的送り手であることを付加しておこう。マスメ

ディアはそのマス性によって多くの場合，戦略的中立性を示す。できるだけ広い範囲の人々に接触してもらうという遍在性と大衆性を有することで商業的に成り立つメディアであるためには，対立する立場について，その片方だけを報道するような「歪み」をもたせることは多くの場合困難である。そのうえで，社会のインフラ的な制度として「公共性」を帯びている以上，不偏性という枠組みから外れることも自らの首を絞めることにつながる。またこの不偏性を監視する法的な枠組みや監視の目も明確に存在する。このため，社説などに社の主張を盛り込むことは可能であるものの，競争を生き延びる「戦略」としても報道は中立的であらざるをえない。稲増・池田（2007a）の 2005 年の「郵政選挙」の報道研究でもこのことは明瞭であった。小泉首相の自民党が大勝したこの選挙でも，刺客側と刺される側，野党の民主党の側の報道はほぼ均衡しており，メディアの効果として見いだされたのは概して投票そのものを増大させる動員効果であり，直接的に小泉政権サイドを利するような党派的な効果ではなかった。

　ではインターネットの制度性はどうだろうか。それは実は混淆(こんこう)した世界である。マスメディアの公共的インフラを背景としているという意味で情報の信憑性に多かれ少なかれ制度的な保証を帯びたバックアップのある報道系のサイト，社会的な制度そのものが送り手となっているサイト（政府，企業，学校など）が片方にある一方で，制度的バックアップのない，ごくふつうの個人が匿名やハンドル名，実名を用いながら，発信している。発信する文化としてのインターネットの隆盛は後者の側の情報的な価値に多くを負うものであるものの，その信憑性についてはいつも保証されるものではなく，読む側の判断につねにゆだねられているというのが特徴である。ある人のツイートが多くの人に読まれて信憑性が高いと考えられても，同じツイートから誤ったステレオタイプが流布される可能性は必ずしも捨てきれない。いや，マスメディアにもそうした可能性はあるではないか，と反論はあるだろう。しかし問題が生じて責任を問われる可能性の高さを考えると，制度として監視されているのはマスメディアであって，ツイッターの発信者ではない。制度は信憑性と引き替えに監視される対象でもある（ただし，マスメディアは自らだけが制度的に正統な情報の送り手だと思い込みやすい，という問題も大きい。またツイートは受信者によって誤りを私的に非難されることがある）。

21世紀に入ってからインターネットの発展とともに，中年層以下のマスメディアへの接触量が相当程度に減少している。マスメディアが果たしてきた制度的送り手としての役割が急速に軽くなっているのである。それは，人々にとって社会の情報インフラが失われてしまうことを意味している可能性がある。このことをよく検討するべき時期にさしかかっている。しかしながらマスメディアがインターネットに丸ごと置換されるだろうとは容易に予測できない。インターネット発の非制度的発信のかなりの部分がマスメディアを情報源としており，またマスメディアは社会で共有される情報を広く安く容易に普及させうる特性をもっているからである。

　インターネットでは，グーグルが信憑性の高い情報を検索の上位に表示したり (Richey & Tailor, 2017)，日本ではアクセス数の非常に多いYahoo！ニュースが制度的裏打ちのある情報の流通に貢献しているという側面はあるが，多くの場合にはそれらの情報源としてマスメディア由来の内容が含まれることも，否定できない。

3 対人的情報環境との交互作用

マスメディアの受け手は1人で情報を受け取るのではない

　ソーシャル・ネットワークで構成される対人的な情報環境の有力な情報源として，マスメディアやインターネットがある。人々は社会を語るときに，こうした外部の情報源を巧みに引用して語る (Delli Carpini & Williams, 1994)。これをマスメディアやインターネットの側からみたとき，メディアのもつ効果が個人に直接作用するとは限らないことを意味している点に注目しよう。このことはそもそものオピニオンリーダーの影響力の議論にも含意されていた。リーダーはマスメディアからの情報を巧みに取捨選択し，自らの集団のリアリティに適したものを選び取り，そのことによって集団の価値に合致する新しい選択肢を選ぶようメンバーを説得し，集団のイノベーション採用が成功する可能性を高めていたのである。それが成功するほどリーダーは集団の中で影響力を高めることになる。

　同様のことは，ごく日常の会話の中でもみられる。2000年2月に出された広告の例を挙げよう。それは抗鬱剤の治験者を募集する「私は，バリバリの

FIGURE　図12-1　消費者の周辺にいる他者にも作用する広告

（出典）　塩野義製薬の広告（『読売新聞』2000年2月5日朝刊，15面に掲載）。

『鬱』です」という，女優木の実ナナからのメッセージの形をとった新聞全面広告だった（図12-1）。どうみてもこの広告は「『鬱』の治験に応募しよう」「新薬に期待できるらしい」という直接の薬の対象者だけをターゲットにした広告ではない。わずか数百人の治験者を対象にしたり，未承認の抗鬱剤の広告であるにしては1000万部の全国紙の広告費は高すぎるからである。この広告はむしろ，鬱の悩みに共感を引き起こし，ターゲットである鬱の人々もまた自らについて語りやすくさせる効果をもたらすものだった。そしてそれは大きな反響をもたらした。「鬱」の悩みを社会的な共有情報とする導火線となったのである。

　言い方を換えれば，広告のターゲットを直接の消費者に絞るのではなく，消費者の周辺にいる他者にもその商品について語る機会を生み出すことに意味がある。患者でない人にも鬱の悩みをわかってもらえてこそ，抗鬱剤は受け入れられ，語られやすくなる。こうしたことは治験広告に限らず，多くの広告にあてはまる。家族単位の消費に関わる商品である自動車や家の広告，クッキング用品の広告を考えてみるとよい。これらは純粋に個人だけで消費される商品というよりは，複数の人が関わりをもつ商品である。そしてそれは会話を生起さ

せる。あるいは社会的な意味が大きな商品である宝飾品や高級バッグ，もっと一般的にファッションとして意味のある商品，これらも同様に会話の文脈を必要としていることはほぼ自明だろう。他者から「すてきだ」「似合う」と語られてこその商品である。さらに，同じことは話題性をもちうるすべての商品にもあてはまろう。冬の新作のチョコレートは話題になってこそ成功する。マスメディアの広告は，対人的コミュニケーションを通じて作用することで商品の社会的受容を下支えしているのである。

　このような現象は消費者行動や政治行動に対するマスメディアの効果だけではない。ニュースのリアリティでも同様の事例が数多く報告されている。大事件が本当に起きたのだと認識し，その意味を模索するコミュニケーションは，マスメディアの報道だけで完結しない。古くはケネディ大統領の暗殺事件でのニュースの広がり方を検討した研究が知られていた。人々はニュースに驚くのみならず，それがもつ意味を考えたり，事件の悲しさを共有し，実感としてそれを受けとめるために活発に会話し合ったのだった（Greenberg, 1964）。同様にインターネットでもそうした可能性がみてとれる。全国調査でニュースメディアと政治的な議論の関連性を検討した研究は次のようにまとめている。「オンラインであろうとオフラインであろうと，市民の対人的なコミュニケーションは，マスメディアからの情報接触と市民参加とを仲立ちする決定的な役割を果たしているのである」（Shah et al., 2005, p.553），「インターネットも含めて各種メディアの利用が，友人や家族との政治的会話を増大させ，それがインターネットを通じて市民生活について語るコミュニケーションを増大」（同，p.537）させているのである。

　マスメディアにしてもインターネットにしても，多くの人はそれ自体が強烈な影響力をふるうかのような素朴な「強力効果論」のイメージをもっている。しかしこれは「しろうと理論」であって「見かけ上の効果」でしかない。実際の私たちの生活では，どちらも社会に開かれた情報源として不可欠のものでありながら，同時に対人的な支持を必要としている。その意味で，対人的な情報環境との交互作用が真の効果をもたらしているのである。

インターネット
参加するメディアがもたらす新世界

　メディアとしてのインターネット技術は，テレビと視聴者，新聞と読者といった，巨大なマスの送り手と小さな受け手が不均衡に分化していた従来の情報環境を変容させた。送り手と受け手との間の双方向性，巨大な情報検索処理機能の提供，検索可能な情報量の爆発的増大，受信と送信の時間構造の変化（即時化やタイムシフト）といった変化は，既製(レディメイド)のコンテンツを受容する一方だったメディアの世界を，自ら検索し情報処理する能動性を発揮できる場としてのメディア，自らの発信行為によって**「参加する」**メディアの世界へと変えたのである。

インターネットの効果研究のあり方

　こうした能動性と参加という特色が，インターネットの「効果研究」の難しさをもたらしている。マスメディアのように送り手から受け手への一方向的な影響の矢印が仮定できてこそ，効果研究は「効果」を検討できるものとなる。インターネットにはマスメディア的な側面もたしかにあるものの，ユーザーが特定のサイトやコンテンツにしばられる度合いは低く，一方向性がはるかに弱いことが効果研究を難しくする。もちろん，レコメンデーションの出し方（あなたが買った商品と同じ商品を買った人はこんな別の商品も買っています），バナー広告，検索連動型広告などといった多様なアプローチの効果研究はたしかに存在する。しかし，ユーザーの能動的な情報処理を強く意識しながら説得の効果を検討するために研究手法は複雑化し，また広告手法にも大きく左右されるため，実務レベルならともかく，一般化しやすい研究は難しくなっている。

インターネットがもたらした新しい情報処理課題

　さて，インターネットの出現は受け手の能動性の獲得と引き替えに，未知の多くの情報処理課題を突きつけている。日常的に閲覧するニュースはどんな形で入手するのか，同じできごとでも異なる論調のニュースのどれを信じるのか，能動的に選ばなくてはならない。自ら他者に向けて発信するときにも，オープンなブログやホームページの告知を通じてなのか，リツイートされればどこまでも拡散する可能性のあるツイッターなのか，コミュニケーシ

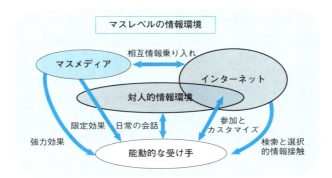

図12-2 ● 情報環境の構図

ョンの相手を選択するフェイスブックやラインなどの SNS（ソーシャルネットワーキングサービス）なのか，匿名性の高い BBS（電子掲示板）的な場なのかなど，巨大な選択の幅をもたらした。使い方を自分向けに構成可能という点で**「カスタマイズ」可能なメディア**（池田，1997）であることが，逆に人間の側の選択と情報処理に負荷をかけやすく，またどんなサイトや情報を信用するのかという信頼性やリスク判断の課題を突きつけているのである。

インターネットとマスメディアがもつ情報環境的な構図をここでまとめておくと，図 12-2 のようになるだろう。マスレベルの情報環境として，マスメディアとインターネットの情報はしばしば相互乗り入れしており，互いに受容と批判や反発の関係にある。インターネットにはマスメディアからの情報が大量に流通しており，マスメディアは頻繁にインターネットの情報を取り入れている。両者の情報環境の最大の相違は，インターネットが無数の対人的なレベルの集団を包摂することで対人的情報環境の一部を構成していることだろう。とくに，利用者どうしを何らかの電子的なソーシャル・ネットワークの中で結びつけ，その相互交流，情報交換，集団形成と維持を促進する**「ソーシャルメディア」**として総称される SNS は，スマートフォンの普及を通じて人々の日常のコミュニケーションの細部にまで浸透している。

全体的にみれば，マスメディアは情報の受け手に対して直接的にはさまざまな強力効果をもたらし，またオピニオンリーダーなどの対人的な環境を通じて

第 **12** 章　マスメディアとインターネット　283

限定効果をもたらす。一方，インターネットは参加とカスタマイズを通じて対人的な情報環境の一部を構成する反面，その情報処理機能と情報の多様性から検索と選択的情報接触の際立つメディアでもある。マスメディア由来の情報もそうした対象の一部であり，さらにこれら検索と選択的接触はインターネットの対人的な環境でも作用している。

　次に，インターネットがもたらした参加とカスタマイズによる多様な可能性を念頭に，インターネットが人間の能力を拡張させたのかどうかを2つの視点から分析していこう。人間個人の情報処理能力をエンパワーしたのかどうか，人間社会という共同体のもつ潜在的な力を拡大させたのかどうか，という視点である。

人間の情報処理能力を拡張したか

人間の情報処理能力には制約がある。インターネットはそれを解放するメディアになりえているだろうか。たしかに情報処理と記憶の能力の制約からの解放という点では，インターネットで可能となった情報検索の一覧性，検索可能性の巨大な貢献は誰にも否定できないが，他方で新たな大問題を出現させている。

　インターネットでは検索のサイトや方法の選択が問われるのみならず，検索結果として生み出される膨大な情報量が**情報オーバーロード**をもたらす可能性をつねに生み出している。情報の信憑性判断の手がかりにも困難が生じる。私たちは検索した情報の信憑性を判断しなければならない。ウィキペディアの項目を政府の利害関係者が書き直していたことが発覚した事件（2007年）をみても，この判断が容易でないことが理解されるだろう。新聞社サイトのできごと情報の信憑性は一般的に高いと受けとめられているが，その新聞社の編集方針に関わるようなテーマの報道情報は他サイトと異なることも多い。ではどちらの情報が正しいのか。判断の困難さは不可避である。

　検索と選択の重要性が飛躍的に増大した情報環境はもう1つの問題をもたらす。インターネットにおける選択的接触が生み出すバイアスの問題である。膨大な情報の大海からの検索や信憑性選択の結果として，自分の傾向性に一致した情報のみを選択しかねないというバイアスである。カッツらはその著書の中で，インターネットは自分と異なる反対意見の回避を可能にするエゴ・メディアであり，実際新聞閲読者・テレビ視聴者などと比べてインターネットユーザ

ーの選択的接触傾向は高いと実証した（Katz & Rice, 2002）。しかし反証もある。アメリカ大統領選挙におけるインターネットの役割を全国調査によって検討したところ，自分の支持する候補者や戦争・経済・文化の主要争点に関連するサイトばかりを見て回る有権者は決して多数派ではなく，多くの人が対立する立場のいずれのサイトをも訪問しており，選択性は高くなかったという知見である（Horrigan et al., 2004）。現在，これら2つの立場のどちらが正しいかについては決定打は出ていない。研究は精力的に進められており，2016年のアメリカ大統領選挙におけるトランプ陣営の利を計った偽ニュース（フェイクニュース）は選択的接触の悪影響への懸念を強めるものであった。

このように，インターネットは膨大な情報と多様な検索機能をもたらす一方で，情報オーバーロード，信憑性判断の困難さ，選択的バイアスの問題をマスメディアの時代よりも拡大した。それは一種のパラドックスである。

だがそれにもかかわらず，インターネットが人間の知識や知恵を拡大し，手近にそれを集積する場を提供できていることは見逃してはならない。ウィキペディアにはたしかに問題はあるものの，近似的な知識の事典としての有用性は間違いなく高い。知識共有コミュニティとよばれる「Yahoo! 知恵袋」「アットコスメ」といったサイトの知識蓄積度も高く，また「教えて」という問いに対する回答のスピードと質も高い。上でふれたパラドックスにもかかわらず，何がこうした蓄積を可能にしているのか，3つほどの要因が指摘できる。1つはメディアとしてのオープン性である。提供された知識のクロスチェックがネット上で可能であり，反証・反論のルートの存在が知識提供の**手続き的公正**さにつながる。第2にコミュニティの核となる「愛智」規範ともよべる「正しさ」に対する支持と**互酬性規範**（norms of reciprocity）の存在が挙げられる。第3に検索機能の充実と情報提供者に対する**評判**（reputation）の仕組みが的確な情報に到達する負荷を下げ，そのことが情報オーバーロードを低減させているといえる。

人間の社会的制約を拡張したか

では，インターネットは人間社会という共同体がもつ潜在的な力を拡張しただろうか。

その答えは容易にイエスにみえる。インターネットはたやすく国境を越え，言葉さえ理解可能なら「グローバル・ビレッジ」（地球全体が1つの村のようなコミュニティにみえること）を実現させるかにみえる。

また，SNSなどを通じて既存集団内のコミュニケーションの効率化をサポートして強い紐帯を強化すると同時に，ネットワークの中の大小無数のコミュニティであるバーチャルな新しい集団の形成とその集団へのアクセスを容易にし，弱い紐帯を新しく開発する可能性を拡大したこともプラスである。

　しかし，これらのことは人間社会の潜在力を拡張した反面，新しい課題を生み出しているということも否定しがたいだろう。インターネットには社会的リアリティを支えるメカニズムが欠如しがちであり，それがネックとなるのである（池田，1997）。それはバーチャルな新集団に典型的に生じる。

　池田によれば社会的なリアリティは3つの層によって支えられる。社会的な制度が支える層，対人的なネットワークが支える層，社会的信念が支える層である（池田，2013）。インターネットの中ではこうした3層のメカニズムにひびが入ることで，ものごとのリアリティ判断が困難となる。もう少し詳しくみよう。

① 何が制度的に信頼できるかを見失うことで，社会的信用に必要な情報が欠落する：このサイトの情報は正しい，と頼れる保証がインターネットではしばしば欠ける。アメリカ大統領選挙で，フェイクニュースが一般のニュースと同列上でSNSで表示されるといった状況は象徴的である。もっと極端な例は銀行などの金融機関を装うフィッシング・サイトであろう。これは制度的正統性を装う詐欺である。

② 社会的存在感もしくは対人的な感覚が欠落する：表情や身振りなど非言語情報や同一人物への継続的接触は，他者を判断するにあたって重要な信憑性を作り出す。顔を見ないと信用できない，という言い回しは非言語情報の重要性の現れである。インターネットではそうした情報が欠落しやすい。絵文字の多用は部分的にはその補完として機能している。

③ 常識の非共有によって社会的信念が共有できない：インターネットには常識の違う人々がかつてないまでに混在している。16世紀にモンテーニュが外交に携わる中で「山を1つ越えれば違う常識の世界」が広がっていることに驚愕したが，インターネットでは山さえ越さずに常識の違う他者に出会い，「話が通じない」ことが日常的に生じる。ネット上の「もめごと」はしばしばユーザーが互いが前提としている常識の差に気がつかないことによって生じる。

　こうしたリアリティ形成要因の欠落の問題が，インターネットにおける対人的コミュニケーションや集団の問題としてどのように扱われてきたかをみてみ

> COLUMN　*12-2* ソーシャル・ネットワークとしてのインターネット

　情報伝達や説得的コミュニケーションの媒体として考えられたマスメディアとは異なり，現在，インターネットにはそれ以上の役割が求められている。双方向のコミュニケーション・メディアでありコミュニティ形成に好適なメディアであるという特性は，ソーシャル・ネットワークを形成してネットワーク資源（第11章参照）を発掘しえているのか，人や社会の幸福感や福利を増進しえているのか，という役割まで求められることを意味する。

　典型的な例は，オンラインのサポートグループやセルフヘルプグループの存在である（Cummings et al., 2002）。サポートを必要とする人がリアルな世界でサポート提供者を求めにくい場合でも，検索機能を用いることでサポート提供者に行き着く可能性は劇的に増大する。このことは自己開示の問題ともつながっている。社会的にスティグマ化（タブー化）され，リアル世界で開示しにくい自己を解放しうるのもオンライン世界の特徴で，そのことが相互のサポートやアイデンティティーの維持にプラスに働く（McKenna & Bargh, 1998など）。

　グループレベルでの効果のみならず，こうした個人的な利用において，インターネットでの自己開示や他者との紐帯の維持には，精神的健康を保ち孤独感を軽減する効果をもたらしうることが知られている（志村，2005；Hampton & Wellman, 2002）。

　オンライン・コミュニティが社会の福利にも好ましい効果をもたらす点も，広く論じられている。インターネットがいかに多様な人々を時空を越えて結びつけるかは，初期の参加観察によるインターネット・コミュニティの研究から熱く語られ続けている（Rheingold, 1993）。その後，ネット世界が爆発的に拡大し，匿名性の問題等から巨大な公共的BBSなどで異質な他者への攻撃がしばしば顕在化してからも，多様で異質な人々を結びつける可能性はつねに存在していた。ノリスはアメリカの世論調査をもとに，インターネット上のグループへの加入が人々を異質な弱い紐帯へと結びつけていることを示した（Norris, 2004）。また異質な他者が集まる集団が存続するには，未知の他者に対する信頼感をもち，異質な意見に対する寛容性が高くなくてはならないが（第13章），オンライン・コミュニティの利用経験はそういった他者への信頼感や異質な意見に対する寛容性を高めることが示唆されている（小林・池田，2008）。

よう。

　古くから CMC（computer mediated communication）研究とよばれる分野では，インターネットという文字中心のコミュニケーションが他者を説得したり豊かな情緒を伝えたりする面で，少なくとも対面コミュニケーションと遜色のないリアリティ伝達の媒体になりうるのかどうかが長く議論され，10 年以上かけてその答えが出されている。非言語的手がかりが対面ほど豊かではない（典型的には文字だけの）インターネット上のコミュニケーションでも相互作用を重ねることで，この問題が克服可能であることを示したのである。文字中心のコミュニケーションでは対面するよりも時間的な効率は悪いが，コミュニケーションを継続することが問題をクリアするのである（Walther, 1992 など）。

　さらに指摘できるのは，こうしたコミュニケーションが電子媒体の中で記録として容易に保存可能で，後から参照可能であることが，リアリティ判断を助けるという点である。オンライン・コミュニティで対人関係が強固に形成されうるのも，コミュニケーションの蓄積性が 1 つの支持要因になっている（宮田，2005）。

　しかし，こうした対人レベルのリアリティ保証のプロセスは，インターネットのカスタマイズのあり方によって抑制されることがある。公開の巨大な電子掲示板はその例だろう。匿名性の強調，人の出入りの激しさ，信憑性を欠く情報を意図的に流す参加者の存在，情報の質をコントロールするモデレーターの不在，リアリティの保証を図る規範の欠如，といったカスタマイズのされ方は，そこにアップロードされる意見や情報のリアリティの制度的，対人的な支持を特に難しくしている。換言すれば，意見や情報そのものの説得性のみがリアリティの根拠とならざるをえない。あるいはこうした場では，リアリティを問わない，ないしはリアリティすれすれのコミュニケーションをゲーム的に楽しむことがしばしば目的となる。

　一方，中心的な人物群の入れ替わりが緩やかで，同じ場に集まる人々の間に対人関係を形成していこうという志向性が存在するようにカスタマイズされた条件下では，対人的なリアリティは維持しやすく，異質な他者との信頼の醸成や集団のアイデンティティー形成が容易になるだろう。オンラインゲーム上で長期にわたり同じグループとして活動したプレイヤー同士の相互信頼はこうして確保されていた（小林・池田，2005）。SNS にも類似の側面がある。

このように，インターネットは多様な可能性を原理的に有しながらも，なおその実践のうえでは試行錯誤を繰り返しているといってよいだろう。それでも，インターネット上では，ソーシャル・ネットワークを目的・意図に合わせて形成しやすいカスタマイズ性の高さ，参加する壁の低さが多様な人々を結びつけ，幾多の新しい集団，新しい情報世界を生み出している点に，マスメディアとは異なるこのメディアの可能性をみてとることは容易である。さらに図 12-2 にもみたように，インターネットとマスメディア，そして対人的情報環境の双方向の乗り入れと相互参照，相互関与の構造は，メディアの多重化による「間メディア性」（遠藤，2004）を成立させ，その中で私たちのリアリティ形成も変容を始めている。リアリティのあり方をこれらの相互参照過程を統合して検討すべき時期にきているのである。

● ● ●

　マスメディアの効果に関わる研究は，20 世紀後半に最も社会心理学の研究が集中した分野の 1 つであった。それほどの関心をよぶまでに，この時期にマスメディアは報道や娯楽を中心として人々の生活の中に入り込んだからである。その研究の焦点も対人的情報環境を介した「限定効果」から，メディアがもたらす情報環境の直接の「強力効果」である議題設定効果，プライミング効果，フレーミング効果，教化効果など多様であった。

　この発展の中で見いだされた，人々が能動的な情報処理者であるという視点は，インターネットの普及とその効果の研究の中ではさらに強化された。インターネットがもたらす巨大な情報環境から人々は能動的に情報検索し，参加することによってはじめてそれを利用しうるからである。一方，インターネットの負の側面である情報の制度的バックアップの脆弱性から，ユーザーが社会的リアリティ形成面で課題をかかえることが指摘された。

　本章に続く第 13, 14 章では，本章と前章でふれてきた社会的コミュニケーションの構図の中で社会はどう動くのか，人々はそこにどう関わるのか，をみていく。

BOOK GUIDE　●文献案内

　ニューマン，W. R.・ジャスト，M. R.・クリグラー，A. N. /川端美樹・山田一成監訳，2008『ニュースはどのように理解されるか——メディアフレームと政治的意味の構築』慶應義塾大学出版会

- ●人々がニュースの意味を汲み取り，それを共有の知識とする複合的なメカニズムを複数の方法でよく検討している。

竹下俊郎，2008『メディアの議題設定機能——マスコミ効果研究における理論と実証』(増補版) 学文社

マコームズ，M./竹下俊郎訳，2018『アジェンダセッティング——マスメディアの課題設定力と世論』学文社
- ●前者は日本における議題設定研究の代表的な著作で，オーソドックスな研究の方法・論点が丁寧に書かれている。後者はアメリカにおける最新の研究のまとめ

北村智・佐々木裕一・河井大介，2016『ツイッターの心理学——情報環境と利用者行動』誠信書房
- ●ソーシャルメディアの1つであるツイッターの多角的な検討を実証分析によって行っている。

Richey, S. & Taylor, J. B., 2017, *Google and Democracy: Politics and the Power of Internet*. Routledge.
- ●（英語文献だが）グーグルの検索機能が，社会的争点において適切な情報源として役割を果たすかを実験と調査をふまえて実証している。

Chapter 12 ● 考えてみよう　　　　　　　　　　　　SEMINAR

❶ マスメディアのニュースに接することは，どのような形で視聴者の現実認識や判断に効果を及ぼすのか，考えてみよう。

❷ 友人や家族と昨日のテレビについて話した経験を思い浮かべてほしい。そのことはテレビで呈示されたニュースやドラマについてのあなたの判断を追認するものだろうか，それとも意見の不一致であなたの判断は混乱しただろうか。

❸ インターネットに接するとき，あなたは自分の意見や趣味と異なるサイトにどれだけ接しているか，考えてみよう。あなたは自分と異なる考え方をよく知っているだろうか。

第 13 章 参加と信頼

社会を動かす

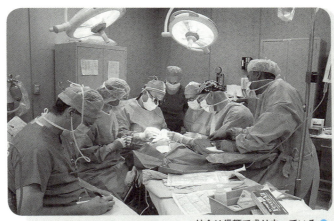

社会は信頼で成り立っている

CHAPTER 13

人を信頼することは大事なことだ，みんなで協力すれば良い社会ができる，選挙のときには投票に行くのが望ましい，というようなことを私たちはいともたやすく口にする。だが，どんな社会の仕組み（働き）によってそれらが本当に望ましい結果をもたらすのか，考えてみたことがあるだろうか。本章ではそこに焦点をあて，私たちが社会を動かす仕組みの一端を，社会参加・政治参加，他者への信頼，ソーシャル・ネットワーク，そしてこれらを理論的に包括する社会関係資本をキーワードとして，検討する。他者が信頼できる，水平的なネットワークが発達している，社会的活動や政治的行動に関与できる，といった条件の相互影響のうえに社会の豊かさが成り立つさまをみていくのである。その中で社会的な制度のもつ意味や，制度への信頼の構造もまた，明らかにしていく。

- KEYWORD
- FIGURE
- TABLE
- COLUMN
- BOOK GUIDE
- SEMINAR

SUMMARY

> **KEYWORD**
> 社会参加　政治参加　信頼　互酬性　寛容性　社会関係資本　制度　安心　評判（レピュテーション）　一般的信頼　制度に対する信頼（制度信頼）　マイクロ＝マクロ問題

　社会を動かしているのは人である。そういわれても，私たちの日常の実感からはほど遠い印象がある。だが，私たちの日々の行動や判断の積み重なり，つまりマイクロな行為の積み重なりこそが，私たちの住むコミュニティや社会のあり方というマクロな結果につながっている。この主張は否定しにくい。それは実感というより，そう推測せざるをえないという性質のものだろう。もう少し推測を働かせよう。

　マイクロな「人の営み」には日々の私的な生活も，企業や学校という公的な組織での活動も含まれるが，さらにマクロな結果に結びつく社会的な行動がある。たとえば地域コミュニティでの自発的な活動もそうなら，社会を動かすことにもっと直結した投票のような行動もその1つである。ここではそうした活動を指して「社会参加」や「政治参加」とよぶ。本章では「社会関係資本論」にふれながら，マイクロな個人の参加行動を通して人々がマクロな社会を動かす対人的信頼，制度信頼（制度に対する信頼），ソーシャル・ネットワークのメカニズムを考察する。

　すでにふれてきたネットワークと並んで，信頼は社会を支え，動かす。他者や制度が信頼できなくなったら，病気のときに医者にかかるのも，通勤通学の電車の中で居眠りするのも恐怖経験になりかねない。そうしたことの意味も，信頼と安心を対比させながら理解していく。

　まず，本章のおよその全体像を図13-1でみておこう。社会的ネットワークや組織・団体，コミュニティといった社会の中のさまざまな集合体において，そのそれぞれのネットワーク構造のあり方や人々の間の信頼と互酬性のあり方が，私たちを社会的に関与させ（社会参加），また個人の利害を越えるような社会的アウトプットをめざした政治参加を生み出す。そして社会参加それ自体も政治参加を促進すると同時に社会的アウトプットを生み出す。ここでいう社会的アウトプットとは，投票（政治参加）という政治選択によって政権を選ぶ，そのことによって法の制定や予算の決定・執行，行政サービスの実施にまで影

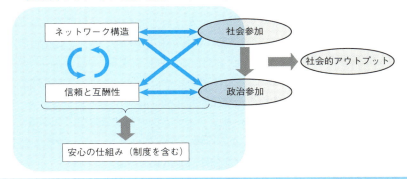

図13-1 ● ネットワーク，信頼，参加の構造

響を与える，といった制度的なアウトプットばかりではなく，私たちの社会に対する満足，他者への寛容性といった心理的なアウトプットも含まれる。

このようなメカニズムは社会関係資本研究でよく検討されてきたが，その働きをガイドしたり補完するのが安心の仕組みである。たとえば，法律や社会的な評判は「監視」的な役割によって社会的な逸脱行動を抑制する。また言論や集会結社の自由を制度的に保障することが反対意見の表明を含む政治参加を促進し，それが他者への寛容性を生み出すことにもつながる。こうして，監視や制度が，社会を好回転させ，望まれる社会的アウトプットを生み出す安心の仕組みとして，社会関係資本と相互補完的に働く。このことは信頼が働く仕組みと密接に関連している。

 社会参加と政治参加

社会や政治に関わるとは ●

さて，社会参加や政治参加という語を聞いて，あなたは何を思い浮かべるだろうか。ゴミ問題への署名活動，PTA やボランティア活動，地域の自治会活動，あるいは選挙の投票というような活動だろうか。誰かが社会に関わり，コミュニティを動かし，国の政治を監視し，争点について意見を伝え，政治を変

第 13 章 参加と信頼 293

える。こうした参加行動がなければ，世の中は動いていかない。しかし参加は，人から押しつけられるもの，関わりたくないもの，めんどうなものといったイメージも伴っている。誰かがやるから自分は関わりたくない。あるいは関わっても無駄，嫌い，という意見も根強い。そういうマイナス面がごくふつうに感じられる一方で，ボランティア活動に積極的に参加したり，特定の候補者を「勝手に」応援して当選させるようなできごとも耳にする。

あらためて参加（participation）とは何かを考えよう。アーモンドとヴァーバの国際比較による記念碑的な政治文化研究（Almond & Verba, 1963）をベースにすると，参加とは，社会の成員が社会システムないし社会の中のある単位（コミュニティなど）に対して，そこからなんらかのアウトプットを得ることをめざして，ある形のインプットを行う行動だと定義できる。

これは抽象的すぎるので，社会参加と政治参加に分けて具体的にみよう。両者の境はしばしばあいまいだが，平たくいえば，社会参加はなんらかの自発的な団体や組織（ボランタリー組織や中間集団とよばれる）への関与と，そこでの活動であり，政治参加は政治システムに対して影響を与えることを目的とした集団的・個人的な活動である。社会参加が活動の目的よりも活動のプロセスで定義されやすいのに対し，政治参加は目的によって定義され，集団的な活動以外に個人的な活動も含む。投票という代表的な形態にみられるように，個人の行動が直接社会的なアウトプット（たとえば議員の当選）にも結びついているからである。

さらに具体的にみよう。まず社会参加である。たとえば，地域の自治会活動への関与は地域の生活を向上させるためのインプットとして，社会参加の最も広範な活動形態の1つとなっている。広範であるだけに人によって活動への関与度には大きな幅がある。「自発的」という言葉を狭くとれば，自治会活動はそのようなものではないという主張もありうるが，ここでの「自発」の意味は多かれ少なかれ参加が任意であることを指している。こうした地域に奉仕するようにもみえる活動に対し，同窓会や同好のサークルといった活動も社会参加である。両者は対極的にみえるが，良好な社会的アウトプットをもたらしうる社会的活動としては類縁のものと考えられている（Putnam, 1993など）。

社会参加の規模は，1993年から20年ほどの間池田が関わった調査では，図13-2(A)にみられるように，最大のもので日本人成人の5割程度が参加する自

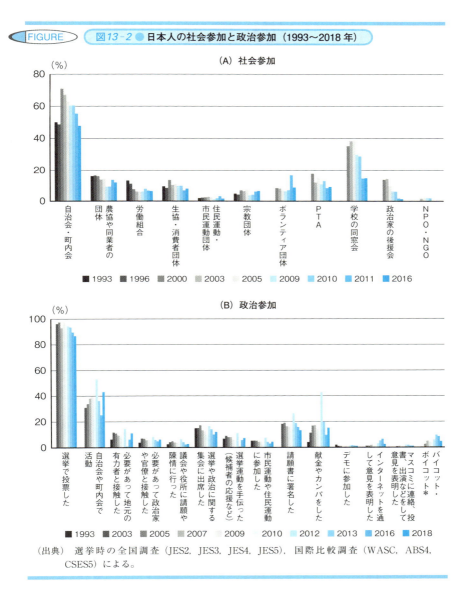

図13-2　日本人の社会参加と政治参加（1993〜2018年）

（出典）　選挙時の全国調査（JES2, JES3, JES4, JES5），国際比較調査（WASC, ABS4, CSES5）による。

治会活動がある。個人的な利害・関心に関連した社会参加としては，自分の職業に関連した業界団体への参加や自分の趣味や教養に関わる団体への参加が典

型である。農協などの同業者団体は2割弱，労働組合は1割弱であるのに対して，学校の同窓会参加は変動が大きいが自治会に次ぐ参加がある。生活に密着した団体には生協などの消費者団体やPTAがある（ともに1割前後）。これらすべては活動の結果として，社会的な貢献をしたり，業界の発言力を高めたり同窓の縁を保ち広げることなどを目標にした活動である点で，個人的なプラス面を含みながらも，それを越えた社会的なアウトプットをもたらすことが多い。これら全体を通じて共通しているのは，基本的に自発的かつ無償の活動であるという点であり，それゆえに職業的活動とは区別される（代表的な研究は，辻中，2002；Almond & Verba, 1963）。長期的には，21世紀になるとやや低下してきている傾向がみえるだろう。

政治参加の代表的な形態は投票行動である。図の(B)に見るように，日本人成人の9割以上が投票参加経験をもつ。また，率はかなり落ちるが，調査前の5年間の行動として公的な地位にある人々や有力者などへの接触が3つのタイプでそれぞれ1割弱の参加率をもっている。一方で，集会への参加や請願書の署名などといった集団的な活動も政治参加である（それぞれ2割弱）。これらには，社会的アウトプットとして地域の問題を解決するという明らかな「成果」をめざすものもあれば，成果が具体的でなくとも社会問題を認識させたり，社会的な意思表明をめざす参加行動もある。後者の要素の強い政治参加にはさらに，抗議行動としてのデモなどが存在する（代表的文献はDalton, 2002；蒲島，1988）。

このように社会参加と政治参加は同じ参加行動ではあるが，少し様相が異なる。

社会参加の「メリット」
社会関係資本研究とその批判

第11章ではソーシャル・ネットワークの中に埋めこまれている「資源」を検討した。ソーシャル・サポートであれ転職の情報であれ，それはネットワークから得られる個人的な利得の源泉であった。しかしネットワークはそうした「個人的な結果」だけではなく，「社会的な結果」をももたらす。それはなんだろうか。

2つの対照的なサークル

具体的に議論するため，2つの異なる大学のサークルAとBを想像してみよう（サークルも含め，「集団」は境界の明確なネットワークの一種だと考えられる）。「水平的なサークルA」はメンバーの力関係に大きな差はなく，サークルの運営をめぐって考え方の違うメンバー間で議論が日常的に生じている一方，「垂直的なサークルB」は上下関係に厳しく，考え方が違ったとしても異論を出す雰囲気ではない，としよう。

こうした両サークルでの人間関係の様態は広範な影響を及ぼす。互いの信頼関係を構築しやすいのはどちらだろう。不満があってもそれが潜在化せず，オープンになりやすいのはどちらだろう。互いに協力しやすく，多くのメンバーが運営に参加しやすいのはどちらだろう。違う考え方に対してより柔軟になれるのはどちらだろう。サークルで培った対人的なコミュニケーション・スキルが他の場面でも役立つのは，比較すればどちらだろうか。

これらの答えを推測することはそれほど困難ではないだろう。異論を抑圧するサークルBで，コミュニケーションのスキルが育つだろうか。上下関係に厳しい中で，メンバー相互の信頼関係は育つだろうか。そこでもリーダーの能力や指導力に対する信頼感が育つ可能性はある。しかし集団が危機に陥りリーダーが失敗をするようなときにもそれを維持しうるものだろうか。多くのメンバーの参加という点ではどうだろう。参加して「支配」する側とそうでない側に2分されるのはサークルBではないか。

もう少し信頼や協力関係について考えてみよう。水平的なサークルAであれば，サークルのアウトプット（成果）に対する責任がメンバーに平等にかかる。その中で，サークルの方針や計画を議論したり，どのメンバーが信頼に値し貢献しうるかの判断力を磨く機会が出てくる。そこには多くのメンバーの運営参加がある。異論を許容し，議論を回避しないといったことも起きるだろう。一方，垂直的なサークルBではそうした機会は少ない可能性が高い。「上」の判断だけで決まるのであれば，判断力を磨く機会などないからである。異論に耳を傾ける機会にも恵まれないだろう。また，メンバー相互の協力関係を考えてみた場合，サークルBでも協力したり一丸となって目的に取り組むことはあると思われるが（例：上下関係の厳しい高校野球のチーム），協力の自発性という点ではサークルAが勝るだろう。強制力が主たる動員力ではないからであ

る。

　こうしたことを考えると，ネットワークは（第 11 章でみたように）資源であるのみならず，ネットワークに社会参加し，活動をすることを通じて，他者の行動や考え方に対する信頼（trust），相互の協力を育む互酬性（互恵性ともいう；reciprocity），異論への寛容性（tolerance），コミュニケーション・スキル，そして集団運営への関与（コミットメント；commitment）を生み出していく場であることがみえてくる。しかも，それらはどんなネットワークの場でも生み出されるのではなく，条件依存的である。サークル A と B の差はその典型である。大半のメンバーが相互に信頼できる機会をもち，互酬的な関係を築き，また互いに寛容でいられるようなサークルは，相互不信，非互酬的，相互不寛容なサークルと大きな差異をもつ。

社会関係資本論　　パットナムをはじめとする社会関係資本論では，このサークル A の例のように水平的なネットワークをもつボランタリー組織・団体の中では，信頼と互酬性の規範，社会参加（ネットワークの活動への参加）が生じやすくなることを強調し，これらを一括して社会関係資本（social capital）とよんだ。図 13-1 に戻ると，どんな組織や団体あるいはコミュニティでも，社会関係資本が生み出されるというわけではなく，ネットワーク構造（水平－垂直を含む）や信頼と互酬性の育み方に依存しているのである。そしてその社会関係資本がもたらす果実として，もとのネットワークを越えて他者一般への信頼や寛容さが芽生え，また政治参加や社会システムへの信頼など民主主義にとっての「徳」をもたらす，と社会関係資本論は主張する。つまり，社会参加すること，また参加する中で他者への信頼や互酬性を学ぶこと，それらが社会生活全般にまで一般化され，プラスの効果をもつ。

　パットナムは，こうした議論をイタリアとアメリカでの実証研究から紡ぎ出した。イタリアでは 1970 年に地方自治が大きな財政的権限を獲得したが，その後の 20 年の間に，ある地方は地方政府に対して市民の満足感も高く，行政が市民の問題表明に対応してくれると認識され，自律的な政治参加も促進されたのに対し，他の地方ではそうはならなかったことを多角的に検討した。この差異の原因を探っていくと，著名なイタリアの「南北問題」という経済的な原因ではなく，水平的なネットワークを育む市民コミュニティ，なかんずく活発

> **COLUMN** *13-1* 社会関係資本と垂直的人間関係の文化的考察

　社会関係資本の議論の中で，パットナムはソーシャル・ネットワークが「垂直的」であることは，社会関係資本の涵養にマイナスだとしていた。これを比較文化的な文脈でとらえると興味深い問題が提起できる。ネットワークの「垂直性」ですぐに想起されるのは，日本社会を「タテ社会」としてとらえた中根の古典的な議論である（中根，1967）。彼女は日本社会に一貫して存在する「タテ社会の人間関係」の肯定的側面を大きく扱った。そして，タテ社会という「場」は社会の機能集団として柔軟なもので，その特性こそが個人に自由な活動の場を与え，近代日本の発展の一因となったと指摘した。同様に，アジア的価値と一括されるような儒教的な上下関係では，下が上を尊敬しつつ服従し，上が下を保護し育てることで社会的に良好なアウトプットが生み出されると主張される。だとするならば，水平的でない，垂直的なネットワークは社会関係資本の形成に貢献しない，という主張はここではあてはまらない可能性があるだろう。

　社会関係資本が機能する中で，こうした文化的価値のもたらす側面は，実はまだ十分によくわかっていない。池田とリッチーはこの点に注目し，ソーシャル・ネットワーク内の上下関係が日本の文化的背景の下でプラスの効果をもっているかどうかを体系的に検討した（Ikeda & Richey, 2005；2011）。明らかになったのは，タテ関係を含むソーシャル・ネットワークでも政治参加にはマイナスにならないこと（パットナム的な批判があてはまらないこと），しかしそれは儒教で想定するように上が下に対して社会的資源（判断のための知恵）を提供するということではなく，何党に投票するというような方向性をもった投票行動（政治参加行動の一部である）においては単に社会的圧力として働き，政治情報の情報源として有効に働いてはいないことを明らかにした。これらのことは，パットナムが否定的に扱った南部イタリアの上下関係のもつクライエンタリズム（政治的な意味をもつ親分‐子分的な恩顧関係）的な弱点と日本における上下関係は，異なる意味をもつ可能性を示唆している。日本では上下関係によって服従と沈黙を強いるというのではなく，同質性を高める圧力となっている可能性である。こうした試みは，社会関係資本の論理がどこまで文化を越えて成り立つのかについても，より進んだ研究を進める必要性を示している。

なボランタリー組織の中に見いだされる自発的な協同の有無が差異の原因であることが明らかになった（Putnam, 1993）。パットナムは次に，アメリカを対象として実証研究を進め，20世紀末のアメリカ社会の問題が，アメリカン・コ

ミュニティの衰退に由来するのだと論じ，ここでも水平的なネットワークの重要性を強調した（Putnam, 2000）。これらの動きに刺激されて類縁の社会関係資本論研究も注目され，その後10年あまりの間に数百の実証的・理論的研究が世界的に生み出された。特にパットナムの研究は多くの批判を引き起こすことによって，かえって社会関係資本研究の活性化に大きく貢献したともいえる。

社会関係資本の「ダークサイド」

そうしたパットナム批判の最大のものは，社会参加してもマイナスの事態が生じる場合が厳然として存在する，という指摘である。つまり，寛容，信頼，満足，発展といった社会関係資本の「**サニーサイド**」（光の部分）がもたらされる場合だけではなく，不寛容や対立，偏見と排除という「**ダークサイド**」な影の部分が生じるネットワークの活動が存在し，これらをいかにして回避するかにもっと目を向けようという批判である。先のサークルAでも意思決定や資源の獲得をめぐって，協力ではなく非協力，信頼ではなく不信，内部でメンバー間の対立や敵対する派閥が生み出される可能性もあるだろう。それはサークルBよりも可能性が低いだけで，問題が解決したわけではないというのである。よく知られているのは，ソーシャル・ネットワークと信頼で結ばれたはずのあるコミュニティが，さまざまなできごとに対処する中で，外集団の人々や異質な内集団成員を排除したり，内集団成員に過度の要求を突きつけその自由を制限しかねない，という問題である（Portes, 1998など：第9章「集団間関係」とも関連）。またアーネイルは，パットナムの議論では文化的な同質性が前提となったコミュニティだけが対象となっているのではないか，と批判している（Arneil, 2006）。つまり，信頼と協同的参加が生じるのは人々が同質的な状況においてである可能性が高く，女性や文化的マイノリティのような文化的に異質な人々が含まれる社会的な場面でそのような期待は困難なのではないか，異質な人々は社会関係資本のサニーサイドから排除されがちなのではないか，と指摘した。

マッツは，政治的な考え方が異質な人々と接触すると政治参加が抑制されがちになるのは，人々が無用の対立やぶつかり合いを回避しようとするからだと議論したが（Mutz, 2006），このことは上の論点とも直接対応している。文化的に同質的だと仮定されやすい日本でも，たとえば都市部での旧住民と新住民の対立，世代間の利害の衝突，女性の社会進出に対する考え方の差異など，異質

な人々同士の対立がマイナスの社会的アウトプットを生み出しうるという，ダークサイドの芽がある。こうした状況でぶつかることを避けようと思えば，参加が抑制される可能性があることも飲み込みやすいだろう。

興味深いのは，逆の知見，つまり異質な人々との接触によって政治参加が促進されるという研究も多く，議論が進行中だという点である。参加民主主義の本質は，異質な人々，異質な考えの間で調整し，まとめ，合意し，ときには妥協することであるから，ここでの一貫しない知見の謎を解くことはきわめて重要であり，研究の深化が望まれている。

信頼および制度的な「仕組み」がもつ意味

人が人を頼れる2つの形

参加の議論をする中で信頼の重要性が浮かび上がった。信頼はさらに，社会のさまざまな制度と並んで人々の社会的行動を支える。信頼と制度がもつ相互補完的な役割は社会の制度を社会心理学的に考察するうえで明確に認識しておく必要がある。人々にとって制度がどんな存在であるか，という点から議論を進めよう。

私たちは住む家の間取りやロケーションを念頭において住み方を調整する。南向きで日当たり良好な家なら冬は暖房不要でも，夏のクーラーはどの部屋にも欲しくなる。同じように，社会や政治の仕組みである制度もまた，私たちが念頭において行動を調整する対象である。たとえば異なる選挙制度である中選挙区制と小選挙区制では投票行動も変わる。制度が違えば生じやすい政党のシステムも異なることが知られている。また制度は，私たちの行動を制約する見えない壁でもある。意識せずとも法を破れば処罰の対象になるのはその一例だろう。法という制度は「してもよい」行動を制約しているのである。

しかし，制度は人々になんらかの行動をさせないためだけにあるのではない。行動を促進するのもまた制度である。日本の普通選挙制度は18歳以上の日本人を有権者として指定し，投票日を通知し，政治参加を促進する側面をもつ。つまり，この制度は参加しやすさという社会的誘因（社会的なアフォーダンス：第19章1節参照）を作り出している。同様に，ボランタリー組織でも規約や内規といった明文的な規範を通じて水平的な意思決定の仕組みを作り出し，メン

バーの参加意識を高めることがある。これも制度による誘因の例である。

制度はフォーマルに法律や行政の仕組みによって作り出されるだけではない。インフォーマルな形でも作り出される（集団のインフォーマルな「規範」もまた制度として機能する；第8章参照）。小さな仲間の集団内で「ものごとを決めるときは全員一致で」というケースでは，この全員一致ルールが制度である。この制度を前提として，みんなでとことん話し合う，説得を最後まで続けるなどの行動が生じる。

信頼と安心

信頼と制度は，社会的行動を支えるうえでどんな相互補完的な関係にあるのだろうか。

山岸は，社会的に不確実な状況のもとで，私たちが他者の行動を「信頼」する条件を繰り返し検討している（Yamagishi & Yamagishi, 1994；山岸，1998）。彼は「信頼と安心」(trust and assurance) を対比的にとりあげ，その基本的な概念的区別を行っている。1つの例からその一端をみておこう。医者に対して，激痛を伴うような治療であっても私たちは多くの場合「おまかせ」する，という例である。セカンド・オピニオンを必要とするような判断が困難で重大な病気もあるが，多くの場合，「おまかせ」は広い範囲で生じている。ほとんど見ず知らずの医師でさえもなぜ信じられるのか，理由はいくつかあるだろう。

① 過去の受診経験からこの医師が頼れる人だと信じている。
② 医師としての使命感や職業倫理から治療に最善を尽くしてくれると信じている。
③ 1人の人間としての良心から医師は助けようとしてくれると信じている。
④ 周囲の評判からこの医者は頼れると信じている。
⑤ 医師免許もあり，法的・社会的に罰せられるリスクのある治療行為はしないだろう。
⑥ 失敗をしないような構造的仕組みが医療器具にあり，患者は安全に守られるだろう。

これらは山岸の用語を交えていえば（かっこ内は山岸の用語に筆者が付加），それぞれ，

① 医師個人に対する人間関係的信頼。
② 医師という職業に対するカテゴリー的信頼。
③ 人間性一般に対する一般的信頼。

④ 評判に基づく信頼と安心。
⑤ （制度的な）安心。
⑥ （「フェイルセイフ」「フールプルーフ」といった物理的な）安心。

と名づけることができる。つまり，「医師を信じる」行動の中に信頼と安心という要素が含まれているのである。以下，順にみていこう[1]。

安心を支える仕組み

安心は，制度的な条件によって生じる。山岸によれば「相手の自己利益の評価に根ざした」行動への期待が安心である（上の⑤に該当）。罰せられるという自己利益に反する行為を相手は回避したがるだろうという期待に基づき，相手が悪意のある行動はしないと信じるのである。ここで予想される「罰」は制度的に決まる（医師の例では業務上過失致死傷罪などだが，他にも社会的制裁や非難など明文化されない罰が広く存在する）。こうした制度による安心は，その性質上「起きてはいけないこと」「促進すべきこと」が予見できるときに有効である。たとえ過失でも，してはいけない行為に罰則があるのは，そうした行為の可能性があらかじめわかっているからである。また，医師免許はこうした制度を遵守して治療できることを，医師の能力証明とともに保証する手段となっている。

制度的な安心はその性質上，監視の仕組みを必要とする。つまり罰する可能性を担保するためには，違反行動を監視してチェックし，罰を与える可能性を行為する側に認識させなければならない。これには「**監視のコスト**」が伴う。

次に，物理的な仕組みも安心を作り出していることは，リスク研究用語の「フェイルセイフ」「フールプルーフ」が示すとおりである。社会的な制度と同様，行動の制約となる仕組みが，ここでは物理的に作り出される。フェイルセイフとは「失敗しても安全へのバックアップがある」という仕組みであり（医療機器の補助電源，転落しても大丈夫な低床ベッドの仕組みなど），フールプルーフとは「うっかりしたり，頭が混乱しているような条件下でも安全が確保できる」という仕組みである（誤った量の薬剤を投与しようとすると警告ブザーが鳴る医療機器など）。多少でも危険性を伴う工作機械，交通システム，災害予防システムなどには安心の仕組みが幅広くみられる。ごく身近な家電製品にもみること

---

[1] 理論的にはさらに分類があるが，紙面の制約上割愛する。なお医師の「能力」に対する期待は概念的にはやや異なる（山岸，1998）。第15章で言及するリスク・コミュニケーション研究では「能力に対する期待」も広い意味で信頼の一部を構成するととらえられている。

ができる（火の消し忘れ防止装置のあるガスコンロ，過電流を抑えるヒューズなど）。

信頼を支える仕組み

さて，私たちは安心だけでは医師に「おまかせ」することはできない。上記の①や②や③に対応する医師の善意や倫理をさらに必要としている。これを信頼とよぶ。

(1) 信頼の判断が働くとき　信頼は，不確実な状況で私たちの判断のよりどころとならざるをえない。つまり，安心をもたらす監視の仕組みだけでは不十分であったり，制度的な枠組みがそもそも存在しないような不確実な状況が私たちの人生ではしばしば出現する。旅で訪れた未知の国の路上で立ち往生したときに，誰かが助けてあげようと近づいてきたとしよう。相手は潜在的には犯罪者かもしれないし，善意の他者かもしれない。それが誰も監視していないような状況で生じれば，悪いことをすれば罰せられるという制度的安心を期待することはできない。このとき，私たちはこの未知の他者が信頼できるかどうかの判断をいやおうなく迫られる。制度は私たちを守ってくれない。

医師の例に戻れば，重い病で家族を亡くすことになっても遺族が医者に感謝することがあるのは，どれだけ医師が誠意を尽くして患者を救おうとしたのか，尊厳ある生を全うすることを支援してくれたかをみてのことだろう。病の不確実さに挑む医師への信頼が，そこにはある。医療過誤にならないように法を遵守したといった安心の側面に感謝が由来するのではない。後者は当然のことなのである。

なお，④に挙げた評判（レピュテーション）は信頼の側面と安心の側面の双方をもつと考えられる。医師の例でも，評判が上がれば繁盛，落ちれば誰も利用してくれなくなるという社会的な（法的でない，インフォーマルな）賞罰によって安心を創り出す一方で，評判は「信頼」の代名詞でもある。つまり当の医者に対して他者がもっている信頼を伝える情報でもある。山岸はこれらをそれぞれ評判の統制機能と情報機能とよんでいる。

インターネットのオークションでは評判情報が出品者を判断する重要な情報であることは言うを待たない。また「コーポレート・レピュテーション」（企業の評判）が企業価値を形作ると議論されていることも評判の重要性をよく示している。ミシュランの格付けという評判は，格付けによってお店の「味の良さ」への信頼情報を示す指標が与えられているが，一方ではそれは「安心」の創出でもある。評価を落とさないようにお店は努力せざるをえないからである。

話を戻せば，信頼とは，安心を提供する制度的仕組みの限界を越えたところ，あるいは制度的仕組みが不在の状況で，さらには制度的仕組みを補う形で機能する。それは安心の上に成り立つ薄皮のようなものではなく，むしろ社会が低コストで効率よく機能するための柔軟な接着剤である。
　実際，制度はコストを伴う監視を要求するが，いつでもそれが可能なわけではない。監視できない，コストを負担できないなどのことが生じる。また，新しい不確実な状況では制度の適用可能性が限定される，つまり制度はすべてを設計しきれない。この2点が信頼を重要な接着剤として必要とするのである。逆に，信頼の失敗を補うセーフティネットとして制度的仕組みが創り出される場合も多い。「おれおれ詐欺」が増えたためにそれを刑罰として制度化する，などのことである。

(2) **未知の他者への信頼**　もちろん，人は誰でも信頼するのではない。未知の他者に対しても，その人が信頼に値するか否かをなんらかの手がかりをもとにして判断する。山岸は，他者を信頼しやすい人は未知の他者に対する判断力も長けた人であることを示している（信頼しやすい人は「だまされやすい」人ではないのである）。こうした未知の他者の信頼性に対して働く判断を**一般的信頼**とよぶ。それは，知り合いや職業的カテゴリーで他者を信頼する場合とは区別される。友人が信頼できるかどうかはその人との間の過去の交友履歴から判断できる（**人間関係的信頼**）。また未知の医者が信頼できるかはその職業的カテゴリーに対する判断にかなりの部分を負う（**カテゴリー的信頼**）。これに対して一般的信頼は，カテゴリー的な手がかりや過去の人間関係もないような未知の相手に対する判断において（つまり不確実な状況で）端的に現れる。そこで人は自らの人間性一般に対する信念に基づいて，相手は信頼できるほど「良い人」なのかという判断を下さなくてはならない。このとき一般的信頼がうまく機能し，相手が信頼に値するか否か「見分ける」ことができれば，未知の相手との資源の交換や協同を手がけることの不確実性（リスク）が減り，判断の結果は手堅いものとなりうる。力を合わせた意思決定も促進される。社会参加や政治参加において異質な他者との協力が促進されるのも一般的信頼のもつ関係形成力のたまものである（逆にいえば，ダークサイドは信頼の欠如によって生じやすい）。
　さらに述べれば，一般的信頼が特に有効なのは，弱い紐帯や未知の他者との間で資源を交換するような場合である。強い紐帯やボランタリー組織では監視

> **COLUMN** *13-2* 信頼の実験的研究

　山岸の研究は，未知の取引相手の選択に関する実験から，信頼のメカニズムを検討したことで，広く知られる。日米それぞれ大学生が参加したある実験を紹介しよう（山岸，1998，第5章第1-2実験；部分的に説明を省略）。

　パソコン画面を通じて，実験参加者は「売り手から商品を仕入れ，その商品を実験者に転売する」取引を数人で行う。参加者は自分の仕入れと転売の差額が利益となる買い手役割を割り当てられ，画面上の2人の売り手のどちらかを選択して取引を行うよう，求められる。2人の売り手の片方Aは買い手（実験参加者）から利益を「巻き上げる」チャンスを利用し，もう片方Cはそうした行動をしない。この状況で20回取引を終了した後に，取引相手の変更の機会がやってくる。巻き上げるAが変更になるのである。そして参加者は買い手として次の取引以後の取引相手として，これまで巻き上げをしなかった安心できる取引相手Cか，新しい相手Fか，どちらを選ぶか迫られる。このとき，相手FはCよりも安い取引価格を呈示してくるので転売の差額が大きくなる点で魅力ある相手でありうるが，Fは1つの実験条件では「巻き上げチャンス」をもち，A以上に搾取する可能性が設定される（Fとの取引の社会的不確実性の高い条件）。もう1つの条件ではFは搾取をしない（低不確実性条件）。

　実験の結果は，取引相手変更後に不確実性の高い条件では，日米ともに新しいFではなく，それまで取引してきたCを取引相手に選択する傾向を示した。つまり，社会的不確実性の高さはコミットメント関係を促進するのであった。

　さらに次の実験では，同じ相手を選び続けると新しい相手を選ぶことで得られる利得を獲得し損なう「機会コスト」が発生する実験操作を行った。その結果判明したのは，同じ相手との取引を継続するコミットメント関係の形成が，高不確実性条件下では，一般的信頼の低い実験参加者においてより顕著で，高い参加者ではそれほどではないことであった。図に見るように，低信頼者において高不確実性条件でもとの取引相手Cと取引を継続する傾向が明瞭である。

　ここでのコミットメント関係は機会コストを払ってでも安心追求行動を行うものであったのに対し，高信頼者では安心関係からの離脱可能性がより高く，新しい機会の追求が生じやすいことが図から見てとれる（継続率が低信頼者よ

による安心が機能したり，人間関係的な信頼で人々は結ばれることが多いから，一般的信頼の低さは大きな問題にならない。しかしこれらから離れて未知の他者と社会的接触をしていく機会もしばしば存在する。そうした状況でははたし

り低い)。低信頼者で顕著だった安心関係への固執は，得られる利益の不確実性を減ずるというプラスの側面があると同時に，そうでなければ得られた取引利益を失い，機会コストが発生することも示していた。なお，元の信頼のレベルが同じであれば，ここでの結果に日米の差はなかった（信頼と安心の文化差については第18章4節参照）。

山岸（1988）の安心概念は本章の議論と異なり，制度の議論を直接的にはほとんどしてこなかった。対人関係の中でコミットメント関係を築くことが社会的不確実性を減じ，安心を構築していける点に焦点があるためである。それは，恋人同士が心理的，社会的に互いにコミットメント関係を築いたり，系列企業が非系列他社とは取引を控えるようなケースにあてはまる。しかしネットオークションの研究を通じて制度の作り出す安心の効果を検討しているのは興味深い（山岸・吉開，2009）。

最後に，一般的信頼はこうした関係の新たな形成過程で重要だが，逆に日常的な行動がこれにつねに律せられているわけではないと思われる。実際，政治参加や社会参加に対する一般的信頼の規定力が弱いことは，実証的に知られている。そこで働くのはもっと特定的な仲間に対する信頼や次節にみるような制度に対する信頼である。

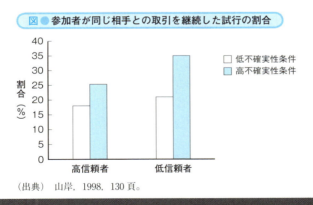

図 ● 参加者が同じ相手との取引を継続した試行の割合

（出典）　山岸，1998，130頁。

て他者が自分を搾取したり傷つけたりしないような形でふるまうかどうかは不確実である。山岸が例に挙げているのは，中古車を購入するときに未知のセールスマンが車の見えない欠陥を隠して高く売りつけるケースである。このよう

なとき，相手の他者を信頼できれば（そして実際に信頼できるかどうか見分けられるのであれば），効率よく資源を獲得したり（お得な中古車），新しい仕事仲間を得たり，新しい友情が芽生える可能性が高まる。こうして一般的信頼は新しい関係性やそれを通じた交換へと人々を「解き放つ」（山岸，1998）。

制度に対する信頼

あなたは政府を信頼できますか

　信頼と安心はこのように，制度という仕組みに大きく関わりながら機能しているが，その構図は制度に対する信頼（制度信頼）によってさらに複雑になる（ここでいう信頼は trust ではなく，confidence の語でしばしば区別される）。

　(1) **制度信頼の構造**　制度に対する信頼は多重の構造をもっている。つまり，対人的な信頼は安心と区別され，安心は制度が創り出していたが，いま議論しているのは制度への信頼だからである。このことを少し解きほぐして考えよう。

　制度は厳然と存在し安心の仕組みを支える。このことはすでに説明してきた。しかし，制度が設計どおりに機能しているかどうかに関しては，制度への信頼が問われるという構造がある（池田，2010a）。つまり制度設計は安心を担保する仕組みであるが，制度運用のあり方や運用の責任者に対しては，信頼が問われる。たとえば国の制度運用の責任者たる公務員（国会議員も含めて）にはそのカテゴリー的信頼が問われるのである。

　日本の社会保険制度を考えよう。この制度は私たちが安心して老後を暮らせるための制度であるが，その制度が設計どおりに運用され望まれた性能を発揮しているかどうか，運用に携わる公務員の職業倫理に問題はないのかについて，多くの人が信頼できないと考える事態が 2007 年から翌年にかけて次々と明るみに出た。そして，公的年金問題として大きく報道され，決定的な対応がなされないまま推移し，そのことが主たる原因の 1 つとなって当時の安倍内閣（第一次）は 2007 年の参議院議員選挙で大敗北を喫した。

　社会保険料の支払いが確実に記録されているのか，このまま払っていれば老後に設計どおりの支払いを受けることができるのか，多くの人はこうした運用のあり方や運用してきた公務員，それを監督する側の政治家を疑い，そこに大

きな社会的不確実さが生み出されていた。そして、自分が働いていた期間の保険料を納めた証拠がないと通知されたときに疑義を申し立てたとしても、多くの人々は職員の対応を信頼できるとは考えなかった。杓子定規な制度のうえでも良心的に申し立てを審査し過去の散逸した記録を丁寧に照合するような、信頼に足る職員がいるのか、それが疑問だという状況証拠が多々あった。ここでは、制度を運用する職員に対するカテゴリー的な信頼の欠如に加え、制度的な仕組みや性能が想定どおりに機能することへの信頼の欠如、という二重の信頼問題があった。このように、制度に対しても信頼が問われるのである。同様のことは他の制度に対してもあてはまるだろう。

　なお、ここで制度がもつ能力や性能への信頼に言及しておこう。それは制度が想定どおりに機能できるかどうかに関わるものである（303頁注の「医師の『能力』に対する期待」に対応する）。そしてその信頼の高さは能力や性能への期待とアウトプット（パフォーマンス）によって決まってくる。行政への信頼研究ではこれらがしばしば強調される（Bouckaert & Van de Walle, 2003）。つまり、政治家や公務員がどこまでよい仕事をしてくれるのかという事前の期待と、どれだけの仕事をしてきたのかという事後的な評価である。第14章2節で投票行動を決める要因として指摘される将来期待と業績評価の要因もこれと同様である。

　⑵　**制度・信頼の範囲**　　さて、制度信頼の範囲は広い。政府に対する信頼、マスメディアに対する信頼、選挙に対する信頼、裁判所に対する信頼など、私たちの生活をとりまく制度信頼は多岐にわたる。これらのそれぞれに対し、私たちは信頼できるかどうかを判断している。選挙は有権者として民意を託する制度になっているだろうか（2009年のイランの大統領選挙のように、国によっては公正な選挙が行われたかどうかまで問題化する）、住民として行政に頼らざるをえない公共サービスは公正に職務を遂行する誠実な公務員が支えているだろうか、というように。こうした制度信頼は、民主主義支持の核の部分を構成するものですらある。民主主義という制度は人々の参加を保証し、自由で平等で「恐怖と欠乏から免れ、平和のうちに生存する権利」（日本国憲法前文）を保証している。つまり制度的な安心を保証している。しかしそれが設計どおりに運用されていると信じられるかどうか、それを制度として支持するかどうかは、制度を動かす組織や機関への信頼に依存する。

こうした政府の諸制度への信頼は，20世紀後半に国際的にみても低下した(Pharr & Putnam, 2000)。そのことが参加民主主義の危機でもあることは，制度信頼の低下を政治参加の抑制要因として理解しても，容易にみてとれるだろう。たとえば，どんなに投票しても信頼できる行政府ができないというような政治参加の状況は，選挙に行くよりも自分の私事に専念したほうが「生命，自由，及び幸福追求に対する国民の権利」（憲法第13条）を行使できると思わせても不思議ではない。

　(3) **制度信頼と参加の3重の可能性**　最後に，制度信頼と参加との関係には論理的には3重の可能性があることを指摘しておこう。政府に対して，私たちはどういう形で意思表示するかを考えるとそのことがわかる。信頼できない政府に対しては選挙に参加して抗議の声を上げ，政権交代させ，信頼できる政府を実現する，というのが1つの有力なルートだろう。一方，政府は信頼できないから政治参加しても無駄だ，として私生活に閉じ込もるルートもありうる。さらには，政府は信頼してよいので安心して政治のことはおまかせにして，自分は参加しなくてもよい，という判断もありえる。この3端のどこに位置する行動を人々が選択するかについては，必ずしも十分な研究はない。ノリスが，44カ国にわたるデータを包括的に分析し，制度に対して信頼が強いほど一貫して政治参加や社会参加をしやすい，と示しているのが数少ない証拠である(Norris, 1999)。本章第1節の冒頭で述べた参加のマイナスイメージは，ここでの第2，第3のルートに対応するが，ノリスの研究は第1のルートを考慮することの重要性を示している。そしてそれを意味あるものにしているのが制度信頼である。つまり制度がよく機能するはずだと信じることができれば，参加によって実際にもよく機能するように貢献しようと試みる好循環が発生するのである。

●●●

　本章ではまず，社会全体に直接影響を与えるような参加行動について検討した。それは，1人ひとりの行動がコミュニティを動かしたり，社会全体を変えていく力である。このことは社会のマイクロ=マクロ問題とよばれるものの1つの側面を検討したことを意味する。それは，マイクロな個人の行動が，社会的なレベル，つまりマクロなレベルでの変化を生み出す仕組みの検討であった。ここでは「参加すべし」といった義務感を強調するのではなく，参加行動をも

たらす社会的な仕掛けに注目し，社会関係資本論を解説し，その中で社会的ネットワークと信頼の役割を強調した。さらに社会的な制度というものがもつ機能を考察した。

　次の第14章では，マイクロ゠マクロ問題のよりダイナミックな側面として世論現象を検討していく。世論といわれる社会全体の意見の分布，それを認識する個々の市民，その認識に応じて変化する個人の意見，それによってさらに変化する全体の意見分布，これらの変化を媒介する市民の認識の特性や集団の役割，といった点に焦点をあてる。

BOOK GUIDE　●文献案内

山田真裕，2016『政治参加と民主主義』シリーズ日本の政治4，東京大学出版会
　●日本人の政治参加に関する代表的な著作。

アーモンド，G. A.・ヴァーバ，S./石川一雄ら訳，1974『現代市民の政治文化——五カ国における政治的態度と民主主義』現代政治理論叢書3，勁草書房
　●国際比較研究の初期の代表的著作であり，政治参加と政治文化の古典。

パットナム，R. D./柴内康文訳，2006『孤独なボウリング——米国コミュニティの崩壊と再生』柏書房
　●アメリカ社会を対象とした社会関係資本の多角的研究。

山岸俊男，1998『信頼の構造——こころと社会の進化ゲーム』東京大学出版会
　●集団実験に基づく信頼と安心の研究。信頼の「解き放ち」理論を提唱。

フクヤマ，F./加藤寛訳，1996『「信」無くば立たず——「歴史の終わり」後，何が繁栄の鍵を握るのか』三笠書房
　●さまざまな社会において異なる形の信頼がもつ意味と役割を検討。

Chapter 13 ● 考えてみよう　　　　　　　　　　　SEMINAR

❶ 政治参加とはどんな行動を指すのだろうか。また，それを促進する要因として何が考えられるだろうか。あなたに政治参加する気持ちを起こさせるものは何だろうか。

❷ 社会関係資本の構成要因を点検し，それらがどのようにしてプラスの社会的なアウトプットをもたらすのか，検討してみよう。

❸ 信頼と安心を区別することにはどんな意味があるか，考えてみよう。

第14章 世論と社会過程

社会の流れを読み，これに関わる

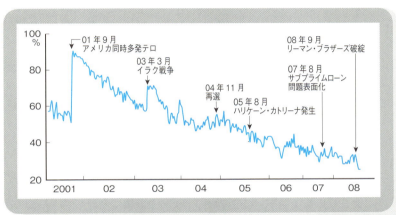

ブッシュ大統領支持率の推移
(『日本経済新聞』2008年11月3日9面より作成：米ギャラップ社調査に基づく)

- KEYWORD
- FIGURE
- TABLE
- COLUMN
- BOOK GUIDE
- SEMINAR

CHAPTER 14

SUMMARY

　世論という言葉は，世論調査がメディアをにぎわすことでしばしば耳にする言葉に違いない。そして，その数字をめぐって首相はこうすべきだ，与党はこれこれの対策を講じるべきだ，などと議論が進む。世論を意識せずには政治が進行しないほど世論は社会の変化と維持に組み込まれている。本章では世論の形成に影響を及ぼす諸要因について，世論を形成する市民の側から社会心理学的に検討を加える。それは，市民が社会の問題や社会全体の動きをどう認識し，情報処理するのか，そこにどのような認知バイアスやヒューリスティックが伴うのか，市民は互いにどう影響し合うのか，どのようにメディアの情報を利用しているのか，これらを解きほぐしていくことを含んでいる。

世論　世論調査　ソシオトロピックな認識　政治シンボル　将来期待　業績評価　しろうと理論　政治的効力感　知識（見識）ある市民　多数派形成　沈黙の螺旋

　冒頭の図は，2001〜08年の2期に任期がわたったアメリカのブッシュ大統領の支持率の推移を表している。グラフから明確にわかるのは，2001年9月11日の同時多発テロ事件直後に最大90%にまで達した異様なまでの支持率の高まりと，その後のとどまることのない漸次的な低下との対比である。国が脅威にさらされたと感じるような事態下では"rally around the flag"現象が生じる。つまり大統領のもとで結束し，事態に対処しようとして，支持率が急激に高まることが知られている。その後のブッシュは，イラク戦後処理のあり方，国際社会や国内の政治・経済，あるいは災害といった諸問題への対応のいずれにもみるべきものがなく，内外から批判と非難を浴び続け，史上最低レベルの支持率まで落ちていった。

　テロや戦争以外には，大統領に再選を果たした2004年の選挙の時期にもわずかに支持を戻している。この時点のデータを詳細に分析してみると，選挙キャンペーンが支持の低落を一時的に押しとどめ，少し戻す程度の効果を及ぼしていることが判明した（Richey, 2008）。それが再選の鍵となったのだからキャンペーンの効率は抜群だったのだが，全体の趨勢をみればそれはアメリカにとっての不幸であったのかもしれない。再選後の惨めな支持率とその低落をみればそれは否定できない。

1 世論に対する人々の認識

世論は察知される

世論の状態を知る手がかりとしての世論調査

　世論と聞いて多くの人が思い出すのは，冒頭の図にみるような世論調査結果がマスメディアで公表されることだろう。

　日本でも，内閣支持に関する世論調査は絶え間なく行われている。その結果をみれば，首相が高い支持率をバックに自らが望む政策を推進できる位置にあ

> **COLUMN** *14-1* 調　　査

　世論調査や社会調査とよばれるデータの取得方法は，世論の現状や動向を探る基本的な方法である。これらは20世紀後半の早い時期に確立された統計学的手法によって，その信頼性に広く合意のある方法となっている。それは基本的に，統計的なランダムサンプリング手法によって，ある社会を代表する人々を抽出し，その人々に対して彼らの意見や認識，行動を尋ねる。このことによって，たとえば全国の成人の意見の分布を推定することが可能になる。消費税増税争点についての意見分布も，内閣支持率もこの手法で推定される。ただし，抽出対象者全員が調査に回答してくれるとは限らず（拒否や不在など），そのことが推定を難しくする。質問の仕方によって回答の分布が異なりうることも問題化しうる。たとえば同時期の世論調査でも憲法や原子力発電についての意見が調査によって異なるようにみえる一因はここにある。

　しかし一般的にいって，同じ質問で尋ねた調査を継続的に繰り返すことが，信頼性の高いデータ解釈を可能にする。よく知られた例は政党支持率や内閣支持率の長期的な変化データである。また同じ質問への回答を異なる国どうしで比較したり，同じ国内の回答でも性別や世代別に比較することも，人々のもつ意見や行動を解釈し，それがどんな意味をもっているのかを知るためにきわめて有効である。とくに国際比較調査は，近年よく行われている。代表的なものでは，WVS（World Values Survey；世界価値観調査），ISSP（International Social Survey Programme；国際間比較社会調査），CSES（Comparative Study of Electoral Systems；選挙制度の効果の国際比較研究），グローバル・バロメーター（Asian Barometer や Euro Barometer 等の下位のグループのデータを含む）などがあり，すべてデータ公開され，もとの個人単位のデータから分析が可能である。日本国内の長期データで利用可能なものには，JGSS（Japanese General Social Surveys；日本版総合社会調査），JES（Japan Election Study；投票行動の全国的・時系列的調査）などがある。

るのか，あるいは近々選挙が行われたら与党惨敗となりかねない状況なのか，想像をめぐらすことがしばしば容易であり，マスメディアによる調査の解説にもそうした言説が現れる。一方，あいまいな調査結果が報道されることもある。40%の支持率は，不人気に苦しんだ首相なら力の湧いてくる数字かもしれないが，50%から落ちた末の数字であれば危機の予兆として十分な値だろう。冒頭の図でも見事に大統領の危機が示されている。このように私たちは世論の

状態を知る直接的な手がかりとして世論調査を読むことを知っている。

だがそもそも，世論はこうした世論調査という判断の道具なしに考えられていたといえば，現代ではかなり奇妙に響く。しかし世論に関する研究史をひも解くと，ときの支配者が「調査」データに接しはしなくとも，世論をどれだけ気にかけていたかがわかる。「民の声は神の声」（vox populi vox Dei）というラテン語の成句はその1つである。近代の市民社会研究においても世論は重要視されてきたが，政党や政治家の政策について熟考した市民たちのまとまった意見こそが世論であるとされ，熟考を経ていない大衆の意見は世論の質をおとしめるものとして非難の対象であった。しかしまともな市民と「愚民」をどこで分けるのか，「エリート」市民の意見は世論として「正しい」のか，あるいは熟考されたはずの世論を報道するマスメディアのあり方に問題はないのか，と議論は錯綜し続け，問題の根深さは今日まで解消されていない。

世論調査の出現も，こうした問題をスマートに解決しはしなかった。単なる賛否を問うだけでは熟考された意見とそうでない意見の区別はつかず，また設問の仕方によって対立する意見の分布はしばしば大きく変わってしまう。世論をめぐる研究の困難さはかえって深まったとさえいえるほどである。

世論は熟考されていないといえるのか

だが，困難さをかかえながらも，現在の時点で首相がどの程度支持されているのか，目下問題となっている社会的・政治的な争点は何か，またどんな主要な立場があるのか，人々は多かれ少なかれ理解している。また多くの場合，人々は尋ねられれば意見を表明できる。たとえば2017年衆議院議員選挙後になされたCSES 5調査（COLUMN 14-1参照）では，衆議院解散を行った当時の安倍内閣の支持・不支持を表明した人は98％，安倍内閣の実績を評価できた人は94％，集団的自衛権に意見を回答した人は89％，消費税についての意見は96％，憲法改正についての意見は91％と，おおむね高率で意見は表明されていた。

そもそもなぜ人々はそのように社会の問題を認識し，またそれらに意見をもつことが可能なのだろうか。このことを知ることが世論の構造を知る鍵である。世論調査の結果として出てきた数字がマスメディアに洗脳された結果だとか，インターネット上の「ネトウヨ」の暴論に振り回されただけだ，「テキトー」に回答しているだけだ，という愚民論的な批判は必ずしも研究の成果とは相容

れない。一般的にいって人々はそれほどナイーブな存在ではない。マスメディアの情報に大きく頼りはするものの，それのみならず周囲の他者とのコミュニケーションやインターネット上の代替的情報源を通じて，市民は多面的に情報を得る傾向がある。またそうしたことに自分の判断を加えて，社会全体がいまどのような状態であるのか，鳥瞰的な認識（世論の状態に対する認識）を有している（もちろんこのことはみんなの意見が同じだということを意味しはしない）。

世論の定義

ここで世論を定義して先に進もう。キンダーは，世論とは公権力の行使に関わる対象をめぐって多様に生じる意見であり，しかもその意見の質はさまざまでありうると議論したが（Kinder, 1998），さらにそれに加えて，その意見は公的に知られ（公然化し），多くの人の利害に関わる公共的（public）な問題を対象としており，そして対立する意見の間で多数派形成をめぐって政治的な議論の対象となるときに，それらの意見の総体や動向を世論とよぶ，と明記する必要がある（池田，1988；安野，2006）。具体的にいえば，政策の是非に関連する社会的争点への意見，政権の運営をめぐる内閣や大統領の支持，投票の方向性（政党や候補者への投票），あるいはなんらかの社会的な問題の認識の表明は，典型的な世論の姿である。

社会全体の動向や政治の動向についての認識

世論察知のメカニズム

政治に関心のない人でも，「環境にやさしくない意見」を人前でつい口にすることがどれだけ顰蹙（ひんしゅく）ものかは推測できるだろう。人気のある首相とない首相の区別もできる。首相が支持を失いかけているかどうかも，感じ取ることはできる。その正確さには留保が必要であるが，人々がたやすく現在の世論の姿を認識できるのはなぜだろうか。

それが可能なのは，社会がこれからどのように変化するかを人々は気にかけており，社会の変化に対して世論の動向が影響すると認識しているからにほかならない。世論は，人々の意識の中で社会的な問題の解釈や解決の方向の手がかりとして共有して認識されており，そうした公共的な事象の手がかりだという理由で関心の的なのである。

社会の変化は人々の私的な生活にも影響を与える。税金が高くなりそうだ，年金がもらえなくなるかもしれないなどというのはその最たるもので，直感で理解されやすい。しかしそれだけではなく，自分に直接影響するかどうかあいまいではあるが，社会全体の「良さ」に影響するような事象に対しても人々はときに強い関心を向け，そしてその世論の方向性を感じとろうとする。急激な地球温暖化現象をとどめるためにCO_2排出量のコントロールにもっと真剣に取り組めないのか，通り魔事件が頻発するような社会で良いのかというように。

　そしてさらに，世論の動向に自分も影響を与えたいと考え，政治参加することもある。つまり多数派形成をめざす動きに加わるのである。その点で，世論と政治参加は密接に関わっている。投票行動は政治参加の典型であるが，前章で述べたように，署名運動に加わる，意見表明のリストバンドをする，候補者の街頭演説を聴くなどの行動も政治参加であり，世論の変化・堅持といった，社会が向かう方向に影響を与えようとする行動である。

　政治に関わることがらは，多くの場合，私たちの日常生活の中では「サイドショー」(Kinder, 1998)でしかない。つまり，多数の人にとって自分の関心事の中では重要性が低い対象でしかない。にもかかわらず，政治が日常生活も社会の将来もいやおうなく変えていくことは意識されており，それが私たちに世論を認識させ，政治に関わらせる大きなプラスの要因となっている。

ソシオトロピックな認識のもたらす力

　人々が自己の利害に直接関わるような現象についての世論に気を配るだけでなく，世論の動向にまで認識を向けることができるのは，社会全体の動向を集合的な経験として認識可能にするヒューリスティックに助けられているためである。そこで本章は，議論の全体をヒューリスティックな情報処理という視点から検討していく（第6章3節参照）。

　自己の利害の認識をエゴセントリック（egocentric）な認識とよぶのに対して，社会全体の動向認識はソシオトロピック（sociotropic）な認識とよばれる。それは自分の利害についての認識ではなく，社会全体の利害に目が向いた認識である。自分にとっての利害はさておき，高速道路を無料化することは社会的に是か非か，というような認識である。そうした認識は，次にみていくように政治をシンボルとアクターで理解したり，政権の運営や政党の評価を事前の期待と事後評価で認識するという形で現れる。

シアーズらは，ソシオトロピックな認識の力を緻密に検討している（Sears & Funk, 1991）。人々は自分の経済的利害で投票したり争点についての意見をもつというよりは，政治的なシンボルに対してより強く反応するというのである。ここでいう政治シンボルは，「リパブリカニズム」（自助独立の共和主義）といった政党支持に関連するシンボルであったり，ナショナリズムや人種差別のような価値観と偏見の混合であったりする。つまりシンボルとは，政治を1つの視点からまとめる見方を直感的に示すイメージであり，多くの人々に共通の感情や認識を喚起させるイマジネーションを与え，それが核となって人々を1つの世論の立場に糾合する力を発揮することがある。

　より具体的な例は，シアーズらの「カリフォルニア州減税反乱」の調査によくみえる（Sears & Citrin, 1985）。この反乱は1978年，カリフォルニア州の固定資産税をめぐる住民投票の中で，減税派とそれを回避しようとする州政府との間の軋轢の結果生じた。たしかに減税は個人としては望ましく，それが大減税であればなおのことである。実際この反乱でもそうした自己利害に基づく投票も部分的にはあった。しかしより広範な訴求力をもったのは，シンボルに根ざしたソシオトロピックな志向性のある投票だった。社会全体の利害に適う（とされる）「自助努力」と「小さな政府」とを強調するリパブリカニズムのシンボルが喚起され，公共サービスの受益者が州財政を浪費させているのを正そう，税金投入で得ている既得権を許すな，という投票行動を導いたのである。それは，潜在的には「非効率な公共サービスをする」公務員や「本来政府が援助せずに自助努力すべき」黒人貧困層を攻撃の標的としていたが，これらはシンボルの中に混じって隠されていた（調査データの分析で浮かび上がった）。

　こうして社会的なイメージを喚起されたソシオトロピックな投票行動が生じたが，そこにはヒューリスティックな認識の限界もみえて興味深い。つまり，標的にされた公務員の非効率はどこまで事実か，減税賛成は人種偏見に基づく攻撃行動ではないのか，といった問題含みの認識の構図を投票者は十分に意識しておらず，その問題は直感的な波及力をもつリパブリカニズムのシンボルによって覆い隠されていたのである。

将来期待と業績評価

　人々の世論に対する認識や政治参加がすべてシンボルによって喚起されるわけではない。社会的な問題の多くは根が深く，その問題に通じるのは容易ではない。多く

の市民はそれを可能にするだけの知識と情報処理能力をもたず，またそれを可能にするだけの時間を割くわけではない。大統領選挙での投票や内閣支持といった意見表明においても同様である。個々の争点に対する大統領や内閣の立場と自分の立場の近さに基づいて深い認識を得て判断するというよりは，もっと凝縮された判断に基づいてしばしば投票する。それは，この国の将来を「まし」にしてくれると期待をいだかせる候補者に投票したり，あるいはこれまでの政府の実績は良かった，悪かったというような単純化された業績評価によって投票する行動に表れる（Fiorina, 1981）。これらは将来期待投票，業績評価投票 (prospective/retrospective voting) とよばれる。両者の共通点は，有権者の政治についての判断が過去ないし未来の方向に単純化され，個々の争点の立場や個々の政策領域の業績を子細に吟味する以上に，「この候補者は将来に期待をもたせてくれるか」「この政党はこれまで良い仕事をしてきたか」というような簡略化されたヒューリスティックな判断をする点にある。

政治のアクターとしろうと理論，政治的効力感

政治の動向を理解するにも，私たちはしばしば単純化された認識をもっている。「政府」「政党」はあたかもそれぞれが1つの意思をもった能動的な存在，つまりアクターであると認識される（池田・西澤, 1992）。現実には政府は複雑な組織をもち，それぞれの下位組織（内閣でも省庁でも）や政党などとの相互的影響の中で政府としての意思決定を行うのであるが，有権者はこれを単純化して全体を1つの**政治的アクター**として認識する傾向をもつ。これもヒューリスティックな認知の1つである。

そうした認識にはしばしばしろうと理論 (lay theory) が伴う。「いまの政府は官僚をコントロールしきれないので公的年金制度の問題を解決できないだろう」「自民党だからこうふるまうだろう」「野党ならこう批判するだろう」というようなアクターの行動の認識やその結果の予想は，単純化され概略的で，専門的にみると偏りや誤りを含みうるしろうと的な「理論」である。

このしろうと理論は動的な認識でもある。つまり，私たちの政治参加がどのような形で政治の変化につながるはずなのか，という認識でもある。2009年の日本の政権交代に典型的に現れていたように，業績評価によって実績のない政府を罰し，将来期待によって次の内閣に期待を託するのも，自分の一票が政治をどう動かすかという「認識の経路」をしろうと理論としてもっているから

> COLUMN　**14-2　日本人の意識変化の45年**

　本章の冒頭の図ではブッシュ大統領に対する8年間の支持率の推移をみたが，このような行動や意見表明に近いデータのみならず，より人々の心の底流にある意識をすくい取るデータも，世論調査では取得可能である。

　たとえば2018年までに実施されたNHKの「日本人の意識」調査では，図のような変化をみてとることができる。黒い線は「選挙に参加することが国の政治に影響を及ぼしていると思いますか」への回答である。また青い線の「デモなど」は「デモや陳情，請願行動」がもたらす国の政治への影響の認知であり，選挙と並んでそれらが国の政治に影響を及ぼしていると考えている人々の数値をグラフ化している。こうして政治参加（第13章参照）することの内的な政治的効力感が長期にわたってどう変化しているかが明瞭に示されている。第2次世界大戦後のトレンドの中で政治的効力感が長期低落傾向を免れていなかった状態から，21世紀に入って低下にかろうじて歯止めがかかっている様相がとらえられている。こうした変化の検出を通じて，なぜそのような変化が可能になったのか，社会的・政治的背景は何かを分析する大きな道が開かれる。

図　政治参加することの内的な政治的効力感の変化

《強い》=「非常に大きな影響を及ぼしている」もしくは《やや強い》=「かなり影響を及ぼしている」と回答した割合の分布を表す。

（出典）「第10回『日本人の意識』調査（2018）結果の概要」より作成。

である。後者は抽象化されて政治的効力感（political efficacy）になる。

　政治的効力感には2つのタイプがある（Almond & Verba, 1963）。内的な政治的効力感と外的な政治的効力感である。自分の政治的な意思表明がもつ影響力

を信じている，あるいは影響力を発揮する経路があるという信念が内的な政治的効力感である。「この一票が政治を動かす」，というような認識の経路である。また，自分たちの意思表明に対して，政府や政党がきちんと反応するだろうという認識が外的な政治的効力感である（制度の応答性ともいう）。代議士というよび名が衆議院議員の別称であるように，議会や政府が有権者の代理人として機能するのが間接民主政治の原理であるが，はたして代理人が有権者の意思に応えているのかどうかの認識である。「国会議員は当選したら，すぐ国民のことを考えなくなる」（外的な政治的効力感を測定する代表的な指標である）というのでは，せっかく意思表明して議員を当選させても意味がない。このように，参加が実を結ぶような「道筋が見える」という効力感は政治参加を促進する重要なポイントである。

SECTION 3 世論の情報過程
世論をもたらす情報の流れと市民の情報処理

認知的情報プロセスとしての世論

人々の世論に対する認識は，他者を認識する仕組みとは異なり，社会全体の動きという，直接自分で全体像を目にできない抽象的な対象についての認識である。人々はシンボルやアクターの認識を通じて，また業績評価・将来期待といった認識によって，ヒューリスティックを利用していると述べたが，このことはそうした認識を媒介する媒体があることを意味する。またその認知の媒介の過程で「歪み」が生じうることを含意している。代表的な媒体はマスメディアである。

　何が「歪みの少ない情報（媒体）」かということについて，社会的に合意された安定した基準はない。しかし少なくとも歪みの発生は不可避である。報道するにあたってマスメディアは必ず選択を迫られる（取材対象としたできごとですらその1割かそれ以下を報道できるにすぎない）。その選択の過程で**議題設定，プライミング，フレーミング**といった現象が生じる。これらはすでに第12章で紹介したとおりだが，歪みはメディアが意図的に「仕掛ける」ものとは限らない（池田，2000）。意図せずとも問題は生じる。たとえば，官邸や霞が関の誘導に乗せられているとわかりつつ，事態の大きさに鑑みて報道せざるをえない場合

(例として選挙戦最中に生じた拉致被害者の帰国報道：池田，2007），報道の視覚的ショーアップの必要性に迫られて戦争や災害の姿が現場の映像に局限されてしまい，できごとの長期的な意味を検討し損なう場合，事件のもつヒューマン・インタレスト（人間的関心，人間的悲喜劇）の部分に焦点をあてるばかりにその社会的な原因について報道し損ない，個人にだけ原因があるという印象を生み出すようなフレームで伝える場合など，いくつもの構造的，政治的要因が歪みを生み出す。

さらに，報道以外の要因が入るときには，より複雑な現象が生じうる。本章冒頭の図にみたように，2004年アメリカ大統領選挙時に現職のブッシュが支持率の一時的な回復に成功したのは，同時期のコカ・コーラのCMの10倍の量といわれる膨大な政治CMによって，9.11同時多発テロとイラク戦争が引き起こした恐ろしい外界の惨事からアメリカを守る父親像をブッシュにダブらせるプライミングに成功した可能性が指摘されている（Richey, 2008）。支持の回復が一時的であったことをみれば，この政治CMは世論に「歪み」をもたらしたともいえる。

ただし，こうした「歪み」がつねに生じ，それによって世論形成過程が歪められ続ける，とは必ずしもいえない。選挙民は愚民で，民意は容易にマスメディアによって歪められる，と認識することは危険である。選挙戦の報道の中で世論調査結果が伝えられ，勝ちそうな陣営が予想されると，強い**アナウンスメント効果**によって弱いほうに肩入れしたくなるという判官びいきが働き，その陣営に苦境がもたらされるという説には，東西を通じて有力な支持的証拠はない（池田，2000）。判官びいきと同時に，「勝ち馬に乗る」有権者も同時に生じて影響力が相殺されるばかりか，実際に判断を報道によって変更する有権者そのものも数％にすぎない（そもそも調査によって現状の民意を伝えることが，選挙に「歪み」をもたらすと主張する政治家の立場は公正だろうか）。同様に，選挙過程では異なる政党のキャンペーンが同時に進行するため，有権者にとってはそれが両面的なコミュニケーションとなる。対立する立場のコミュニケーションを同時に受け取ることがキャンペーンの党派的効果を大きく削ぐ（Zaller, 1992；稲増・池田，2007b）。ブッシュの政治CMの成功は民主党の対立候補ケリーが積極的に反論しなかったために，一面的なコミュニケーション状況が生じたことにもよっていた。

このような情報プロセスとしての世論はインターネットの発展とともに複雑化している。第12章4節でもふれたように，メディア間の相互乗り入れ事態が一般化し，このことが選択的情報接触や情報の信憑性の判断にも，世論を支える集団である争点公衆（issue public：当の争点に最も関心をもち，争点の動向を左右する集団）のあり方にも，実質的に影響を与え始めている。2016年のアメリカ大統領選挙で，SNSの1つであるフェイスブック上のフェイクニュースへの接触がトランプ候補を利する方向に影響したかどうかで論争になったことはその1例である。

知識問題としての世論

　複雑な社会や政治を認識するために人々はヒューリスティックな認識に頼りがちで，そのことで情報処理能力の不足を補うのだと述べたが，それでも能力が追いつかないことがある。つまり，世論の認識が必ずしも十分にはならない理由には，市民の側の情報処理能力の問題もある。ヒューリスティックに頼ることなく，より深い情報処理ができる市民も存在するが，そうでない市民も多く，個人差が生じる。21世紀冒頭に5年間続いた小泉内閣の中で，最終的に世論の支持を受けた郵政民営化争点1つをとりあげても，膨大な報道にもかかわらず有権者の理解度には差があった。この争点については「民営化」「ユニバーサルサービスの維持」といったシンボルで理解されていたが，単に民営化は続行すべきだという争点理解と，単なるシンボルを越えて民営化の過程で生じる経済的効果や格差問題との関連性にまで目を配った深い理解とでは大きく異なる。

　このような争点理解能力の個人差の問題は，世論の研究史の中で多くの研究者を悩ませてきた。争点の論理的な理解と情緒的な理解，公衆と大衆，**知識（見識）ある市民**（informed citizen）と無知な市民といった対立する概念のうち，それぞれの前者だけを世論だと狭く定義するのかどうか，多くの論争があった。現代では，世論を狭く定義しようとする方向性は弱いが，争点の理解が不十分な市民でも適切な情報処理が可能となる条件を探る必要性がある，そしてそれこそが民主主義の質を高める条件であるはずだ，という認識が研究者にはある。社会のソシオトロピックな理解，シンボルによる政治の理解のあり方，という研究もそうした流れの中でとらえられている。知識の問題として世論を考える2つの視点を紹介しよう。

　(1) **イデオロギーは情報処理の負荷を軽減する**　有権者の理解度を直接的に問

題にする研究の1つに，「**保革イデオロギー**」の研究がある（保守イデオロギーと革新イデオロギーの対立を保革イデオロギーとよび，現代の政治イデオロギーの代表的な対立軸である。多くの国の政治的対立がこの線上にある）。政治のイデオロギー的理解も，政治のヒューリスティックな理解の1つの方法である。イデオロギーをスーパーイシューとよぶことがある（Dalton, 1988）のは，そのヒューリスティックな側面をうまく表している。つまり，個々の細かい争点（issue）ごとにさまざまな対立がみられるのだとしても，実はそれらは政治的イデオロギーの点では保守か革新かの違いに縮約されて多かれ少なかれ反映されるのだ，と考えるのである。したがって，個々の争点上の主張について詳しい知識はなくとも，ある主張が保守寄りか革新寄りかが判別できれば，容易にその立場への賛否を自分の保守―革新の立場にどれだけ近いかということだけで決められるはずだ，というものである。こうして有権者が個々の争点とそれをめぐる対立する主張を知る情報処理の労力は軽減される。

　ただし，保革イデオロギーによる判断はヒューリスティック＝判断の簡便法であるがゆえに，判断の歪み・誤り・困難さを潜在的にかかえている。たとえば，道路政策1つをとってみても，赤字財政でも新道路を作り続ける立場は保守なのかどうか，論理的に判断できるだろうか。日本の戦後政治の投票の構造の特徴であった保守が道路構築に積極的となっている構図は，イデオロギーそのものとはあまり関係がない。さらに，保革イデオロギーで説明しきれない新争点は現在，世の中に溢れている。環境問題に対する姿勢はその1つだろう。このことは，投票行動に対するイデオロギーの規定力が落ちていることと無縁ではない。

(2)　**他者は情報処理の負荷を軽減する**　　人々の無知を補うヒューリスティックは，頭の中だけで完結するわけではない。

　無知は周囲の他者によっても補われる。オピニオンリーダーが知識の媒介者となることは，すでに第11章で紹介したとおりである。オピニオンリーダーに限らず，人々はネットワークの網の目の中で，他者からの情報を利用しつつ，政治についての判断を効果的に進めている（Ikeda & Richey, 2005; Huckfeldt, 2001）。ハックフェルトは，1998年のアメリカ大統領選挙の調査を通じて，政治について話をする相手の知識の有無を有権者がよく理解していること，価値ある政治情報をもつ他者を探し出し，その人からの情報を重く用いていること

を示してみせた。この点で，他者の存在は集合的な知の源泉なのである。

　だが，他者からの情報が情報処理の負担を軽減しうるといっても，それは必ずしも単純ではない。人々の意見はしばしば対立するからである。自分の周囲の他者は自分と類似した人であることが多いから（類同性原理：第11章参照），政治についても意見が一致しやすいということはある。しかしすべてがそうだというわけではない。仮にあなたの周囲の人が5人に1人のみ，つまりわずか2割の確率で違う政党を応援したとしよう。このとき周囲の他者が2人であれば，応援する政党がその2人のうち1人と異なる確率は36％（＝1－0.8×0.8），3人ならば49％（＝1－0.8×0.8×0.8）となる。周囲の他者と80％の確率で意見が一致するという強い仮定をおいても，わずか3人で全員一致の確率が半分にまでなるということは，たいていの場合，周囲にあなたと意見の一致しない人が誰か存在する可能性がかなり高い，ということを意味する。このことは情報処理の負荷の軽減にはならないかもしれない。違う意見と出会えば，それを理解するには頭を使うしかないからである。多くの人がそうした理解の手間をかけたがらないかもしれない。

　しかし，異なる意見をもった他者と意見交換することは人々が日常生活を協調的に進めるのに不可欠というだけでなく，民主主義の本質でもある。政治とは，異なる意見をもつ他者との間で議論し，その中からいずれもが合意できる案を建設的に導いたり，多数派の意見が最終的には通るとしても少数派が迫害されたり，逆に反抗して暴力に訴えたりしない，ということが前提となっている。このことは，世論を形成する中で私たちが周囲の他者と議論できたり，彼らの意見に耳を傾け，彼らの立場を理解してこそ，民主主義が設計どおりに機能することを意味している。実際，そうした知見が蓄積され始めている。他者の議論を知ることが「パースペクティブ・テイキング」（他者の政治的立場に立ってその意見が理解できること）を導き，異なる意見に「寛容」になりうること，また自分の議論に磨きがかかること（デリバレーション）が知られている（このことはまさに社会関係資本がなければ実現しない：第13章参照）。情報処理負荷を軽減できずとも社会的にはプラスなのである。逆にいえば，こうした異質な他者と意見がぶつかるときに，歪みをもったヒューリスティックを用いて相手を理解せず，異なる意見の情報処理を「さぼる」ことは民主主義にとってはマイナスとなる（偏見に満ちた移民の扱いなど）。では，どのような条件が異質な他者の

理解を促進するのか，研究はまだ道半ばである。

SECTION 4 世論形成の社会過程

世論のマクロなダイナミクス

多数派形成の過程　社会的な争点が公然のものとなり，公的な注目を浴びると，その争点をめぐる世論形成過程が進行し始める。要は世論が活性化する。その中で，個々の市民の意見が結晶化していく。その過程が進むと，公的に表明されていた意見が多数派形成に成功する場合が出てくる（いつも成功するわけではない）。つまり争点の中で一方の立場の意見であったものが社会的な多数派となって「公共的な意見」に転化する。ある立場が「勝ち」を収め，政策として支持の方向が社会の中で決まるということである。こうして世論は，争点段階にはなかった1つの特性を獲得する。それは，支持を得た意見が多数派であることを前提にして人々がふるまうことである。それはまた，多数派やコンセンサスに基づいたヒューリスティックを人々が用い始める手がかりとなる（「みんなが同意しているから良い意見のはずだ」と判断することを多数派ヒューリスティックやコンセンサス・ヒューリスティックとよぶ）。ただし，実際の世論形成過程はもっと複雑でありうる。2000年代後半に争点となった脳死による臓器移植に関する争点では，「子どもの患者に臓器移植の機会を国内でも確保すべきだ」という部分にはおおよその合意があっても，「脳死は人の死」と定義してしまう部分にはコンセンサスが得られていなかった[1]。1つの争点の中でも合意度にズレが生じる複数のポイントがあった。

　こうした社会全体の中での意見の多数派形成に関する理論として，ノエル－ノイマンの沈黙の螺旋理論（Noelle-Neumann, 1993）が知られている。この理論仮説は，世論とはある政治的意見が人々の耳に聞こえることによって多数派形成が進む，という前提から始まる。そして対立する2派（3派以上でもありうる）がそれぞれ自説を主張する中で，どちらがより多数派として聞こえるか（認識されるか）が重要な契機となる。図14-1にみるように，自派が多数らしいと認

1）　改正臓器移植法成立直後の2009年7月22日の『朝日新聞』の世論調査報道によれば，前者では賛成71%，反対17%と多数派は明確であるのに対し，後者では賛成40%，反対39%と拮抗している。

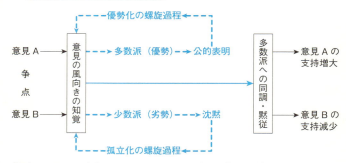

図14-1 ● 沈黙の螺旋仮説

(出典) 竹下，1998，44頁（Noelle-Neuman, 1993などから竹下作成）。

識した意見Aをもつ人々は声がなめらかとなり自説を主張しやすいが，劣勢と認識した意見Bの人々は主張しにくい。このことは「耳に聞こえる」という点からみると，優勢と認識した人の声ばかりが公的な意見表明としてよりいっそう聞こえるという変化を招く。逆に劣勢の側は沈黙しがちになる。この状態が繰り返されると（螺旋過程），もともとはわずかな勢力の差異であっても，結果として大きな差異が生み出され，多数派形成が進むことになる。

　ノエル-ノイマンは，人は社会の中で自らが孤立することを恐れるが，また同時に社会全体の変化を察知する目をもつという（本章の第1節の議論に通ずる）。そして，全体を見ながら自分が孤立しない意見を個々人が支持することが，世論の変化のダイナミクスを作り出す，つまり多数派形成を可能にする，と続ける。彼女の議論は，古典的な同調行動の実験の成果をそのまま社会全体の変動にあてはめたり，異質な意見との間のデリバレーション過程を無視する，またコンセンサス・ヒューリスティックなどの認知過程が念頭にないなど問題点も多く多面的な批判を浴びてはいる。しかし世論過程の基本的なダイナミクスをとらえた視点として傾聴に値する。いくつもの実験的な世論調査に基づいてこの理論を実証しようとした点にも，みるべきものがある。近年はインターネット上で生じる沈黙の螺旋現象も研究されている。

少数派は残存する

　最後に，世論形成過程には残る謎がある。世論形成過程が多数派形成過程にほかならないのな

ら，なぜ世論は最終的に一色にならないのか，という謎である。自由な意見表明が許される世界では，ほとんどの世論事象について少数派が存在し，しかも長期にわたって存在し続けることはよく観察される。宗教的な少数派も政治的な少数派もゼロにはならない。

　この謎を解く1つの鍵は第11章のCOLUMN 11-2でとりあげたマルチエージェント・シミュレーションの知見である。多様な意見を表すエージェントが長期にわたって互いに交流を続けても，初期分布に大きな偏りがなければエージェントは1つの意見に収斂せず，少数派が残存しうる。多数派が形成されるとき，単に少数派が消えてしまうわけではないのである。

　現実の社会で調査した安野（2006）の研究は，そうした少数派が実際にどのような形で自らの残存を補強しているかを示した。少数派の人々を支えているのは少数派の人同士なのであった。彼らは相互に自分たちの立場を強化し合い，外部からの影響を比較的受け付けようとしにくい。しかも自分たちが少数派だとは思っていない。このように少数派が多数派の人々と異なるコミュニケーション・パターンをもつために，二重の世論形成過程が生じていると安野は指摘している。

　興味深いのは，少数派が少数派の殻に閉じこもり続ける限り，それは少数派に留まるしかないということだろう。しかし，第11章の（商品普及の）イノベーション研究でもみたように，少数派がいつか多数派となる事例は明らかに存在する。歴史的に顕著な事例も多数存在する。プロテスタントの始祖であるルターも最初は少数派でしかなかった。この多数派への発展過程を世論の形成の過程として明確に示した理論は，いまのところ存在しない。

●●●

　世論に100の定義ありといわれるほど，世論現象は錯綜している。しかし定義がどのようなものであっても，社会や政治の変化が世論の支持に後押しされ，あるいは世論が社会や政治の変化を反映しているという認識については，誰しも合意がある。では，市民がどのようにして世論の動向を認識し，それに対して賛否を感じ，自分の意見や行動を世論形成過程の中に多かれ少なかれ刻み込むのか，こうした点を本章では検討した。

　人々の世論認識はソシオトロピックになされ，政治的なシンボルやアクターの認識，将来期待と業績評価に左右されながらも能動的に判断を下しているこ

とが概観された。世論の情報過程ではマスメディアのもたらす情報環境と対人的情報環境とが機能しており，近年のインターネットの発展もあいまって，これらすべての相互乗り入れのありようが世論の多数派形成の背景を織りなす。市民はその中で，沈黙の螺旋過程，保革イデオロギーのヒューリスティック利用，世論の対象となる争点の知的理解の問題を含みつつ，ダイナミックに世論形成に寄与している。政治や社会を変えるのはテレビではなくインターネットでもない。ほかでもない市民が諸メディアと対人的な過程の中で形作る世論の支持こそが政治を変えていくのである。

　第11章から第14章まで，社会の中の複合的なコミュニケーション過程，そこから生み出される世論や社会参加・政治参加，そして信頼を検討してきた。これらは集団やネットワークが深く関与する領域だった。次の第15章では一転して，より個人的な行動にみえる消費者行動に焦点を移す。しかし消費の社会性や続いて論じられる環境行動との関連性でみていくように，ここでも集団やネットワーク，参加と信頼の役割は小さくない。

BOOK GUIDE　●文献案内

池田謙一編，2001『政治行動の社会的心理学——社会に参加する人間のこころと行動』シリーズ21世紀の社会心理学6，北大路書房
　●社会心理学における世論・政治心理をめぐる解説書。

ノエル-ノイマン，E./池田謙一・安野智子訳，2013『沈黙の螺旋理論——世論形成過程の社会心理学』(改訂復刻版) 北大路書房
　●世論のダイナミックスを考えるには欠かせない著作。

安野智子，2006『重層的な世論形成過程——メディア・ネットワーク・公共性』東京大学出版会
　●世論は二重の過程によって形成されるとする日本での実証研究。

岩本裕，2015『世論調査とは何だろうか』岩波新書
　●世論調査の結果の読み方，理解の仕方に関する好適の入門書。

Chapter 14　●考えてみよう

❶ 世論とは一般にどのような意見を指していうのか，確認しておこう。
❷ 時間を追って変化していく世論の例を探し，その変化の原因は何か，考えてみよう。
❸ 市民が世論に対して意見をもつメカニズムは何か，列挙してみよう。そこで生じる問題は何か，人々はそれにどのように対処しているのか検討しよう。

第15章 消費者行動・環境行動

消費すること，環境に配慮すること

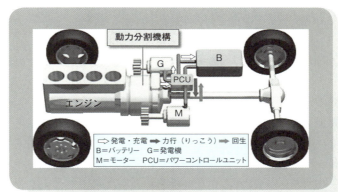

ハイブリッドカーの仕組み：シリーズ・パラレル・ハイブリッド方式　（三栄書房『モーターファン・イラストレーテッド』より転載）

CHAPTER 15

生活の中で，消費は日々のできごとの一部であり，私たちは消費する意思決定とともに生活している。その頻繁さは精緻な情報処理をしばしば難しくし，ヒューリスティックな判断の多用につながっている。マーケティングの視点からみれば，こうした判断の特徴を念頭において消費者へのアプローチが試みられることになる。ブランドもそうしたヒューリスティック利用の一翼を担うが，それにとどまらないいくつかの役割を果たしている。

一方，環境に配慮した環境行動は近年強く意識されるようになったが，それと消費者行動との距離は意外に近い。環境リスクの低減を意識して，エコ商品の選択やリスクある商品の回避といった消費者行動が生じる。さらに環境行動はより問題解決的な行動となって現れることも多い。そこには，環境リスクを生み出す企業の社会的責任や私たちの企業への信頼と結びついた行動の構図もみられる。

- KEYWORD
- FIGURE
- TABLE
- COLUMN
- BOOK GUIDE
- SEMINAR

SUMMARY

> **KEYWORD**
>
> 環境行動　消費者行動　経験経済　マーケティング　フレーミング　広告　WOM　ブランド　環境リスク　社会的ジレンマ事態　社会的コンフリクト事態　企業の社会的責任　リスク認知　リスク・コミュニケーション

　2008年秋の世界同時株価暴落は、消費の世界にも大きな影を落とした。アメリカ自動車産業は凋落し日本も大打撃を受けた。だがその後、エコカーに吹いた時代の風は追い風だった。SUV車を語る自動車ファンは激減したが、イノベーションと景気対策がエコカーを押し上げた。ホンダの新ハイブリッドカー・インサイトはその低価格路線とあいまって販売台数を一気に獲得したが、燃費の向上したトヨタの3代目プリウスも猛追し、2009年6月には月間新車販売台数首位を獲得した（2017年末には日本の乗用車の2割がハイブリッドカーとなっている）。このできごとのもう1つの大きな背景は、京都議定書締結（1997年）後のCO_2排出量削減争点だった。2009年の6月、当時の麻生首相は2020年の削減目標を発表したが、同年9月には選挙で大勝して首相就任間近の鳩山由紀夫がさらに厳しい目標設定を表明し、ともに賛否両論を浴びたことにみられるように、環境問題への対応は消費者にも広く意識され続ける世論の対象となった。2017年にアメリカ大統領となったトランプは地球温暖化対策を見直す大統領令に署名したが、アメリカではその後も大規模な山火事や巨大ハリケーンなど温暖化由来とも判断しうるような災害が相次ぐという皮肉な状況が続き、大きな論争を呼んでいる。

　ひるがえってみると、ハイブリッドカーの普及は、人々の消費者意識とエコ意識の二重の効果を示していて興味深い。本章でもこの両者に焦点をあてる。

社会的文脈の中に消費者行動・環境行動を位置づける
エゴの許される行動とエコな行動との間

　これまでの2つの章は、社会参加・政治参加や世論を検討することで私たちが社会にどのように働きかけているかをみてきた。これらに対し、私たちの日常生活には一見、世の中への働きかけとは無縁にみえる私的な領域がある。そ

の代表が消費生活である。対価を支払うことさえできれば，私たちは自分の好みでさまざまなモノやサービスを購買できる。好みのファッションでも，グルメでも，気ままな旅でも，あるいはもっと高価な自動車やマンションでさえも，消費者の私的な判断が最重要視される。その意味で消費生活は社会の動きを重視する必要のない，利己的でよい行動かもしれない。もちろん奇抜なファッションだとか食の好みがＢ級グルメだなどと，他者から批評されることはありうるが，それも「自分の勝手」「個性だ」と無視できなくはない。エゴセントリックな行動が可能なのである。

しかし，それでも消費生活は世の中の動きと無縁ではない。少なくとも商品の価格や利用可能性はつねに経済変動の影響を受ける。エコカー減税によっても購買は促進される。さらに，輸入食品への不純物混入事件や商品の製造日の偽装問題がしばしば起きたことを思い出せば，社会的にもたらされるリスクを意識せず消費生活が送れるわけではないことに容易に気がつく。

もっといえば，環境に対する負荷の高い消費生活とそうでない消費生活がある。消費することが環境リスクにさらされることに直結したり，逆に環境の破壊につながる可能性をもつことも多い。リスクある商品の消費が問題であるのみならず，真夏の過冷房，燃費の悪いSUV車，過剰包装の製品，リサイクルされない使い捨て製品など，「環境にやさしくない」生活を誘発する製品やサービスはごく身近に存在する。そして，負荷の高い生活を自己責任の私生活なのだから勝手だ，とはもはやいえなくなっている。エコカーに「環境にやさしい」という社会的な錦の御旗があるように，社会的な規範や世論のあり方もまた消費を制約する。1人のエゴが多数累積すれば全体の災いとなって降りかかる**社会的ジレンマ**の構図が大きく認識されてきたことがその背景にある。

こうした環境に配慮した行動（以下，環境行動とよぶ）では，環境リスクを回避する消費に**エゴセントリック**な側面があるものの（危険な商品を買わないという自己利害に直結する），利己的なポイ捨て行動やゴミ分別の規則に従わないことが社会的な問題だと広く意識されているように，**ソシオトロピックな側面**（第14章を参照）が濃厚である。政治行動では政治のシステムに影響を及ぼすことがソシオトロピックな側面であったが，環境行動は私たちの生活が根付いている環境という人類の共有財産の保持や改善に協力するという側面でソシオトロピックなのである。エゴからエコへの流れがここにある。

こうした点をふまえ，本章は消費者行動の社会性を意識しつつ，環境行動についても特に焦点をあてて社会心理学の文脈で検討していく。

消費の意思決定，マーケティング，ブランド
商品の購買と利用をめぐる社会的プロセス

消費者行動の根幹をなす行動として，ここでは購買に焦点をあてる。購買の対象は，必ずしもモノであるとは限らない。ドライクリーニングをしてもらう，レストランで食事をする，旅をするなど，私たちはサービスをも購買する。さらに，コンサートのチケットやディズニーランドのパスポートのように，単にサービスを買うという以上に，この歌手のコンサート，ここでなければならない遊園地といった，ピンポイントの経験そのものを購買することがある。「高級レストラン」も，料理の味ばかりではなく，雰囲気の優雅さまで含めた体験をウリにする（COLUMN 15-1 参照）。

購買の意思決定で特徴的なのは，売る側からの多彩な働きかけの存在である。マーケティング，広告，ブランドといった言葉を誰でも知っているように，マス媒体やインターネットを中心に製品やサービスの魅力を消費者にアピールすることで購買に結びつけようとする働きかけがある。その働きかけの影響を受ける決定の中では，買ったらこんな良いことがある，こんな幸せな気持ちが味わえる，といった購買対象のプラス面のみならず，マイナスの側面，特にコストとリスクの考慮が意味をもつ。

しかも購買は，数ある商品の選択の幅の中で「一番良いもの」を選び出す，というだけの単純な行動では，必ずしもない。「今夜の食事」の準備のために行ったスーパーで私たちがどんな購買をするかを考えてみよう。多くの場合，あらかじめ決まったものだけの買い物にはならない。またそれが最適だとは限らない。店頭で見つけた今日の特売をベースに献立を考えるほうが合理的なこともあるだろう。同じジャンルの食材を求めるのでも，食材の見かけや生産地，値段の手頃さ，信頼しているブランドの製品か，一緒に買い物に出かけた人が何を言うか，そもそもお店に陳列されているか，目立つところに置かれているか，さらに広告を思い出すか，といったいくつもの要因に左右されて決まる。日常の買い物すらこれほど複雑な要因が関わる。消費者行動はそうした複雑さ

> COLUMN 15-1 経験経済

　パインとギルモアは，**経験経済**（experience economy）という語を造語し，製品やサービスに代わる新しい経済行動の出現を力説した（Pine & Gilmore, 1999）。製品はモノを買うことで消費者が望む便益をもたらす。サービスは消費者が自分の望む行為をしてもらったり，行動のための枠組みを提供してもらう（インターネットのプロバイダのように）ことに対して対価を支払う。一方，経験経済では経験することそのものが消費である。ディズニーランドの経験はサービスではあるが，サービスの過程そのものが売り物の経験経済である。これに対して美容院で髪を切るというサービスは，切る過程ではなく切った結果が売り物である。インターネットのプロバイダサービスも使うこと自体が目的ではない。それを使ってコミュニケーションするなどの結果が求められる。ところがディズニーランドはそこにいてディズニーランドを体験していること自体が目的である。これはコンサマトリー（自己目的的）な行動であり，田村（2006）は「体験消費」ともよぶ。

　経験経済は多岐に及ぶ。美容院のサービスも，髪を切ることに加えて，快適な設備の中でお茶を飲みながら美容師とにこやかに話をして時を過ごすといった工夫が，美容院サービスを自己目的化させる。コンサートや観劇，スポーツ競技の観戦，旅行，レストランでの食事なども，ベーシックなサービスから経験経済へと発展させることができる。顧客の感性を刺激し，その時間を経験すること自体を望ませる，つまりそこにしかない経験への没入を生み出させることがポイントである。こうした経験は代替不可能である。商品やサービスはブランド・ロイヤルティによって顧客をつなぎとめるが，経験経済は他では得られない代替不可能な経験によって顧客をつなぎとめるのである。このことが経済コストで消費を考えるフレーミングを遮らせ，経験経済のフレーミングで消費者を行動させることにつながる。「感動をありがとう」という言葉は，まさにこのフレーミングを反映している。それが追加的な価格プレミアムを顧客に支払わせる。

に応じて多面的である。

消費者行動のヒューリスティック

　消費者行動の決定には**ヒューリスティック**が多用される。

　その理由の1つは，いま述べたように，選択肢と意思決定の状況の多様さである。多くの消費者は自分の手に入る範囲の選択

肢のすべての属性（と属性それぞれに対する自分の評価）を熟知して購買するという「完全情報」下で購買の意思決定ができるわけではないので，なんらかの形で決定にヒューリスティックを適用することになる（竹村, 1997）。「毎回買うブランドは安心だ」「評判の商品ならおいしいに違いない」「広告でよく見かけるので思い出して買ってしまう」「本日のお買い得品はまずチェックする」などはそうした行動の例である。こうした選択の手がかりを用いることによって，すべての選択肢を精査することなく効率的に決定するのである。そこには他にありえたベターな可能性を排除してしまうというリスクがある。「もっといいブランドがあった」「評判はときにあてにならない」「広告していないがとてもよい隠れ家的レストランがある」「本日のお買い得商品は本当に必要な買い物だったのか」などというように。それでもほとんどの購買が後悔せずに終われるのは，購買がすべての選択肢の中で最適の選択肢を選ぶというよりは，そこそこの満足の得られる選択肢を選ぶことを基準としているからである。

このように購買が効率性優先となるのは，消費者行動の多くが日常的なもので，**心理的関与**の低さが一般的であることも理由として挙げられるだろう。新車購入なら関与は高いが頻度はまれであり，より一般的には日用品の購入のような高頻度事象が消費場面では支配的である。そうした高頻度の消費の心理的関与は低い。毎日買うペットボトルのお茶に精緻な判断を下すような意思決定は行われにくい。このことは説得の二過程理論と強く関連している。第6章でみたように，関与が低いと精緻化見込みモデル（ELM）でいう周辺的ルートでの決定となりやすく，それがヒューリスティックな判断を多く誘発させることになる。

さらに売る側も，消費の特性にマッチするようなヒューリスティックを消費者に用いさせる手がかりを多様に提供する。ブランドの価値を強調するのも，特定の商品特性を強調するのも，あるいは「いま大流行」と煽るのも，高頻度でCMを連発するのも，消費者が完全情報を用いた決定を下すように促すのではなく，「いつもの信頼の商品」「私のこだわりの商品特性（うるおいを重視する化粧品）」「みんなが買う点で間違いのない商品」「CMで記憶に残っている商品」といった，単純化され，多くの場合それなりの満足をもたらすような手がかり情報に注視させることで，ヒューリスティックな判断の作動の引き金を引こうとするマーケティングの方略なのである。

消費者行動のフレーミング

ヒューリスティックの利用は情報処理の簡便化によって意思決定を容易にしているが，他方，次に挙げるフレーミングは意思決定の際の認識の枠組みであり，どんな形で決定をフレーミングするかで選択の判断が変わってしまう影響力をもつ[1]。消費の決定は損得に関わる行動であるが，このとき，損失を意識して意思決定をするのか，それとも利得を意識して決定するのかによって決定は異なりうる。つまり，決定は製品やサービスをどのようにフレーミングするかに影響される。

フレーミングの存在は，トヴァスキーとカーネマンの「アジア病問題」で明瞭に示された（Tversky & Kahneman, 1981）。それは購買そのものではないが経済行動の認識に大きな影響を与えた。次の問題を考えてみよう。

> アメリカではアジア発の奇病の流行に備えています。それが流行すると600人が死亡すると予測され，対策として2つのプランが提案されています。厳密な科学的推定によれば対策の効果は次のように考えられています。
> 計画Aを採用すると，（600人のうち）200人が救われます。
> 計画Bを採用すると，3分の1の確率で600人が救われ，3分の2の確率で誰も救われません。
> あなたはどちらの計画の採用に賛成ですか。 （同論文，p.453）

回答はAが圧倒的に選ばれ，72%がこれを選択した。では，次のような計画ではどうだろうか。

> 計画Cを採用すると，400人が死亡します。
> 計画Dを採用すると，3分の1の確率で誰も死亡せず，3分の2の確率で600人が死亡します。 （同上，同頁）

ここでの結果は，圧倒的にDが支持され，78%の選択が集まった。よくみると，AとC，BとDは同じ選択である。にもかかわらず，救われるという利得を強調したフレーミングと，死亡するという損失を強調したフレーミングで，人々の選択は違ってしまったのである。

---

[1] 第12章でとりあげたマスメディアの効果としてのフレーミングと本章でのフレーミングは，それぞれ別個に発展した概念であるが，いずれも人々の判断を規定する枠組みである。

このことはプロスペクト理論で説明される（Kahneman & Tversky, 1979）。この理論は，人々が損失に対してはリスク志向を示し，利得に対してはリスク回避志向を示して確実な選択をすることを関数の形で示したものである。上の例でいえば，救われる利得が焦点のときは少人数でも確実に救われる選択肢 A を選び，死亡が焦点になったときにはリスクがあってもましな可能性のある選択肢 D を選んだのがその反映である（基準点の移動という）。

この研究はその後多様な研究を生み出したが，一貫しているのは，たとえ確率的に同じ選択肢であってもそれがどのようにフレーミングされて呈示されるかで判断が変わってしまうことである。商品の選択についてもそれはあてはまる。株の売買では，1 万円の損失と 1 万円の利得を比べた場合，損失のショックのほうが心理的に大きく感じられ，これを回避しようとして逆にリスクの高い選択肢をとる傾向が強まることが知られている。このことによって「損を確定」するのを恐れて，株価が下落する局面では早めに売るというタイミングを逃しやすくなる。逆に利得の場面では早く得を確定させようとする。

フレーミングは必ずしも損得に対する枠組みを与えるだけではない。他の形のフレーミングが判断の基準点として用いられることもある。消費の経験そのものに訴えるフレーミング（COLUMN 15-1 参照）や，環境行動でみるような規範によるフレーミング（中野，2008）はその例だろう。前者は，経済的なコストで消費を考えるのではなく，ほかでは買えない経験を消費するという枠組み（基準）によって生じる経験経済を生み出す。このことによって，経験経済は商品の差別化（他商品との差異化）を徹底し，高い価格を設定できることになる。後者は，規範を基準点とした行動であり，「地球にやさしい行動」といった規範的フレーミングが人のゴミ分別行動の基準点を与える。

マーケティングの行動モデルとクチコミ

売る側からのマーケティングや広告の対象として，消費者行動はいくつかにモデル化されてきた。消費の意思決定行動のモデルとして次に述べるような AIDMA（アイドマ）や AISAS（アイサス）モデルはその典型である。これらは，テレビや新聞，インターネットでの商品アピールに対して，消費者がどのように反応し，意思決定していくかのモデルとなっている。そしてモデルに応じて，いかに効果的に消費者に対して広告や CM を露出するかが検討されてきている。

古典としてよく知られている AIDMA モデルでは，消費のプロセスが At-

TABLE 表15-1 ● 商品カテゴリー別の探索，共有の比率

製品・サービスのカテゴリー \ コミュニケーション	テレビ・雑誌などのマスメディアで情報を集める	インターネットの口コミサイトや電子掲示板などで情報を集める	周りの人から情報を教えてもらったり意見を言ってもらう	周りの人に情報を教えたり意見を言う	周りの人と議論したり評価したりする	周りの人とのふだんの会話の中でなんとなく出てくる
レジャー・旅行	34.9	19.8	52.5	36.9	28.5	41.5
自動車	17.6	7.6	23.8	16.6	15.3	17.7
携帯電話機・携帯電話サービス	19.2	9.5	32.4	18.8	18.7	25.2
パソコンおよび関連商品	21.9	14.1	31.4	19.3	16.0	16.5
AV・デジタル機器	22.8	13.6	25.5	16.1	15.0	13.4
飲料店・レストラン	27.5	15.0	53.2	45.5	35.7	44.7
書籍・雑誌・CD・映画	30.6	15.3	32.0	33.8	28.5	33.6
食品・健康食品・飲料	22.9	6.6	33.2	33.0	28.0	36.9
衣類・服・ファッション・化粧品・美容室	26.2	8.1	32.1	27.8	24.5	27.9
そのようなことは行わない	25.3	57.7	11.8	17.9	28.5	15.4

数値は％。データは2005年の首都圏成人のランダムサンプルによる。もとの表と順番を入れ替えて表示。

(出典) 宮田，2008，81頁。

tention（注意）→Interest（関心）→Desire（欲望）→Memory（記憶）→Action（行為）と推移すると主張している（たとえば仁科ら，2007）。このモデルをもとに，CMを反復呈示することで消費者の注意と関心をひき，ひいては記憶に残すことで購買に結びつけるような実践が多くなされている（棚橋，1997）。

　一方，インターネットを意識したAISASモデルでは，消費のプロセスをAttention（注意）→Interest（関心）→Search（探索）→Action（行為）→Share

（共有）の5段階であると想定している。電通（2008）によれば，AIDMAモデルが消費者の心理変容に関するモデルであったのに対し，AISASモデルには商品に関心をもつ以後の段階として，探索・行為・共有という3つの行動段階を想定する。そして消費行動上，探索し，共有することが購買と密接に関連していることを強調している。実際，多くの商品で，当の商品についてインターネットや雑誌，店頭などで調べたり，会話やブログ，比較サイトなどで語る（そして話題を共有する）こととそれを行った人の購買率の高さがよく相関していることを示している。

　宮田（2008）は，ここで生じているような探索と共有についてより詳細に検討した。表15-1をみると，いかに商品のコミュニケーションが多岐にわたるかが一目瞭然である。消費者は，商品の情報や意見を交換したり，議論したり，あるいは自然に商品の話が出てくるなど，さまざまな経験をしているのである。こうしたコミュニケーションを通じて，私たちは商品情報を探索し，友人や家族で商品の評価を共有する。これらの行動の多くが購買決定で迷っているときに生じていることも示された。

　さて，インターネットの発展を含めて情報量が過剰な時代には，単に消費者の目にとまる，ということだけを広告やCMの目的にしているのは，広い大海のどこでもよいから釣り糸をたれているような限界がある。単に何度も反復してアピールするという方法以上のことを考えねばならない。これをふまえAISASモデルに即する形で，消費者の側から能動的に商品の情報を探索したときに，それにマッチした情報をピンポイントで提供するという試みがなされている。魚が食物を探すところに釣り糸をたれるということにほかならない。時間・場所・場面・気分に合わせた「コンタクトポイント」（広告と消費者の遭遇点）の複数化や商品利用のシナリオ呈示（電通，2008）を行い，そのためにマスメディア，インターネット，販促活動を使い分けるという発想がそれである。

　最後に，製品やサービスについて話すことの率の高さと購買率の相関がみられるということは，WOM（Word Of Mouth；クチコミ）効果との関連性があることを意味している。AISASのShare段階への注目である。このことはマーケティングする側からみると，消費者に対して「バズ・マーケティング」を試みることにつながる（Rosen, 2000）。消費者は自分の経験した商品やサービスについて自発的に話をするが（これがバズ），その過程で当の商品やサービスに

「有利」な会話をしてもらおうとねらうのである。マスメディアの広告やCMよりも，対人的なコミュニケーションに説得力があることがよく知られているからである。

しかし，そのようなねらいはしばしば失敗する。消費の過程における会話をスノーボール・サンプリング調査で検討した宮田・池田（2008）が示しているように，消費者が語る商品やサービスの会話は，ときに辛辣である。プラスの情報も話せばマイナスの情報も話す。そしてそれを受けて，当の商品を買う後押しになることもあるが，少なからず商品の購買をやめることにつながっている。マイナスのことを直接言われた場合には，買おうと決心した商品でも7割が翻意するというデータがある（繁桝，2008）。池田らのシミュレーション研究（COLUMN 11-2参照）の前提となった消費者行動調査では，製品やサービスに関心をもつ段階ではクチコミの3分の1程度がマイナス情報となり（対象は携帯電話のワンセグ機能，インターネットのSNSサービスの利用），実際に利用する段階でも4分の1程度までがマイナス情報であった（池田，2010b：このようなクチコミを含めた消費の普及過程については第11章の普及過程研究を参照）。

ブランドと消費者行動

消費者と商品とを結びつけるのは，単に個々の製品やサービスの魅力的な属性や価格・性能だけではない。企業は商品をグループ化して共通のブランド名をつけたり，あるいは企業自体の名前をブランドとして価値づけるよう試みている。ブランドには個々の商品を越えた意味づけがなされるのである。それは花王ブランドといった日用品のコモディティ商品についても，グッチやプラダといった高額嗜好商品にもあてはまる。

ブランドがもつ価値についての研究は多数存在する（代表的なまとめとしてKotler & Keller, 2006）。仁科ら（2007）は著書『広告心理』をブランドの議論から始めているほどである。これら研究の共通認識は，ブランドは商品の一次的価値として品質保証の指標となっているだけではなく，さらにいくつかの二次的な価値をもつことである。消費者の自己表現という感情的な役割を担うのは二次的価値の代表例である。あるブランドの商品を保有したり使うことが「自分は洗練された人間なのだ」「自分はエコ支持派だ」といった自己像の保持，自己表現につながる。さらにブランドには，当のブランドを他のブランドと区別して認識させる「同定化役割」がある（仁科ら，2007）。そのことでブランド

は他のブランドと差異化して認識され，さらにブランド・ロイヤルティ（忠誠心）として当のブランドへの高い関与を生み出す。たとえばソニーとパナソニックのパソコンの差はブランドによって認識され，ときに高いロイヤルティを生み出す。こうしたブランドの付加価値（ブランド・エクイティ）の確保は広告の1つの大きな目標となる。

　成功したブランド形成の一例として，花王の「メリット」を挙げることができる（青木ら，1999）。これは1970年からの長寿ブランドだが，「清潔でさわやか」「フケとかゆみを防ぐ」という明確な同定的役割を独自技術による商品化（品質保証）の上に維持し続けることが，ロイヤルティを喚起し，つねにシャンプー・リンス市場の12〜13％のシェアを保つ源泉となっている。

　一般的にいって，このロイヤルティがブランドの価格プレミアムを支払わせるのだが，21世紀に入ってから消費者の多数派を占めるようになった「価値ハンター」の出現がこれを脅かしている。価値ハンターとは高級ブランドに関し「価格指向と品質指向がともに強い消費者タイプ」であり（田村，2006，60頁），支出は控えるが高品質の商品を求め，ブランド・ロイヤルティが高いものの価格プレミアムを払おうとせず，バーゲンに集中するなどの点で高額嗜好商品のブランド戦略に真っ向から対立する。

　ブランドと企業との関係ではもう1つ重要なことがある。ブランドが品質保証の指標になるということの意味である。品質保証は製品やサービスそのものにとどまらず，それを生産・提供する企業に対する安心と信頼（第13章参照）にも結びついている，ということである。特に製品やサービスが不確定要素をかかえるときにそのことは明確だろう。たとえば飛行機会社の選択の際に，ブランドは快適な空の旅（品質保証）の指標となるだけでなく，当の飛行機会社の安全性の保証，つまり安心と信頼にも結びついている。

環境行動と環境リスク
環境への配慮と責任をめぐる社会的プロセス

　本章の冒頭で，環境行動と消費者行動を対比的に紹介した。たしかに環境行動はソシオトロピックな側面をもったリスク対応行動だが，消費者行動とオーバーラップする部分もある。消費者行動の中にも環境行動として社会的な対応

の必要なリスクが意識されることがある。同じ用途なら CO_2 の排出につながりにくい，環境にやさしい商品を購入する，というような購買決定時に生じる環境配慮がその例だろう。「環境を守るためなら，値段の高い品物でも買うつもりがある」人が日本人成人の過半数に達しているというデータがあるように，環境保護の考慮が消費者行動の中にも大きく浸透している（NHK「環境に関する世論調査」2008 年実施）。

環境行動には，さらに消費のあり方や消費後の環境配慮が焦点となるタイプの行動がある。省エネ努力，ゴミの分別，リサイクルなどがその典型だろう。また，必ずしも消費的ではない環境行動もある。環境汚染や公害を引き起こしうる産業施設・活動に対する態度・行動は，施設や活動（たとえば道路公害）が環境にもたらすリスクを憂慮してのもので，政治参加に結びつくことも多い。環境への働きかけがより積極的な環境保全・自然保護に関わる態度や行動も，消費とは必ずしも直接の関係はないが，同様なリスクの低減を推し進める。こうした多様な環境行動は日本人の中でも広い支持がある（内閣府広報室，2012「環境問題に関する世論調査」）。

ここでのキーワードは環境リスクである。環境リスクとは「人間社会の生産や消費活動の結果として環境の質が低下し，それにより人の生命や健康が脅かされる可能性」を指す（広瀬, 2008, 2 頁）。問題は，「リスク」とは不確実さを含意しているという点である。地球温暖化などの事態に対してもそのリスクは低いという専門家もあり，不確実性が存在する。かつてアメリカのゴア元副大統領は温暖化の問題提起でノーベル賞を受賞したが，温暖化に懐疑的な主張も強化されつつある。2017 年に就任したトランプ大統領はその最右翼だろう。それゆえに，どこまで「ありうる危険事態」に対して未然に対処するかどうかが問われるのが環境リスクである。

環境リスクと社会問題

環境行動は，環境リスクが引き起こす社会問題のタイプによって 2 つに区別される。社会的ジレンマ事態と社会的コンフリクト（葛藤）事態（野波, 2008）である。前者は「1 人くらい環境リスクに対応しなくてもいいだろう」というフリーライダー行動を一定人数の人々が行ったときに，マイナスの社会的な帰結を招く。少数がゴミの分別に従わないと，分別の仕組み全体が台なしになってしまうのはその例である。後者の社会的コンフリクト事態は，そうした環境リスクを生み出す消

費者とリスクによる被害者が一致しないケースで生じる。ゴミを排出する市民とゴミ処理場周辺の住民の利害対立はその例だろう。1960〜70年代にあった「東京ゴミ戦争」は1つの典型例である。杉並区のゴミの搬入を江東区が阻止するという事態にまで至ったのだった。原発事業や産業廃棄物処理事業などでも,消費者や事業者と施設周辺住民で類似の葛藤が発生しやすい。

いずれの社会問題でも,環境リスクの低減という共通利益を優先する形での解決に持ち込むことが1つの大きな対処法である。しかし,社会的コンフリクト事態では環境リスクの認識そのものにズレが生じたり,施設周辺の受苦が共通利益という視点で解決できるかが問題となる。先に言及したような規範的フレーミング(中野,2008)や受苦者に対する援助(野波,2008)という視点の重要性はそこに生じる。

社会的ジレンマ事態の解決には「構造的解決」と「個人的解決」が存在することが指摘されている(土場・篠木,2008)。構造的解決の1つの方法は,非協力よりも協力することがプラスとなるような社会的誘因を整えて環境に配慮した行動を増大させることである(大沼,2008;安藤,2008)。具体的には,条例を制定したり,リサイクルするとお金が戻ってくるような仕組みを作り出すことである。さらにリーダーへの権限委譲も1つの方法である(篠木・土場,2008)。リーダーが社会全体を見通して一元的に決定することでジレンマ構造そのものを排除するのである(海野,1991)。いずれも制度の側からの個人の行動へのアプローチである。

一方,個人的解決とは,「行為者の行為選択状況の構造は社会的ジレンマのままであるが,個人の状況認知や価値観を変更することで協力行動を促進すること」を意味する(篠木・土場,2008,245頁)。市民の間で議論するデリバレーション(熟考)や,リスク対処行動の社会的な「正しさ」を社会規範として認識させていくことが有効だというのは(大沼,2008;野波,2008),そうした解決の社会的促進策を指している。つまり個人で解決に寄与する行動でも,精緻化見込みモデルにいう中心的ルートによる情報処理(熟考)や規範的フレーミングによって,社会的にその行動を促進することが可能なのである。

なお,環境行動で特に望まれるのがボランティアだと指摘されるのは(前田,2008),自発的な協力意図とコミットメントを通じて望ましい環境行動に加わることが,構造的な誘因の設定に伴うコストを低減させるからである(罰則の

ある法令を施行すればそれを遵守しているかを監視するコストがかかるなど)。興味深いのは，政治参加もボランティアであるが，そこでは無償性が強調されない点である。党派性を伴う政治行動がそもそもコミットメントを強く要求したり，権利として規定されているからなのか，環境行動が金銭的なコストに代替可能な行動を含みやすいためであるからなのかは，明らかではない。

環境リスクによるヒューリスティックな処理

いまみたような社会的なリスク対処過程は消費者行動ではほとんど想定されていないものの，個人ベースの行動としては環境行動にも消費者行動と共通する側面がある。

それはヒューリスティックな処理がしばしばなされる点である。リスクの認識に伴う不安は詳細な情報処理を誘発する可能性を高めるが (不安は情報処理を精緻化する: Marcus et al., 2000)，他方で環境行動はしばしば専門的な知識を必要とするため，多くの人が能力的な困難に直面する (これは政治行動も同様である)。実際，地球温暖化問題ですら専門家の間で意見が割れるというようなときに，精緻な情報処理が可能な能力をもつことは容易ではない (中谷内, 2008)。このため，ヒューリスティックな情報処理が主だった処理となりやすいと考えられる。

このとき注意すべきなのは，リスクを認知する際に生じるバイアスの影響である。マスメディアで大々的に報じられる環境リスクについては利用可能性ヒューリスティックが生じやすいと考えられる (第1章参照)。また，人は自分の生命に関わるような損失リスクには特に敏感で，低い確率を過大視し，強くゼロリスクを求めるバイアスを示す (解説の1つは楠見, 2007)。日本で2001年秋に問題化した牛海綿状脳症，いわゆる狂牛病 (BSE) への対策では食用牛の全頭検査が実施された。そこでは，確実な安全性が求められる一方，そのリスク低減のコストの巨大さにあまり注目がなされなかったのは，報道する側にもそうしたバイアスが共有されていた可能性を示している。全頭検査の報道に対し，そのコストへの言及は全記事中の7分の1程度にとどまった[2]。

---

2) 『読売新聞』同年記事による。狂牛病記事の中で安全/安心にも言及した記事1220件に対し，狂牛病+コスト/費用/対策費の記事数は177件。また狂牛病の全頭検査関連記事441件のうち，安全/安心関連記事は250件だが，コスト/費用/対策費関連記事は34件にとどまっていた。いずれも7分の1程度の率になる。

環境リスクと企業の社会的責任

消費行動でブランドの重要性が論じられたように，環境行動においても企業のもつブランドは重要な意味をもつ。それはブランドのもつ品質保証機能の中に，**企業の社会的責任**（CSR；Corporate Social Responsibility）が十全に果たされているはずだ，という含意があるからである。

環境リスクを生じさせたり上げるような商品を流通させるブランドが，それだけで失格となりかねないことは21世紀に入ってからますます明瞭となった。これに対処するように，「環境にやさしくない」商品を自ら申告し表示するコクヨの「エコ×マーク」は，2007年から2010年までの間に全商品からエコ×が外れるようにエコ化を進めたものであった。つまり同社の環境基準を満たさない×つき商品をすべてなくす，と宣言していた（2007年末には48％が未対応で，それがどの商品かはすべてカタログや商品に記載されていた。2011年度には100％対応となった）。この試みの途上で半数の消費者がコクヨに対する信頼を深めたという調査データがある（『日経デザイン』2008年，4号，83頁）。実際，商品の生産において環境リスクを発生させるようなときには企業は信頼を失う。日本の高度成長とともに頻発した諸種の産業公害は適例であるが，その社会的責任が問われるまでには長い年月がかかった。環境にやさしいエコな商品であること自体がブランド力を上げるに至るまでにはさらなる認識の変化が必要だった。つまり，直接的な経済的価値だけが企業価値ではなく，ステークホルダー（広い意味での利害関係者）である顧客や地域社会への貢献といった社会・環境業績もまた企業価値なのだ（櫻井，2005），と認識されるまでの道のりである。本章の冒頭にみたエコカーの発展はこうした歴史の1つの帰結である。

こうした企業の社会的責任や環境行動の認識の高まりは購買行動に現れる。「あなたは過去5年間に環境保護や企業倫理の観点から，特定の企業の商品を買うのをやめたり，積極的に買ったりしたことがありますか」と尋ねた全国調査（JGSS 2008）では，37％の日本人がそうした経験をもっていた（稲増・池田，2010）。これをバイコット行動という（バイ〔買う〕とボイコット〔買わない〕の両面をもつ行動的表現だからである：Stolle et al., 2005）。その行動への参加促進要因を分析すると，政治参加と同様に政治的効力感やインフォーマルな集団参加がプラスに働くことが観測された。こうした点で，企業や商品の社会的責任を問う行動の中で，消費行動がソシオトロピックな認識をもった行動（第14章2節

参照)へと変化していく側面がみてとれる。私生活から社会・政治参加への橋渡しとしてバイコット行動があるのである。

環境リスクと企業への信頼

こうして意識されるようになった企業の社会的責任は，企業に対する信頼と密接に関連している。前節でブランドが企業への信頼と深い関係にあることを述べたが，このことを環境リスクと関連させて整理しておこう。

消費者行動では，しばしばリスクへの対処は企業を「リスク対処の代理人」として委ねることで果たされる。たとえばJRなど交通事業サービスに対する信頼はこうした様相を示す。通常，何かリスクが高まる要因があっても（たとえば強風），そうしたリスクに対して乗客が直接に対処できるわけではない（乗客が減速できるわけではない）。「運転士や事業会社がリスク回避を主として担うのであり，利用者はそれを信頼し，安心する，という構造」(池田，2008)がそこにある。換言すれば，ここでは運転士あるいは事業会社がリスク対処の代理人となっており，それゆえにこそ代理人への信頼が重要となる，という構造がある。このため，乗客が鉄道に対してもつ安全認識の貢献要因として鉄道のリスク認知そのものはほとんど影響力がない。第13章で述べた制度信頼と同様，安心要因（制度的・物理的なリスク対策の評価，レピュテーション〔評判：第13章3節参照〕を通じた監視）と信頼要因（企業倫理の評価）の影響力が高い。同様のことが交通事業サービスのみならず，食品の安全や飲食サービス業などにもあてはまるのは，2007年に露見した多数の偽装事件によくみてとれるだろう。なぜならそこで優先される価値は多くの場合ほぼ自明（乗客の安全や食の安全）であり，企業の側で社会的責任を果たすならばこれらの価値を優先しないはずはないと消費者は仮定し，代理人として企業を基本的に信頼している。にもかかわらず，代理人がリスクに対処せずに事故等が発生したとき，乗客の安全より効率を優先していた，食の安全より価格の安さや利益追求を優先していた，などのことが露見すると消費者の怒りが企業に対して集中する。安全優先が当然だ，それは任せた，という前提が覆るからである。2005年4月のJR福知山線脱線事故（死者107名）後，JR西日本が浴びた強い非難にもそうした背景がある（後にJR西日本の歴代3社長を強制起訴）。

一方，環境行動では，こうしたリスク対処の委任がつねになされるわけではない。中谷内が指摘しているように，そこにはまず，環境リスクに対する関心

> COLUMN　**15-2 リスク認知とリスク・コミュニケーション研究**

　環境リスクを論じる中で，人はしばしばリスクの大きさを誤認知する，またフレーミングなどによってそれが歪められる，ということが明らかになった。こうしたリスク認知に関する知見はリスクの存在や大きさや対処の方策を伝えるコミュニケーションの重要性を推測させる。人々が正確にリスクを伝えられ，認識し，企業や行政とも連携しながらリスク事態に対処できることが，社会生活の安全性を向上させるのに不可欠である。しかしそこには多くの困難があることをリスク・コミュニケーション研究が明らかにしている（たとえば吉川，1999）。

　リスク・コミュニケーションが必要な領域には，すでにみてきた環境リスク関連事象のみならず，健康や医療問題，災害事態などが含まれる。それぞれに固有の問題もあるが，基本的には専門家と一般の人々の間でいかに適切にリスクを伝えるコミュニケーションを可能とするかが問題となる。そこには，専門家が一般人を合理的な判断のできない，パニックを引き起こしやすい存在であると誤認したり（池田，1986），一般人が専門家や企業・行政のコミュニケーションを信頼できない，といった問題が存在する。さらに両者の間に立って活動するメディアや市民団体の役割にも問題は及ぶ。

　これら問題で共通しているのは，コミュニケーションがいかに公正に伝えられうるのか，という点である。公正であると受け取ればこそ，人々はコミュニケーションの送り手を信頼することができる。また公正なコミュニケーションは一般人の判断力を信頼してこそ可能であり，そのことによってリスク事態への関与者が協調的に解決できる方向性が生まれる。リスク・コミュニケーション事態において一般人が問題の決定に参加する，つまり「共考」（木下，1997）が重要であると指摘されているが，公正なコミュニケーションはそれを可能にする道を開くのである。

　竹西ら（2008）はこうした文脈の中で，リスク・コミュニケーションが**公正**だと受けとめられるメカニズムを，原発と食品添加物のリスクについて実証している。そこで判明したのは，事実性と配慮性の2次元の認識が公正さを高めるという点であった。事実性はリスク・コミュニケーションが科学的事実に基づく根拠をもっているか，その明証さは十分か，バイアスを含んでいないか，隠蔽は回避されているか，といった判断によるものであり，配慮性はコミュニケーションの平明さ，受け手に対する尊重，送り手の応答性からなる。これらのことが，コミュニケーションの送り手に対する信頼を高めると同時に，受け手側，つまり一般の市民の参加を引き出す可能性を高めるのである。

の高低による差がある（中谷内・Cvetkovich, 2008）。身近ではない関心の低いリスクに対しては企業や行政がリスク対処の代理人となる（中谷内は「特定のリスク管理機関に業務を任せる」という表現をしている）。一方，関心の高い環境リスクに対しては必ずしもそうはならない。このとき，人々は無条件にリスク対処を委ねてしまわず，当の企業や行政に対して自分たちと同じような視線から問題をとらえ，解決策を模索しようとするのかどうかを判断する。企業や行政との価値の類似性（企業や行政が住民と同じ目標を共有しているか）が企業・行政に対する信頼の強い規定要因となるというのは，この条件を指している（中谷内・Cvetkovich, 2008）。リスク発生源ないしリスク対処者との価値の共通性が認識できなければ，共通利益に基づいた社会的なリスク対処はできないからである。実際のリスク対処自体が市民参加によるものでも，企業や行政が代理対処するものでも，その構造は同じだろう。こうした**価値の類似性**の重要性を中谷内らはSVS（Salient Value Similarity）モデルの実証研究の中で強調している。このことは，共通の価値の確保がしばしば困難な社会的コンフリクト事態では，問題がさらに難しくなることを推測させる。未解決の問題がそこにある。

　さて本章では，人々の消費の意思決定を論じた後，その決定と普及を触発するマーケティングやブランドに関する研究を概観した。さらに，生活の中で社会や環境を意識した行動が高まり，消費行動でもそれが反映されつつあることを受けて，環境行動と環境リスクの認識と対応に議論を進めた。自動車のボルボが「私たちの製品は，公害と，騒音と，廃棄物を生み出しています」と日本の新聞に初の環境広告を出したのは，1991年のことだった（梶, 2001）。それからおよそ30年が経つのに，実は消費者行動と環境行動は驚くほど連動したものとして研究されていない。本章ではそこに注目しようとした。21世紀に入り，地球温暖化の警告に典型的にみられるように，私たちの日常のマイクロな消費者行動がマクロレベルで，場合によってはグローバルに，マイナスの結果を生み出している，という認識の高まりは両者をますます結びつけずにはいない。コクヨの「エコ×マーク」を「単なるパフォーマンス」と感じる消費者は1割いたが（前掲調査），仮にそう受けとめられてもこのプロジェクトが着々と実行されたように，環境を意識した消費はすでに規範化され，当然視されるレベルにまできている。環境リスクの認識なしには消費者行動の明日はないこ

とを，企業も認識しつつある。

　続く第 16 章が扱うのは組織の中の人間行動である。第 11～15 章で扱ってきた諸種の社会的行動では，組織というがっちりとした構造と階層と決定のユニットがある中での判断や行動を対象とはしていなかった。人間の行動がネットワークの中の位置の関数であった（第 11 章）のと同様に，第 16 章では人間行動を組織の中の立場の関数としてみることができるだろう。さらに進んで，組織としての意思決定や組織文化にも議論は及ぶ。

BOOK GUIDE ● 文献案内

竹村和久編，2000『消費行動の社会心理学――消費する人間のこころと行動』シリーズ 21 世紀の社会心理学 7，北大路書房

広瀬幸雄編，2008『環境行動の社会心理学――環境に向き合う人間のこころと行動』シリーズ 21 世紀の社会心理学 11，北大路書房
　● 上記の 2 冊は，それぞれの分野での第一線の研究者が問題意識を強くもって各章を担当しており，研究の広がりがわかる好著。

中谷内一也，2012『リスクの社会心理学――人間の理解と信頼の構築に向けて』有斐閣
　● 著者の一連の著作のうちの 1 冊。リスク認知の社会的理解と報道やリスク・コミュニケーションに関して示唆に富む。

田中洋，2015『消費者行動論』中央経済社

岸志津江・田中洋・嶋村和恵，2017『現代広告論』（第 3 版）有斐閣
　● 消費者行動と広告効果に関わる包括的な記述。

Chapter 15 ● 考えてみよう　　　　　　　　　　　　　　　　SEMINAR

❶ 消費者行動の意思決定にはどのような特徴があるだろうか，考えてみよう。
❷ 消費者行動におけるブランドの果たす役割は何だろうか。
❸ 環境リスクを解決する方法の 1 つとして，環境行動はどのように位置づけられるだろうか。

第16章 組織と個人のダイナミクス

組織行動論の展開

企業トップによる謝罪会見
（提供：朝日新聞社）

CHAPTER 16

- KEYWORD
- FIGURE
- TABLE
- COLUMN
- BOOK GUIDE
- SEMINAR

「経営組織」についての探究は，経営学，経済学，社会学，心理学など，多彩な学問分野によって進められている。その研究関心も，組織に所属するマイクロな個人の心理や行動の傾向（たとえばモチベーション）に焦点をあてたものから，よりマクロな観点から組織の構造や環境への適応などに焦点をあてたものまで，多岐にわたっている。

本章では，特に組織と個人のダイナミックな相互作用のプロセスに着目し，単なる個人の力の総和もしくは平均とは異なるありようをみせる組織の諸力と，その背後に潜む危うさについて考えていく。

SUMMARY

> **KEYWORD**
>
> ホーソン研究　科学的管理法　（組織における）人間関係論　限定合理性　集団意思決定　集団極化現象　集団思考　組織コミットメント　心理的契約　リーダーシップ　マネジアル・グリッド　PM理論　コンティンジェンシー（状況即応）・アプローチ　LPCモデル　パス−ゴール理論　SL理論　変革型リーダーシップ　フォロアーシップ　知識創造　暗黙知　形式知

　1999年9月30日午前，茨城県東海村にあるJCO社の核燃料加工施設で起きた臨界事故は，直接作業に従事していた3名（うち2名死亡）をはじめ，救急隊員や周辺住民を含む多数の被曝者を出した。事故の直接の原因は「本来，使用目的が異なり，また，臨界安全形状に設計されていない沈殿槽に，臨界質量以上のウランを含む硝酸ウラニル溶液を注入したこと」（原子力安全委員会ウラン加工工場臨界事故調査委員会，1999）にあったが，調査の結果，作業の効率化を図るために，会社が幾度も無謀とも思える違法な工程変更を行ってきた経緯が発覚した。

　2002年1月，三菱自動車製大型トレーラーの走行中にタイヤが外れて転がり，歩行者を死傷させる事故が起きた。これを含めた複数の死傷事故をきっかけとして，同社の長年にわたるリコール隠しが明るみに出た。2007年には食品加工卸売会社による挽肉の品質表示偽装，各地の人気菓子の賞味・消費期限偽装，高級料亭による食材の産地偽装など，数々の食品偽装問題が発覚。2013年にも大手ホテルレストラン等のメニュー表示における産地や食材に関する虚偽・偽装表示が相次いで発覚し，社会問題化した。

　これらはいずれも，企業のリスク認識の甘さと意思決定の誤り，内向きの組織風土がもたらした「組織事故」としての側面をもつできごとである。本章では，組織に備わる諸力とその危うさについて考えていく。具体的には，組織における意思決定のプロセスや，組織に対する個人のコミットメントの功罪等に関わるいくつかの議論を紹介する。さらに，組織がそうした限界を超えて変革を図るプロセスと，そこで求められるリーダーシップのあり方についても，さまざまな角度から検討する。

1 意思決定システムとしての組織

組織論の系譜と人間関係への着目

職場組織における作業効率,生産性の向上を考えるうえで,組織に所属する人々の「心理」にアプローチすることの重要性を示した最も有名な古典的研究の1つが,アメリカのウェスタン・エレクトリック社のホーソン工場をフィールドとして1924年に開始された,いわゆるホーソン研究(the Hawthorne research)である。

この頃の組織研究の主流は,テイラー,F. W. によって提唱された科学的管理法(scientific management)だった(Taylor, 1911)。これは,「時間研究」(工程ごとに標準的な作業時間を定めるための研究)と「動作研究」(作業目的に照らして無駄な動作を排し,最適な動作を定めるための研究)を通じて生産現場における作業課題の標準化を図り,これに対する差別的出来高賃金(各従業員が定められた標準課題を達成できたか否かで報酬を増減させる方式)によって生産性を刺激しようという「機械モデル」の経営管理論である。科学的管理法においては,従業員はいわば「機械の部品」としてとらえられていた。

ホーソン研究も当初は,科学的管理法の観点に基づき,照明の明るさや休憩時間の設定の仕方といった物理的な労働条件が工場の生産性に及ぼす影響を明らかにすることを目的として行われていた。ところが最初の照明実験では,照明を明るくしたり暗くしたりといった条件の変化にかかわらず,実験が進むにつれて一貫して生産性が上昇するという結果が得られた。さらに1927年からは産業心理学者のメイヨーらが中心となり,数名の女性従業員の休憩時間や労働日数をさまざまに変化させながら実験を続けたが,物理的条件がどのように変化しても,彼女たちは生産性を向上させ続けた(Mayo, 1933)。

従業員たちはなぜ,物理的労働条件が悪いときでも高い生産性を保つことができたのだろうか。実は,メイヨーらは実験実施期間中,従業員にたびたび意見を求めたり相談したりしていた。彼女らの要望を聞き入れ,作業中のおしゃべりが許可されるなどの対応もなされた。従業員の間には,実験に積極的に参与し,特別な役割を果たしているという意識が生まれ,さらには実験が進むに

つれて仲間との連帯感も強まっていった。こうした心理的な要素が，物理的条件の変化を凌駕して，生産性の安定的な向上に大きく貢献していたのである。

ホーソン工場での研究は，その後も大規模な面接調査や参与観察（COLUMN 17-2 参照）といったさまざまな手法を用いて続けられた。一部の研究には方法論上の不備等も指摘されているものの，ここで得られた一連の研究成果は，従業員を機械の部品としてとらえるというそれまでの古典的な組織論を，人間性重視の組織論（人間関係論；human relations theory）へと転換させるきっかけとなった。

限定合理性と組織

機械モデルの科学的管理法から脱却し，また人間関係論の限界をも越えて，より能動的に組織に働きかける主体としての人間の活動に着目した近代組織論の礎を築いたのが，バーナード（Barnard, 1938）とサイモン（Simon, 1947）である。彼らは組織を静的な構造としてではなく，動的な人間の「協働」行為・活動の集積としてとらえ，行為・活動を導く「意思決定」のあり方に着目して新たな組織論を展開した。

彼らの組織論は，従業員を機械の部品としてとらえる科学的管理法とも，従業員の感情や欲求などの側面に焦点をあてる人間関係論とも異なっていた。彼らが想定したのは，合理性に限界がありながらも意識的には合理的に行動しようとする，意思決定者としての従業員である。

サイモンによれば，人間は限定合理性[1]（bounded rationality）という特性を有する存在であるがゆえに，意思決定に際して必要なすべての情報を入手することもできないし，すべての選択肢を比較検討することも不可能である。そのため，人間は限られた認知や思考の範囲内で主観的な合理性判断に基づく意思決定を行い，目標に対して満足できるような成果を得ることをめざすことになる。こうした人間観は，従来の経済学で想定されていたような，完全合理性を備えてつねに最適化された行動をとる「経済人」に対するアンチテーゼとしての「経営人」のモデルである。

マーチとサイモンは限定合理性の概念を用いて人間の問題解決や意思決定のメカニズムをモデル化し，旧来の組織論の系譜をもふまえた組織の一般理論を

---

[1]「限定（もしくは制約）された合理性」などの訳語があてられることもある。

整備した（March & Simon, 1958）。その中で彼らは，人間の「認知限界」が組織と個人に与える影響を多角的に考察した。彼らの立場では，組織とは人間の限定合理性を克服する機能をもつべきものとしてとらえられる。個人や少人数のチームの認知能力には限界があり，直面する問題の複雑性に十分に対処しきれない。そこで，部門ごとに専門化された階層型の構造をもち，分業と調整を行う組織を創ることによって，複雑な環境をそれぞれの処理できる範囲に圧縮，分解し，合理性を確保することがめざされるのである。限定合理性の概念を軸としたサイモンらの理論は，組織論の範疇にとどまらず，社会科学における種々の領域に大きな影響を与えた。

　個人の限界を超え，的確な問題解決と意思決定を行ううえで，組織は重要な機能を果たしている。しかしその一方で，組織においてなされる種々の意思決定は，必ずしもつねに最適の解を導いているとはいえない。次節では，合議による意思決定に潜むさまざまな問題について概観する。

SECTION 2　「合議の知」への信頼とその限界

集団極化現象

　「三人寄れば文殊の知恵」ということわざにもみられるとおり，多くの人は集団には単なる個人の知の総和を超えた力があるという素朴な信念を有している。そのため，合議によってなされた問題解決や意思決定には，時として過度の信頼が寄せられることがある。

　ストナーは，集団意思決定（group decision making）が，メンバーがもともともっていた考えの平均よりも危険なものになりやすいことを見いだし，これをリスキーシフトと名づけた（Stoner, 1961）。この現象を確認するために行われた実験では，12の仮想的な選択ジレンマ状況に関する質問紙が用意された（Wallach et al., 1962）。実験参加者はまず，1人で質問紙に回答するよう求められた。たとえば，失敗すれば命に関わるほどの危険を伴う手術を受けるか否かを迷っている人物に対して，手術の成功確率が何%以上ならそれを受けるように助言するかを尋ねられた。その後，参加者は6人集団となり，個々のジレンマ状況について討議して全員一致の結論を出すよう求められた。その結果，

TABLE 表16-1 ● 集団意思決定実験における意見集約過程

個人選好の初期パターン (有責, 無責)	グループの決定			観察頻度
	有責	無責	未決	
(6, 0)	—	—	—	0
(5, 1) …④	1.0	0	0	3
(4, 2)	0.63	0.13	0.25	8
(3, 3)	0.2	0.6	0.2	5
(2, 4) …③	0	1.0	0	11
(1, 5) …②	0	1.0	0	10
(0, 6) …①	0	1.0	0	3

①6人全員が当初から被告に対して無責の判断をしていた3事例のみならず、②5人が無責、1人が有責の判断をしていた10事例、③4人が無責、2人が有責の判断をしていた11事例のすべてにおいて、集団討議の決定も無責となった。また、④5人が有責、1人が無責の判断をしていた3事例では、集団討議の決定はすべて有責となった。

(出典) Kameda, 1991;亀田, 1997。

集団の決定は多くの状況で討議前の個人の決定の平均よりもリスキーなものになっていた。さらに、討議後に再度個々人の判断を尋ねたところ、やはり討議前よりもリスキーな方向に変化していた。

ただし、その後の研究では、集団討議が安全・保守志向を増幅させるという正反対の現象(**コーシャスシフト**)も存在することが明らかとなった。現在では、リスキーシフトとコーシャスシフトは、いずれも集団メンバーが当初有していた意見の分布において優勢だった傾向が、集団討議を経てより極端なものになるという**集団極化現象**(group polarization)としてとらえられている。

意見集約の過程で生じる極化

集団の意思決定においては、多数派主導の決定が行われることが非常に多いが、こうした意見集約の過程で集団決定はしばしば「極化」する。たとえば、民事模擬陪審実験における集団意思決定のプロセスを観察した亀田の研究(Kameda, 1991)では、6人のアメリカ人参加者が集団討議によって被告の法的責任の有無を決定した。すると、多くのケースで、各メンバーが当初にもっていた意見のうち多数派だったほうの意見が集団決定として採用された(表16-1)。

FIGURE 図16-1 ●集団決定比率のグラフ

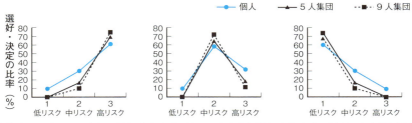

(A) 個人が高リスクを好む場合　(B) 個人が中リスクを好む場合　(C) 個人が低リスクを好む場合

> 集団討議の結果，初期多数派の意見が最終決定になるとする。この図はこの仮定のもとでの，個人レベルの選好の分布パターンと，そのようなパターンで分布する人々（母集団）の中からランダムに選ばれた5人もしくは9人による，集団レベルでの最終決定の理論的な確率分布パターンを示している。(A) は高リスクの選択肢が個人レベル（母集団レベル）で最も支持されているケース，(B) は中リスクの選択肢が最も支持されているケース，(C) は低リスクの選択肢が最も支持されているケースである。

（出典）　亀田，1997。

　亀田（1997）は，多数派主導の集団意思決定において意見の極化が起こるメカニズムを次のように説明している。個々のメンバーが選好するリスクの程度を3段階と仮定し，母集団において高リスクを好む個人が全体の6割，中リスクを好む個人が3割，低リスクを好む個人が1割存在しているとする（図16-1(A)）。こうした母集団の中から任意の5人で集団を作った場合，高リスク選好者が多数派（3人以上）となる確率は68％であるのに対し，低リスク選好者が多数派となる確率は0.8％しかない。したがって，多数派主導で行われた集団意思決定は，もとの母集団における意見分布よりもリスキーな方向にシフトすることがわかる。9人集団の場合にはさらに，高リスク決定となる確率は73％，低リスク決定となる確率は0.08％となる。同様に，個人レベルで中リスクや低リスクがより好まれている場合にも，それぞれの選好が集団レベルではより高い確率で選択されることになる（図16-1）。すなわち，集団の意見集約が多数派主導で行われると仮定すれば，たとえ，それぞれのメンバーの意見自体は変化しなかったとしても，集団の意思決定は個々人の意見の平均以上に極

第16章　組織と個人のダイナミクス　357

表16-2 ● 集団思考の8つの兆候

タイプ1：集団への過剰評価	
①不敗の幻想	過度の楽観主義により，極端なリスクを受け入れようとする。
②自らの道徳性に対する信念	自分たちの大義の正しさを信じ，決定がいかなる倫理的・道徳的帰結をもたらすかを考えない。
タイプ2：閉鎖性	
③集団レベルでの合理化	不都合な警告は割り引いて解釈し，自分たちの前提を再検討しない。
④外集団のステレオタイプ化	「敵」に対して否定的な見方をすることにより，コンフリクトに対して適切に対処しようとしなくなる。
タイプ3：斉一化への圧力	
⑤自己検閲	集団の合意に疑念を表明したり逸脱した発言をしたりすることを避ける。
⑥満場一致の幻想	多数派の見方や判断を，全員の一致した意見だと思い込む。
⑦反対者への直接の圧力	集団の見方に異議を唱えてはならないというプレッシャーがかかる。
⑧自薦の「監視人」	集団の一致した見方や決定にとって不都合な情報から自分たちを守ろうとする。

（出典）Janis, 1982.

端なものになりやすいのである。

集団思考の落とし穴　1986年1月28日，スペースシャトル・チャレンジャー号は，ケネディ宇宙センターの打ち上げから73秒後に突如爆発した。シャトルは空中分解の後に大西洋に落下し，7名のクルーは全員死亡した。事故の直接の原因は，シャトル本体についている固体ロケットブースターのジョイント部分のOリングが，打ち上げ当日の気温が低かったために硬化して弾性を失ったことにあるとされている。しかし，事故を引き起こした誘因はこうした技術的な問題以外にも存在していたとみられる。事故原因の調査過程で，NASAおよびOリングの製作会社が低温時の弾性の問題をあらかじめ知っていたことや，製作会社が当日の打ち上げ中止を進言していたにもかかわらず受け入れられなかったことなどが判明し，当事者たちの意思決定が集団思考（groupthink）に陥っていた可能性が指摘されたのである（Esser & Lindoerfer, 1989; Moorhead et al., 1991）。

集団思考とは，集団意思決定場面において，人々が集団内での意見の一致を過度に追求して批判的な意見を排除したり，集団の能力を過大視してリスクを甘く見積もったりすることによって，愚かな意思決定を行ってしまうことを意味する。この概念の提唱者であるジャニスは，1961年のアメリカ軍によるキューバ・ピッグズ湾侵攻作戦失敗の経緯を分析する中で，当時のケネディ政権の意思決定過程に着目し，集団思考の兆候として表16-2の諸点を挙げた（Janis, 1982）。さらに，集団思考に陥りかけている場合，意思決定に際して，①選択可能な選択肢を不完全にしか探索，検討しない，②目標を不完全にしか検討，考慮しない，③情報収集が乏しくなる，④手持ちの情報の分析に選択的なバイアスがかかる，⑤前に退けた代替案を再考しようとしない，⑥選んだ選択肢のもつリスクやコストを検討しない，⑦状況に即応した選択肢の実行プランが欠如する，といった種々の問題が現れるとの指摘もなされた。

　ジャニスは，集団思考の先行要件として集団凝集性の高さ（第8章参照）を重視したが，その後の研究では，凝集性の低い集団でも同様の現象が起こりうることがしばしば指摘されている（Baron, 2005; Raven, 1998）。たとえば，集団成員が多様な情報を持ち寄って討議を行う際には，集団凝集性の高低にかかわらず，多くの成員が共有している情報の検討に長い時間が割かれやすい一方で，特定の成員のみが持っている非共有情報には十分な注意が払われにくい。そのため，すべての情報を均等に吟味すれば到達できたはずの最適解が得られず，偏った集団意思決定に至るリスクが高くなる。こうした傾向は，各成員があらかじめ持っている情報の分布を実験的に操作する「隠されたプロフィール（hidden profile）」パラダイムによる実験で，繰り返し確認されている（Baron, 2005; Stasser & Titus, 2003）。

③ 個人と組織の関わり合い

組織コミットメントと
心理的契約

　ここからは組織に身をおく個人に目を転じて，従業員の組織に対する心理的関与を扱った代表的な概念である**組織コミットメント**（organizational commitment）をめぐる議論を概観したい。

(1) **社会的交換としての組織コミットメント**　古典的な組織コミットメント研究の流れは，組織と個人との社会的交換関係に着目する考え方と，組織に対する個人の情緒的側面（愛着など）を重視する考え方とに大別される。前者の先駆けはベッカーによる**サイドベット理論**である（Becker, 1960）。サイドベット（side-bet）とは，個人が組織に所属するうえで行ってきた投資の蓄積を意味するが，これらは組織を離れてしまうと回収できないコストとして知覚される。具体的には，将来受け取るはずの年金，住み慣れた住居，習熟した仕事ならではのやりやすさなどが，ここでいうサイドベットに相当する。

　ベッカーが考える組織コミットメントは，従業員が現在所属する組織を離れた場合に失うことになるサイドベットについて考慮した結果として，彼らを一貫した行動（すなわち今の組織にとどまるという行動）へと導く性質のものであり，その意味で功利的な概念である。言い換えれば，従業員が組織に対して行ってきた投資について，それが回収不能となったときの損失を大きいと認識すればするほど，彼らは組織へのコミットメントを高めることになると考えられるのである。

(2) **情緒的な組織コミットメント**　他方，組織コミットメントの情緒的側面を重視する考え方を代表する研究としては，マウディらの理論を挙げることができる（Mowday et al., 1979; Porter et al., 1974）。彼らは組織コミットメントを「特定の組織に対する個人の同一視や関与の強さ」としてとらえ，その構成要素として，①組織の目標や価値に対する信頼と受容，②組織の代表として進んで努力する意欲，③組織の一員であり続けたいとする強い願望，という3点を指摘した。マウディらはこの定義に基づき，組織に対する情緒的なコミットメントを測定する尺度であるOCQ（Organizational Commitment Questionnaire）を開発した。OCQは組織コミットメントに関する数多くの実証研究において採用された。先にみたベッカーの理論がコミットメントの「行動」的側面に焦点をあてていたのに対し，マウディらの理論は組織に対する「態度」としてコミットメントをとらえていることも，両者の特徴的な違いの1つである。

(3) **多次元的な組織コミットメント**　こうした研究の系譜をふまえて，アレンとメイヤーは組織コミットメントを多次元的な概念としてとらえることを提唱し，**情緒的コミットメント・存続的コミットメント・規範的コミットメント**を区別して論じた（Allen & Meyer, 1990）。彼らの3次元モデルは近年の組織コミ

ットメント研究における最も標準的なモデルとなり、その後も発展的な検証が続けられている。

　アレンとメイヤーのモデルにおける情緒的コミットメントは、いうまでもなく先にみたマウディらの視点を踏襲した概念である。また、存続的コミットメントは組織を辞める際のコストの知覚に基づくものであり、ベッカーの理論に根ざした概念であるといえる。その意味で、アレンらの理論の特徴は、規範的コミットメントという3つ目の次元に新たに目を向けたことにある。規範的コミットメントは「組織にとどまり、適応しなければならないという義務感、規範意識」と定義され、いわば理屈抜きの忠誠心としてとらえられる。ただし、ここでいう規範が何を意味するのかについては、なおさまざまな観点から研究が続けられている。たとえば、日本人会社員を対象とした調査の場合、規範的コミットメントと「世間体」や「他者の目」に対する意識との関わりが強いという知見が得られている（高木ら, 1997）。

　組織コミットメント（特に情緒的コミットメント）の程度が強い個人ほど**職務満足度**も高く、逆に離職の意志は低いとされる（Mathiue & Zajac, 1990 など）。従業員のコミットメントを高めることは組織マネジメントの課題の1つといえるが、過剰な組織コミットメントには弊害もある。具体的には、創造性が失われる、新しいものや変化に対する抵抗が生じやすくなる、いわゆる「会社人間」化によって仕事以外の人間関係への関与が著しく減少し、家庭を含む組織外の社会生活におけるストレスや緊張を生む、といった点が指摘されている（石田, 1997）。

　なお、個人と組織の関わり合いを扱う視点として、心理的契約（psychological contract）という概念も提起されている。ルソーの定義に従えば、心理的契約とは個人と組織との間の「互恵的な交換において合意された項目や状態に関する個人の信念」（Rousseau, 1989, p.123）である。すなわちこれは、明示的か暗黙的かを問わず、個人が自らと組織との間に存在すると知覚している契約の内容についての概念である。ルソーによれば、心理的契約は、終身雇用、正当な賃金や昇進の約束、ワーク–ライフ・バランスの提供といった個別の具体的項目ごとに結ばれていると認知されやすい。こうした契約が実際に組織と個人の間で明示的に取り交わされているとは限らないが、当該の個人は自分と組織の双方が契約を履行する義務を負っていると認識している。その意味で、組織の

COLUMN 16-1 アイヒマン実験と模擬刑務所実験

　権威ある存在に対して過度にコミットし，そこから与えられた規範に服従する個人の心理を検証した最も有名な社会心理学の研究は，ミルグラムによって行われた（Milgram, 1963）。第2次世界大戦下のナチス・ドイツ官僚，アイヒマンは，ホロコーストの実行責任を問われ，長き逃亡生活の末1960年に逃亡先のアルゼンチンで逮捕された。彼の役割は，ヨーロッパ各地におけるユダヤ人の強制収容所への輸送を指揮することだった。裁判において彼は，ナチスのユダヤ人迫害について遺憾の意を表明したものの，自分自身は職務命令に忠実に従っていた平凡な個人にすぎないと主張した。この裁判を受けて，ミルグラムは権威に服従する人間の心理を探究するための実験に着手した。

　実験には20～50歳のアメリカ人男性が参加し，「記憶に及ぼす罰の効果」を検討する研究であるとの説明を受けた。参加者は2人1組になり，くじ引きで教師役または生徒役に割り振られることになったが，実は一方はミルグラムが用意した実験協力者で，くじはつねにこの協力者が生徒役となるように作られていた。生徒役は隣室で「電気椅子」に固定された。教師役の参加者は記憶再生テストを出題し，生徒役が間違える度に電気ショックによる罰を与えるよう，実験者から教示された。彼らの前には送電盤が置かれ，15ボルトから450ボルトまで，15ボルト刻みで30個のスイッチがついていた。実験が始まると，生徒役はしばしば誤答し，教師役である参加者は，その都度ショックのレベルを1段階ずつ上げるよう教示された。生徒役は送られるショックの強さが135ボルトになったところでうめき声をあげ，150ボルトで悲鳴をあげて実験の中止を求め，330ボルト以降は無反応になった（この声はあらかじめ録音されたもので，実際には電気ショックは送られていなかった）。実験者は参加者に，生徒の反応に関わりなくショックを送り続けるよう繰り返し指示した。

　参加者たちはどの時点で実験の続行を拒否しただろうか？その結果は衝撃的なものだった。40人の参加者のうち25名が，送電盤の最大値である450ボルトまでスイッチを押し続けた。彼らの多くは実験中に冷や汗をかいたり震えたりして極度の緊張を感じていたが，名門イェール大学で行われる学術研究という権威の前では，途中で席を蹴ることはなかったのである。この結果は，アイヒマンが主張した「権威への服従」の心理が予想以上に人々の行動を縛るものであることを示し，その後も多くの議論を生んだ。

　ミルグラムの実験と同様，そのショッキングな結果から当時の世論を大きくにぎわした研究として，ジンバルドーらの模擬刑務所実験がある（Haney et al., 1973など）。彼らの実験は当初，2週間の予定でスタートした。心身ともに健康で犯罪歴のない24名の男子大学生が参加し，半数ずつ看守役または囚人

役にランダムに割り当てられた。囚人役の学生は自宅前で突然「逮捕」され，スタンフォード大学心理学部の地下に設置された模擬刑務所に収容された。彼らの日々の生活は実際の刑務所に倣って設定されていた。

2日目の朝，数名の囚人役学生が看守役に抵抗を示したことをきっかけに，さまざまな変化が現れ始めた。看守役学生は協力してこの反逆を鎮圧し，抵抗した者に罰を科す一方で，反逆に加担しなかった者には特権的待遇を与えるなどの策を講じた。囚人役の学生の結束はしだいに薄れ，互いに疑心暗鬼になって萎縮していった。一方，看守役学生は結束を深め，熱心に職務に邁進した。特に「点呼」の際には高圧的な態度で囚人役にしばしば理不尽な要求をし，腕立て伏せなどの罰を盛んに与えるようになった。まもなく囚人役学生には極度の抑うつや無気力などの兆候が現れた。精神のバランスを崩して号泣する者や心因性の発疹に襲われる者も出てきた。彼らの著しい変化は研究チームの予想を超えるものであり，実験は6日間で打ち切られた。模擬刑務所実験は，健康な大学生がたまたま与えられた囚人や看守という「役割」に没入し，一時的な実験状況に過度にコミットすることによって，行動の自由を自ら狭めていくプロセスを描き出した。ジンバルドーらはこの実験を通して，個人のパーソナリティー特性を大きく凌駕する「状況の力」の強さを訴えたのである。

これらの研究はいずれも，特異な実験状況が作り出した社会的リアリティとそうした状況へのコミットメントが個人の倫理判断に大きな影響を与えうることを明らかにした。が，同時にこれらの研究は，実験そのものの倫理性についてもさまざまな議論をよぶことになった。今日の心理学界では，参加者に精神的苦痛を与える恐れのある実験や調査の実施には非常に慎重で，あらかじめ厳しい倫理審査が課される。したがって2つの研究の追試はもはや困難と考えられていたが，2009年にアイヒマン実験の再現を試みた研究が報告され，研究者たちを驚かせた（Burger, 2009）。そこでは参加者が押す電気ショックのレベルが150ボルトを超えた時点で実験を終了するなどの工夫が施され，45年前と同様の結果が得られた。

一方，模擬刑務所に関してはその後，看守役学生の高圧的な態度や行動は，研究者が事前に与えた教示の影響に因るところが大きいのではないかとの疑義が出された（Banuazizi & Movahedi, 1975; Haslam & Reicher, 2012）。実際，2001年にイギリスの研究者がBBCの協力を得て類似の研究を行った際，研究者の介入を極力排するよう配慮したところ，結果はジンバルドーらの知見とは異なる様相を呈した（Reicher & Haslam, 2006）。この古典的研究の再現性をめぐっては，当時の実験手続きの再検証を含め，今も議論が続いている。

側も従業員の期待を認識し，履行可能な心理的契約のあり方を十分に考慮する必要があるといえる。

多重コミットメントがもたらす葛藤と倫理的問題

現実の社会生活においては，個人は複数の組織に同時にコミットしながら，日々，それらの両立が可能か否か，いずれを優先させるべきかといった調整や対処の必要に迫られている（高木，1997）。企業の従業員にとっても，コミットすべき対象は当該の企業そのものだけでなく，従業員組合，取引先，所属部署，特定の上司等々，さまざまなレベルで多層的に存在しうる。さらには個別の企業のレベルを越えて，職能集団や業界全体等へのコミットメントが強く意識されることもあるだろう。

野城らによれば，イギリスでは大半の技術者が企業に所属すると同時に職能団体にも所属しており，多くの場合，企業よりも職能団体に強い帰属意識を有している。それに対し日本では，西欧的な意味での職能団体はほとんど成熟しておらず，技術者の多くはインハウス（社内）の技術者として所属企業に強い帰属意識をもっている。イギリスのような「職能社会」においては，職能団体における倫理綱領が個々の技術者の行動規範として強力に機能し，これに反した行動をとることは職業人としての自己を否定するほどの意味をもつという。一方，「会社社会」の色彩の強い日本では，所属企業がもつ行動規範の影響力がより強く働く。こうした実情をふまえて，野城らは，日本の企業が組織レベルでの技術倫理を体系化することの重要性を指摘した（野城ら，2005）。

組織に属する技術者は，しばしば自らがコミットする複数の組織がもつ異なった規範の狭間でジレンマに陥る。実際，このことが欠陥隠しやデータ改ざんといった組織の技術的不祥事を招いているケースも少なくない。野城らによれば，一般に技術者をとりまく行動規範には，企業・組織の行動基準，職能団体の倫理綱領等に基づく個としての技術者倫理，一市民としての倫理観や利害（たとえば自分や家族の幸せ）という３つの側面がある。この３つのベクトルが一致している限り，技術者の行動にブレが生じることはないが，現実にはこれらはときとして不一致となる。その要因として野城らは，①組織の大規模化による企業経営層からの創業者理念の喪失，②組織が寡占的地位を占めることによる企業の規範と社会の規範との乖離，③各部門に売上げ最大化・納期厳守・コスト削減など個別最適化目標が厳しく与えられていることによる規範の対立，

④長く続いた右上がり経済がもたらした失点主義による消極的態度・不作為の蔓延，などを挙げている。野城らの指摘は技術者に限らず，組織に所属するどのような個人にもあてはまる。

　社会心理学の古典的研究においても，個人が複数の異なる価値や規範の狭間で倫理的判断を誤る事例をみることができる。たとえばミルグラムによる電気ショック実験（いわゆるアイヒマン実験）では，実験参加者たちがイェール大学という名門校の研究者の「権威」に強くコミットし，これに影響された結果として，一市民としての自らの倫理観に反した非倫理的な行動をとるプロセスが確認された（Milgram, 1963）。また，ジンバルドーらによる模擬刑務所実験では，看守もしくは囚人という「役割」を与えられた参加者たちが，短期間にそれぞれの役割に過度に没入し，学生という日常的役割を忘れて倫理的な判断力を失っていくさまが報告されている（Haney et al., 1973 など）（COLUMN 16-1 参照）。

SECTION 4　組織の変革とリーダーシップ

根強いリーダーシップ
2次元モデル

　最後の節では，組織がこれまでにみたようないくつかの限界を超えて変革を図るプロセスと，そこで求められるリーダーシップ（leadership）のあり方について，これまでの研究の流れをたどりながら検討していこう。

　1940年代までのリーダーシップ研究は，優れたリーダーに備わった能力や資質，パーソナリティーに着目した「特性アプローチ」が主流だった。しかし1950年代以降，リーダーシップを発揮するうえで有効な行動に着目した「行動アプローチ」による研究が盛んに行われるようになった。表16-3のとおり，行動アプローチに基づくリーダーシップ研究の多くは，リーダーの行動を目標達成のための行動と人間関係維持のための行動という2つの次元に大別するという点で一致していた（金井，2005）。そして，望ましいリーダー行動とはこれら2つの機能をともに果たすものであると考えられた。

　たとえば，ブレイクとムートンは，横軸に生産に対する関心の程度，縦軸に人間への関心の程度を配したマネジアル・グリッド（managerial grid）を用いて管理者のリーダーシップを評価することを提唱した（Blake & Mouton, 1964）。

表16-3 ● 古典的リーダーシップ研究に一貫してみられる2次元の機能

研究例	リーダー行動の2次元	
	課題・目標達成・生産性志向	集団維持・人間関係志向
Bales, 1950 など	課題リーダー	社会情緒的リーダー
Blake & Mouton, 1964 など	生産への関心	人間への関心
Cartwright & Zander, 1960 など	目標達成	集団維持
Fleishman & Harris, 1962 など	構造づくり	配慮
Likert, 1967 など	職務中心の監督	従業員中心の監督
三隅, 1966 など	目標達成	集団維持

(出典) 金井, 2005 などを参考に作成。

また，三隅の PM 理論（PM theory）では，P 機能（Performance；目標達成機能）と M 機能（Maintenance；集団維持機能）のそれぞれをどの程度備えているかによってリーダーの行動を4タイプ（いずれも高い PM 型，P のみが高い Pm 型，M のみが高い pM 型，いずれも低い pm 型）に類型化し，各タイプのリーダーシップが組織の業績や成員のモラール（士気）に及ぼす影響を検討した（三隅, 1966）。

変化する状況に対応するためのリーダーシップ　1970 年代頃からは，組織のおかれた状況に応じて効果的なリーダーシップは異なるという考え方に基づき，変化する状況に的確に対応するためのリーダーシップを模索するコンティンジェンシー（状況即応）・アプローチ（contingency approach）が台頭してきた。

(1) フィードラーのコンティンジェンシー・モデル　その先駆けとなったフィードラーは，リーダーが組織をコントロールしやすい状況（リーダーと成員の間に良好な人間関係が築かれ，目標およびその達成の手順が明確であり，リーダーが適正な権限を有しているような状況）にあるか否かによって，課題志向型と関係志向型のリーダーシップのいずれが有効かは異なると論じた（Fiedler, 1967）。フィードラーの理論モデルは，リーダーシップ・スタイルの指標として，リーダー自身の「最も苦手とする同僚」（Least Preferred Co-worker）に対する評価がどの程度感情的なものかを表す「LPC 得点」を用いていることから，LPC モデル（LPC model）ともよばれる。

(2) パス - ゴール理論　ハウスらは，リーダーシップ・スタイルを指示型，

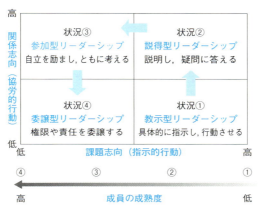

図16-2 ● SL理論における4タイプのリーダーシップ

(出典) Hersey & Blanchard, 1977 より作成。

支援型，参加型，達成志向型の4種に類型化したうえで，組織のおかれた状況や成員の特性に応じて異なるリーダーシップが必要になると論じた（House, 1971; House & Dessler, 1974）。彼らが提唱したパス‐ゴール理論（path-goal theory）によれば，リーダーに求められるのは，成員が目標（ゴール）を達成するために通るべき道筋（パス）を適切に示すことである。たとえば単純なルーティン・ワークが多い職場では，成員の感情に配慮し気遣いをみせるような支援型のリーダーシップが有効であり，逆に非定型的な業務の場合には，仕事の進め方を明確に示すような指示型のリーダーシップが有効になると考えられる。

(3) SL理論　ハーシーとブランチャードは，未熟な成員が熟達するまでの組織の発達過程，ライフサイクルに着目して，発達段階に応じたリーダーシップのあり方を示すSL（situational leadership）理論（SL theory）を提唱した（Hersey & Blanchard, 1977）。この理論では，能力と意欲に基づく成員の成熟度が時系列的に4段階に区分され，それぞれの段階で効果的なリーダーシップ（教示型→説得型→参加型→委譲型リーダーシップ）が示されている（図16-2参照）。この4タイプのリーダーシップは，ブレイクとムートンのマネジアル・グリッドに倣った課題志向（指示的行動）と関係志向（協労的行動）という2軸の高低

第 **16** 章　組織と個人のダイナミクス　367

の組み合わせによって記述される。このように，コンティンジェンシー・アプローチに属するいずれのモデルにおいても，古典的なリーダーシップ機能の2次元に対する信頼は根強く残されている。

組織変革とリーダーシップ論の新しい潮流　1980年代以降，経営環境の大きな変化と不確実性の高まりという時代の流れに呼応して組織変革の重要性が論じられるようになると，それを果たすために求められる変革型リーダーシップ（transformational leadership）に関する研究への注目が高まってきた。

(1) **マネジメントとリーダーシップ**　先駆者の1人であるコッターは，マネジメントとリーダーシップの概念を区別したうえで，組織変革を成功させるためにはリーダーシップの果たすべき役割が70～90％，マネジメントは10～30％であると述べた（Kotter, 1990）。コッターによれば，マネジメントとは「人と技術からなる複雑なシステムを円滑に動かし続けるための一連のプロセス」であり，一方リーダーシップとは「組織を創造する，もしくは大きく変化する環境に組織を適応させる一連のプロセス」である。さらにコッターは，組織変革のプロセスを①緊急課題であるという認識の徹底，②強力な推進チームの結成，③ビジョンの策定，④ビジョンの伝達，⑤ビジョンに向けた人々の行動への支援，⑥短期間で成果を挙げるための計画策定，⑦改善事項の定着とさらなる変革の推進，⑧新たなアプローチの制度化，という8段階に整理し，それぞれの局面でリーダーが人々を的確に主導することの重要性を指摘した。

(2) **ミドル・マネージャーの役割**　また，カンターは，組織変革の推進者として経営トップではなくミドル・マネージャーの役割が大きいことを指摘し，彼らが「イントラプレナー」（社内起業家）として活躍することが変革を推進する鍵であると論じた（Kanter, 1983）。カンターによれば，変革に臨むミドル・マネージャーたちは，ときとして賛否両論にさらされながらも自分なりの視点で「問題設定」を行い，社内のみならず社外まで含めた働きかけによって人的な「連合体を形成」し，そのネットワークから得られる情報や資源，サポートを積極的に「動員」するという3つのステップで変革を実行に移していく。**変革型ミドル・マネージャー**についてのさらに精緻な議論は金井（1991）によっても展開されている。

(3) **共有リーダーシップ，フォロアーシップ**　非公式なリーダーが組織内に多

く存在することの有効性について論じた研究も増えている。たとえば，企業組織の改革管理チームを対象とした研究（Pearce & Sims, 2002）では，管理者のリーダーシップとしての垂直的リーダーシップと，一般成員が発揮する影響力の平均として測定された共有リーダーシップが比較され，業績の予測因として後者がより有効であることが示唆されている。また，組織内の複数の成員にリーダーシップが分化し，相互に機能を補い合うことによって，多面的なリーダーシップが果たされる可能性も指摘されている（高口ら，2002など）。組織の変革にはリーダーシップ以上に，リーダーを支えるフォロアーシップ（followership）の貢献が重要であるとする議論もある（Kelley, 1992）。

このように，リーダーシップ研究の流れは，単独のリーダーによるトップダウン的で一方向的な影響プロセスに焦点をあてるアプローチの限界を超えて，よりインタラクティブでダイナミックなプロセスとしてのリーダーシップ構造に焦点をあてる方向へと徐々に展開しつつあるといえる。

「知識創造」による組織変革のプロセス

野中らは，組織を知識創造（knowledge creating）の母体としてとらえ，組織のイノベーションとは新たな知識の創造にほかならないと論じた（野中・竹内，1996）。

哲学者のポランニーは，「われわれは語るより多くのことを知ることができる」と述べ，個人に蓄積された言語化できない知識を暗黙知（tacit knowledge）とよんで形式知（formal knowledge）と区別した（Polanyi, 1983）。野中らはポランニーの概念を発展させ，知識の2側面について表16-4のように整理して論じた（野中・紺野，1999）。暗黙知はそのままでは他者と共有できない。個人が単身で活動している限り，知を共有する必要は生じないが，それを組織として活用していくためには，個人が培った暗黙知を言語化して形式知に変換し，共有化，システム化していくことが必要となる。その一方で，形式知として共有可能な状態となった新たな知識を個人が活用していく際には，それを自らのうちに取り込み，暗黙知として身につけることも必要となる。

野中らは，こうした暗黙知と形式知の絶え間ない相互変換プロセスを「共同化」「表出化」「連結化」「内面化」の4段階に分けてモデル化し，このプロセスこそが組織的知識創造の基本原理であると指摘するとともに，それを達成していくための相互作用の「場」の重要性についても論じた（Nonaka et al., 2000）。

表16-4 ● 暗黙知と形式知の特性

暗黙知	形式知
・言語化しえない，言語化しがたい知識 ・経験や五感から得られる直接的知識 ・現時点の知識 ・身体的な勘どころ，コツと結びついた技能 ・主観的・個人的 ・情緒的・情念的 ・アナログ知，現場の知 ・特定の人間・場所・対象に特定・限定されることが多い ・身体経験を伴う共同作業により共有，発展増殖が可能	・言語化された明示的な知識 ・暗黙知から分節される体系的知識 ・過去の知識 ・明示的な方法・手順，事物についての情報を理解するための辞書的構造 ・客観的・社会（組織）的 ・理性的・論理的 ・デジタル知，つまり了解の知 ・情報システムによる補完などにより場所の移動・転移，再利用が可能 ・言語的媒介を通じて共有，編集が可能

（出典）　野中・紺野，1999。

　野中らの理論モデルは，形式知中心に考えられてきた欧米企業流のナレッジ・マネジメントに対して暗黙知の重要性を示し，より広い概念としての知識創造の重要性を提起した。さらに野中らは，知識創造のためのマネジメント・プロセスとして有効なのは，トップダウン・マネジメントでもボトムアップ・マネジメントでもなく，「ミドル・アップダウン・マネジメント」であると論じた。トップダウンは形式知を扱うのに向いているが，知識創造をトップがコントロールすることは組織の第一線での暗黙知の創造を無視するものである。逆にボトムアップは暗黙知の処理が得意だが，自律性を重視するその性質が，暗黙知を組織全体に広めて共有することを難しくしている。「知識は，チームやタスクフォースのリーダーを務めることの多いミドル・マネージャーによって，トップと第一線社員（すなわちボトム）を巻き込むスパイラル変換プロセスをつうじて創られる」（野中・竹内，1996，189頁）。このように，知識創造の理論においても，組織変革の担い手としてのミドル・マネージャーの重要性と，彼らを核としたトップと現場社員との間の相互作用に焦点をあてることの意義が示されている。

　バーナードやサイモン，マーチらが述べたとおり，組織は静的な構造ではなく，動的な人間の「協働」行為・活動の集積としてとらえるべきものである。

本章ではこうした観点から，組織と個人のダイナミックな関わり合いに着目してきた。個人の認知能力の限界を超えて，的確な問題解決と意思決定を実践していくためには，どのような組織のあり方が望ましいのか。この重要かつ困難な問いに答えを出していくために，心理学的視点をもった組織研究のさらなる蓄積が望まれる。

BOOK GUIDE ● 文献案内

金井壽宏，1999『経営組織』日本経済新聞社
- 組織をどうとらえるか（組織観）にはいくつかの異なる視点があることをふまえたうえで，組織に所属する個人の視点から，組織における種々の人間行動を概説した入門書。

桑田耕太郎・田尾雅夫，2010『組織論』（補訂版）有斐閣
- 組織を現代社会の基本的構成単位としてとらえ，組織とそれを取り巻くマクロな社会環境との関係性に着目しながら組織論の諸問題を概説している。上記テキストとの視点の違いを読み比べるのもおすすめ。

佐藤郁哉，2002『組織と経営について知るための実践フィールドワーク入門』有斐閣
- 日本では実例の少ない企業組織を対象としたエスノグラフィーに焦点をあて，定評のある海外の研究事例を含めた重要文献を独自の切り口で数多く紹介した貴重な1冊。

Chapter 16 ● 考えてみよう　　　　　　　　　　　　　　　SEMINAR

❶ 組織事故に関するメディアの報道や公開された事故調査報告書から，事故が起きた原因や再発防止策についてどのような分析や提言がなされているか調べてみよう。

❷ 集団意思決定のプロセスが誤った方向性に陥るリスクを減らすには，どのような集団討議のあり方が有効か，考えてみよう。

❸ 経営者のインタビュー記事や回顧録を手がかりにして，優れた実践家たちのリーダーシップに対する持論をまとめてみよう。本書で学んだ研究者の理論との共通点，相違点はなんだろうか。

第17章 集合行動とマイクロ=マクロ過程

群れをなす人々

電話ボックスに22人！（1959年3月のLIFE誌に掲載されたアメリカセント・メリーズ・カレッジでのイベント）
(Photograph Copyright, Joe Munroe)

CHAPTER 17

19世紀の終わり，ル・ボンは，群集においては個々人の合理性と自己意識が失われ，代わりに「集合心」(collective mind) が支配的になっていると論じた。集合心とは「集合している人すべての感情や思考を1つにし，同じ方向に向け，意識的なパーソナリティーを消失させる」ような，危険な状態を意味していた。しかし近年では，群集とは非合理的で無秩序な存在ではなく，むしろ環境の変化に適応して能動的に意思決定を行おうとする人々であるという考え方が主流になってきた。それとともに，従来は別々に研究されてきた集団と群集を包括的にとらえ直そうとするアプローチもみられるようになってきた。

- KEYWORD
- FIGURE
- TABLE
- COLUMN
- BOOK GUIDE
- SEMINAR

SUMMARY

> **KEYWORD**
>
> 群集　パニック　スクリプト　緊急時の情報処理　構造的誘発性
> 群集密度　群集制御　状況の再定義　日常化（正常化）バイアス　流
> 言　情報のカスケード　ファッド　閾値モデル　社会的伝播　集合
> 体　資源動員論　新しい社会運動論　創発規範　社会的アイデンティ
> ティー　フーリガン　フィールドワーク

> すし詰めの歩道橋。怒声と悲鳴が交錯する中で，倒れる人が相次いだ。浴衣姿の幼い子どもが，年配の女性が。21日夜，明石市の市民夏まつりで約13万人が集まった大蔵海岸での花火大会。会場に近いJR朝霧駅付近での将棋倒しで10人が亡くなった事故は，夏休みに入ったばかりの楽しい夏の夜を一変させる惨事となった。同駅近くに開設された「臨時救護所」に運び込まれた子どもらは次々と病院へ。「何で！」「どうしてこんなことに！」。亡くなった10人の大半が子供。騒然となった駅前と各病院は，憤りと悲しみで満ちた（2001年7月22日『神戸新聞』）。

2001年7月21日の午後8時半頃。花火大会の見物を終えて駅に向かう人と，大会会場の海岸に向かう人とが入り交じって動けなくなったことから生じたこの事故は，最終的に死者11名，負傷者247名を出す惨事となった。事故の教訓をふまえて兵庫県警が翌2002年末に整備した『雑踏警備の手引き』は，「雑踏事故」を「群集心理の影響を大きく受けながら，雑踏によって発生する人身事故，物的破損事故，参集者間の紛争等をいう」(14頁) と定義づけている。さらに「群集心理」については，「単なる人の集まりであって各人の役割もないことから組織性がなく，その匿名性のゆえに理性が低下しやすく，異常な雰囲気に巻き込まれると，さらに無責任性，無批判性や暗示にかかりやすくなるため，混乱と無秩序が重なり合って不測の事故が発生し，また予測以上の『規模』に拡大する結果ともなる」(17頁) との記述がみられる。

群集心理に対するこのような理解は，ル・ボン（Le Bon, 1895）をはじめとする古典的な集合行動研究のモデルを踏襲したものである。実際，一般の人々が群集事故のニュースなどを耳にしたときにいだくイメージも，これと似通ったものであると思われる。群集事故を報道するマスメディアの記事には頻繁に「パニック」という語が登場しており，たとえば1993年から95年の『朝日新

聞』紙上にはこの語を含んだ記事が 326 回（1週間あたり約2回）も掲載されたという（釘原, 2001）。

しかし，実証研究の成果は，群集（crowd）が必ずしもこれらのイメージのように非理性的で無秩序とはいえないことを示唆している。本章ではそうした新旧の研究をとりあげながら，互いに見ず知らずの人々が多く集まった場面で生じるさまざまな心理・行動の傾向について考えていくこととしたい。

緊急時の集合行動

「パニック」をめぐる議論

パニック（panic）とはなんだろうか。スメルサーの定義によれば，それは「ヒステリー的信念に基づく集団的逃走」である（Smelser, 1963）。スメルサーのいう「ヒステリー的信念」には，不安と恐怖が含まれる。災害などの緊急事態に直面した群集の行動について，多くの人々はパニックの発生をイメージするかもしれない。そのイメージとはすなわち，「恐怖に駆られた多数の人々が理性を失い，原始的本能のおもむくままにヒステリックになって他者とぶつかり，あるいは蹴落としながら出口に向かって突進する。そのために群集の中で大混乱が発生し，押しつぶされたり，踏み倒されたりする人が多数犠牲になるというものである」（釘原, 2001, 154頁）。

しかし，これまでの社会心理学や社会学の研究から得られた知見は，必ずしもこのイメージを支持していない。たとえば池田は，1983年に発生した三宅島の雄山噴火時の人々の避難行動や，1981年に神奈川県平塚市で起きた地震警戒宣言の誤報に基づく避難騒ぎ等の事例を検証しながら，緊急時の人々の行動は単純な非理性的衝動に駆られたパニックではないと指摘した（池田, 1986）。クアランテリも同様に，災害の被害者は身近に迫った危険のために大きな恐れを感じるものの，それがただちにヒステリックな麻痺状態や暴徒化した行為を生むものではないと述べた（Quarantelli, 2001）。

これらの議論はいずれも，理性を失った群集が無秩序なパニックをもたらすという古典的な見解を否定している。むしろ，人々は緊急事態においても，限られた認知能力の中で自分が得られる限りの情報を探索し，その範囲内ででき

> **COLUMN** *17-1* 緊急時の群集行動とその制御

　緊急時の情報処理には，これまでによく学習され身についた行動，すでに獲得している**スクリプト**（script）に従った行動が出現しやすくなるという特徴がある（池田，1986）。スクリプトとは，慣習化された日常的な活動・行為の手続きについての知識を意味する。緊急事態だからこそ，日常と異なる行動ではなくむしろ普段は無意識に行っている行動が，強く前面に出てくるのである（釘原，2001）。たとえば，自分がいつも使っている出入口や階段に向かう「日常的潜在行動」，もと来た道を引き返す「逆戻り行動（いのしし口）」，慣れ親しんだ光景に戻りたいという思いから明るいほうへ向かう「走光性」，他者に同調してその後を追いかける「先導効果」などは，スクリプトに従った避難行動の例である（岡田，1993）。群集を対象とする施設の設営に際しては，こうした行動法則も十分に考慮される必要がある。

　緊急時に群集の避難を効率的に進める方法については，現場実験による検討を含め，さまざまな研究が行われている。たとえば杉万ら（1983）は，博多駅前地下街における都市防災訓練の一環として，ガス爆発事故が起きたという想定のもとに避難誘導の現場実験を行った。「避難者」役となった42名の参加者は，地下街の北側出口から南側出口の間に等間隔で配置され，買い物をしているつもりで周辺を歩きながら訓練開始に備えるよう指示された。一方，「誘導者」役は地下街店舗の従業員8名であり，うち4名は「指差し誘導法」（「出口

るだけ合理的な意思決定を行おうとしている。こうした考え方は，かつてサイモンら（Simon, 1947; March & Simon, 1958）が展開した人間の**限定合理性**論に合致するものである（第16章1節参照）。

　一方で，緊急時の情報処理や意思決定には，平時以上に大きな限界があることもたしかである。緊急事態に巻き込まれた人は理性を完全に失うわけではないが，ただ逃げることだけに思考が集中して，逃走路を選択したり逃走後の見通しを立てたりすることができなくなるという意味で，「思考の焦点が狭められる」という（Quarantelli, 1957）。また，緊急事態などでストレスが高まった人は「過剰警戒」状態となり，情報の評価が不十分になったり多くの選択肢を考慮できなくなったりするなど，情報処理に混乱が生じるともいわれる（Janis & Mann, 1977）。釘原（2011）は，航空機事故に遭遇した乗客の避難行動に関す

はあちらです」と大声で叫びながら，上半身全体を使って出口方向を指し示す方法），4名は「吸着誘導法」（自分のごく身近にいる人に「自分についてきてください」と働きかけ，ともに避難する方法）によって避難者の誘導を行うよう，あらかじめ指導を受けていた。

　実験の結果，吸着誘導法を用いた北側出口からは27名が1分5秒で避難し，指差し誘導法を用いた南側出口からは15名が1分25秒で避難した。南北の出口の中間地点に配置されていた10名の避難者は，全員が北側出口から避難したことも明らかになった。

　吸着誘導法による避難誘導プロセスには，以下の3ステップが含まれていた（杉万，1988）。第1段階では，誘導者が身近にいたごく少数（1～2名）の避難者に対し，自分についてくるよう働きかけた。第2段階では，誘導者に直接働きかけられた避難者およびそれに気づいた数名の避難者が誘導者に追随した。第3段階では，さらに周囲にいた多数の避難者が順次，誘導者を核とする小集団に追随した。ただし，この段階での追随者たちは，誘導者の直接の働きかけの影響をほとんど受けていなかった。

　つまり，吸着誘導法のもとでは，誘導者を核とする即時的小集団が形成され，この即時的小集団の波及効果によって多数の人々が迅速に誘導されたと考えられるのである。

る研究結果をふまえて，危険状況下では日常の役割（リーダーシップなど）や絆に基づく援助行動が顕在化し，理性的なふるまいが志向される一方で，「自分は理性的だが他者は非理性的だ」という知覚がなされやすく，特に密度が高い場合，そうした知覚に基づく混乱が生じやすいと指摘している。このように，**緊急時の情報処理**（information processing in emergency situations）プロセスを考えるうえでは，限定合理性に加え，認知的なバイアスや情動，さらには外界の状況がもつ圧力の影響といった人間の心理的側面にも着目する必要がある（池田，1986）。

群集事故を誘発する構造的要因

　緊急事態に直面すると，利用可能な情報処理資源や時間資源に制約が生じる（池田，1986）。そしてその後に生理的または心理的な覚醒水準が

高まり，興奮状態になりやすいこともたしかである（釘原，2001）。しかし，前項でみたとおり，限られた資源に基づいて状況の定義づけを行い，対応行動を起こしていくという意味では，人々はけっして簡単に「非理性的な群集」に変貌したりはしない。

それでも，本章の冒頭でみた明石歩道橋事故のように，人々が逃げ場を失って混乱し，将棋倒しになって大事故を引き起こす事例は複数存在する。古くは1956年の元旦，新潟県の弥彦神社において，初詣に訪れた人々と帰ろうとする人々が山門前の石段で衝突し，石段脇の玉垣が崩れて死者124名を出す大事故が起きている。壊れた玉垣から雪崩のように数百人が落ちて折り重なるまで5分とかからず，まさにあっという間の悲劇だったという。「パニック」が原因でないとすれば，こうした事故はなぜ起こるのだろうか。

実は，こうした大規模な群集事故に共通する特徴は，局所的に人が高密度となる場所で発生しているということである。この高密度状態は多くの場合，階段，橋，トンネルといった逃げ場のない閉じた空間において作り出される。群集のサイズに見合う十分なスペースがない場合，流路の形状に抵抗が多い場合（たとえば曲がり角の存在），出入口の幅に差がある場合，流路に傾きや段差がある場合，双方向の流れが分離されていない対面通行の場合，障害物が存在している場合などには，いずれも群集のスムーズな流れが損なわれやすい（木下，2002）。パニック概念の定義を示したスメルサーも，パニックが発生するのは危機からの脱出路が限定されている，ないしは閉ざされつつあるといった**構造的誘発性**（structural conductiveness）がある場合に限られると指摘している（Smelser, 1963）。

群集密度（crowd density）と歩行速度の関連を調べた一連の研究（岡田，1993）によると，歩行時の密度が1人/m²以下であれば人は自由な速度で歩くことができるが，1.2人/m²以上になると追越しが困難になり，歩行速度は急激に低下し始める。前方の通路が狭くなっていたり，階段があったりすると，密度はしばしば2人/m²を超えるが，この状態では前進を阻まれた人々が順番待ちの状態になる。密度がおよそ4人/m²以上になると群集は止まってしまう。

また，歩行者の群集密度を考える際には「プラトーン（隊列）効果」（Pushkarev & Zupan, 1975）にも留意する必要がある。これは，歩行者流の密度が一定でなく，高い箇所と低い箇所が断続的に生じる現象を指す。これは歩行者の

TABLE 表 17-1 ● 群集制御手法の例

1. ハード面の制御		
①	動線を分離する	方向や属性の異なる群集の交差や接触は避ける。
②	動線を長くする	群集のかたまりが大きくなると背後からの圧力が強まって危険なので，群集は細く長い帯状に保つ。イベント時には行列を蛇行・遠回りさせることも必要。
③	ネックを作らない	出入口・改札・階段などは歩行速度が低下するので，通路と同じ幅ではなく，幅員を広げておく。
④	階段よりスロープを用いる	特に 1，2 段の階段は見落としやすく，危険。
⑤	動線を明確に示す	係員の誘導・ロープによる区分通行・床や壁のマーク等による行列位置の明示
2. ソフト面の制御		
①	群集をつねに動かす	止まった群衆は感情的に高揚しやすい。ゆっくりと動かす。また，流れの中で停止している人や群れをなしている人は排除する。
②	豊富な情報提供	係員はもちろん，群集にもこまめに状況を伝える。言語情報のみならず，混雑状況や先の様子を示すテレビモニター等も有効。
③	時差入場・時差退出	催しが終わっても急に閉幕せず，一部の人を留めおく軽いイベントを続けることにより，群集の流出ピークを緩和する（大相撲の弓取り式・スポーツのヒーローインタビューなど）。

(出典) 岡田，1993；木下，2002 などより作成。

みならず，自動車交通にも広くみられる。プラトーン効果の存在は，望ましい群集密度は「平均値では評価できない」ということを示している。人々が集まる場所や施設の設営や警備に際しては，こうした特徴も十分に考慮する必要がある（**群集制御**〔crowd control〕の留意点や具体的な方策については表 17-1 および COLUMN 17-1 を参照）。

近年では，統計物理学的なアプローチから集合行動とその制御法を研究する**渋滞学**とよばれる分野も台頭している。これは，これまで水や気体などの分子のふるまいを説明してきた統計物理学の確率過程モデルを拡張して，「自己駆動粒子」たる人間行動の解析に応用しようとする考え方である。たとえば自動車の渋滞が生じるプロセスを考える際には，「非対称単純排除過程」というシンプルな確率過程モデルから出発し，これに「車はなるべくいまの速度を維持

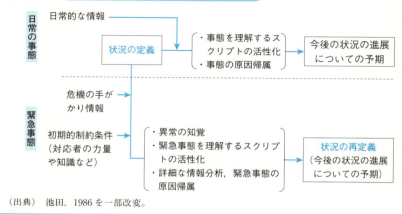

図17-1 ● 状況の（再）定義のプロセス

（出典） 池田，1986 を一部改変。

しようとする」という「慣性効果」のルールを加えるだけで，現実の渋滞発生メカニズムにかなり近いモデルが得られることが示されている（西成，2006）。

状況の再定義とその難しさ　池田は，緊急時における情報処理の重要要素の1つとして，初期段階での状況の再定義（situation redefinition）のプロセスに着目している（図17-1：池田，1986）。人は日々，環境に埋め込まれた膨大な情報の中から，認知能力の及ぶ範囲内で選択した情報に基づいて自らをとりまく「状況」を定義づけ，得られた社会的リアリティの中で生活している。緊急事態の発生によってすでに定義されていた安定的な状況にズレが見いだされると，状況の定義を更新し，再構成する必要が生じる。「まず新しい情報を手掛かりとして，『何か平常の状況とは違う』と明確に意識し，暗黙の前提たる『事態は平常だ』という状況の定義に替わって，異常を認めた状況の再定義を意識的に採用しなければならない」（池田，1986，92頁）。

しかし，人は新たな情報を目の前にしても，それ以前に自分が前提としていた状況の定義から予期しうる定型的な事象のみを期待し，その期待に基づいて新情報の解釈を行いやすい。ゆえに状況の再定義は容易ではない。たとえば1999年に神奈川県玄倉川で起きた河川増水事故では，中州にテントを張っていたキャンプ客の一行が，前夜からの再三の避難勧告にもかかわらず「警報が

鳴るのはいつものことだ」と考えて行動を起こさず、結果的に10名を超える犠牲者を出すに至った（1999年8月16〜21日『朝日新聞』）。こうした現象は日常化（正常化）バイアス（normalcy bias）とよばれ、緊急事態への迅速な対応を妨げる1つの要因となっている（Turner, 1976）。特に、1人ではなく集団で緊急事態に直面しているときには、「仲間と一緒なら大丈夫」という「幻想」が生じてリスク認知が甘くなり、状況の再定義がいっそうなされにくいことも知られている（Yamaguchi, 1998）。

情報の伝播と普及のプロセス

流言

前節で論じた「状況の再定義」を必要とするような事態が一個人にではなく多くの人々に対して同時に起こった場合、再定義のプロセスが人々の相互作用を通じて進行することがある。このような事態のもとで、状況の再定義に必要な情報が十分に得られないとき、人々はお互いのもつ限られた情報を参照し合って状況の解釈を行おうと試みる。これが、流言（rumor）を生む1つのメカニズムであると考えられる。

社会学者のシブタニは、流言を「即興的に作られるニュース」としてとらえ、それは「あいまいな状況にともに巻き込まれた人々が、自分たちの知識を寄せ集めることによって、その状況についての有意味な解釈を行おうとするコミュニケーション」であると述べている（Shibutani, 1966/廣井ら, 1985, p. 34）。シブタニによれば、流言は情報の需給ギャップを埋めるために発生し、その伝達過程で徐々に「本当らしさ」を獲得し、「創られていく」。すなわち流言とは、変化する状況を把握し、それに適応するために、伝達に関わる人々が共同して行う「集合的な状況の定義づけ」にほかならない。

かつてオルポートらは、「流言の流布量（R）は当事者にとっての問題の重要性（i）と状況のあいまいさ（a）との積に比例する（$R \sim i \times a$）」という公式を提起した（Allport & Postman, 1947, pp. 33-34）。流言の発生や流布に影響を及ぼす要因に関する研究はその後も数多く行われたが、それらの知見によれば、特に重要なのは「不安」「あいまいさ」「信用度」の3要因であるという（Rosnow,

1991)。災害発生時のような緊急事態においては人々の不安が高まるとともに，制度的チャネルからの情報が遮断され，状況のあいまいさも著しく高まっている。廣井はこうした状況下で生じる流言を特に「噴出流言」とよんで，平常時に発生する「浸透流言」と区別した（廣井，2001）。廣井によれば，噴出流言の内容には破滅の到来の予告や緊急対応の指示などが含まれることが多く，日常的なコミュニケーション・ネットワークを越えて，見知らぬ他者の間にも著しく速く伝播する。

このように，流言の発生と伝播を集合的な状況の再定義プロセスとしてとらえる考え方は，真実を歪めて伝える「伝言ゲーム」のように流言をとらえていた古典的研究（Allport & Postman, 1947）の立場とは異なっている。ただし残念ながら，流言が伝播するダイナミックなプロセスを追う研究は，方法論上の制約から実施が難しく，ほとんど行われていない。数少ない例外は，1973年に起こった豊川信用金庫に関わる流言の研究（伊藤ら，1974 など；木下，1977）であり，3名の女子高校生の他愛もないおしゃべりに端を発した同信用金庫をめぐる誤情報が，大規模なとりつけ騒ぎを招くまでの過程が明らかにされている。

情報のカスケード（雪崩現象）

あいまいな状況を定義づけようとする人々が情報を求める過程で生じる集合的現象のモデルとして，今度は情報のカスケード（information cascade）に焦点をあててみたい。カスケードとは元来，階段のように連続した小さな滝を意味する。情報のカスケードは，各々の意思決定者が，先行する他者の行動から自分の得ていない情報を推測し，自分自身のもつ情報を軽視してそれに追随した行動を選択することによって生じる集合行動の連鎖モデル（Bikhchandani et al., 1992）であり，投資マーケットの動きを説明する際にしばしば用いられる。

投資家がある企業の株を売却するか買い増しするかという2つの選択肢に直面している状況を念頭に，彼らの意思決定についてのシンプルなモデルを考えてみよう（図17-2）。個々の投資家は売りか買いのいずれをなすべきかについて独自の情報を得ているが，自分の情報と他の投資家の得た情報を総合して最終的な行動を決定する。具体的には，売りを促す情報の数が買いを促す情報の数を上回っていれば売却を決め，逆の場合には買い増しを決める。しかし実際には，他の投資家がどのような情報をもっているかはわからないので，市場に

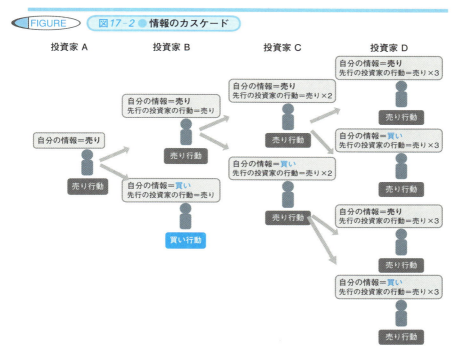

図17-2 ● 情報のカスケード

各投資家は，自分の手持ちの情報と，先行する他の投資家の行動から推測される情報とを総合して，自分の行動を決定する。先行する複数の投資家がたまたま同じ行動を続けると，手持ち情報は軽視され，全体が一方向（ここでは売り）に流れやすくなる。

おいて先行する他者の行動を観察してその投資家のもつ情報を推測する。売りを促す情報と買いを促す情報が同数の場合には自身の情報を優先するとしよう。

このとき，最初にアクションを起こす投資家Aは，参照すべき他者の情報がないので，自分の得た情報にそのまま従う。2番目の投資家Bは，先行する投資家Aの行動から推測した情報を参考にするが，それが自分の情報と一致している場合もそうでない場合も，結果的には自分の情報に従った行動を選ぶことになる。さて，3番目の投資家Cはどうか。もし先行するAとBが異なる行動をとっていた場合には，2人の得た情報が異なっていることを意味する

ため，Cは自分の情報を優先する。しかし2人の行動が同じであれば，Cはそれが自分の情報と合致していてもいなくても先行する2人と同じ行動を選ぶ。4番目以降も同様である。仮に10人の投資家がいて，うち8人が個人的には買いを促す情報を得ていたとしても，最初の2人がたまたまそろって売り行動に出れば，全員が雪崩を打って売りに走るという構図ができあがる。これが情報のカスケードであり，実際のマーケットで投資家の買いが買いをよぶ，あるいは売りが売りをよぶという現象を作り上げる1つの原理と考えられている。

このモデルは，たとえ個々の投資家が合理的な判断を行っていても，一部の投資家の限られた情報をきっかけとして，集合レベルで誤った行動の連鎖が引き起こされうることを示している。と同時にこの行動の連鎖は，なんらかの公的情報の開示がなされたり，あくまで自分の情報を重視する「自信過剰」な投資家（Barber & Odean, 2001）が現れたりすれば，たやすく消失する可能性もあるという不安定さをもはらんでいる。

カスケードの生起条件

情報のカスケード・モデルは，投資行動のみならず，加速度的に勢いを増すデモや暴動，一時的で熱狂的な流行（ファッド：fad）など，多くの集合行動のプロセスを解釈する際に用いられる。こうした大規模な行動の連鎖が起こりやすいのは，先にみたとおり，個人が手持ちの情報以上に他者の行動に注意を向けるときである。たとえそれが自分の知識や直感と矛盾するとしても，他者と同じ行動をとることが最善であることを示す情報が与えられれば，あるいは基本的状況が変化したのではないかと人々が疑えば，社会的均衡は急激に変化する。

グラノヴェッターは，暴動への参加やイノベーションの普及といった集合行動の生起メカニズムを説明する閾値モデル（threshold model）を提案した（Granovetter, 1978）。このモデルは，以下の3つの仮定によって成り立つ。①各個人は，ある選択肢を採用するかどうかについて特有の閾値をもっており，全体の採用率がこの閾値以上になった場合に，自分もその選択肢を採用する。②各個人の閾値は，集合体全体で，ある確率分布をもっている。③各個人の閾値は時間的に一定である。

たとえば，ある個人が新しい選択肢を採用するか否かの閾値が30%だとすると，その個人は自分の周囲の他者のうち30%以上がすでに採用していれば自分も採用を決め，既採用者が30%に満たなければ採用を見送る。集合体の

中には，誰も採用していなくても自ら真っ先に採用を決める先駆的な個人（閾値0%）もいれば，80%以上の人が採用してはじめて自分も採用を決めるという保守的な個人（閾値80%）もいると考えられる。ある集合体において閾値の低い人が多ければ，全体の採用率が低い段階で追随する人が多いことを意味するため，閾値の高い人が多い場合に比して，カスケードが起こりやすい。

　ただし，局所的に生じた小規模なカスケードが大域的なカスケードにまで発展するか否かは，閾値の分布状況のみならず，個々人がどの程度多くの他者とつながりをもっているか（ネットワーク上に何人の近接者がいるか）という要件が大きく関わってくる。近年，ソーシャル・ネットワーク研究（第11章参照）の進展とともに，閾値モデルを人間関係のネットワーク構造と関連づけて検討することによって，情報のカスケードの生起条件を明らかにする試みがなされている。ワッツによれば，ネットワークがどこかで断絶している場合には当然ながら情報が伝わらないため，大規模なカスケードの生起は阻害される。また逆に，ネットワークが緊密である（多数の近接者がいる）場合にも，やはり大規模なカスケードは起こりにくくなる。なぜなら，周囲にいる数多くの他者の情報を参照することによって少数の特定他者の影響力が相対的に小さくなり，偏った追随が抑制されるためである（Watts, 2003）。こうした特徴は伝染病の流行モデルにはみられないものであり（病気はつながりが増すほど広がりやすい），生物学的伝播とは異なる社会的伝播（social diffusion）の特徴を表している。

　以上のとおり，情報のカスケード・モデルは，限られた情報の中で他者の影響を受けつつ行われる個々人の意思決定の連鎖が，やがてダイナミックな集合行動に発展するプロセスを扱っている。近年の関連研究では，インターネット上のコミュニケーションにおいては短期間に大規模な集団極化現象（第16章参照）が生じやすいことが指摘され，サイバー・カスケード（cyber cascade）として注目を集めている（Sunstein, 2007）。今後もさらなる検証を通じてモデルが精緻化され，種々の集合行動への説明力を高めていくことが期待される。

SECTION 3 集団と群集の連続性

集合体の類型論

人は日々の社会生活の中で，実にさまざまな集合体（collectivity）の中に身をおいている。従来，社会心理学においては，こうした多様な集合体のうち比較的永続的な組織体に該当するものを「集団」，一時的で明確な組織をもたない集合体を「群集」とよび，前者における人々の「集団行動」と後者における「集合行動」とを区別して，それぞれ別の領域で扱ってきた。しかし本来，集団と群集は明確に区別できるものではなく，両者の中間に位置するようなあいまいな集合体も多数存在している。

社会学者マートンは，集合体の中に，集団とよぶべきものと，集団ではないがその「準備状態」にあるものとが存在していると指摘した（Merton, 1957）。彼によれば，集合体とは，共通の価値を共有することによって一種の連帯感をいだき，期待される役割を担うための道徳的義務感を身につけた，集団を構成する準備状態にある人々のことである。また，集団とは確立されたパターンに従って相互作用する人々であり，加えて自分自身をこうした集団の成員として規定し，他者からもその集団に所属していると規定される，多数の人々のことである。こうした区別のうえに立って，マートンは「すべての集団はもちろん集合体であるが，成員間の相互作用の基準を欠く集合体は集団ではない」と述べている（Merton, 1957／森ら，1961, 273 頁）。

また，ブラウン，R. W. は，人々の集まりを，大きさ・集会性・成極性・同一視の4次元によって分類した（Brown, 1954）。このうち集会性とは人々の物理的接近の程度を意味し，成極性とは特定の対象に対して興味や関心が集中している状態を，また同一視とは個人がその集合体に自己を重ね合わせる程度を意味する。ブラウンはこの次元に従って，バス停の乗客や通勤の人混み，映画の観客，とりつけ騒ぎ，さらには20代の有権者に至るさまざまな人々の集まりを分類した。たとえば「クラブ集団」は，部屋に入る程度の大きさ・定期的な集会性・定期の成極性・永続的な同一視を有する集合体として分類される。これに対して「群集」とは，一時的，不定期な地盤のうえに集会し，成極化さ

れた集合体で,ふつう,一時的な同一視しか含まれないとされる。

このように,集合体の形態は本来多様であり,さまざまなレベルで存在すると考えられるが,前述のとおり,社会心理学における集団についての理論と群集についての理論の多くは,長年にわたって大きな接点をもたなかった。とはいえ,社会学的な研究領域を含めれば,両者の連続性を示唆する研究がこれまでになかったわけではない。集団行動と集合行動の接点を視野に入れたいくつかの代表的なアプローチについて,以下に概観する。

資源動員論による社会運動の分析

資源動員論(resource mobilization theory)は,1960年代のアメリカで起きた公民権運動や反戦運動,学生運動を分析する中で台頭し,70年代以降に発展を遂げた社会運動の説明理論である(McCarthy & Zald, 1977; Tilly, 1978)。それ以前の集合行動論は社会運動の発生原因をもっぱら人々の不平や不満に求め,パニックに対する古典的理解と同様,その非合理性や非日常性,暴力性を強調してきた。資源動員論のアプローチは,こうした前提を否定して,社会運動を日常的・制度的な組織活動と結びつけてとらえ,両者の連続性を強調する考え方である。

資源動員論では,社会運動の形成や発展,衰退を,目標達成のためのプロセスとしてとらえ,参加者の合理的な戦略に焦点をあてる。社会運動には他者の利害と衝突する集合的な要求が含まれており,標的となる権威等に対して要求を打ち出していく持続的・組織的な活動としての側面がある(Tilly, 2004)。その意味で,社会運動への参加は単なる不公平感の爆発ではなく,より積極的に「有効な」社会運動を組織化し利用するという,人々の戦略的な行為として理解される。参加者たちは,当該の運動によって得られる集合的な利益(獲得される集合財)と不利益(コストとして消費される資源)とを比較し,不利益が利益を上回らない限りにおいて,必要な人的・物的資源,情報,関係財等の社会的資源を選択的に投入しながら運動に関わっていく。

特に重要な運動資源として注目されるのが,既存の集団や人間関係の「ネットワーク」と,マスメディアや専門家を含む当事者以外の「良心的支持者」の存在である。たとえば,1955年にアラバマ州モンゴメリーで始まったバス・ボイコット運動は,やがて全米を揺るがす大規模な公民権運動へと発展したが,その際,運動組織の母体となったのは既存の黒人教会であり,動員可能な成員

の潜在的プールとしても，また，コミュニケーションの基点としても，大きな役割を果たした。さらに，直接的な受益者ではない白人が多数参加したことも，運動成果の拡大に大きく寄与した。資源動員論では，こうした利用可能な資源が獲得されてはじめて，社会運動の進展が果たされると考えられている。

その後，ヨーロッパにおいても，環境運動や女性解放運動などを説明するための理論枠組みとして新しい社会運動論（new social movements）が提起された（Touraine, 1978）。そこでは資源動員論に欠けている視点として集合的アイデンティティーや新しい価値，文化的側面が考慮された。1990年代以降の社会運動研究は，資源動員論と新しい社会運動論のアプローチを統合する方向へと進展しつつある。

群集における規範の創発

ターナー，R. H. とキリアンは，群集内の個人の行動が同質性を帯びるのは個々人がその群集内に生起した新しい規範に同調するためであるとして，集合行動の背景にある創発規範（emergent norm）について論じた（Turner & Killian, 1987）。前述のとおり，ル・ボン（Le Bon, 1985）以来の古典的な群集理論では，群集内の個々人は匿名性のゆえに理性を失いやすく，暗示にかかりやすいために，無秩序な集合行動を起こしやすいと考えられていた。これに対して，群集にも集団同様に規範が生まれ，人々はそれに従って行動するというターナーらの考え方は，集合行動の異常性，隠れた力の存在などの仮定をいっさいおかず，集団行動の延長上に集合行動をとらえるものであり，「（集合行動と）他の集団行動との間の連続性を強調することによって，伝統的な群集理論を打破した」と評されている（Hogg & Abrams, 1988）。

創発規範の生起には，先にみた「状況の再定義」が関わっている。平時の日常世界では，規範や役割関係が他者との関係を規定し，社会秩序を構成していると考えられる。しかし，たとえば突然の災害など，いままで自明とみなしていた社会秩序に疑義が呈されるような事態が生じると，これまでに用いられてきた規範が通用しなくなるために，人は自分のおかれた状況を再定義し，何が適切な行動かを再度見極める必要に迫られる。やがて，あいまいだった状況について，人々の間で共通理解が進み，特定の行動が当該の状況において妥当なものとして多くの人々に認識されるようになる。さらに，今度はこの共通理解が新たな規範として働き，人々の行動を制約するようになる。新しい規範はこ

FIGURE 図17-3 ● 横断歩道における群集流——帯化指標と歩行者数の推移

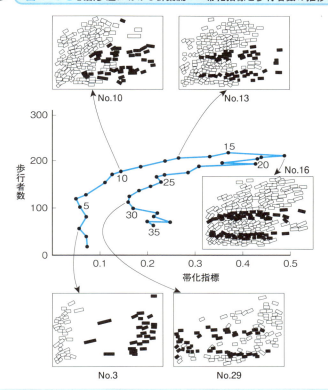

帯化指標が0.3以上の場合，視察でも帯状構造が明確に確認できる。逆に0.1以下の場合，帯状構造は確認できない。

（出典） Yamori, 1998.

のようにして創られていくのである（田中，2003）。

創発規範アプローチの観点に立って集合行動を分析した具体例の1つに，矢守らの一連の研究（Yamori, 1998 など）が挙げられる。彼らは横断歩道における群集流の「巨視的行動パターン」に着目した。観察対象となったのは JR 大阪駅前にある大規模な横断歩道（長さ 27 m，幅 16 m）で，朝のピーク時には1回の横断で約 300 人が横断する。この研究では，横断歩道脇のビル上にカメラを

設置し，横断の様子を自動シャッターで2秒ごとに撮影した。1回の横断（70秒間）で撮影された写真は35枚だった。その後，200回の観察事例のすべてについて，1人ひとりの歩行者の動きを写真1枚ごとにコンピューター上にプロットする作業を行った（横断1事例につき各歩行者の動きが35地点にわたってプロットされた）。そのうえで，矢守らは，1回の横断で歩行者の流れがどの程度の帯状構造を呈したかを表す指標（帯化指標）を考案した。

図17-3は，ある横断1回分の観察事例について，帯化指標と歩行者数の推移をグラフ化したものである。折れ線上に付された数字は写真が撮影された2秒ごとの時点に対応しており，このケースでは横断開始から30秒経過時点（図中のNo.15の地点）で歩行者数がピークになるとともに，明確な帯状構造が形成されたことがわかる。枠で囲まれた5つの図は，それぞれの時点での歩行者の歩行状況を図示したものである。白と黒の矩形は1人の歩行者が2秒間に歩いた空間を表しており，白い矩形は左から右に，黒い矩形は右から左に向かって歩く歩行者である。矢守らの一連の研究は，群集が示す画一的行動を，群集を構成する人々が作り出す「暗黙の規範」としてとらえ，その生起から定着，変容，そして消滅までのプロセスをシステマティックに記述する試みとして意義深いものといえる。

社会的アイデンティティーに基づく集合行動

「群集は集団の初歩の形と考えることができる」(Brown, 1988, p.18) との言葉のとおり，社会的アイデンティティー（social identity）理論（第9章参照）を提唱する研究者たちも，集団と群集の連続性を指摘している。ただし彼らの理論は，創発規範アプローチとは異なり，よりマイクロな個人の心理に焦点をあてるものである。

ホッグらは「群集の行動の同質性は，成員が『共通した』社会的アイデンティティーに基づいて行動した結果である」と指摘し，集団行動と集合行動を同一のメカニズムによって説明しようとした。彼らは，それぞれの個人的アイデンティティーに代えて群集成員としての社会的アイデンティティーが顕現化することによって，群集全体としての統制がなされると考えた。そして，群集への埋没を単なる個人的アイデンティティーの喪失と同一視することは，社会的なレベルでの自己統制を考慮していないとして，古典的な没個性化理論を批判した (Hogg & Abrams, 1988)。

COLUMN 17-2 フィールドワーク

　フィールドワークという研究方法論のあり方は，その理論的視座である「解釈的アプローチ」と深く関わっている。解釈的アプローチは，主体と文脈は相互に依存し合う，すなわち「主体は，他者とともに特定の文化的文脈の中で，意味を共同で構築する」（箕浦，1999，12頁）という考え方に立っている。したがって，研究上の分析単位は個人ではなく「文脈とその中の個人」である。

　社会心理学におけるフィールドワークは，「持続性と関与性」「柔軟性と自己修正性」「微視性と全体性」という3つの特性をもつ（箕浦，1999，15頁）。「持続性と関与性」とは，日常生活が行われている場に研究者自らが参与し，継続的に観察を行うことを意味する。「柔軟性と自己修正性」とは，観察を進めながら随時，研究の枠組みや焦点を見直し，進路修正を行っていくことをいう。「微視性と全体性」とは，共同体における制度や慣習，規範といったマクロなレベルの事象と，そこで展開される個々人の行動や語りなどのマイクロなレベルの事象との双方に目を向けることである。個人の微視的な行為への関心は，マクロな社会のあり方に主眼をおく文化人類学等とは異なる心理学ならではの特質である。と同時に，観察されたマイクロな行為から「意味」を引き出すためには，行為をとりまくマクロな社会・文化的文脈にも広く目を配ることが必要となる。

　フィールドワークの基本は**参与観察**である。フィールドへの参与を果たした研究者は，フィールドの全体像を把握するための「全体観察」期間を経て，「リサーチ・クエスチョン」を絞り込みながら徐々に「焦点観察」へと移っていく。フィールドにおいて「ものが見えてくる」ためにはリサーチ・クエスチョンが不可欠であり，よい問いを立てることとよい研究を行うこととは表裏一体の関係にある。なお，焦点観察を行う際には，観察のユニットを明確に設定し，観察すべき事象のサンプリングに関して「観察者バイアス」が生じないように留意する必要がある。

　また，フィールドワークにおいては，データの収集と分析が循環しながら同時に進行する。分析の道具となる理論枠組みを見いだし，それを用いてフィールドノーツを分析することによって，次に収集すべきデータが何であるかを見極めることができる。いったん選定した理論枠組みが目の前のデータを解釈するうえで不十分な場合には，別の枠組みを選び直す作業が必要になることもある。フィールドで生起する事象の意味を適切な理論枠組みを用いて読み解き，自らの「問い」に対して「答え」を得ることが，仮説生成型研究としてのフィールドワークの1つの目標である。

たとえば，1980年春にイギリスで起きたセント・ポール暴動に関するフィールド研究（Reicher, 1984：2004）では，以下の3つの知見が呈示され，社会的アイデンティティー理論の観点から論じられた。

　第1に，群集の行動には明確な境界線が存在していた。暴動の前半では警察のみが彼らの攻撃対象であり，後半になっても攻撃や略奪が及んだのは金融機関や外国人経営の店だけであった。また，彼らの行動には地理的な境界もあり，セント・ポール地区の境界を越えて警官を追うことはけっしてなかった。

　第2に，暴動に参加した人々は地区住民としての自らのアイデンティティーを強調し，他者について述べる際もセント・ポールの住民か否か，セント・ポールと敵対するカテゴリーの成員か否か，といった視点を用いていた。彼らは外集団である警察に対しては匿名であったかもしれないが，仲間である内集団の成員に対しては明らかに匿名ではなかった。

　第3に，彼らの自己定義と集合行動の間には明らかな一致があった。セント・ポールの人々のアイデンティティーは，警察や金融機関に虐げられたことや豊かな社会の中で貧しい生活を送ったことなどによって定義されていた。そして実際の暴動においても，攻撃対象となったのは圧倒的に警察や富を象徴する施設だった。

　同様に，暴徒化したサッカー・ファンであるフーリガン（hooligan）に関する社会学的な論考（Bodin, 2003）においても，フランスにおけるフーリガン現象が，貧困層の不平や不満が爆発したものとしてではなく，ふつうの若者たちによる青年期特有のアイデンティティー獲得欲求の表れとしてとらえられた。こうした知見にみられるとおり，社会的アイデンティティー理論では，「群集が共通のアイデンティティーを顕現化させていたことが彼らを一連の行動に駆り立てた」という視点から，集合行動を理解しているのである。

集団と集合状態のあいまいな境界

　現実社会には，厳格な組織を有する「集団」から，単なる個人の「集合状態」まで，さまざまなレベルの集合体が存在する。村本は，東京都内のある公園において早朝ラジオ体操に集まる人々を対象としてフィールドワーク（fieldwork：COLUMN 17-2参照）を行い，人々が集団と集合状態の中間に位置するようなあいまいな特質をもつ集合体であることを見いだした（村本，1996）。

| TABLE | 表17-2 公園におけるあいまいな集合体の特質 |

集団としての特質	集合状態としての特質
・目標をもった組織体である ・成員間に地位と役割の相互関係がある ・成員が共有する規範が存在する ・サブグループごとの規範も存在する	・所属（成員か否か）が不明確 ・逸脱成員も罰せられない ・部外者も排斥されない ・10分間だけ結成され，後を引かずに解散する

（出典）　村本，1996 より作成。

　毎朝6時30分からの10分間，この公園では20～30名の人々が集まって一緒に体操をする。その活動は，悪天候の日を除けば1日の休みもなく，10年以上続いている。しかし，誰がそれを始めたかはわからない。また，いかなる公式なアナウンスや勧誘があったわけでもない。それは，いつの間にか自然に作られた集合体であった。参与観察とインタビューを通じて，人々の行動・相互作用・共有された規範などの特質を抽出した結果，この公園の集合体は，従来の社会心理学において定義されてきた「集団」の概念に合致する特質と，それとはまったく相反する特質とを併せもっていることが明らかとなった（表17-2）。すなわち，この集合体は，明確な組織をもつ「集団」ともいいきれず，かといって大勢の人がたまたま居合わせただけというような単なる「集合状態」とも違う，中間的な存在であった。

　こうしたあいまいな集合体においては，そこに属する人々の社会的アイデンティティーのあり方もまた，あいまいであった。たとえば，「リーダー」として毎日そこに通い，ラジオをつけたり号令をかけたりといった役割を担うことに意味を見いだしている人もいれば，単に自分個人の健康維持だけを目的としていて，周囲の人とは積極的な相互作用をいっさい行わない人もいた。

　規則の厳しい集団ならば，このような人それぞれの参加の仕方は許されない。たとえば体育会系運動部では，与えられた役割を果たさず，気が向いたときだけふらっと現れるようなメンバーは，排斥されてしまうかもしれない。会社となればなおのことである。しかし，この公園の事例では，集合体があいまいな存在であるからこそ，多様なメンバーを受け入れる寛容さをもっているのであり，また，多様なメンバーが集まっているからこそ，集合体はあいまいな存在

であり続けるともいえる。ここには，集合体とそこに属するメンバーとが，お互いを形作り，影響し合うという，相互構成的な関係をみることができる。

●●●

かつては別々の領域として扱われてきた集団行動と集合行動を結びつけ，包括的にとらえ直そうとする試みは，社会学や経済学，さらには工学や物理学等々の学際的な研究領域からも新たなパースペクティブを得て，徐々に盛んになりつつある。現実社会に存在する多様な集合体に目を向け，集合体とそこに身をおく個人とのダイナミックな関係性を体系的に整理することが，今後のこの分野の研究課題といえるだろう。

BOOK GUIDE ● 文献案内

釘原直樹，2011『グループ・ダイナミックス――集団と群集の心理学』有斐閣
- 従来の社会心理学テキストでは大きく扱われることが少なかった集合行動の諸問題を，社会学や建築学など関連領域の知見も含めて存分に論じている。著者自身が手掛けた多彩な集団・群集実験の紹介も魅力の1つ。

関谷直也，2011『風評被害――そのメカニズムを考える』光文社新書
- 流言がいかにして形成され伝播していくかを，豊富な実例とともに分析する。東日本大震災の事例も紹介されている。

箕浦康子編，1999『フィールドワークの技法と実際――マイクロ・エスノグラフィー入門』ミネルヴァ書房
- 心理学・社会学・経営学・教育学などの社会科学諸領域における研究方法論としてのフィールドワークを学ぶうえで最適の入門書。2009年には続編『フィールドワークの技法と実際Ⅱ――分析・解釈編』も刊行されている。

Chapter 17 ● 考えてみよう　　　　SEMINAR

❶ 大勢の人々が集まる施設やイベントで，群集制御のためにどのような安全対策がとられているか，（表17-1を参考にしながら）実際に観察してみよう。

❷ 自分の身近なところで情報のカスケードにあてはまる現象が起きていないか，考えてみよう。たとえば，「みんながそうするなら，私も」と考えて何かを決めた経験はないだろうか。そのとき「みんな」がどういう考えかを実際にどこまで個別に確かめただろうか。

❸ 交通量の多い横断歩道，ラッシュ時の駅の雑踏，混み合う待ち合わせスポットなどの公共の場所で，ひとときのフィールドワークを実践してみよう。見知らぬ人々が行き交う光景の中に，なんらかの傾向や法則性が見いだせないだろうか。

第18章 心の文化差

異文化間比較の視点

オリンピック——多様な文化に生きる人々が一堂に会する
（1964年東京オリンピック公式ポスター）

- KEYWORD
- FIGURE
- TABLE
- COLUMN
- BOOK GUIDE
- SEMINAR

CHAPTER 18

SUMMARY

かつて，社会心理学の主要な理論の多くは欧米人を対象とした研究の成果に基づいて構築され，またその理論を打ち立てた研究者の大半も欧米人だった。しかしその後，人間一般に広くあてはまるとされた心理的現象が，必ずしも欧米以外の諸国では見いだされないという指摘がなされるようになった。いまや，異なる文化の人々の心理・行動傾向にどのような差異があるかを探ることは社会心理学の大きなテーマの1つとなっている。本章では，主としてアメリカを中心とするアングロサクソン社会の人々と東アジア社会の人々を比較した研究の成果を紹介しながら，近年の研究者たちがどのような考え方で「心の文化差」の問題にアプローチしてきたかを概観する。

> **KEYWORD**
>
> （文化的）価値　権力格差　個人主義・集団主義　男性らしさ・女性らしさ　不確実性の回避　長期志向・短期志向　放縦・抑制　脱物質主義　社会的公理　状況サンプリング　包括的思考　分析的思考　相互独立的自己観　相互協調的自己観　文化神経科学　社会的ジレンマ　比較社会実験　比較文化実験　自己高揚　信頼　安心　社会的不確実性

　異なる文化に生きる人は，異なったものの見方，考え方をしているのではないか……。仕事や留学などで欧米社会での生活を経験した人なら誰しも，こうした思いをいだいたことがあるのではないだろうか。

　たとえば，アメリカの学校では，授業中に進んで自らの意見を述べることが非常に重要で，発言の少ない生徒（学生）は授業内容を理解できていないとみなされてしまう。さらに，留学後間もない日本人の生徒が思いきって発言しようとしても，アメリカの生徒たちの発言のタイミングはあまりに速く，前の誰かの発言が終わるか終わらないかのうちに，もう次の誰かが言葉を発している。日本人生徒はしばしばその勢いに圧倒され，単なる「言葉の壁」のみならず，周囲への気の遣い方や間のとり方の違いという「もう1つの壁」にも突き当たることになる。異文化にふれることによって感じるこうした小さな違和感は，日常生活のさまざまな場面で見いだされ，枚挙にいとまがない。

　人は，知らず知らずのうちに，自らが身をおく社会の慣習をあたりまえで唯一の「常識」として認識し，別の社会には自分たちと異なったものの見方，考え方があることを忘れてしまう。しかし，私たちが生きるこの世界には多様な文化をもつ社会があり，人々の考え方もさまざまに異なっている。人や情報が国境を越えて行き交う現代において，そうした「文化差」に思いを馳せることはきわめて重要な意味をもっている。

　こうした観点から，社会心理学においても，文化差に焦点をあてた研究が数多く行われている。文化差が見いだされるトピックスは非常に多岐にわたっており，限られた紙面ですべてを網羅することはかなわないので，本章では文化差が生じる理由やメカニズムを考えるうえでのパースペクティブを4つに分類し，それぞれの基本的な考え方といくつかの具体的研究例を紹介していきたい。

価値や信念の違いに表れた文化

文化的価値の諸次元

創成期の比較文化心理学研究の多くは，文化の多義性・複雑性をふまえたうえで，特定の文化の成員が特定の社会行動をとる原因を探るため，いくつかの価値（value）の次元を抽出して文化を因数分解するという方向で進められた。この立場の研究者たちは，地図上で緯度と経度によって国や都市の場所を同定するのと同様に，文化的価値の次元上の特定の位置に国や地域を布置させて，さまざまな国を比較対照することを試みたのである。

古典的研究として知られるのがホフステッドによる国際調査である（Hofstede, 1991など）。彼は，50を超える国や地域で働くIBM社員を対象として，32項目からなる仕事観の調査を行った。彼を中心とする研究チームはその後も大学生や社会人への調査を重ね，6つの文化的価値の次元を提起している（表18-1）。

第1の次元は権力格差（power distance）で，それぞれの国の制度や組織において，権力の弱い成員が，権力が不平等に分布している状況を受け入れている程度を示す。権力格差の大きな組織では，権力が少数の人々に集中し，ピラミッド型の階層構造が形成される。一方，権力格差の小さい組織では，部下に対する上司の役割は一時の取り決めにすぎず，将来は両者の関係が入れ替わる可能性もある。組織は分権化されていて，よりフラットな構造をもつ。

第2の次元は個人主義・集団主義（individualism/collectivism）である。個人主義とは，個人的な選択や達成を重視し（Hofstede, 1991），個人の目標を集団の目標よりも優先する傾向を意味する（Triandis, 1995）。逆に集団主義は，集団の調和の維持を重視し，集団の目標を個人の目標より優先させる傾向を指す（Yamaguchi et al., 1994）。

第3の次元は男性らしさ・女性らしさ（masculinity/femininity）である。「男性は外で仕事をし，競争を望み，たくましい」「女性は家事や育児や人間関係全般に関心をもち，やさしい」といった性役割観が強調されている程度を意味する。男性らしさの強い文化では，社会生活における男女の性役割が明確に区別

表 18-1 ● ホフステッドの文化的価値の各因子における得点上位 5 カ国

① 権力格差（日本は 65 カ国/地域のうち，格差小から数えて 23 番目）
格差大：マレーシア，スロヴァキア，フィリピン，ロシア，ルーマニア
格差小：オーストリア，デンマーク，ニュージーランド，アイルランド，スウェーデン，ノルウェー

② 個人主義・集団主義（日本は 65 カ国/地域のうち，個人主義的から数えて 30 番目）
個人主義的：アメリカ，オーストラリア，イギリス，カナダ・ハンガリー・オランダ（同点）
集団主義的：ヴェネズエラ，コロンビア，パキスタン，インドネシア，ペルー，トリニダード・トバゴ

③ 男性らしさ・女性らしさ（日本は 65 カ国/地域のうち，男性的から数えて 2 番目）
男性的：スロヴァキア，日本，ハンガリー，オーストリア，ヴェネズエラ
女性的：スウェーデン，ノルウェー，オランダ，ラトヴィア，オランダ，デンマーク

④ 不確実性の回避（日本は 65 カ国/地域のうち，回避志向強から数えて 10 番目）
回避志向強：ギリシャ，ポルトガル，ウルグアイ，マルタ，ロシア
回避志向弱：シンガポール，デンマーク，スウェーデン，香港，ヴェトナム，中国

⑤ 長期的志向・短期的志向（日本は 65 カ国中，長期的から数えて 3 番目）
長期的：韓国，台湾，日本，中国，ドイツ
短期的：アフリカ西部，コロンビア，トリニダード・トバゴ，イラン，モロッコ

⑥ 放縦・抑制（日本は 65 か国中，抑制的から数えて 28 番目）
放縦：ヴェネズエラ，メキシコ，エルサルヴァドル，コロンビア，トリニダード・トバゴ
抑制：パキスタン，ラトヴィア，リトアニア，ブルガリア，エストニア

5 位以内に 2 カ国が並んでいる場合は 6 カ国記載。

（出典）ホフステッドのウェブサイトにおける公開データ（2015 年 12 月 8 日付）に基づき作成
（https://geerthofstede.com/research-and-vsm/dimension-data-matrix/）。

されているのに対して，女性らしさの強い文化では，それらの役割は重なり合っており，同一職業の中での男性と女性の役割の違いがあまり存在しないという特徴をもつ。

第 4 の次元は**不確実性の回避**（uncertainty avoidance）であり，ある文化の成員が不確実な状況や未知の状況に対して脅威を感じる程度を示す。不確実性回避の程度が高い文化では，従業員は長期雇用，キャリア・パターン，退職金，

健康保険などを重視する。また，成文化された規則や慣習的な規則を定めて事象の予測可能性を高めたいとする欲求が強い。他方，不確実性回避の程度が低い文化では，人々は感情よりも合理性を重視する傾向がある。組織間のコンフリクトは当然と考えられ，変化への抵抗感が少ない。また，リスクへの対応もより柔軟に行われる。

　第5の次元はボンドとの共同研究による後年の国際比較調査で抽出された長期志向・短期志向（long-term/short-term orientation）である（Hofstede & Bond, 1988）。この調査は欧米の研究者自身がもつ文化的バイアスの排除を意図して計画された。長期志向の文化では，忍耐と持続，地位に応じた序列関係の遵守，倹約，恥の感覚といった価値が重視される。他方，短期志向の文化では，安定性，面子の維持，伝統の尊重，あいさつや好意や贈り物のやりとり等が重視される。このように，長期志向・短期志向の次元には儒教的な価値が色濃く反映されている。

　第6の次元は放縦・抑制（indulgence/restraint）で，共同研究者であるミンコフの研究をふまえて追加された（Hofstede et al., 2010）。人生の楽しみ方，欲求への向き合い方を特徴づける次元であり，欲望充足的な生き方を是とするか，規律を守り自己の欲望を抑制する生き方を是とするかを表す。

　文化的価値の諸次元を抽出し，世界の国々の文化の様相を特徴づけようとする試みは，そのほかにもさまざまな研究者たちによって展開されている。たとえばシュワルツ，S. H. は国際的な価値観調査によって，56項目からなる文化的価値を個人レベルの10次元と文化レベルの7次元に分類した（Schwartz, 1992など）。イングルハートらは，60を超える国と地域に対する継続的な価値観調査の蓄積をふまえ，物質主義（materialism）から脱物質主義（post-materialism）への価値観の変遷について論じた（Inglehart & Baker, 2000）。また，価値に代えて，人々が有する信念としての社会的公理（social axiom）の文化差に焦点をあてた研究（Leung & Bond, 2004）も行われている（なお，心理尺度を用いた文化比較研究の方法論上の限界については COLUMN 18-1 参照）。

「個人主義・集団主義」をめぐる諸議論

　こうした文化的価値や信念の諸次元の中でも，個人主義・集団主義の概念は特に多くの学問分野の研究者に好んで用いられた。かつて戦後日本に高度成長をもたらした企業経営の特徴として世界中から注目された「日本

> **COLUMN** *18-1* 「文化を比較する」ことの難しさ

　文化神経科学（本章2節参照）の進展に伴い，脳波や脳機能イメージング等，不随意的・潜在的な生理反応の指揮を用いた比較文化の手法が目覚ましい進展を遂げているが，自己報告式の心理尺度を用いて価値観や信念を測定する方法も引き続き重用されている。特に国際的な社会調査などを実施する際には，心理尺度は不可欠かつ有効な文化比較の道具である。たとえば，アジア約 20 カ国を対象とした大規模な調査プロジェクト「アジアン・バロメーター」では，伝統的家族観や性役割観，民主主義に対する信念，日常の政治的関心などが測定され，成果を上げている（Chu et al., 2008 など）。

　一方で，心理尺度による文化比較にはいくつかの限界もある。第1に，それぞれの文化において「社会的に望ましい」回答が意図的に選択される可能性が排除できない。たとえば自尊心尺度の場合，優れた自分を積極的にアピールすることを是とする文化と「能ある鷹は爪を隠す」ことが望ましいとされる文化とでは，回答の傾向は少なからず異なってくる。第2に，アメリカ人は尺度の両極（5段階尺度の場合には1や5）に好んで丸をつけ，日本人は中庸（3周辺）を選びやすいことが知られている。こうした回答バイアスの存在ゆえに，たとえ異文化間で同じ数値が得られても，それが同じ傾向の表れといえるか否かの判断は，慎重に行われなければならない。第3に，心理尺度の項目の内容には，それを開発した特定の文化の慣習や暗黙知が反映されており，同じ文章が別の文化では異なる意味をもつこともある。このため，たとえ細心の注意をはらって尺度項目を翻訳しても，完成した各国語の尺度が文化を越えて等価で

的経営」をめぐる議論はその一例である。終身雇用，年功制，企業別組合に代表される特徴的な経営システムをはじめ，集団的意思決定，集団責任，稟議制，小集団活動，提案制度といった種々の経営慣行は，いずれも集団主義という日本文化の特質を背景としたものであるとして，しばしば欧米流の個人主義的経営と対比的に論じられた。

　国のレベルのみならず，1カ国内の個人主義・集団主義のバリエーションを探究した研究もある。たとえば，アメリカ合衆国 50 州の間の地域差に着目した研究によれば，アメリカ国内での集団主義的傾向はディープサウス（南部の保守地域）において最も根強く，個人主義はグレートプレインズ（ロッキー山脈

あるとは限らない。

　こうした問題点に鑑み，心理尺度に拠らない多彩な測定法や実験パラダイムが開発され，用いられている。たとえば山口らは，**潜在的連合テスト**（IAT：COLUMN 6-1 参照）を用いて無意識的なレベルで自尊心をとらえることを試みた（Yamaguchi et al., 2007）。山口らによると，自己報告式の自尊心尺度を用いた場合，日本や中国の大学生の自尊心はアメリカ人より低い値を示すが，潜在的な反応としてのIATの結果には文化差はみられず，日本人や中国人もアメリカ人と同程度にポジティブな自己イメージをもっていることが明らかになったという。

　また，北山らは状況サンプリング（situation sampling）という方法を用いて，日米の大学生に「成功場面で自尊心が高まる状況」と「失敗場面で自尊心が低下する状況」を数多く挙げてもらい，それぞれの状況に表れた文化的特質を分析した。同時に，収集した状況のプールからランダムに選定した状況を別の参加者に呈示し，それぞれの状況が自尊心にどう影響するかを推測してもらった（Kitayama et al., 1997）。その結果，アメリカ人参加者は，失敗状況での自尊心低下よりも成功状況での自尊心の高まりをより大きく見積もり，日本人参加者の場合はその逆という結果が得られたが，こうした傾向は参加者が自文化で収集された状況に反応している場合により顕著だった。北山らの手法は，文化差の背後に個人の心理的プロセスと社会・集合的プロセスの両者の介在を想定している点で，興味深いものである。

東側の大平原地域）周辺で最も顕著だった（Vandello & Cohen, 1999）。個人主義的な地域には，独居者の比率が高い，離婚率が高い，信仰をもたない人の比率が高い，過去4年間の選挙で共和党に投票した人の比率が高い等の特徴がみられるという。一方，集団主義的な地域の特徴としては，孫と同居している世帯の比率が高い，通勤時のカープール（相乗り）利用率が高い，自営業者の比率が高い等が挙げられている。

　一方，トリアンディスは，国や文化のレベルとしてではなく，個人レベルでの個人主義的傾向・集団主義的傾向について論じた（Triandis, 1995; Triandis et al., 1985）。トリアンディスによれば，人は誰しもこの2つの傾向をともに心の

内にもっているが，どの文化に生きているかによって，どちらの側面に関わる事態をより多く経験するかが異なるという。個人主義的傾向，集団主義的傾向を個人差としてとらえる考え方は，多くの比較文化研究に適用され，これらの個人差を測定するための尺度も，複数開発された（Hui, 1988; Triandis et al., 1985; Yamaguchi et al., 1994）。

　個人主義・集団主義の次元が，特に初期の比較文化研究において，多くの成果を生んだことは間違いがない。状況独立的—状況依存的，自立志向—協調志向，個人重視—内集団重視，といった欧米とアジアにおける多様な文化差はいずれも，個人主義文化あるいは集団主義文化の特徴として，体系的に整理された（Triandis, 1995）。

　しかし，欧米人は個人主義，アジア人は集団主義，という区分がいわば「通説」として扱われることの妥当性に疑問を呈する声もある。高野らは，アメリカ人と日本人の個人主義・集団主義の程度を検証した過去の比較文化研究の結果を再検討し，それらの研究の多くが必ずしも通説を支持していないばかりか，逆にアメリカ人よりも日本人のほうが個人主義的であることを示唆する研究もあることを指摘している（高野・纓坂，1997；高野，2008）。また，オイザーマンらはアメリカ内外における多くの比較研究を対象としたメタ分析を行い，ヨーロッパ系アメリカ人とアフリカ系・ラテン系アメリカ人の個人主義的傾向の強さに差がないこと，およびヨーロッパ系アメリカ人と日本人，韓国人の集団主義的傾向の強さに差がないことを示した（Oyserman et al., 2002）。

　さらに，個人に内面化された価値や信念よりも，それらの価値や信念が周囲の他者に共有されているという考え，つまり**知覚された合意**（pereeived consensus）のほうが，人々の心理・行動傾向の規定因としてより重要だという指摘もなされている（Zou et al., 2009）。東アジアの人々は欧米の人々に比べ，自文化の人々の間で集団主義的価値が共有されていると（実際以上に）知覚している場合が多く，またそのような知覚をもつ人は，個人的にはその価値を重視していなくても，集団主義的な行動をとりやすいという。こうした議論を経て，その後の研究の焦点は，文化に応じた個人主義・集団主義の質的な違いを探究する方向や，個人主義的・集団主義的なふるまいを促す社会システムの特質を探究する方向へと移りつつある。

2 認知や思考のプロセスに埋め込まれた文化

認知と思考の様式における文化差

ニスベットは，さまざまに工夫された心理学実験に基づく比較文化研究を積み重ね，認知と思考の様式における文化差に関する理論モデルを提起した（Nisbett, 2003）。彼によれば，東洋人のものの見方や考え方は「包括的」であり，西洋人のそれは「分析的」であるという。包括的思考 (holistic way of thinking) とは，人や物といった対象を認識し理解するに際して，その対象をとりまく「場」全体に注意を払い，対象とさまざまな場の要素との関係を重視する考え方である。他方，分析的思考 (analytic way of thinking) とは，何よりも対象そのものの属性に注意を向け，カテゴリーに分類することによって，対象を理解しようとする考え方である。

(1) **事物の認知——カテゴリーか関係性か** ニスベットらは，水中の様子を描いたアニメーションをアメリカ人と日本人の大学生に見せた後に，覚えている内容を説明するように求めた（Masuda & Nisbett, 2001）。すると，アメリカ人はもっぱら大きくて目立つ魚に注目しており，その様子を詳しく描写したのに対し，日本人は背景の環境全体に眼を向け，目立たない海草や小さな貝などについても言及した。また，別の実験では，アメリカ人と中国人の大学生に3つの単語（たとえばパンダ，サル，バナナ）を示して，これらのうちどの2つが仲間であるかを尋ねた。その結果，アメリカ人はパンダとサルを選んだが，中国人はサルとバナナを選ぶ傾向がより多くみられた。アメリカ人の子どもは，同じ属性をもつか否かを基準としてカテゴリーを区別することを好んだのに対し，中国人は「動物」というカテゴリーよりも「サルはバナナを食べる」という「関係」を重視したのである（Ji et al., 2004）。

さらにニスベットらは，図18-1のようなイラストをヨーロッパ系アメリカ人，アジア系アメリカ人，韓国人の実験参加者に見せて，「ターゲット」がどちらのグループに近いと思うかを答えさせた（Norenzayan et al., 2002）。すると，ヨーロッパ系アメリカ人のほとんどは右側のグループ2に近いと答え，韓国人のほとんどはターゲットが左側のグループ1に近いと答えた。ヨーロッパ系ア

| FIGURE | 図18-1 ● どちらのグループに近い？——類似性知覚における文化差

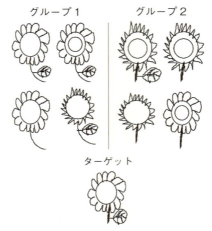

（出典） Norenzayan et al., 2002 よりノレンザヤンおよび Cognitive Science Society の許諾を得て掲載。

メリカ人がグループ2を選んだ理由は，「まっすぐな茎をもっている」という明快なルールを見いだしたからだった。しかし，韓国人はこのルールにもかかわらず，**家族的類似性**に基づく逆の選択をした。すなわち，すべての対象に共通する特性がなくても，さまざまな類似性が重なり合い，交差し合って，全体としてゆるい類縁関係を結んでいることに着目したのである。アジア系アメリカ人の回答は両者の中間だったが，どちらかといえば韓国人に近かった。

(2) **他者の認知——感情推測における注意の配分**　増田らは，他者の感情を推測する際の注意の向け方にも分析的・包括的思考様式が反映されていることを見いだした (Masuda et al., 2008)。彼らは図18-2のようなイラストを参加者に見せて，中央の人物の感情（喜び，怒り，悲しみ）を評定してもらった。このときのイラストは，中央の人物の表情はまったく同じだが周囲の人物の表情が異なるもの（笑顔や怒り顔など）が数パターン用意された。すると，日本人の参加者は欧米人（アメリカ，カナダ，オーストラリア，ニュージーランド）に比べて，中央の人物の感情評定に際して周囲の人物の表情の影響を強く受けることが明らかとなった。さらに，感情評定時の眼球測定を行い，実際に中心人物の表情と

FIGURE 図18-2 ● 感情の推測

（出典） Masuda et al., 2008 より雑誌規定に則って掲載。

周辺人物の表情へどのくらいの割合で注意配分がなされているかを検証した。その結果，日本人の場合には注視時間の 15％ は周辺人物に向いていたが，欧米人の場合，周辺人物にあてた時間は 5％ 弱だった。さらに，注視の移行が行われるタイミングを測定すると，画像呈示 1 秒後は文化差が見いだされなかった（まずは中心人物を見る）が，画像呈示 3 秒後には日本人の注意配分は変化し，他方，欧米人は変わらず中心人物を見続ける傾向があった。このように，分析的・包括的思考様式のモデルは，事物に対する認知のみならず，他者に対する認知に関しても一定の説明力をもっているといえる。

文化的自己観

(1) **自己の認知**　人が自分自身を認知するとき，自らのどのような側面に注目した自己定義を行うかには，文化によって差がみられる。この現象は「20 答法」とよばれるシンプルなテストによって見いだされた。これは，参加者に「私は……」で始まる 20 の文を自由に作ってもらうものである。国際比較研究（Bond & Cheung, 1983 など）の結果，特にアメリカ人の参加者は，性格や才能など，比較的抽象的で周囲の状況に左右されない自己の内的属性について多く記述する傾向がみられた。逆に，東アジアの参加者は，自己の所属（「私は○○大学の学生だ」など）や役割（「私は○○委員だ」など），さらには，特定の状況での自分の行動（「私は金曜日には○○をする」など）など，社会的状況の中で定義される自

図18-3 ● 文化的自己観

相互独立的自己観

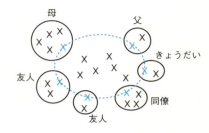
相互協調的自己観

（出典） Markus & Kitayama, 1991.

己の具体的特性を多く記述する傾向があった。カズンズはこうした知見をふまえて，あらかじめ状況を特定したうえで日米の参加者に20の自己記述文を作るよう求めた（Cousins, 1989）。つまり，「学校では私は」「家では私は」「友達と一緒にいるとき私は」といった文脈を用意したうえで回答してもらったのである。その結果，日本人は，文脈が指定されるとその限りにおいてはアメリカ人以上に抽象的な人格特性を多く記述するようになった。逆にアメリカ人は，「私は家ではたいてい怠惰だ」というように，なんらかの説明や制限を記述に加えるような傾向がみられた。この結果は，日本人がアメリカ人に比べ，自己を定義する際に周囲の状況を重視し，状況に依存して変化する自己像を強く認識していることを示している。

マーカスと北山は，アメリカと東アジアの参加者が示したこのような自己記述の違いを，それぞれの文化において優勢な「自己観」の違いの表れとして説明づけた（Markus & Kitayama, 1991）。彼らによれば，欧米文化に生きる個人の間では相互独立的自己観（independent view of the self）が，日本をはじめとする東洋文化に生きる個人の間では，相互協調的自己観（interdependent view of the self）が，それぞれ優勢であるという（図18-3）。

欧米で優勢な相互独立的自己観によれば，自己とは他者や周囲の物事から区別され，切り離された実体である。したがって，自己は，周囲の状況とは独立にある主体のもつさまざまな属性，たとえば能力・才能・性格特性などによって定義される。これに対して，東洋で優勢な相互協調的自己観によれば，自己

表18-2 ●「主体」概念の文化的構成に関するモデル

ディスジョイント・モデル	コンジョイント・モデル
よい行為の定義	
自己に焦点があてられ，他者から独立している	他者に焦点があてられ，他者との相互作用の中で生起する
行為の帰結	
行為者は相互独立的な自己を確認し，自尊心・自己効力感を高める	行為者は相互協調的な自己を確認し，他者との結びつきや共感を深める
行為の様式	
他者や外界をコントロールし，影響を与える	他者や外界に合わせ，調整する
行為の源泉	
個人の好みや目標等に基づいた自由選択によって行為が生じる	義務，他者からの期待，役割，状況に応じて行為が生じる

（出典）　Markus & Kitayama, 2004 より作成。

とは他者や周囲の物事と結びついて社会ユニットの構成要素となるような，本質的に関係志向的な実体である。したがって，自己の定義は，ある特定の状況や他者の性質に依存する。ここでは，人間関係そのもの，あるいはそこにある関係性の中で意味づけられている自分の属性が自己の中心的定義となる。

　(2)　**行為の主体についてのモデル**　　さらにマーカスと北山は，「主体」すなわち行為者としての自己のありように焦点をあて，文化的意味の体系に応じて構成される主体の認識に関するモデルを提唱した（Markus & Kitayama, 2004）。彼らによれば，欧米の文化においては，「行為は，行為者個人の自由選択の結果であり，行為者によってコントロールされ，外界に影響を与えることを意図してなされる」という前提に基づいて，**ディスジョイント**な（互いに素である）主体の概念が構成される。他方，東アジア文化においては，「行為は，他者や周囲の環境のさまざまな要素によってコントロールされ，他者や外界に自己を合わせることを意図してなされる」という前提に基づいて，**コンジョイント**な（互いに結合した）主体の概念が構成される（表18-2）。

　主体に関するこうした素朴なモデル論は，自己認識のみならず，他者の行為についての理解の仕方にも反映される。たとえば，モリスとポンはアメリカで

実際に起こった大量殺人事件の新聞報道に着目し,『ニューヨーク・タイムズ』と中国語紙『世界日報』のそれぞれにおいて,事件の原因がどのように論じられているかを比較した（Morris & Peng, 1994）。体系的な内容分析の結果,『ニューヨーク・タイムズ』紙の記事は,犯人の性格上の欠点,考え方,精神面の問題に関する記述が目立っていた。一方『世界日報』紙では,人間関係,中国人社会におけるプレッシャー,アメリカの環境など,犯人をとりまく周囲の状況が事件の原因として強調されていたのである。

文化神経科学　2000年以降,認知や思考を司る脳のはたらきに関する文化差に着目した「文化神経科学（cultural neuroscience）」という学際領域が台頭している（Chiao & Ambady, 2007; Han & Northoff, 2008; Kitayama & Uskul, 2011）。たとえば,先述のとおり欧米人は対象と背景を切り離して知覚しやすい一方,アジア人は両者を結びつけて知覚しやすいとされるが,知覚課題を遂行中の実験参加者の脳波パターン（事象関連電位）を比較することで,この現象に合致する文化差が脳のレベルで生じていることが明らかになった（Goto et al., 2010）。同様に,図形判断課題を行っている最中の実験参加者の脳活動を機能的磁気共鳴画像（fMRI）装置によって計測した研究では,文化的に不慣れな課題（アメリカ人は対象と背景の関連に注意を向ける必要のある課題,アジア人は背景を無視して対象だけに注意を向ける必要のある課題）に取り組む場合に,より高次の意識的な注意配分や視覚調整を行う脳部位が大きく活動していることが確認された（Hedden et al., 2008）。

近年ではさらに,文化的環境と遺伝的資質との相互関連を示唆する知見も報告されている（たとえば集団主義とセロトニン・トランスポーター遺伝子との「共進化」について検討した Chiao & Blizinsky, 2010 など）。こうした学際的な研究の視点を得て,心の文化差をめぐる議論はさらに活発化している。

SECTION 3　関係性の集積としての文化

母子の関係性と文化　前節でみたように,比較文化的な視点をもつ社会心理学研究の1つの流れは,個人の内なる心のプロセスの文化差を探究する方向へと進んでいる。しかし他方で,個人レベ

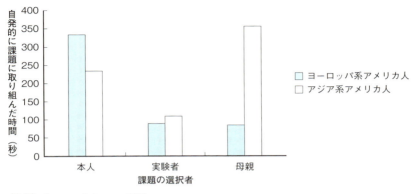

図18-4 ● 課題の選択者と自発的意欲

（出典） Iyengar & Lepper, 1999.

ルの内的プロセスを越えた「開かれた交流の場面」（下條, 1988）としての「関係性」を重視し，その特質の違いに焦点をあてることも重要である。

　かつて，文化人類学者の中根はその著作『タテ社会の人間関係』（中根, 1967）の中で，「場」を強調し「ウチ」と「ソト」の区別を強く意識する日本社会の人間関係の特質を，個人主義と契約精神に根ざした欧米の人間関係と対比しつつ，鮮やかに論じてみせた。社会心理学においても，家族，友人，職場の同僚といったさまざまな人間関係について数多くの比較文化研究が行われている。たとえばアイエンガーとレッパーは，ものごとに取り組むときの「意欲」と「自発的な選択」との関連について研究した（Iyengar & Lepper, 1999）。アイエンガーらの実験によれば，ヨーロッパ系アメリカ人の子どもは，自ら選択した課題に対して最も意欲を示し，実験者や母親が選んだ課題を与えられた場合には，あまり意欲的ではなかった。ところが，アジア系の子どもはこれと異なり，実験者が選んだ課題にはあまり意欲を示さなかったが，母親が選んだと知らされた課題に対して，自分で選んだ場合以上に意欲的に取り組んだという（図18-4）。

　また，東は，日米母子研究の中で，母親の子どもに対する態度や行動が子どもの知能や学力にどのように影響するかを調査した。その結果，アメリカでは，

母親の要因は11〜12歳時の子どもの知的達成にほとんど影響を及ぼしていなかったのに対して，日本では母親に関わる多くの要因が強い影響力をもっていた。すなわち，日本の子どものほうが，小学校時代の知能や学力の伸びに関して，母親の態度や行動の影響を受けやすいことが明らかとなった（東，1994）。

　こうした研究結果は，欧米文化とアジア文化における母子関係の違いを表す好例といえる。アメリカの母親は多くの場合，子どもがかなり幼いうちから「母と子は相互に独立した個人である」という前提のもとに子育てをするといわれる（Johnson, 1993など）。たとえば，母子の寝室は乳児のうちから別にされることが多い。また，子どもが少し大きくなると，母は子どもが自己主張や自発的な選択を行うことを奨励する。これに対して日本では多くの場合，「母子が心理的にも身体的にも一体化」した状態での子育てが，比較的長期にわたって続く傾向がある。かなり長い間，母子は寝室をともにするし，子どもが大きくなってからも母はつねに，子どもの考えや欲求をよく察してくれる存在である。こうした関係性の違いゆえに，子どもの意欲に母の意向や態度が関わる程度には，上記のような文化差が表れると考えられる。

　家族関係に関する30カ国対象の国際比較調査では，親子関係のあり方，育児・しつけの方略とスタイル，拡大家族成員の役割など，家族をめぐるさまざまな事象が，各国の社会・文化的環境に応じて異なった特徴をもつことが明らかになった（Georgas et al., 2006）。また，夫婦関係，さらには結婚以前の男女の恋愛関係をめぐる文化差についても，ハットフィールドをはじめとする多くの研究者によって活発な議論が展開されている（Hatfield & Rapson, 2006）。

　文化神経科学の知見の中にも，他者との関係性の文化差を示唆する成果が得られている。ジュらはモニター上に次々と現れる形容詞をアメリカ人と中国人の参加者に見せ，その形容詞が自分（もしくは母，他人）にあてはまるか否かを判定してもらった（Zhu et al., 2007）。判定中の参加者の脳を機能的磁気共鳴画像（fMRI）装置で計測したところ，アメリカ人も中国人も，自分について考えているときには内側前頭前皮質（MPEC）と前帯状皮質（ACC）が活性化していた。これらの領域は，自己に関する知識（性格特性など）の脳内表現を司るといわれている。ところが，中国人は，母について考えているときにも同じ場所がやはり活性化していたのに対し，アメリカ人の場合にはそうではなかった。こうした結果は，母と子の関係性についての認識がアメリカ人と中国人の参加

者の間で異なっていることを示している。

文化内の関係性の多層構造　人間関係の差異は，国や民族といった大きなレベルでのみ論じられるべきものではない。同じ文化内においても，親密さの異なるさまざまな他者と結ばれる人間関係は，互いに異なった特質を有している。

文化人類学者のリブラ（Lebra, 1976）や精神分析学者の土居（1971）は，日本人の人間関係に3つのタイプがあることを指摘した。井上（1977）は土居の議論をふまえ，家族に代表されるような心理的一体感が強く互いに甘えられる関係性を「ミウチ（身内）」，ミウチの外側にあって互いに遠慮が働く関係性を「セケン（世間）」，さらに，セケンの外側にあって甘えも遠慮も存在しない疎遠な関係性を「タニン（他人）」とよんだ。リブラ（Lebra, 1976）によれば，日本の公の社会関係（井上の用語ではセケン）では，自分の面子と他者の面子の両方を守ることに力点がおかれる。他者の面子を守るためには人は控えめでなければならず，しかし同時に，自身の威厳も保たなければならない。これを果たすために，間接的なコミュニケーションや思いやりが重視される。しかし，より私的で親密度の高い関係（ミウチ）のもとでは，他者と自己とが以心伝心で通じ合い，お互いに「面子や社会的仮面をはぎとって，ありのままの自己をさらけ出すことができる」（Lebra, 1976, p.116）。

このように，一言で日本社会，アメリカ社会といっても，そこには異なる特質をもった関係性が多層的に存在している。日本人であれアメリカ人であれ，関係性が異なれば，それに応じて異なる心理プロセスが立ち現れる可能性がある（Muramoto, 2003）。たとえば，日本人大学生は大学など公の場では集団主義的行動をとるが，家族に対しては個人主義的にふるまう，という知見もある（Kim & Choi, 1996）。

社会システムとしての文化

「集団主義」に関する進化ゲーム・アプローチ　関係性よりもさらに巨視的な視野から，社会システムの違いに着目することによって個人の行動傾向の文化差を説明しようとする立場もある。

> **COLUMN** 18-2 自己高揚傾向の文化差についての説明

　欧米の人々を対象とした研究では，自分について実際以上に肯定的・楽観的な見方をする自己高揚（self-enhancement）バイアスが見出される。ポジティブな特性について過度に自分にあてはまると考える（Brown, 1986），自分が得意な課題の重要性をより高く見積もる（Tesser & Paulhus, 1983），自分の成功を内的要因に，失敗を外的要因に原因帰属する（Miller & Ross, 1975）等は，いずれも欧米で頻繁に確認される現象である。一方，東アジアの人々を対象とした研究ではこうしたバイアスはみられず，ときとして逆の自己卑下傾向が見出される（Heine et al., 1999）。本章で紹介した4つの視点から，この文化差の意味を多角的に検討してみよう。

　第1に，個人が重視する価値や信念の違いの表れとして文化をとらえるなら（本章1節参照），東アジアの自己卑下傾向は「謙遜」の文化的価値を反映していると考えられる（Bond et al., 1982）。儒教の影響を根強く残す東アジアの文化では，「たとえ自らに自信をもっていてもそれを表に出すのは未熟であり，つねに謙虚な姿勢で自己を省みることが望ましい」という価値観が根強いために，自己高揚的なふるまいはなかなか現れないのかもしれない。

　第2に，価値や信念のレベルにとどまらず，より無意識的な個人の認知や思考のプロセスにまで文化の影響が及んでいるとすれば（本章2節参照），自己高揚は欧米文化に生きる人々だけがもつ心の性質であり，東アジア人にはこれとは異なる心の性質が備わっているという考え方が成り立つ。ハイネらはこの立場から，東アジアの人々は自分の優れた点よりも不足している点に注意を向けやすいという心の性質（自己批判）をもっており，それゆえに自己卑下的な

　たとえば，山岸は，日本人が多くの場合，集団に属することを望み，集団の利益を重視して行動するのは，集団主義的な価値を重視しているからというより，「そのような行動をとることが彼ら自身にとって有利な結果をもたらす社会的環境が存在しているからだ」と主張する（山岸, 1997, 203頁）。この考えに基づき，山岸は，集団のために行動しても利益がもたらされないような状況を実験室内に作り出したうえで，そのような状況下では必ずしも日本人が集団主義的に行動しないことを示した（Yamagishi, 1988；山岸, 2002）。

　山岸はまず，日本人とアメリカ人を対象として4人1組の社会的ジレンマ（social dilemma）実験を行った。4人は顔を合わせることなく個別にコンピュー

ふるまいを示すことが多いと論じている（Heine et al., 1999）。

上記の2つはいずれも，価値や信念，もしくは認知や思考プロセスといった個人レベルの概念で文化差のメカニズムを検討している。一方，次の第3・第4の視点は，個人を超えた人間関係や社会システムに焦点をあてるものである。

第3に，それぞれの社会において優勢な関係性の違いから心理傾向の文化差を説明する視点（本章3節参照）に立てば，自己卑下は，自己と他者とが互いの自尊心を守り合う「相互配慮」の関係性に身をおいたときに現れる傾向としてとらえられる（Muramoto, 2003）。この関係性のもとでは，自らは控え目でありつつ，他者から好意的な評価を受けることによって間接的に自己高揚が果たされる。相互配慮は日本社会において優勢な関係性ではあるが（いわゆるセケン），非常に親密な関係性（ミウチ）や逆に非常に疎遠な関係性（タニン）のもとでは相互配慮が働かないため，日本人であっても自己卑下に代えて自己高揚傾向が現れる場合もあることが報告されている（村本・山口，2003）。

第4に，よりマクロな社会システムの違いから心理傾向の文化差を説明する視点（本章4節参照）に立てば，欧米人が自己高揚的，東アジア人が自己卑下的にふるまうのは，それぞれのふるまいが有利になるような特徴が社会の側に備わっているためだといえる。逆にいえば，自己卑下的にふるまっても有利な結果を生まない環境のもとでは，自己卑下傾向は消失する。自分のテスト成績が平均以上か以下かを日本人参加者に予測させた実験では，「正確な予測をすればボーナスをもらえる」という条件が提示された場合に限って参加者の自己卑下傾向は消失し，むしろ自己高揚的になったという（鈴木・山岸，2004）。

タの前に座り，与えられた元手（日本の実験では1セッションごとに100円）のうちいくらを他の3人に寄付するかを決定した。寄付された金額は2倍に増額され，他の3人に均等に配分された。セッションは十数回繰り返された。参加者は，最終獲得金額がそのまま謝礼として渡される旨をあらかじめ知らされていた。

この状況では，参加者は他者に協力して寄付をすればするほど自分の利益を減らしてしまうので，個人的には協力しないほうが有利である。しかし，もし全参加者が自己利益だけを考えて寄付をしなくなれば，結果的には最初に得た元手が残るだけで，互いに協力し合っていれば入手できたはずの（他者の寄付

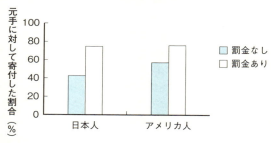

図18-5 ● 社会的ジレンマ実験でみた集団への協力傾向

（出典） 山岸，2002 より作成。

に基づく）ボーナスが手に入らないことになる。

　日本人が「自己利益より集団の利益を重視する」という集団主義的価値に基づいて行動するなら，個人主義的といわれるアメリカ人よりも多くの寄付をすることが予想されるが，山岸の実験結果は逆だった。アメリカ人参加者の寄付は平均して元手の56％だったが，日本人参加者のほうは元手の44％しか寄付をしなかったのである。

　ところが，実験状況に参加者同士の「相互監視」の制度を組み込んだ場合，結果は大きく異なるものとなった。この条件では，4人中で最も寄付金額が少ない非協力的な参加者に対して罰金が科せられるという「制裁基金」の制度が設定されていた。その結果，日米いずれにおいても全体の寄付金額は大きくなったが，アメリカ人に比べて日本人参加者のほうがより急激に寄付の割合を増大させた（44％から74％へ；図18-5）。こうした結果をふまえ，山岸は，日本人は集団主義的な心をもっているわけではなく，社会環境の側に，集団主義的にふるまうことが有利になるような特徴が備わっていると論じた。

　山岸は，自らが行う日米比較実験を比較社会実験（cross-societal experiment）であるとして，比較文化実験（cross-cultural experiment）と区別する。それは，彼らの実験の目的が，異なった文化のもとでは人々は異なった認知や行動のパターンを示す，ということを明らかにすることではないからだという。「文化が違うと人々の行動が違ってくるのは，その行動に影響を与えている変数が文化とともに違っているからで，したがって，文化が同じでもその変数の値を変

えてやれば当然行動も変わってくるし,逆に,文化が違っても実験場面で適切な変数を同じ値に設定してやれば,そこで実験参加者がとる行動は,参加者の属する文化の如何にかかわらず同じになるはずだ」というのが,比較社会実験の考え方である（山岸,1998,113-114頁）。

信頼社会と安心社会

日米の人々の心理傾向の文化差をそれぞれの社会の仕組みの違いから説明しようとする上述の考え方は,さらなる研究の蓄積を経て,信頼（trust）と安心（assurance）という概念を用いた「信頼の解き放ち理論」（山岸,1998）へと展開された（信頼と安心概念の詳しい説明は第13章3節参照）。たとえばビジネスの世界で見知らぬ相手と取引を行おうとするとき,そこには,相手が信用できる取引先かどうかがわからないというリスクが存在する。もし相手が自己利益のためにこちらをだまし,商品の欠陥を隠して取引してくるようなことがあれば,こちらは損をしてしまう。このような社会的不確実性（social uncertainty）の高い状況で生じる問題を回避するために,日本の社会は伝統的に,新規の相手との取引を避け,知己の相手と長期的なコミットメント関係を結ぶことによってリスクを低下させるという方法をとってきた。「系列取引」や「株式の持ち合い」などはその好例といえる。この場合,仮に一方が他方をだますようなことをすれば関係が壊れ,だましたほうにとっても不利益となるため,コミットメント関係にとどまることを望んでいる限り,けっして相手は裏切り行動をとらない。これが「安心」のメカニズムである（山岸,1998）。

このように安心社会においては相手に裏切りの誘因が存在しないため,文字どおり安心して取引を続けていくことができる。しかし,こうしたコミットメント関係の形成は,関係の外部に有利な取引の可能性があってもそれを得ることができないという「機会コスト」を伴う。機会コストの大きな状況では,コミットメント関係にとどまるよりも,とどまらないほうが大きな利益を得る可能性が高い。そこで,相手の裏切りに遭うリスクの存在は承知したうえで,あえて新規の相手を信じて取引を結ぶことを,山岸は「信頼」に基づく行動とよぶ。この場合に損を被らずにすむには,相手が取引先として信頼するに足るかどうかを見極める目が必要となる。日本に比べて流動性が高く,未知の相手との交流のチャンスが大きいアメリカ社会は,見知らぬ他者を信頼する能力を身につけて社会的不確実性に対処することが求められてきた社会であるといえる。

以上のとおり，近年の社会心理学における比較文化研究は，一方ではより内的な個人の心的プロセスに焦点をあてる方向へ，他方では個人を越えた関係性や社会システムに焦点をあてる方向へと，そのパースペクティブを多様化させながら，めざましく発展してきた。今後も，それぞれの視点に立つ研究者たちが互いの成果を披露し，活発な議論を交わすことによって，グローバル化時代にふさわしい社会心理学の新たな理論枠組みを構築していくことが期待される。

BOOK GUIDE ●文献案内

ホフステード，G.・ホフステード，G. J.・ミンコフ，M./岩井紀子・岩井八郎訳，2013『多文化世界——違いを学び未来への道を探る』（原書第3版）有斐閣
- 実証的な比較文化研究の先駆けとなった，大規模な国際価値観調査の成果の集大成。

ニスベット，R. E./村本由紀子訳，2004『木を見る西洋人　森を見る東洋人——思考の違いはいかにして生まれるか』ダイヤモンド社
- 認知や思考のプロセスにみられる文化差を，工夫を凝らした多数の心理学実験を通して紹介するとともに，それらの文化差に関わる現実社会の諸問題についても論じた意欲的な書。

山口勧編，2003『社会心理学——アジアからのアプローチ』東京大学出版会
- 日本のみならず，香港や韓国の社会心理学者をも執筆陣に迎えて，比較文化的視点に立つさまざまな研究アプローチを紹介する。

アイエンガー，S./櫻井祐子訳，2010『選択の科学——コロンビア大学ビジネススクール特別講義』文藝春秋（2014 文春文庫化）
- 著者はインド系移民2世としてカナダで生まれ，3歳からアメリカに移り住んだ。衣服から結婚相手まで，すべてが慣習的に定められる厳格なシーク教徒の家庭環境と，自らの意志で選び取ることの価値を強調するアメリカの学校教育との両方を経験した著者ならではの，選択の文化的意味に関する数々の実証研究が興味深い。

Chapter 18 ●考えてみよう　　　SEMINAR

❶「個人主義・集団主義」とはどのような概念か，また，それらについて近年どのような議論が展開されているか，関連する文献を探して理解を深めよう。

❷ 心理学の実験や調査で見いだされたさまざまな文化差は，現実の社会においてはどのような形で現れているだろうか。多彩な事例を集めてみよう。

❸ 文化差の背景を理解するには，歴史や宗教，教育のあり方など，さまざまな視点からの考察が必要である。心理学以外の学問分野にはどのような比較文化研究があるか，調べてみよう。

第 19 章 心と文化の相互構成

文化を生きる，文化を創る

映画『西便制（風の丘を越えて）』のワンシーン
（写真協力〔財〕川喜多記念映画文化財団）

CHAPTER 19

前章では，異なる文化に生きる人々の間にどのような心理・行動傾向の差異がみられるかを明らかにしてきた。しかし，文化的視点をもつ社会心理学の目標は，単に多くの文化差を見いだすことだけではない。マクロな社会環境としての文化とミクロな個人の心との相互構成過程を解き明かすことも，社会心理学の重要なテーマである。

本章ではこうした観点から，文化と出会い，文化を生きる子どもの発達プロセスや，文化間移動を経験した人のアイデンティティーの再構築プロセスを扱った研究，さらに，1 つの地域や集団の中で文化が培われ，継承されていくダイナミックなプロセスに関わる研究などを紹介する。

- KEYWORD
- FIGURE
- TABLE
- COLUMN
- BOOK GUIDE
- SEMINAR

SUMMARY

> **KEYWORD**
>
> 心の理論　文化的アフォーダンス　適応　発達課題　発達的ニッチ　文化化　文化間移動　異文化接触　意味空間　状況的学習　文化的実践　センス・メイキング　正統的周辺参加　アクション・リサーチ　名誉の文化　均衡　社会生態学的アプローチ　（文化の）ハイブリッド化　文化的フロー

『西便制(ソピョンジェ)』（邦題：風の丘を越えて）という韓国映画がある。イム・グォンテク監督による1993年の作品で，韓国において当時の観客動員記録を更新したばかりか，数々の国際的な映画賞も受賞した。1960年代の韓国社会を舞台に，伝統芸能パンソリを生業としながら旅を続ける家族の生き様を描くこの作品は，「恨(ハン)」をその中心テーマとしている。「恨」とは仏教やシャーマニズムに影響を受けた韓国固有の感情として知られ，韓国人の文化を理解するうえでの鍵概念の1つといわれている（古田，1995）。

物語は，パンソリの優れた唄い手である父ユボンが，娘（養女）のソンファと息子のドンホに芸を教え込みながら村落から村落へと渡り歩く姿を描くところから始まる。一家は貧しく，修行は厳しい。やがてその暮らしに耐えかねたドンホは出奔する。残されたソンファは父に従って唄の練習を続けるが，父は娘の声がただ美しいだけでパンソリに必要な「恨」の感情を伴っていないことを嘆き，「恨」を植え付けるために，密かにソンファの食事に毒草を混ぜ，やがて彼女は失明してしまう。父は彼女の光を奪ったのが自分であることを告白しつつ，「人の恨とは，生きることだ。心に鬱積(うっせき)する感情のしこりだ。生きることは恨を積むことだ。恨を積むことが生きることなのだ」と娘に説く。ソンファは悲しみに暮れつつも，父に感情をぶつけることなくただ唄い続ける。物語はその後，時を経てソンファとドンホが再会し，互いに名乗らぬまま，弟の打ち鳴らす太鼓に乗せて姉が唄う場面でクライマックスを迎える。

「恨」は単なる恨みとは違う。逃れられない運命を憂い，苦しみ，やがて受容し，感情を昇華させていくという複雑なプロセス（表19-1）を内包するこの概念には，韓国の人々が歴史の中で培ってきた「文化」が色濃く反映されている（金，2003）。

文化はいかにしてそこに生きる人の心を育むのか。そしてまた，生み出され

TABLE 表19-1 ● 恨の段階

	反応段階	内在化段階	変形段階	内省的段階	超越的段階
認知	悲劇的できごとまたは状況	強制的服従	悲劇の受容	運命への抵抗	分離
感情	生の感情	生の感情の抑圧	感情的変形	感情の放出	感情的落ち着き
社会的反応	社会的圧力	社会的隔たり	社会的許容	社会的受容	文化的賛美

(出典) 金, 2003。

た人の心はいかにして文化を守り，維持していくのか。本章では，人間を「文化的存在」としてとらえ直し，文化とそこに生きる人間の心との相互構成的な関係に迫る諸研究を紹介する。

1 文化的存在としての人間

心と文化の相互構成的関係

「心と文化は相互構成的な関係にある」。表現の違いはあるものの，文化に関心を寄せる多くの研究者がこの基本理念を共有してきた（Bruner, 1990; Cole, 1996; D'Andrade, 1984; Gergen, 1999; Markus & Kitayama, 1991; Shweder, 1990 など）。文化は単なる「外界の刺激」ではない。文化は，そこに生まれ育った人間の心に多くの影響を与えるが，逆に文化は人間によって作り出され，守られ，変えられていくものでもある。

人間が文化を生み出し，維持する仕組みは，他の霊長類による文化維持の仕組みとは本質的に異なっているといわれる。「ヒトの文化伝統とチンパンジーの文化伝統……を最も明確に分けるのは，ヒトの文化伝統が時間の中で改良を積み重ねていくという事実にほかならない。すなわち，ヒトの文化には『歴史』があるわけだ」（Tomasello, 1999／大堀ら, 2006, 49-50 頁）。

トマセロによれば，文化が単に維持されるだけでなく，「累進的」に「進化」していくには，発明と模倣という2つのプロセスが重要である（大人による教え込みがそれを補うこともある）。ヒト以外の霊長類の場合，ある発明がなされて

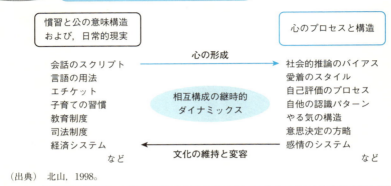

図19-1 ● 文化と心の相互構成的関係

(出典) 北山，1998。

も周囲の他者による模倣学習は起こりにくいという。「創造的な知性が発揮された行為」が他者によって模倣され，発展的に継承されるためには，追随者たちが発明者の意図を推測して理解し，それを自らの状況に置き換えて必要な改良を思い描くことができなければならない。そのために必要なのが，トマセロのいう「他者を自分と同じく意図をもった存在として認識する」力である。こうした素朴な能力は心の理論 (theory of mind) とよばれる。心の理論とは，他者が自分と同様の心をもっていると仮定したうえで他者の心を推察するという自他理解の基本枠組みである (Premack & Woodruff, 1978)。

人間の子どもは，成長につれて自らの内に心の理論をもつことによって，大人たちの行為の背後にある「文化的意味」を理解し，模倣を繰り返しながら，それらの文化的意味を選択的に摂取して，自らの内に取り込んでいく。彼らはやがて大人になり，文化の発展的な継承者として，より能動的な役割を果たすことになる。その意味で，子どもたちの心の形成と文化の継承のプロセスは，相互に深く関連し合っている。

マーカスと北山は，慣習や公の意味構造などのマクロな文化の諸側面と，マイクロな個人の心のプロセスや構造との相互構成過程に注目することの重要性を論じている (Markus & Kitayama, 1991)（図19-1）。彼らは「心のプロセスを，それぞれの集団がその歴史の中で蓄え，作り出してきた社会・文化的プロセスの一部として理解しようとする」（北山，1998，5頁）。この考え方によれば，思

考・感情・動機づけなど人のもつさまざまな心のプロセスは，当該の文化に生きる人々の間で共有された慣習や通念，集合的意味の体系に沿って反応し，その枠組みの中で行動することを通じて形作られる。さらに，こうして文化に関与することを通じて形成された心理的プロセスや構造は，逆に，もとの文化の慣習や意味体系の維持と変容に関わることになる。

心と文化を結びつける原理 マクロな社会環境としての文化とマイクロな個々人の心理や行動原理との相互構成的な関係を重視する視点は，心の社会的起源を探究する社会心理学という学問分野にとって根源的なものであり，ゆえに今日の多くの研究者に共有された考え方である。ただし，文化と個人を結びつける基本原理をどこに求めるかについてはいくつかの異なった立場がある。

たとえば，先にみた北山らは**文化心理学**の立場から文化的アフォーダンス（cultural affordance）（Kitayama & Markus, 1999）の原理を重視する。アフォーダンスとは，ギブソン（Gibson, 1979）が afford（与える，提供する）の語をもとにして作り出した造語であり，環境の側に備わった特性が，その環境に身をおく生き物に対して潜在的な価値や意味を提供している，という考え方を指す（佐々木, 2000）。たとえば「椅子」には「座ることができる」「踏み台として使うことができる」「荷物を載せることができる」等々のアフォーダンスが備わっており，人間がそれらの行為をとることを誘発していると考えるのである。こうした考え方に基づき，北山らは「ある一定の心理傾向や心理プロセスを誘発する文化資源の性質」（北山・宮本, 2000, 69 頁）を文化的アフォーダンスとよび，個人は自らが身をおく文化のアフォーダンスに導かれてその文化に特有の心の性質をもつに至ると論じた。

これに対して，**進化ゲーム理論**の立場から社会環境と個人の相互構成関係をとらえる山岸らは，両者を結ぶ原理として進化論的な意味での適応（adaptation）を重視する（山岸, 1997）。山岸によれば，社会環境の一部を構成する個々人がみせるさまざまな心理特性は，個人がその環境の中で有利に生き抜くための「適応」の結果である。さらに，そうした心理特性をもつに至った個々人の行動の集積として，また新たな社会環境が生まれる。このような意味で社会環境と個人特性は相互構成関係にあるといえる。そして，両者が均衡状態にあるとき，すなわち「特定の社会環境のもとでそれをもつことが有利に働くよ

うな特定の心理特性と，人々がその心理特性をもつことで生み出され維持されている特定の社会環境の間に比較的安定した均衡が存在している場合」に，山岸はこの均衡状態にある心理特性と社会環境のセット全体を「文化」とよぶ（山岸，1997，201頁）。北山らと山岸らの立場の違いは，両者による意義深い誌上討論によって詳しく知ることができる（北山，1999；山岸，1999）。

こうした理論枠組みの違いはあるものの，マクロな社会環境としての文化とマイクロな個人の心の相互構成過程の探究は，多くの研究者にとって共通のテーマであるといえる。

2 子どもの発達と文化

発達に関する
心理・文化モデル

(1) **文化生態学的モデル** 子どもの発達と文化の関わりに焦点をあてた古典的研究の1つに，ホワイティングらの研究（Whiting & Whiting, 1975 など）がある。彼らは子どもをとりまく一連の社会的・物理的環境の連鎖を文化としてとらえ，この連鎖の結果として子どもの発達が果たされると考えた。彼らのモデルによれば，ある社会における生活維持体系は，その社会がおかれているマクロな物理的環境（気候，動植物の分布，地勢）と，その社会がたどってきた歴史によって規定される。その生活維持体系のありように応じて，子どもの発達に直接影響を及ぼす社会環境の諸要素（子どもが担うべき仕事についての規範，子育てに携わる人の数，しつけの仕方など）が決定づけられる。それらの諸要素が個々の大人の心理・行動の特性を決定づけ，子どもの発達を促すことになる。

ホワイティング夫妻は，1950年から70年にかけて世界の6つの地域で参与観察を行い，子どもたちの1日の生活について体系的にデータを収集した（Whiting & Whiting, 1975）。母親の仕事，育児協力者の有無，学校の価値の3点に着目して文化を類型化したところ，一夫多妻制の農牧社会であるケニアのグシイ族の場合，母親が農業と家事のいっさいを担っており，年長の子どもが幼い弟妹の世話をしていた。一方，メキシコ，フィリピン，沖縄などの村落では，父母が共同で働き，祖母や伯母，叔母が子育てを手伝っていた。また，アメリ

カのニューイングランド郊外の町では核家族化が進み，多くの母親は専業主婦として家事に従事していた。このような環境要因の違いは，子どもに課せられた発達課題（developmental task）の違いに大きな影響を及ぼしていた。たとえばケニアの子どもは3〜4歳で木材や水の運搬，食事の用意，庭の手入れ，掃除，家畜の世話といった多様な仕事をこなすことを期待され，実際に多くの時間をこれらの仕事に費やしていた。他方で同年齢のアメリカの子どもが従事していたのは掃除のみだった。このように社会的・物理的環境が子どもの発達に及ぼす影響に着目した研究は，その後も数多く行われた（Munroe et al., 1984など）。近年では，30カ国の家族関係に関する国際比較調査によって，親子関係のあり方，育児・しつけの方略とスタイル，拡大家族成員の役割など，家族をめぐるさまざまな事象が，各国の社会・文化的環境に応じて異なった特徴をもつことが明らかにされている（Georgas et al., 2006）。

(2) **発達的ニッチ**　スーパーとハークネスはホワイティングらの文化生態学的モデルを発展させ，発達的ニッチ（developmental niche）という概念を提唱した（Super & Harkness, 1986）。発達的ニッチとは，①子どもが生活する物理的・社会的文脈，②子どもの養育に関する慣習，③養育者の心理特性という3つの下位システムから構成される，子どもの発達のための環境である。これら3つの構成要素は相互に影響を及ぼし合い，ダイナミックな1つのシステムとして子どもの発達に関与する。また，このシステムはさらにマクロな生態環境に包み込まれ，影響を受けている。

(3) **マイクロ＝マクロ連携モデル**　箕浦はこうした研究の流れをふまえ，子どもの発達に影響を及ぼすマクロな要因としての生活維持体系と文化的意味体系を区別して論じた（箕浦，1997）。さらに箕浦は，子どもはマクロな文化的意味体系を受動的に受け取るだけの存在ではなく，自ら能動的，選択的にそれらを摂取して自らの内にマイクロなレベルの文化を構築すると考えた。箕浦（1997）の「マイクロ＝マクロ連携モデル」は，特に異文化間移動を経験した子どもたちの文化的適応過程を理解するうえでの重要な視座となった（本章3節で詳述）。

育児をめぐる文化的慣習

(1) **子ども観・育児観**　ある文化に生まれた子どもがその文化における意味の体系を理解し，一人前の成員となるための学習過程を，文化人類学では文化化（enculturation）

とよぶ（Wilbert, 1976 など）。子どもが文化化の過程で最初に出会う「教師」は多くの場合，母親である。母親の子どもに対するさまざまな働きかけには，母子が身をおく文化の意味体系が色濃く反映されている。

　恒吉らは，日本，アメリカ，イギリス，フランス，中国で発刊された主要な育児書の内容を長年にわたって調査し，各国の育児観の変遷を追った（恒吉ら，1997）。たとえばアメリカ政府刊行のベストセラー『インファント・ケア』は1914年創刊だが，初期の版で強調された子ども観は「止まることを知らない欲求の持ち主」「絶え間ない要求によって母親を奴隷にする暴君」といったものだった。しかし，こうした子ども観は1940年代から大幅に変化した。育児の焦点は子どもの「心」の発達へと移り，子どもに十分な愛情を注ぐことの重要性が強調されるとともに，子どもの欲求を過度に制止したり罰したりすべきでないという方針が示された。こうした新たな育児観は今日の育児書にまで受け継がれ，アメリカのみならず他の文化においても共通してみられる。その背景には，産業化，都市化，家族の小規模化，男女の役割の変化等々，同じ社会情勢の変化が文化を越えて多くの国々に訪れているという現状がある。

　その一方で，時を経ても文化固有の特徴が残存していることがらもある。たとえば先に挙げたアメリカの育児書には，創刊から80年余り一貫して，子どもを寝かす場所は「自分のベッド」「できれば自分の部屋」と書かれている。子どもの夜泣きはある程度放っておくべきという考え方も大筋では変わっていない。この見解は「添い寝」を積極的に肯定する日本の育児書とは大きく異なっている。恒吉は，育児書のアドバイスは「文化の真空地帯」で行われるわけではなく，「その社会が直面し，人々が重視していること」の違いが育児観の差異として現れると指摘する（恒吉，1997）。乳児期からの母子別室が奨励される背景には，夫婦関係の重視や個の自立，一貫性のある合理的なしつけ論を重んじてきたアメリカ固有の歴史がある（第18章も参照）。

⑵　**母親の育児態度**　　子育てをめぐるこうした文化的慣習の違いは，個々の母親の育児態度にどのような形で投影されているだろうか。東らは日米の母子関係に関する大規模な研究プロジェクトの中で，母親が子どもの性格や能力のどのような側面について，より早い時点での発達を期待しているかを調査した（東，1994；東ら，1981）。その結果，表19-2に挙げた11項目について日米間に明確な差が認められ，日本の母親は感情の制御，行儀，従順を，アメリカ

表19-2 ● 母親の発達期待において日米差が認められた項目（差の大きい順）

日本の母親のほうが，より早い発達を期待している項目
- やたらに泣かない
- 1時間くらいひとりで留守番ができる
- 家族におはようのあいさつをする
- おとなに何か頼むときていねいな言い方をする
- テーブルなどに足を乗せたり足で動かしたりしない

アメリカの母親のほうが，より早い発達を期待している項目
- 友達と遊ぶときリーダーシップがとれる
- 自分の考えを他の人たちにちゃんと主張できる
- 自分の考えやその理由を他の人にわかるように説明できる
- 意見や希望を聞かれたらはっきり述べる
- 友達を説得して自分の考えやしたいことを通すことができる
- 納得がいかない場合は説明を求める

（出典）東, 1994より作成。

の母親は言語的な自己主張やリーダーシップの発揮を，より重視していた。

　さらに東らは，子どもがよくない行動をしたときに母親がどのような言葉で注意するかを尋ねた。すると，たとえば夕食の場面で「ぐずぐず言わずに食べなさい」などと「親としての権威」に訴えて子どもに言うことを聞かせる方略は，アメリカ（50％）に比べて日本ではずっと少ない（18％）ことがわかった。逆に，「お百姓さんに悪いよ」「せっかく作ったのにお母さん悲しいわ」など，他者または本人の主観的感情に訴える方略は，日本で多く（22％），アメリカでは少なかった（7％）。子どもが他者の気持ちを推し量って行動することを望む日本人の母親の傾向を，東（1994）は「気持ち主義」とよんだ。

　こうした差異は，乳幼児期の母親の話しかけにもみられる（Fernald & Morikawa, 1993）。アメリカの母親は幼い子どもと遊んでいるとき，事物についての質問をしたり，それらに関する情報を子どもに与えたりすることが多い。しかし日本の母親の場合は，子どもと遊ぶときに「気持ち」に関わる話しかけをすることが多い。アメリカでは，子どもはやがて世の中に出て自立的にふるまうことが期待されている。アメリカの親のように子どもの注意を特定の事物に向けさせることは，そうした世の中に出るための準備として役立つ。一方，気持ちや人間関係に焦点をあてる日本の母親のやり方は，子どもが他者の気持ちを

読む力を身につけるのに役立つ。すなわち，母親の育児態度は，やがて子どもがそれぞれの文化で適応的に生きることを助ける手立てとなっている。

当然ながら，子どもの文化化は家庭内のみならず，保育や学校教育の場においても続いていく。トービンらによる日本・中国・アメリカの就学前児童保育施設の比較研究（Tobin et al., 1989, 2009）は，子どもの文化化に関与する保育システムの差異を扱った先駆的研究の1つである。また，日米の小学校における作文教育や歴史教育に関する研究（渡辺，2004）では，「分析力」を重視するアメリカの教育法と「共感力」を重視する日本の教育法の違いが指摘されている。

3 異文化との遭遇と共生

異文化接触と
アイデンティティー危機

「人は真空の中で生きているのではない。文化的意味の充満した社会システムの中で生きている」（箕浦，1997，46頁）。しかし，日常の生活においては，自らをとりまく文化は自分にとってあまりにもあたりまえのものであるため，そのことを意識することは少ない。新しい文化に足を踏み入れたときにはじめて，自らが育ってきた文化の特質が，新たに出会う文化を「地」としたときの「図」となって，浮き彫りにされることになる。クラックホーンは「個人・社会・文化の諸要因が，異文化の受容や拒否に際して複雑に絡み合うさまを詳細に観察することによってこそ，（文化に関わる）理論を発展させることができるだろう」と述べ（Kluckhohn, 1951, p. xii），文化間移動（cultural transfer）を経験した人々や彼らのホスト社会を対象として研究を行うことの意義を指摘している。

日本における異文化接触（cultural contact）の心理学研究の流れは，主として日系移民を対象としたもの（前山，2001；辻本，1998など），海外駐在員や帰国児童・生徒を対象としたもの（箕浦，1990など），在日外国人（短期留学生から長期滞在・永住者まで）を対象としたもの（田中，2000；中原，2003など）に大別される。

(1) **異文化接触による自己への気づき**　前山は，長年にわたるブラジル日系人社会での文化人類学的研究を通じて，「移民はブラジルの地に上陸してはじ

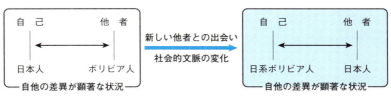

図19-2 ● 日系ボリビア人の文化的アイデンティティーの変容モデル

(出典) 辻本, 1998。

めて『日本人になった』」（前山，2001，76頁）と指摘している。彼らは，母国である日本に帰ることを断念したときから日本の宗教に本格的に関わり始め，日系の宗教を祀るようになったという。「多人種共在」のブラジル社会に投げ込まれ，言語も習慣も異なる他者に囲まれることによって，「本来漠としていた日本人アイデンティティーがきわめて鮮烈なかたちで析出され」（前山，2001，75頁），移民たちの自己概念を定義づける優先原理として機能するようになったのである。

(2) **文化的アイデンティティーの変容モデル**　フィニーは，多民族社会における青年期から成人期に至る個人の文化的アイデンティティーの発達プロセスにはいくつかのステージがあると論じた（Phinney, 1990）。フィニーのモデルによれば，初期の段階での文化的アイデンティティーは親をはじめとする身近な他者との同一視によって受動的にもたらされ，そこに疑念や葛藤の生じる余地はない。しかし成長とともに，自らのアイデンティティーを問い直し，意味を見いだそうとする段階が訪れる。そうした葛藤と探求の段階を経て，やがて能動的に獲得すべきものとしての文化的アイデンティティーが明確に形成されることになる。

　辻本は，ボリビアのオキナワ移住地に居住する日系人のコミュニティと，彼らの出稼ぎ地である神奈川県一帯でフィールドワークを行い，特に日系2世の若者たちを対象として，文化間移動に伴う日系人の文化的アイデンティティーの変容過程を追った（図19-2）。若者たちはボリビア社会ではボリビア人と自分たちとの差異を自覚し，「日本人」としてのアイデンティティーを意識して育った（図19-2左側）。しかし，母国と考えていた日本に出稼ぎにやってきて

はじめて「日本に生まれ育った日本人」と出会い，自分たちとの違いを認識してアイデンティティーの葛藤を経験するに至った。彼らの多くはその後，「日系ボリビア人」として自らのアイデンティティーを再定式化することになったが（図19-2右側），中にはボリビア社会と日本社会の両方に所属意識をもつことができず，文化的アイデンティティーを拡散させたままになる事例もみられた。

子どもの異文化接触と文化受容

(1) 文化受容の3側面 箕浦は，海外駐在員の子どもたちの異文化体験に関する研究を通じて，文化の受容には「認知・行動・情動」の3側面があると論じた。箕浦によれば，異文化の中で暮らすということは，自分が精通していないゲームをすること（たとえばテニスの名手がクロケットの試合に出ること）にたとえることができる。しかし，「行動の準則の与え手が文化であるというだけでは，文化と個人の関係を理解することはできない。テニスのやり方を知っていることは，テニスがうまくやれることを意味しない。ボールがきたときどう動けばいいかわかっていても，練習を積まなければ，身体は思うように動かない。日本で育つということは，毎日テニスの練習をしているのに等しく，だからこそ球がきたときにとっさに身構え，適切な行動をとることができる」（箕浦，1990，61頁）。

「テニスのやり方を知っている」ことは，個人の中にテニスのスクリプト（第17章参照）が成立していること，すなわち認知の側面で文化の受容がなされていることを意味する。これに対して，「テニスがうまくやれる」ということは，行動面での文化の受容を意味する。ただし，認知と行動の両方の面で異文化を受容できたとしても（すなわち異国のゲームをプレーできるようになったとしても），それを心から楽しんでやれるかどうかは，単にプレーできる状態とはまた違う。「テニスをみて，『ボールを追ってコートを走り回ることが，なぜそんなに面白いんかね』という感想をもつ人だっている」と箕浦はいう（箕浦，1990，61頁）。これが文化受容の情動的側面である。

箕浦（1990）は，父のアメリカ駐在について渡米した日本人の子どもたちに対する追跡調査を行い，こうした認知・行動・情動の3つの側面のそれぞれでどの程度文化受容がなされているかを，渡米時の年齢別に比較した。それによると，子どもが個々の文化に固有の対人関係のありようを体得する感受期は9

歳から 14〜15 歳であり，文化間移動が感受期以前に行われたかそれ以降に行われたかによって，異文化適応の程度はかなり異なっていた。

(2) **帰国後のアイデンティティー再構築**　さらに箕浦は，海外経験の後に帰国した子どもたちが，日本の中学校や高校に戻ったときに感じる第2の「カルチャー・ショック」についても研究した。異文化接触の渦中にある人々のアイデンティティーは不安定になりがちである。それは，文化間移動に伴い，個人が生きている社会システムや文化のシステムが変わり，自分のアイデンティティーをとらえ直す作業が必然的に起こるからである。

多くの場合，集団というものは，そこに属する成員がその集団に合致した社会的アイデンティティーを表出することを要請する。成員は共有された規範を守るよう要請され，逸脱者は罰せられる。集団から貼られるラベルとしてのアイデンティティーと，自らが感じるアイデンティティーの間に相違があるとき，そこに葛藤が生じる。海外帰国児童・生徒の多くは，帰国当初の日本の教室でクラスメイトとの間にさまざまな軋轢を経験する。それは，長い海外生活を通じて身につけた文化的アイデンティティーが，母国のクラスメイトたちから期待され，求められるアイデンティティーと異なっているためである。

箕浦は，個人が特定の文化の中で育つうちに自らの内に構築した個人レベルの文化を意味空間（semantic space）とよんで，マクロな文化と区別した。たとえばアメリカでの学校生活を通じてアメリカ流の意味空間を身につけた個人は，帰国後に日本的な意味空間をもつ友人や教師たちとの相互作用に違和感をおぼえ，意味空間の再構築を迫られることになる。

文化間移動による心の葛藤を経験した子どもたちの中には，2つの異なる文化を理解したうえで，状況に応じて自己のふるまいを使い分ける術を身につける例も少なくない。箕浦の面接対象者の1人が述べた「私はハーフでなくて，ダブル」という言葉は，そうした彼らなりの対処方略を如実に表している。また，彼らは必ずしも意図的にこうした方略をとるとは限らない。実際，バイリンガルを対象としたいくつかの研究では，テストに用いられた言語によって回答者が異なる反応（それぞれの言語の文化において適応的な反応）をみせることが示されている（Ji et al., 2004 など）。また，欧米と中国双方の文化の影響を受けている香港の大学生を対象としたホンらの研究では，実験に先立つプライミング刺激（第1章2節参照）として，ミッキーマウスやカウボーイなどアメリカ文

化を想起させるような絵を見せられた場合と，龍や寺院など中国文化を想起させるような絵を見せられた場合とで，その後の課題に対する反応がアメリカ的なものになったり中国的なものになったりしたという結果も得られている (Hong et al., 1997)。

文化を生きる，文化を創る

文化の生成と伝播のプロセス　第2, 3節では，文化の中に生まれ育つ子どもの発達過程や文化間移動を経験した人の文化受容の過程を扱った研究例を概観した。しかし，マクロな文化からマイクロな個人への影響過程を追うだけでは，心と文化をめぐるマイクロ＝マクロ・ダイナミクスの全体像をみることはできない。本節では，エスノメソドロジーなどの方法論を用いて，人が文化に埋め込まれつつ，文化を創り出していくプロセスそのものを記述しようと試みた研究を紹介する。

(1) **共同体への参加と文化学習**　レイヴとウェンガーは，状況的学習（situated learning）という考え方に基づいて，文化と心の相互構成に関する独自の知見を提起している（Lave & Wenger, 1991）。この立場では，「あらかじめ外部に存在している文化を学習者である個人が内に取り込む」という古典的な学習モデルは否定される。レイヴらは，人間の認知や感情のいっさいを，個人の内部で完結する内的な情報処理プロセスとしてではなく，むしろ，周囲の環境や他者，さまざまなリソースと能動的に関わることによって組織化される社会構成的なプロセスとしてとらえる。

こうした理論的視座から，レイヴらは徒弟制度をもった工房や職人組織などを研究対象として，共同体への参加のプロセスに埋め込まれた学習のありようについて論じた。どのような個人もその共同体に身をおいた当初は「周辺的な」参加者でしかないが，やがて，中心メンバーの相互作用を眺めたり，自らもその中に加わったり，ときには中心メンバーとコンフリクト（衝突）を起こしたり，といったさまざまな文化的実践（cultural practice）に参加することによって，しだいにその共同体に特有の文化的意味を理解し，自らの内に取り込んでいく。そして，彼ら自身がやがて中心的な参加者となり，その共同体の文

COLUMN 19-1 日常の意思決定におけるセンス・メイキング

経営学者のドラッカーは、その代表的著作『マネジメント』の中で、欧米の経営者にとって受け入れがたい日本企業の特質の1つに「組織全体の合意が得られるまで徹底的に議論を重ね、合意が形成されてはじめて意思決定を下す」という点があると指摘した（Drucker, 1974）。ドラッカーによれば、日本人の意思決定において重要なのは、「答えを出す」ことではなく「問いを定義づける」ことである。日本人は、そもそも意思決定を下す必要があるのか、それは何について意思決定なのか、という2点を見極めることに重点をおき、このプロセスを通して合意を形成しようとする。欧米人は問いへの答えこそ意思決定だと考えているが、日本人からみれば、合意形成までのプロセスが意思決定の核心であり、問いへの答えは「問いの定義から自ずと導かれる」。

解釈学的な視点から独自の組織論を展開するワイクによれば、ドラッカーが描写した日本流の意思決定とは、実は組織における集合的なセンス・メイキング（sense-making）のプロセスにほかならない（Weick, 1979, 1995）。センス・メイキングとは、事象に対して「回顧的に」意味を付与することによって秩序を作り出そうとする努力の結果であり、単なる解釈（文脈に埋め込まれた意味を受動的に取り出す作業）を超えた、より能動的なプロセスである。「組織の人々は、自らを拘束する環境を自ら創造している」とワイクはいう。ドラッカーのいう欧米流の意思決定（ディシジョン・メイキング）が「実際の選択に迫られて一定の条件下でいくつかの行動案の中から1つを選ぶ問題」であるのに対し、センス・メイキングは、「（すでに得られた）結果に正当な歴史をあてはめる問題」として理解できる。ただし、ワイクはこれを日本固有の特質とは考えていない。

ワイクが依拠するガーフィンケルの議論の中でも、日常的な意思決定の場面ではしばしば「決定より前に結果がある」という指摘がなされている（Garfinkel, 1967）。ガーフィンケルは陪審員たちの意思決定場面を観察し、彼らが当該の犯罪に関する種々の情報を順序立てて検討したうえで意思決定を行っているとはいえないことを見いだした。陪審員たちは実際のところ、正しい決定（量刑など）を導く諸条件（被告の犯意の有無など）についてあらかじめ理解していたわけではなく、決定を下してはじめてその決定を正当化する諸条件を理解し、それらを回顧的に「事実」として認定したにすぎなかったという。ガーフィンケルを祖とし、ワイクによって精緻化されたセンス・メイキングの概念は、共同体に生きる人々が文化的実践を通じて社会的リアリティを構築していくプロセスを描き出す、1つの理論モデルだといえる。

化を維持し変容させる担い手となっていく。ここでの学習とは，知能や技能を個人が習得することではなく，共同体への参加を通して得られる役割の変化やプロセスそのものである。こうしたプロセスを含意した意味での学習者の共同体参加の形式を，レイヴとウェンガーは正統的周辺参加（legitimate peripheral participation）とよんでいる。また，共同体の人々が自らの文化的実践を意味づけるプロセスは，ワイクによるセンス・メイキング論とも深く関連している（Weick, 1979, 1995：COLUMN 19-1 参照）。

　同様の視点は，ハッチンス（Hutchins, 1990）や上野（1997, 1999）にも見いだされる。彼らの研究においては，文化とはあらかじめ存在する環境要因ではない。たとえば，ネパールの修理工房におけるフィールド研究（上野，1997）では，文化とは「ネパール文化」とラベルづけできるような対象ではなく，むしろ，工房，職人組織，工業技術社会等々の，多層的・変動的なものとして扱われる。上野は，それらの多層的な組織との関わり合いの中で，人々がいかにして修理技術を学習し，変化させ，伝播していくかを描き出そうとする。

(2) **組織文化の形成**　企業を舞台に，組織文化の形成プロセスを丹念に追ったエスノグラフィーもある。たとえばクンダ，G.（Kunda, 1992）は，1 年にわたる参与観察に基づき，従業員の自己概念や行動の中に埋め込まれた組織文化の様相について考察した。調査対象となったテック社（仮名）は，従業員の忠誠心と高い生産性を生み出す「強い文化」をもつ企業として知られていたが，その背景には，文化専門の担当者をおいて文化の維持と強化を図っているという事実があった。たとえば新規採用者向けの「文化講座」では，『文化運営マニュアル』や『テック用語集』をはじめとする多くの資料が配布され，「テック人とは何か」が語られていた。従業員たちは，文化を操作しようとする経営サイドのさまざまな試みに反発を覚えながらも，結局は巧みな誘導に乗せられ，やがて「テック人」たる自己に誇りをもって仕事に邁進し続けることになる。クンダの著書，『洗脳するマネジメント』（*Engineering culture*）には，こうした組織文化の形成プロセスが詳細に描かれている。

　上記はいずれも，組織・共同体における文化の生成や伝播のプロセスの「記述・分析」を目的として行われたフィールド研究の事例である。他方，研究者が積極的に現場に「介入」し，現場に生きる人々の文化を変容させることをめざしたアクション・リサーチ（action research）とよばれる領域もあり，心理学

の範疇にとどまらない学際的な研究活動として幅広く展開されている（COLUMN 19-2 参照）。

「名誉の文化」にみる文化の生態学的基盤とその維持

ニスベットとコーエンによれば，アメリカ南部の人々は北部に比べて「暴力的」であると長く考えられてきた。アメリカ司法省のデータに基づく分析の結果，最も過激な暴力である殺人の発生率は南部においてより高く，しかもその傾向は白人男性を加害者とした場合に限って明確に見いだされた。奴隷制，気温の高さ，経済格差，銃の所有率といった特性はこの傾向の説明因とはならなかったという（Nisbett & Cohen, 1996）。

ニスベットらは，南部出身または北部出身の男性が狭い廊下で見知らぬ相手（実はあらかじめ依頼した実験協力者）にぶつかられ，「くそったれ」とののしられるという状況を実験的に作り出し，彼らの感情や生理反応にどのような変化が生じるかを測定した。すると，南部出身者のほうが侮辱に対して怒りの感情をより強く表出し，攻撃行動を促進するホルモンの濃度を高めるという結果が得られた。ニスベットらはこうした知見をもとに考察を重ねたうえで，南部の白人男性の暴力性は彼らが有している**名誉の文化**（culture of honor）のゆえであると論じた。

名誉の文化とはいかなるものか。ニスベットらは，それを理解する助けとなる古いエピソードを紹介している。1930年代のルイジアナで，知人から繰り返し侮辱を受けていた男性がついにショットガンの引き金を引き，殺人の罪で裁かれることになったとき，12名の陪審員のうち11名が有罪評決に反対した。その理由は，「もしそいつらを撃たなかったとしたら，彼は男じゃない」というものだった。すなわち名誉の文化とは，個人的名誉の侵害への懸念や，そうした辱めに暴力で応じることを是とする暗黙の信念の共有を意味している。

ニスベットらは，この名誉の文化の源は牧畜を生業としてきた移民たちの共同体にあると考えている。牧畜社会は農耕社会に比して競争的であり，人々はこの生態環境に適応するために，自らが強い覚悟をもったタフな人間であることを周囲に知らしめる必要があったのかもしれない。無論この説明は1つの解釈にすぎず，さらに，現代のアメリカ南部はもはや牧畜社会とはいえない。しかし，ニスベットらは，文化はいったん定着するとそれ自体が持続的な性質をもつようになると指摘している。南部の白人男性にとって，いまもタフな人間

> **COLUMN 19-2 アクション・リサーチ**
>
> 　「アクション・リサーチ」という語を学術論文の中で初めて用いたのはレヴィンである（Lewin, 1946）。彼は，社会科学の最も重要な目的は社会や制度の改善に資することであるという信念に基づき，現場への介入活動を通じて共同体がかかえる問題の解決や向上をめざすという実践的研究の重要性を提唱した。以来，アクション・リサーチは，組織経営，教育，医療，福祉，国際協力，町づくり等々のさまざまな領域において進展してきた。
>
> 　アクション・リサーチャーを標榜する研究者が有する研究理念は一様ではなく，現場と一定の距離をおいて「客観的」な視点で問題を見極めようとする実証主義的な立場もあれば，現場に深く参与し，現場の人々との「共同実践」を通じた問題解決をめざす立場もある。ただしいずれの立場であれ，アクション・リサーチには，「問題を同定し，状況を診断して解決に向けてプランを練り，介入活動をして，活動の結果を評価し，そこで学んだことを次の介入活動のプランに生かす循環的なプロセスをたどる」という共通の流れがある（箕浦, 2009, 57頁）。このとき留意すべきなのは，何をもって現場の改善，すなわち「ベターメント」（betterment）とするかを見極める作業には，研究者を含めた当事者がもつ特定の価値基準が反映されるということである。その意味で，アクション・リサーチは価値中立的ではありえない。また，アクション・リサーチの基底には，「人々の現実認識の構造や見方を変えることで行動変容をめ

であることが高い社会的価値をもち，侮辱に対して暴力で応えなければ周囲から軽蔑されると彼らが信じている限り，名誉の文化は維持され続ける。コーエンはこうした考え方をさらに発展させ，ゲーム理論的な**均衡**（equilibrium）の観点も加えて，名誉の文化の継続メカニズムについて論じている（Vandello et al., 2008）。

社会生態学的アプローチ　名誉の文化研究以降，環境がどのように人間の心理・行動に影響するか，またそうして影響を受けた心理・行動がどのように環境に対してフィードバックを与えるかという相互構成のメカニズムを実証的に扱う「**社会生態学的アプローチ**（socio-ecological approach）」による研究が進展した（Oishi & Graham, 2010）。このアプローチでは，人間の心理過程や行動傾向を環境への適応の産物としてとらえる（Dun-

ざすプロセス」が含まれている。したがって研究者は,「日常を生きている人々から主体性を奪い去ることなく,その人々に研究成果を還元していくにはどうしたらよいか」を考えながら研究を推進する必要がある（箕浦,2009, 63頁）。研究を推進すること自体が現場での実践に再帰的に影響を及ぼすという自覚をもつことも重要である。

アクション・リサーチにおいては,当該の現場の人々に対して研究成果を還元するだけでなく,その成果を同じような事情をかかえる他の現場の人々に向けて発信することにも大きな意義がある。ローカルな現場と別のローカルな現場をつなぐ「インターローカリティ」の実現には,「生々しい記録をちょっとだけ一般化」することが求められる（杉万,2006）。

矢守らは,1995年の阪神・淡路大震災における神戸市職員たちの体験の記録を「クロスロード」という防災ゲームとして再構成した（矢守ら,2005）。完成したゲームは,防災学習のツールとして全国各地の自治体や教育現場で活発に用いられている。参加者はゲームを通じて災害時の意思決定に際する困難や葛藤を追体験し,自らの問題としてそれらに向き合う。矢守らの試みは,1つの現場での実践を地域や時間を越えて広範囲の人々へ受け渡すことを可能にしたという点で,きわめて意義深いアクション・リサーチといえる。

bar, 1998）。ここでいう環境には,生物全般にとっての適応対象たる自然環境（大陸の形状,緯度,気候など）のみならず,人間自身が作り出す種々の社会環境（生業,都市化の程度,社会関係の流動性など）も含まれる。

社会生態学的アプローチは,心理・行動傾向に文化差が生じる理由を当該の心理・行動傾向とは独立に測定可能な環境要因に求めることで,旧来の比較文化心理学が陥りがちだったトートロジカルな議論の限界を超えようとする（竹村・佐藤,2012）。ただし,生態環境やその歴史的経緯といった「究極因」を分析可能なデータとして把握することは容易ではない。さらに,それらの究極因がいかなるプロセスを経て社会構造や人間関係のありように影響を及ぼし,ひいては個々人の価値や信念ないし行動傾向を規定するに至ったか,また逆にそれらの個人の傾向が社会構造等にいかなる変化をもたらしたか,という社会的

伝達の総体を見極めるには，個人の認知データのみに依拠する旧来の心理学の方法論には限界がある。国や地域単位のマクロ・データと個人単位のマイクロ・データを階層的に扱うことで両者の関係を検討した大規模比較調査（Gelfand et al., 2011, Talhelm et al., 2014），特定の文化的慣習の生成・維持・変容過程をその地の生態環境や社会環境との関わりの中で追った事例研究（村本・遠藤，2015，2016）など，さまざまな方法論が模索されている。

多文化共生時代における「心と文化」へのアプローチ

文化人類学者のウォーフは，研究者たちが長く「西洋 vs. それ以外」の2分法にこだわり，多様な文化の相互の結びつきに注意を払ってこなかったことを批判的に論じた（Wolf, 1994）。ハーマンスとケンペンはウォーフの議論をふまえ，グローバル化する現代社会においては，いくつもの文化の結びつきによって，さまざまな領域で文化のハイブリッド化（hybridization）（Pieterse, 1995）が生じていると指摘した（Hermans & Kempen, 1998）。

多くの心理学者はこれまで，地理的な位置の違いに基づいて文化を比較してきた。しかしハーマンスらによれば，最近の社会人類学におけるエスノグラフィックな文化研究は，局所的な居住から「旅」（Clifford, 1997）による出会いへと着眼点を変えてきている。この立場の研究者たちは，アイデンティティーの形成と変容が，閉じた住まいの内側ではなく文化間の「交流の場（コンタクト・ゾーン）」において果たされると考えている。

異文化が出会い，交流する場として重要なのは，文化の中心部（コア）よりもむしろ周辺部である。たとえば，旅行中に出会った異文化集団との相互交渉，国際的な組織や施設における同僚間のコミュニケーション，移民や難民，亡命者を含む多様な文化間移動者の適応過程，さらには境界のないインターネット上のコミュニティにおける参加者の種々の実践などが，新たな研究の対象となりつつある。これらの研究においては，文化化の概念もより複雑なプロセスとしてとらえられる。従来の研究では文化Aから文化Bへの一方向的な移行だけが扱われてきたが，コンタクト・ゾーンにおいては，双方向的なコミュニケーションが多くの文化的集団を巻き込んで取り交わされることが想定されているからである。自己やアイデンティティーも，1つの文化の中での社会的発達の帰結として培われるものではなく，多様な文化的起源をもつマルチ・ボイスから構成される多層的な概念としてとらえ直すことが求められる。

「グローバリゼーション」は単なる文化の均一化（西洋化）ではなく，むしろ多様な文化の緩やかな結合と相互変容（文化的フロー：cultural flow）(Hannerz, 1992) のプロセスとしてとらえるべきである（Appadurai, 1990; Hannerz, 1992; Robertson, 1995 など）。内的に均質化した社会が単一の文化をもつという旧来の前提から脱却し，文化的フローの動的プロセスを探究することが，これからの社会心理学における文化研究の課題といえるだろう。

●●●

　本章では，文化に生きる子どもの発達プロセスや，文化間移動を経験した人のアイデンティティーの再構築プロセスを扱った研究，さらに，1つの地域や集団の中で文化が培われ，継承されていくダイナミックなプロセスに関わるフィールド研究などを概観した。異なった文化的背景をもつ人間同士が手を携えてともに生きることが求められるいま，単なる比較文化研究を越えて，より多彩なアプローチから文化と心の問題に迫る研究の蓄積がなされ，その成果が広く発信されることへの期待が高まっている。

BOOK GUIDE　●文献案内

トマセロ，M./大堀壽夫・中澤恒子・西村義樹・本多啓訳，2006『心とことばの起源を探る──文化と認知』シリーズ認知と文化 4，勁草書房
● 心理学，霊長類学，認知言語学といった多彩な領域で成果を挙げている著者ならではの視点で，心と文化の問題に多面的にアプローチする。

レイヴ，J.・ウェンガー，E./佐伯胖訳，1993『状況に埋め込まれた学習──正統的周辺参加』産業図書
● 学習を共同体における文化的実践のプロセスとしてとらえ直し，古典的学習理論に再考を迫る「状況的学習」の基本的な考え方について，5つの徒弟制度研究の事例を挙げながら丁寧に解説している。

ニスベット，R. E.・コーエン，D./石井敬子・結城雅樹編訳，2009『名誉と暴力──アメリカ南部の文化と心理』北大路書房
● アメリカ南部の男性たちの間にしばしばみられる暴力行動の理由を，この地に特有の生態学的基盤とそこで培われた文化的伝統に求めた興味深い論考。

石黒広昭・亀田達也編，2010『文化と実践──心の本質的社会性を問う』新曜社
● 心と文化・社会との相互構成関係を探究する3名の心理学者が互いに異なる自らの理論的視座を語り，さらに別の3名がコメンテーターとして議論を深める。

Chapter 19 ● 考えてみよう

❶ 「文化」とはなんだろうか。その豊富な概念を1つの定義でとらえることは難しく,それゆえ多くの議論を生んできた。心理学以外の学問領域において文化がどのように定義されてきたかを調べ,比較検討してみよう。

❷ 本章でみた韓国の「恨」以外に,特定の文化に固有の感情として知られている概念にはどのようなものがあるか,またそれらがどのように論じられてきたか,調べてみよう。

❸ 自分の周囲にいる留学生や海外生活を経験した友人などに,文化間移動の経験をどのようにとらえているか,インタビューしてみよう。彼らの文化受容のプロセスは,本章の議論と一致しているだろうか。

引用文献

◆A

Aarts, H., Custers, R., & Holland, R. W. (2007) The nonconscious cessation of goal pursuit: When goals and negative affect are coactivated. *Journal of Personality and Social Psychology*, 92, 165-178.

Aarts, H., Gollwitzer, P. M., & Hassin, R. R. (2004) Goal contagion: Perceiving is for pursuing. *Journal of Personality and Social Psychology*, 87, 23-37.

相田真彦・池田謙一 (2007)「マスメディアのパワーはいずこに――微力な効果としての強力効果論」池田謙一編『政治のリアリティと社会心理――平成小泉政治のダイナミックス』木鐸社, pp. 265-289.

Ajzen, I. (1991) The theory of planned behavior. *Organizational Behavior and Human Decision Processes*, 50, 179-211.

Allen, N. J., & Meyer, J. P. (1990) Organizational socialization tactics: A longitudinal analysis of links to newcomers' commitment and role orientation. *Academy of Management Journal*, 33, 847-858.

Allen, V. L. (1965) Situational factros in conformity. In L. Berkowitz (Ed.), *Advances in experimental social psychology*. Vol. 8. Academic Press, pp. 133-175.

Allport, G. W. (1954) *The nature of prejudice*. Addison-Wesley.（原谷達夫・野村昭訳, 1968『偏見の心理』培風館）

Allport, G. W., & Postman, L. (1947) *The psychology of rumor*. Henry Holt.（南博訳, 1952/2008『デマの心理学』岩波書店）

Almond, G. A., & Verba, S. (1963) *The civic culture: Political attitude and democracy in five nations*. Princeton University Press.（石川一雄ほか訳, 1974『現代市民の政治文化――五ヶ国における政治的態度と民主主義』勁草書房）

Alter, A. L., & Oppenheimer, D. M. (2009) Uniting the tribes of fluency to form a metacognitive nation. *Personality and Social Psychology Review*, 13, 219-235.

Ambady, N., & Rosenthal, R. (1993) Half a minute: Predicting teacher evaluations from thin slices of nonverbal behavior and physical attractiveness. *Journal of Personality and Social Psychology*, 64, 431-441.

Ames, D. R. (2004) Inside the mind reader's tool kit: Projection and stereotyping in mental state inference. *Journal of Personality and Social Psychology*, 87, 340-353.

Amir, Y. (1969) Contact hypothesis in ethnic relations. *Psychological Bulletin*, 71, 319-342.

安藤香織 (2008)「コミュニケーションにより環境行動を広める」広瀬幸雄編『環境行動の社会心理学――環境に向き合う人間のこころと行動』北大路書房, pp. 52-61.

Antonnucci, T. C., & Akiyama, H. (1987) Social networks in adult life and a preliminary examination of the convoy model. *Journal of Gerontology*, 42, 519-27.

青木幸弘・電通ブランドプロジェクトチーム (1999)『ブランド・ビルディングの時代』電通

Appadurai, A. (1990) Disjuncture and difference in the global cultural economy. In M. Featherstone (Ed.), *Global culture: Nationalism, globalization, and modernity*. Sage, pp. 295-310.

Argyle, M., & Ingham, R. (1972) Gaze, mutual gaze, and proximity. *Semiotica*, 6, 32-49.

Arneil, B. (2006) *Diverse communities: The problem with social capital*. Cambridge University Press.

Aron, A., Aron, E. N., Tudor, M., & Nelson, G. (1991) Close relationships as including other in the

self. *Journal of Personality and Social Psychology*, 60, 241-253.
Aronson, E., & Mills, J. (1959) The effect of severity of initiation on liking for a group. *Journal of Abnormal and Social Psychology*, 59, 173-177.
Aronson, J., Lustina, M., Good, C., Keough, K., Steele, C., & Brown, J. (1999) When White men can't do math: Necessary and sufficient factors in stereotype threat. *Journal of Experimental Social Psychology*, 35, 29-46.
浅井暢子（2006）「所属集団に対する差別・優遇が原因帰属に与える影響」『心理学研究』77, 317-324.
Asch, S. E. (1952) *Social psychology*. Prentice Hall.
Axelrod, R. (1984) *The evolution of cooperation*. Basic Books.（松田裕之訳，1988『つきあい方の科学――バクテリアから国際関係まで』ミネルヴァ書房）
Axelrod, R. (1997) The dissemination of culture: A model with local convergence and global polarization. *Journal of Conflict Resolution*, 41, 203-226.
Axsom, D., & Cooper, J. (1985) Cognitive dissonance and psychotherapy: The role of effort justification in inducing weight loss. *Journal of Experimental Social Psychology*, 21, 149-160.
東洋（1994）『日本人のしつけと教育――発達の日米比較にもとづいて』シリーズ人間の発達12, 東京大学出版会
東洋・柏木惠子・Hess, R. D.（1981）『母親の態度・行動と子どもの知的発達――日米比較研究』東京大学出版会

◆B

Baldwin, M. W., Carrell, S. E., & Lopez, D. F. (1990) Priming relationship schemas: My advisor and the Pope are watching me from the back of my mind. *Journal of Experimental Social Psychology*, 26, 435-454.
Bales, R. F. (1950) *Interaction process analysis: A method for the study of small groups*. Addison-Wesley.
Bales, R. F., & Cohen, S. P. (1979) *SYMLOG: A system for multiple level observations of groups*. Free Press.
Banuazizi, A., & Movahedi, S. (1975) Interpersonal dynamics in a simulated prison: A methodological analysis. *American Psychologist*, 30, 152-160.
Barber, B. M., & Odean, T. (2001) Boys will be boys: Gender, overconfidence, and common stock investment. *The Quarterly Journal of Economics*, 116, 261-292.
Bargh, J. A., Bond, R. N., Lombardi, W. J., & Tota, M. E. (1986) The additive nature of chronic and temporary source of construct accessibility. *Journal of Personality and Social Psychology*, 50, 869-878.
Bargh, J. A., Chen, M., & Burrows, L. (1996) Automaticity of social behavior: Direct effects of trait construct and stereotype activation on action. *Journal of Personality and Social Psychology*, 71, 230-244.
Bargh, J. A., Gollwitzer, P. M., Lee-Chai, A., Barndollar, K., & Trötschel, R. (2001) The automated will: Nonconscious activation and pursuit of behavioral goals. *Journal of Personality and Social Psychology*, 81, 1014-1027.
Barnard, C. I. (1938) *The functions of the executive*. Harvard University Press.（山本安次郎・田杉競・飯野春樹訳，1968『経営者の役割』〔新訳版〕ダイヤモンド社）
Baron, R. S. (2005) So right it's wrong: Groupthink and the ubiquitous nature of polarized group decision making. *Advances in Experimental Social Psychology*, 37, 219-253.
Bartholomew, K., & Horowitz, L. M. (1991) Attachment styles among young adults: A test of a four-category model. *Journal of Personality and Social Psychology*, 61, 226-244.

Batson, C. D., Duncan, B. D., Ackerman, P., Buckley, T., & Birch, K. (1981) Is empathic emotion a source of altruistic motivation? *Journal of Personality and Social Psychology*, **40**, 290-302.
Baumeister, R. F., Bratslavsky, E., Muraven, M., & Tice, D. M. (1998) Ego depletion: Is the active self a limited resource? *Journal of Personality and Social Psychology*, **74**, 1252-1265.
Becker, H. S. (1960) Notes on the concept of commitment. *American Journal of Sociology*, **66**, 32-40.
Bikhchandani, S., Hirshleifer, D., & Welch, I. (1992) A theory of fads, fashion, custom and cultural change as informational cascades. *Journal of Political Economy*, **100**, 992-1026.
Blake, R. R., & Mouton, J. S. (1964) *The managerial grid: Key orientations for achieving production through people*. Gulf. (上野一郎監訳, 1965 『期待される管理者像』産業能率短期大学出版部)
Blaney, P. H. (1986) Affect and memory: A review. *Psychological Bulletin*, **99**, 229-246.
Bodenhausen, G. V., Kramer, G. P., & Susser, K. (1994) Happiness and stereotypic thinking in social judgment. *Journal of Personality and Social Psychology*, **66**, 621-632.
Bodin, D. (2003) *Le hooliganisme*. Presses Universitaires de France. (陣野俊史・相田淑子訳, 2005 『フーリガンの社会学』白水社)
Bolger, N., DeLongis, A., Kessler, R. C., & Wethington, E. (1989) The contagion of stress across multiple roles. *Journal of Marriage and the Family*, **51**, 175-183.
Bond, M. H., & Cheung, T. S. (1983) College students' spontaneous self-concept: The effect of culture among respondents in Hong Kong, Japan and the United States. *Journal of Cross-cultural Psychology*, **14**, 153-171.
Bond, M. H., Leung, K., & Wan, K. C. (1982) How does cultural collectivism operate? The impact of task and maintenance contributions on reward distribution. *Journal of Cross-cultural Psychology*, **13**, 186-200.
Bornstein, R. F. (1989) Exposure and affect: Overview and meta-analysis of research, 1968-1987. *Psychological Bulletin*, **106**, 265-289.
Bouckaert, G., & Van de Walle, S. (2003) Quality of public service delivery and trust in government. In G. Bouckaert, & S. Van de Walle (Eds.), *Governing networks: EGPA yearbook*. IOS Press, pp. 299-318.
Bower, G. H. (1981) Mood and memory. *American Psychologist*, **36**, 129-148.
Bowlby, J. (1969) *Attachment and Loss*. Vol. 1. *Attachment*. Basic Books.
Bransford, J. D., & Johnson, M. K. (1972) Contextual prerequisites for understanding: Some investigations of comprehension and recall. *Journal of Verbal Learning & Verbal Behavior*, **11**, 717-726.
Brewer, M. B. (1979) In-group bias in the minimal intergroup situation: A cognitive-motivational analysis. *Psychological Bulletin*, **86**, 307-324
Brewer, M. B. (1988) A dual process model of impression formation. In T. K. Srull, & R. S. Wyer (Eds.), *Advances in social cognition*. Vol. 1. Lawrence Erlbaum, pp. 1-36.
Brewer, M. B. (1991) The social self: On being the same and different at the same time. *Personality and Social Psychology Bulletin*, **17**, 475-482.
Brewer, M. B., & Kramer, R. M. (1986) Choice behavior in social dilemmas: Effects of social identity, group size, and decision framing. *Journal of Personality and Social Psychology*, **50**, 543-549.
Brewer, M. B., & Miller, N. N. (1984) Beyond the contact hypothesis: Theoretical perspectives on desegregation. In N. Miller, & M. B. Brewer (Eds.), *Groups in contact: The psychology of desegregation*. Academic Press, pp. 281-302.
Brickman, P., & Bulman, R. J. (1977) Pleasure and pain in social comparison. In J. M. Suls, & R. L. Miller (Eds.), *Social comparison processes: Theoretical and empirical perspectives*. McGraw-Hill, pp. 209-234.
Brown, J. D. (1986) Evaluations of self and others: Self-enhancement biases in social judgments. *Social Cognition*, **4**, 353-376.

Brown, P., & Levinson, S. C. (1978) Universals in language usage: Politeness phenomena. In E. N. Goody (Ed.), *Questions and politeness: Strategies in social interaction.* Cambridge University Press, pp. 56-311.

Brown, R. (1988) *Group processes: Dynamics within and between groups.* Blackwell.

Brown, R. W. (1954) Mass phenomena. In G. Lindzey (Ed.), *Handbook of social psychology.* Vol. 2. Addison-Wesley, pp. 833-876.

Bruner, J. (1990) *Acts of meaning.* Harvard University Press.

Buehler, R., & Griffin, D. (2003) Planning, personality, and prediction: The role of future focus in optimistic time predictions. *Organizational Behavior and Human Decision Processes,* **92**, 80-90.

Buehler, R., Griffin, D., & Ross, M. (1994) Exploring the "Planning fallacy": Why people underestimate their task completion times. *Journal of Personality and Social Psychology,* **67**, 366-381.

Burger, J. M. (2009) Replicating Milgram: Would people still obey today? *American Psychologist.* **64**, 1-11.

Burnstein, E., Crandall, C., & Kitayama, S. (1994) Some neo-Darwinian decision rules for altruism: Weighing cues for inclusive fitness as a function of the biological importance of the decision. *Journal of Personality and Social Psychology,* **67**, 773-789.

Burt, R. S. (1984) Network items and the general social survey. *Social Networks,* **6**, 293-339.

Burt, R. S. (1992) *Structural holes: The social structure of competition.* Harvard University Press.

Burt, R. S. (2005) *Brokerage and closure: An introduction to social capital.* Oxford University Press.

Buss, D. M. (1989) Sex differences in human mate preferences: Evolutionary hypotheses tested in 37 countries. *Behavioral and Brain Sciences,* **12**, 1-49.

Buss, D. M., & Kenrick, D. T. (1998) Evolutionary social psychology. In D. T. Gilbert, S. T. Fiske, & G. Lindzey (Eds.), *The handbook of social psychology.* Vol. 2. (4th ed.) McGraw-Hill, pp. 982-1026.

Byrne, D., & Nelson, D. (1965) Attraction as a linear function of proportion of positive reinforcements. *Journal of Personality and Social Psychology,* **1**, 659-663.

C

Cadinu, M. R., & Cerchioni, M. (2001) Compensatory biases after ingroup threat: "Yeah, but we have a good personality". *European Journal of Social Psychology,* **31**, 353-367.

Campbell, D. T. (1958) Common fate, similarity, and other indices of the status of aggregates of persons as social entities. *Behavioral Sciences,* **3**, 14-25.

Cartwright, D. (1968) The nature of group cohesiveness. In D. Cartwright, & A. Zander (Eds.), *Group dynamics: Research and theory.* (3rd ed.) Tavistock, pp. 91-109.

Cartwright, D., & Zander, A. (1960) *Group dynamics: Research and theory.* (2nd ed.) Row Peterson.

Chaiken, S., Liberman, A., & Eagly, A. H. (1989) Heuristic and systematic processing within and beyond the persuasion context. In J. S. Uleman, & J. A. Bargh (Eds.), *Unintended thought.* Guilford Press, pp. 212-252.

Chaiken, S., & Maheswaran, D. (1994) Heuristic processing can bias systematic processing: Effects of source credibility, argument ambiguity, and task importance on attitude judgment. *Journal of Personality and Social Psychology,* **66**, 460-473.

Chartrand, T. L., & Bargh, J. A. (1999) The chameleon effect: The perception-behavior link and social interaction. *Journal of Personality and Social Psychology,* **76**, 893-910.

Chartrand, T. L., Dalton, A. N., Cheng, C. M., (2008) The antecedents and consequences of nonconscious goal pursuit. In J. Y. Shah, & W. L. Gardner (Eds.), *Handbook of motivation science.* Guilford Press, pp. 342-355.

Cheng, C. M., & Chartrand, T. L. (2003) Self-monitoring without awareness: Using mimicry as a nonconscious affiliation strategy. *Journal of Personality and Social Psychology*, **85**, 1170-1179.

Chiao, J. Y., & Ambady, N. (2007) Cultural neuroscience: Parsing universality and diversity across levels of analysis. In Kitayama, S. & Cohen, D. (Eds.) *Handbook of cultural psychology*, Guilford Press, pp. 237-254.

Chiao, J. Y., & Blizinsky, K. D. (2010) Culture-gene coevolution of individualism-collectivism and the serotonin transporter gene. *Proceedings of the Royal Society B*, **277**, 529-537.

Chu, Y., Diamond, L., Nathan, A. J., & Shin, D. C. (Eds.) (2008) *How East Asians view democracy*. Columbia University Press.

Clark, H. H. (1996) *Using language*. Cambridge University Press.

Clark, M. S., & Mills, J. (1979) Interpersonal attraction in exchange and communal relationships. *Journal of Personality and Social Psychology*, **37**, 12-24.

Clifford, J. (1997) *Routes: Travel and translation in the late twentieth century*. Harvard University Press.

Cohen, C. E. (1981) Person categories and social perception: Testing some boundaries of the processing effect of prior knowledge. *Journal of Personality and Social Psychology*, **40**, 441-452.

Cohen, G. L., Aronson, J., & Steele, C. M. (2000) When beliefs yield to evidence: reducing biased evaluation by affirming the self. *Personality and Social Psychology Bulletin*, **26**, 1151-1164.

Cole, M. (1996) *Cultural psychology: A once and future discipline*. Harvard University Press.

Collins, A. M., & Loftus, E. F. (1975) A spreading-activation theory of semantic processing. *Psychological Review*, **82**, 407-428.

Colvin, C. R., & Block, J. (1994) Do positive illusions foster mental health? An examination of the Taylor and Brown formulation. *Psychological Bulletin*, **116**, 3-20.

Copeland, J. T. (1994) Prophecies of power: Motivational implications of social power for behavioral confirmation. *Journal of Personality and Social Psychology*, **67**, 264-277.

Cota, A. A., Evans, C. R., Dion, K. L., Kilik, L., & Longman, R. S. (1995) The structure of group cohesion. *Personality and Social Psychology Bulletin*, **21**, 572-580.

Cousins, S. (1989) Culture and selfhood in Japan and the US. *Journal of Personality and Social Psychology*, **56**, 124-131.

Cuddy, A. J. C., Fiske, S. T., & Glick, P. (2007) The BIAS map: Behaviors from intergroup affect and stereotypes. *Journal of Personality and Social Psychology*, **92**, 631-648.

Cummings, J. N., Sproull, L., & Kiesler, S. B. (2002) Beyond hearing: Where real-world and online support meet. *Group Dynamics: Theory, Research, and Practice*, **6**, 78-88.

Custers, R., & Aarts, H. (2007) Goal-discrepant situations prime goal-directed actions if goals are temporarily or chronically accessible. *Personality and Social Psychology Bulletin*, **33**, 623-633.

◆D

Dalton, R. J. (1988) *Citizen politics in Western democracies: Public opinion and political parties in the United States, Great Britain, West Germany, and France*. Chatham House.

Dalton, R. J. (2002) *Citizen politics: Public opinion and political parties in advanced industrial democracies*. (3rd ed.) Chatham House.

D'Andrade, R. G. (1984) Cultural meaning systems. In R. Shweder, & R. LeVine (Eds.), *Culture theory*. Cambridge University Press, pp. 88-119.

Darley, J. M., & Gross, P. H. (1983) A hypothesis-confirming bias in labeling effects. *Journal of Personality and Social Psychology*, **44**, 20-33.

Darwin, C. (1872) *The expression of emotions in man and animals*. University of Chicago Press. (repriated in 1965)

Dasgupta, N., & Asgari, S. (2004) Seeing is believing: Exposure to counterstereotypic women leaders and its effect on the malleability of automatic gender stereotyping. *Journal of Experimental Social Psychology*, 40, 642-658.

Delli Carpini, M. X., & Williams, B. A. (1994) Methods, metaphors, and media research: The uses of television in political conversation. *Communication Research*, 21, 782-812.

Denmark, F. L., Shaw, J. S., & Ciali, S. D. (1985) The relationship among sex roles, living arrangements and the division of household responsibilities. *Sex Roles*, 12, 617-625.

電通「クロスメディア開発プロジェクト」チーム (2008)『クロスイッチ——電通式クロスメディアコミュニケーションのつくりかた』ダイアモンド社

DePaulo, B. M. (1994) Spotting lies: Can humans learn to do better? *Current Directions in Psychological Science*, 3, 83-86.

DePaulo, B. M., & Coleman, L. M. (1986) Talking to children, foreigners, and retarded adults. *Journal of Personality and Social Psychology*, 51, 945-959.

Derks, B., van Laar, C., & Ellemers, N. (2006) Striving for success in outgroup settings: Effects of contextually emphasizing ingroup dimensions on stigmatized group members' social identity and performance styles. *Personality and Social Psychology Bulletin*. 32, 576-588.

DeSteno, D., Dasgupta, N., Bartlett, M. Y., & Cajdric, A. (2004) Prejudice from thin air: The effect of emotion on automatic intergroup attitudes. *Psychological Science*, 15, 319-324.

Deutsch, M., & Gerard, H. B. (1955) A study of normative and informational social influences upon individual judgment. *Journal of Abnormal and Social Psychology*, 51, 629-636.

Devine, P. G. (1989) Stereotypes and prejudice: Their automatic and controlled components. *Journal of Personality and Social Psychology*, 56, 5-18.

Dijksterhuis, A., Aarts, H., Bargh, J. A., & van Knippenberg, A. (2000) On the relation between associative strength and automatic behavior. *Journal of Experimental Social Psychology*, 36, 531-544.

Dijksterhuis, A., Chartrand, T. L., Aarts, H., & Bargh, J. A. (2007) Effects of priming and perception on social behavior and goal pursuit. In J. A. Bargh (Ed.), *Social psychology and the unconscious: The automaticity of higher mental processes*. Psychology Press, pp. 51-131.

Dijksterhuis, A., Spears, R., Postmes, T., Stapel, D., Koomen, W., van Knippenberg, A., & Scheepers, D. (1998) Seeing one thing and doing another: Contrast effects in automatic behavior. *Journal of Personality and Social Psychology*, 75, 862-871.

Dijksterhuis, A., & van Knippenberg, A. (1998) The relation between perception and behavior, or how to win a game of trivial pursuit. *Journal of Personality and Social Psychology*, 74, 865-877.

Dillard, A. J., McCaul, K. D., & Magnan, R. E. (2005) Why is such a smart person like you smoking? Using self-affirmation to reduce defensiveness to cigarette warning labels. *Journal of Applied Biobehavioral Research*, 10, 165-182.

土場学・篠木幹子編 (2008)『個人と社会の相克——社会的ジレンマ・アプローチの可能性』ミネルヴァ書房

土居健郎 (1971)『甘えの構造』弘文堂

Dovidio, J. F., & Gaertner, S. L. (2004) Aversive racism. In M. P. Zanna (Ed.), *Advances in experimental social psychology*. Vol. 36. Academic Press, pp. 1-52.

Downey, G., Freitas, A. L., Michaelis, B., & Khouri, H. (1998) The self-fulfilling prophecy in close relationships: Rejection sensitivity and rejection by romantic partners. *Journal of Personality and Social Psychology*, 75, 545-560.

Drucker, P. F. (1974) *Management: Tasks, responsibilities, practices*. Harper & Row.(有賀裕子訳, 2008『マネジメントⅢ——務め、責任、実践』日経BP社)

Dunbar, R. I. M. (1998) The social brain hypothesis. *Evolutionary Anthropology*, 6, 178-190.

Dunning, D., Meyerowitz, J. A., & Holzberg, A. D. (1989) Ambiguity and self-evaluation: The role of idiosyncratic trait definitions in self-serving assessments of ability. *Journal of Personality and Social Psychology*, 57, 1082-1090.

Dutton, D. G., & Aron, A. P. (1974) Some evidence for heightened sexual attraction under conditions of high anxiety. *Journal of Personality and Social Psychology*, 30, 510-517.

◆E

Eagly, A. H., & Chaiken, S. (1993) *The psychology of attitudes*. Harcourt Brace Jovanovich.

Eagly, A. H., & Chaiken, S. (1998) Attitude structure and function. In D. T. Gilbert, S. T. Fiske, & G. Lindzey (Eds.), *The Handbook of social psychology*. Vol. 1. (4th ed.) McGraw-Hill, pp. 269-322.

Eagly, A. H., & Wood, W. (1999) The origin of sex differences in human behavior: Evolved dispositions versus social roles. *American Psychologist*, 54, 408-423.

Edy, J. A., & Meirick, P. C. (2007) Wanted, dead or alive: Media frames, frame adoption, and support for the war in Afghanistan. *Journal of Communication*, 57, 119-141.

Ekman, P. (1972) Universals and cultural differences in facial expression of emotions. In J. Cole (Ed.), *Nebraska symposium on motivation*. Vol. 19. University of Nebraska Press, pp. 207-282.

遠藤薫編 (2004)『インターネットと「世論」形成——間メディア的言説の連鎖と抗争』東京電機大学出版局

Epley, N., & Gilovich, T. (2006) The anchoring-and-adjustment heuristic: Why the adjustments are insufficient. *Psychological Science*, 17, 311-318.

Erber, R., & Erber, M. W. (1994) Beyond mood and social judgment: Mood incongruent recall and mood regulation. *European Journal of Social Psychology*, 24, 79-88.

Erber, R., Wegner, D. M., & Therriault, N. (1996) On being cool and collected: Mood regulation in anticipation of social interaction. *Journal of Personality and Social Psychology*, 70, 757-766.

Esser, J. K. (1998) Alive and well after 25 years: A review of groupthink research. *Organizational Behavior and Human Decision Processes*, 73, 116-141.

Esser, J. K., & Lindoerfer, J. L. (1989) Groupthink and the space shuttle challenger accident: Toward a quantitative case analysis. *Journal of Behavioral Decision Making*, 2, 167-177.

Esses, V. M., & Zanna, M. P. (1995) Mood and the expression of ethnic stereotypes. *Journal of Personality and Social Psychology*, 69, 1052-1068.

◆F

Fast, N. J., Heath, C., & Wu, G. (2009) Common ground and cultural prominence: How coversation reinforces culture. *Psychological Science*, 20, 904-911.

Fazio, R. H. (1990) Multiple processes by which attitudes guide behavior: The MODE model as an integrative framework. In M. P. Zanna (Ed.), *Advances in experimental social psychology*. Vol. 23. Academic Press, pp. 75-109.

Fazio, R. H., Sanbonmatsu, D. M., Powell, M. C., & Kardes, F. R. (1986) On the automatic activation of attitudes. *Journal of Personality and Social Psychology*, 50, 229-238.

Fein, S., Hilton, J. L., & Miller, D. T. (1990) Suspicion of ulterior motivation and the correspondence bias. *Journal of Personality and Social Psychology*, 58, 753-764.

Fein, S., & Spencer, S. J. (1997) Prejudice as self-image maintenance: Affirming the self through derogating others. *Journal of Personality and Social Psychology*, 73, 31-44.

Feingold, A. (1988) Matching for attractiveness in romantic partners and same-sex friends: A meta-analysis and theoretical critique. *Psychological Bulletin*, 104, 226-235.

Feingold, A. (1992) Good-looking people are not what we think. *Psychological Bulletin*, 111, 304-341.

Ferguson, C. A. (1979) Baby talk as a simplified register. In C. E. Snow, & C. A. Ferguson (Eds.),

Talking to children: Language input and acquisition. Cambridge University Press, pp. 209-235.

Ferguson, C. K., & Kelley, H. H. (1964) Significant factors in overevaluation of own-group's products. *Journal of Abnormal and Social Psychology*, 69, 223-228.

Fernald, A., & Morikawa, H. (1993) Common themes and cultural variations in Japanese and American mothers' speech to infants. *Child Development*, 64, 637-656.

Festinger, L. (1957) *A theory of cognitive dissonance*. Stanford University Press. (末永俊郎監訳, 1965『認知的不協和の理論――社会心理学序説』誠信書房)

Festinger, L., & Carlsmith, J. M. (1959) Cognitive consequences of forced compliance. *Journal of Abnormal and Social Psychology*, 58, 203-210.

Festinger, L., Schachter, S., & Back, K. (1950) *Social pressures in informal groups: A study of human factors in housing*. Stanford University Press.

Fiedler, F. E. (1967) *A theory of leadership effectiveness*. McGraw-Hill. (山田雄一監訳, 1970『新しい管理者像の探究』産業能率短期大学出版部)

Fincham, F. D., Bradbury, T. N., & Grych, J. H. (1990) Conflict in close relationships: The role of intrapersonal phenomena. In S. Graham, & V. S. Folkes (Eds.), *Attribution theory: Application to achievement, mental health, and interpersonal conflict*. Lawrence Erlbaum, pp. 161-184.

Fiorina, M. P. (1981) *Retrospective voting in American national elections*. Yale University Press.

Fishbein, M., & Ajzen, I. (1975) *Belief, attitude, intention, and behavior: An introduction to theory and research*. Addison-Wiley.

Fiske, S. T., Cuddy, A. J. C., & Glick, P. (2007) Universal dimensions of social cognition: Warmth and competence. *Trends in Cognitive Science*, 11, 77-83.

Fiske, S. T., Cuddy, A. J. C., Glick, P., & Xu, J. (2002) A model of (often mixed) stereotype content: Competence and warmth respectively follow from perceived status and competition. *Journal of Personality and Social Psychology*, 82, 878-902.

Fiske, S. T., & Neuberg, S. L. (1990) A continuum of impression formation, from category-based to individuating processes: Influences of information and motivation on attention and interpretation. In M. Zanna (Ed.), *Advances in experimental social psychology*. Vol. 23. Academic Press, pp. 1-74.

Fiske, S. T., & Taylor, S. E. (2008) *Social cognition, from brains to culture*. McGraw-Hill. (宮本聡介・唐沢穣・小林知博・原奈津子編訳, 2013『社会的認知研究――脳から文化まで』北大路書房)

Fitzsimons, G. M., & Bargh, J. A. (2003) Thinking of you: Nonconscious pursuit of interpersonal goals associated with relationship partners. *Journal of Personality and Social Psychology*, 84, 148-164.

Fleishman, E. A., & Harris, E. F. (1962) Patterns of leadership behavior related to employee grievances and turnover. *Personnel Psychology*, 15, 43-56.

Fong, G. T., & Markus, H. (1982) Self-schemas and judgments about others. *Social Cognition*, 1, 191-204.

Forgas, J. P., (2001) The Affect Infusion Model (AIM): An integrative theory of mood effects on cognition and judgments. In L. L. Martin, & G. L. Clore (Eds.), *Theories of mood and cognition: A user's guidebook*. Lawrence Erlbaum, pp. 99-134.

Forgas, J. P., & Bower, G. H. (1987) Mood effects on person-perception judgments. *Journal of Personality and Social Psychology*, 53, 53-60.

Forgas, J. P., Bower, G. H., & Krantz, S. E. (1984) The influence of mood on perceptions of social interactions. *Journal of Experimental Social Psychology*, 20, 497-513.

Frank, R. (1988) *Passions within reason: The strategic role of the emotions*. Norton. (山岸俊男監訳, 1995『オデッセウスの鎖――適応プログラムとしての感情』サイエンス社)

Freedman, J. L., & Sears, D. O. (1965) Selective exposure. In L. Berkowitz (Ed.), *Advances in experimental social psychology*. Vol. 2. Academic Press, pp. 57-97.

French, J. R. P., Jr., & Raven, B.（1959）The bases of social power. In D. Cartwright（Ed.）, *Studies in social power*. Institute for Social Research, pp. 150-167.
Furnham, A. F.（1988）*Lay theories: Everyday understanding of problems in the social sciences*. Pergamon Press.（細江達郎監訳/田名場忍・田名場美雪訳，1992『しろうと理論――日常性の社会心理学』北大路書房）
古田博司（1995）『朝鮮民族を読み解く――北と南に共通するもの』筑摩書房
Fussell, S. R., & Krauss, R. M.（1989）The effects of intended audience on message production and comprehension: Reference in a common ground framework. *Journal of Experimental Social Psychology*, **25**, 203-219.

◆G

Gaertner, S. L., & Dovidio, J. F.（2000）*Reducing intergroup bias: The common ingroup identity model*. Psychology Press.
Garfinkel, H.（1967）*Studies in ethnomethodology*. Polity Press.
Gelfand, M., et al.（2011）Differences between tight and loose cultures: A 33-nation study. *Science*, **332**, 1100-1104.
原子力安全委員会ウラン加工工場臨界事故調査委員会（1999）『ウラン加工工場臨界事故調査委員会報告』
Georgas, J., Berry, J., van de Vrijver, F., Poortinga, Y. H., & Kagitçibasi, C.（Eds.）（2006）*Families across cultures: A 30-nation psychological study*. Cambridge University Press.
Gerbner, G., & Gross, L.（1976）Living with television: The violence profile. *Journal of Communication*, **26**, 173-199.
Gergen, K.（1999）*An invitation to social construction*. Sage.
Gibbons, F. X., & Gerrard, M.（1991）Downward social comparison and coping with threat. In J. M. Suls, & T. A. Wills（Eds.）, *Social comparison: Contemporary theory and research*. Lawrence Erlbaum, pp. 317-345.
Gibson, J. J.（1979）*The ecological approach to visual perception*. Houghton Mifflin.
Gilbert, D. T., & Hixon, J. G.（1991）The trouble of thinking: Activation and application of stereotypic beliefs. *Journal of Personality and Social Psychology*, **60**, 509-517.
Gilbert, D. T., & Malone, P. S.（1995）The correspondence bias. *Psychological Bulletin*, **117**, 21-38.
Gilbert, D. T., Pinel, E. C., Wilson, T. D., Blumberg, S. J., & Wheatley, T. P.（1998）Immune neglect: A source of durability bias in affective forecasting. *Journal of Personality and Social Psychology*, **75**, 617-638.
Giles, H., & Coupland, N.（1991）*Language: Contexts and consequences*. Open University Press.
Gilovich, T., Medvec, V. H., & Savitsky, K.（2000）The spot light effect in social judgment: An egocentric bias in estimates of the salience of one's own action and appearance. *Journal of Personality and Social Psychology*, **78**, 211-222.
Giner-Sorolla, R.（2012）Science or art? How aesthetic standards grease the way through the publication bottleneck but undermine science. *Perspectives on Psychological Science*, **7**, 562-571.
Goldstein, D. G., & Gigerenzer, G.（2002）Models of ecological rationality: The recognition heuristic. *Psychological Review*, **109**, 75-90.
Gosling, S. D., Ko, S. J., Mannarelli, T., & Morris, M. E.（2002）A room with a cue: Personality judgments based on offices and bedrooms. *Journal of Personality and Social Psychology*, **82**, 379-398.
Goto, S. G., Ando, Y., Huang, C., Yee, A., & Lewis, R. S.（2010）Cultural differences in the visual processing of meaning: Detecting incongruities between background and foreground objects using the N400. *Social, Cognitive, and Affective Neuroscience*, **5**, 242-253.
Granovetter, M.（1974）*Getting a job: A study of contacts and careers*. University of Chicago Press.

Granovetter, M. (1978) Threshold models of collective behavior. *American Journal of Sociology* **83**, 1420-1443.

Greenberg, B. S. (1964) Diffusion of Kennedy assassination. *Public Opinion Quarterly*, **28**, 225-232.

Greenwald, A. G., McGhee, D. E., & Schwartz, J. L. K. (1998) Measuring individual differences in implicit cognition: The implicit association test. *Journal of Personality and Social Psychology*, **74**, 1464-1480.

Grice, H. P. (1975) Logic and conversation. In P. Cole, & J. L. Morgan (Eds.), *Syntax and semantics 3: Speech acts*. Academic Press, pp. 41-58.

Guth, W. (1995) On ultimatum bargaining experiments: A personal review. *Journal of Economic Behavior and Organization*, **27**, 329-344.

◆H

Hamilton, D. L., & Gifford, R. K. (1976) Illusory correlation in interpersonal perception: A cognitive basis of stereotypic judgments. *Journal of Experimental Social Psychology*, **12**, 392-407.

Hamilton, W. D. (1964) The genetical evolution of social behavior, Part I and II. *Journal of Theoretical Biology*, **7**, 1-52.

Hampton, K. N., & Wellman, B. (2002) The not so global village of netville. In C. Haythornthwaite, & B. Wellman (Eds.), *The Internet in everyday life*. Blackwell, pp. 345-371.

Han, S., & Northoff, G. (2008) Culture-sensitive neural substrates of human cognition: A transcultural neuroimaging approach. *Nature Review Neuroscience*, **9**, 646-654.

Haney, C., Banks, W. C., & Zimbardo, P. G. (1973) Study of prisoners and guards in a simulated prison. *Naval Research Reviews*, **9**, 1-17. Office of Naval Research.

Hannerz, U. (1992) *Cultural complexity: Studies in the social organization of meaning*. Columbia University Press.

Harris, P. R., Mayle, K., Mabbott, L., & Napper, L. (2007) Self-affirmation reduces smokers' defensiveness to graphic on-pack cigarette warning labels. *Health Psychology*, **26**, 437-446.

Harris, P. R., & Napper, L. (2005) Self-affirmation and the biased processing of threatening health-risk information. *Personality and Social Psychology Bulletin*, **31**, 1250-1263.

Haselton, M. G., & Buss, D. M. (2000) Error management theory: A new perspective on biases in cross-sex mind reading. *Journal of Personality and Social Psychology*, **78**, 81-91.

Haslam S. A., & Reicher, S. (2012) Tyranny: Revisiting Zimbardo's Stanford prison experiment. In J. R. Smith, & S. A. Haslam (Eds.) *Social psychology: Revisiting the classic studies*. Sage, pp. 130-145.

Hatfield, E., & Rapson, R. (2006) Passionate love, sexual desire, and mate selection: Cross-cultural and historical perspectives. In P. Noller, & J. Feeney (Eds.), *Close relationships: Functions, forms, and processes*. Psychology Press, pp. 227-244.

Hedden, T., Ketay, S., Aron, A., Markus, H. R., & Gabrieli, J. D. E. (2008) Cultural influences on neural substrates of attentional control. *Psychological Science*, **19**, 12-17.

Heider, F. (1958) *The psychology of interpersonal relations*. Wiley.（大橋正夫訳，1978『対人関係の心理学』誠信書房）

Heine, S. J., Lehman, D. R., Markus, H. R., & Kitayama, S. (1999) Is there a universal need for positive self-regard? *Psychological Review*, **106**, 766-794.

Hermans, H. J. M., & Kempen, H. J. G. (1998) Moving cultures: The perilous problems of cultural dichotomies in a globalizing society. *American Psychologist*, **53**, 1111-1120.

Herr, P. M. (1986) Consequences of priming: Judgment and behavior. *Journal of Personality and Social Psychology*, **51**, 1106-1115.

Hersey, P., & Blanchard, K. H. (1977) *Management of organizational behavior: Utilizing human re-*

sources. (3rd ed.) Prentice-Hall.
Hewstone, M. (1990) The "ultimate attribution error"? A review of the literature on intergroup causal attribution. *European Journal of Social Psychology*, 20, 311-335.
Higgins, E. T., King, G. A., & Marvin, G. H. (1982) Individual construct accessibility and subjective impressions and recall. *Journal of Personality and Social Psychology*, 43, 35-47.
Higgins, E. T., & Rholes, W. S. (1978) "Saying is believing": Effects of message modification on memory and liking for the person described. *Journal of Experimental Social Psychology*, 14, 363-378.
Higgins, E. T., Rholes, W. S., & Jones, C. R. (1977) Category accessibility and impression formation. *Journal of Experimental Social Psychology*, 13, 141-154.
日置孝一・唐沢穣(2010)「集団の実体性が集合的意図と責任の判断におよぼす影響——企業の違法行為をめぐる実験的研究」『心理学研究』81, 9-16.
廣井脩(2001)『流言とデマの社会学』文藝春秋
広瀬幸雄(1995)『環境と消費の社会心理学——共益と私益のジレンマ』名古屋大学出版会
広瀬幸雄(2008)「環境を配慮し保全する行動についての社会心理学」広瀬幸雄編『環境行動の社会心理学——環境に向き合う人間のこころと行動』21世紀の社会心理学11, 北大路書房, pp.1-6.
Hofstede, G. (1991) *Cultures and organizations: Software of the mind.* McGraw-Hill.
Hofstede, G., & Bond, M. H. (1988) The Confucius connection: From cultural roots to economic growth. *Organizational Dynamics*, 16, 5-21.
Hofstede, G., Hofstede, G. J., & Minkov, M. (2010) *Cultures and organizations: Software of the mind* (Rev. 3rd ed.). McGraw-Hill.
Hogg, M. A. (1992) *The social psychology of group cohesiveness: From attraction to social identity.* Harvester Wheatsheaf.(廣田君美・藤沢等監訳, 1994『集団凝集性の社会心理学——魅力から社会的アイデンティティへ』北大路書房)
Hogg, M. A., & Abrams, D. (1988) *Social identifications: A social psychology of intergroup relations and group processes.* Routledge.
Holbrook, A. L., Berent, M. K., Krosnick, J. A., Visser, P. S., & Boninger, D. S. (2005) Attitude importance and the accumulation of attitude-relevant knowledge in memory. *Journal of Personality and Social Psychology*, 88, 749-769.
Hollander, E. P. (1958) Conformity, status, and idiosyncrasy credit. *Psychological Review*, 65, 117-127.
Hong, Y., Chiu, C. Y., & Kung, M. (1997) Bringing culture out in front: Effects of cultural meaning system activation on social cognition. In K. Leung, U. Kim, S. Yamaguchi, & Y. Kashima (Eds.), *Progress in Asian social psychology*, Vol. 1. John-Wiley, pp. 139-150.
Horrigan, J., Garrett, K., & Resnick, P. (2004) The internet and democratic debate. PEW Internet & American life project.
http://www.pewintenet.org (published 27 October, 2004)
House, R. J. (1971) A path-goal theory of leader effectiveness. *Administrative Science Quarterly*, 16, 321-338.
House, R. J., & Dessler, G. (1974) The path-goal theory of leadership: Some post hoc and a priori tests. In J. G. Hunt, & L. L. Larson (Eds.), *Contingency approach to leadership.* Southern Illinois University Press, pp. 29-62.
Hovland, C. L., Janis, I. L., & Kelley, H. H. (1953) *Communication and persuasion: Psychological studies of opinion change.* Yale University Press.
Howard, J. W., & Rothbart, M. (1980) Social categorization and memory for in-group and out-group behavior. *Journal of Personality and Social Psychology*, 38, 301-310.
Huckfeldt, R. (2001) The social communication of political expertise. *American Journal of Political*

Science, 45, 425-438.
Huckfeldt, R., & Sprague, J. (1995) *Citizens, politics, and social communication: Information and influence in an election campaign*. Cambridge University Press.
Hui, C. H. (1988) Measurement of individualism-collectivism. *Journal of Research in Personality*, 22, 17-36.
Hutchins, E. (1990) The technology of team navigation. In J. Galegher, R. Kraut, & C. Egido, (Eds.), *Intellectual teamwork: Social and technological foundations of cooperative work*. Lawrence Erlbaum, pp. 191-220.（宮田義郎訳，1992「チーム航行のテクノロジー」安西祐一郎・石崎俊・大津由紀雄・波多野誼余夫・溝口丈雄編／日本認知科学会協力『認知科学ハンドブック』共立出版，pp. 21-35）
兵庫県警察（2002）『雑踏警備の手引き』

◆I

池田謙一（1986）『緊急時の情報処理』東京大学出版会
池田謙一（1988）「訳者解題」Noelle-Neumann, E.『沈黙の螺旋理論――世論形成過程の社会心理学』ブレーン出版，pp. 222-237.
池田謙一編（1997）『ネットワーキング・コミュニティ』東京大学出版会
池田謙一（2000）『コミュニケーション』東京大学出版会
池田謙一編（2007）『政治のリアリティと社会心理――平成小泉政治のダイナミックス』木鐸社
池田謙一（2008）「信頼形成と安心」『環境安全』116, 3-5.
池田謙一（2010a）「行政に対する制度信頼の構造」日本政治学会編『年報政治学 2010-I 政治行政への信頼と不信』木鐸社，pp. 11-30.
池田謙一編（2010b）『クチコミとネットワークの社会心理――消費と普及のサービスイノベーション研究』東京大学出版会
池田謙一（2013）『新版 社会のイメージの心理学――ぼくらのリアリティはどう形成されるか』サイエンス社
池田謙一・西澤由隆（1992）「政治的アクターとしての政党――89年参議院選挙の分析を通じて」『レヴァイアサン』10, 62-81.
Ikeda, K., & Richey, S. E. (2005) Japanese network capital: The impact of social networks on Japanese political participation. *Political Behavior*, 27, 239-260.
Ikeda, K., & Richey, S. E. (2011) *Social networks and Japanese democracy: The beneficial impact of interpersonal communication in East Asia*. Routledge.
池上知子（1992）「社会的認知の情報処理」多鹿秀継・川口潤・池上知子・山祐嗣『情報処理の心理学――認知心理学入門』サイエンス社，pp. 106-156.
池上知子（2008）「対人認知」池上知子・遠藤由美『グラフィック社会心理学』（第2版）サイエンス社，pp. 17-42.
稲増一憲・池田謙一（2007a）「JES3自由回答（2001-2005年）を用いた小泉政治の検証――小泉政治は有権者の関心を高め政治への理解を深めることに貢献したのか」『選挙学会紀要』9, 5-23.
稲増一憲・池田謙一（2007b）「マスメディアと小泉の選挙――メディアはコトバを与えたか，関心を高めたか」池田謙一編『政治のリアリティと社会心理――平成小泉政治のダイナミックス』木鐸社，pp. 107-128.
稲増一憲・池田謙一（2010）「バイコットと社会参加の社会心理学的研究」『日本版総合社会調査共同研究拠点研究論文集』(10), 73-85.
Ingham, A. G., Levinger, G., Graves, J., & Peckham, V. (1974) The ringlemann effect: Studies of group size and group performance. *Journal of Experimental Social Psychology*, 10, 371-384.
Inglehart, R., & Baker, W. E. (2000) Modernization, cultural change and the persistence of traditional values. *American Sociological Review*, 65, 19-51.

井上忠司（1977）『「世間体」の構造――社会心理史への試み』日本放送出版協会
Inzlicht, M., & Schmeichel, B. J. (2012) What is ego depletion? Toward a mechanistic revision of the resource model of self-control. *Perspectives on Psychological Science*, 7, 450-463.
Inzlicht, M., Schmeichel, B. J., & Macrae, C. N. (2014) Why self-control seems (but may not be) limited. *Trends in Cognitive Sciences*, 18, 127-133.
Isen, A. M. (1978) Positive affect, cognitive processes, and social behavior. In L. Berkowitz (Ed.), *Advances in experimental social psychology*. Vol. 20. Academic Press, pp. 203-253.
Isen, A. M. (1984) Toward understanding the role of affect in cognition. In R. S. Wyer, Jr., & T. K. Srull (Eds.), *Handbook of social cognition*. Vol. 3. Lawrence Erlbaum, pp. 179-236.
Isen, A. M., Shalker, T. E., Clark, M., & Karp, L. (1978) Affect, accessibility of material in memory, and behavior: A cognitive loop? *Journal of Personality and Social Psychology*, 36, 1-12.
石田正浩（1997）「組織コミットメントがもたらすもの」田尾雅夫編『会社人間の研究――組織コミットメントの理論と実際』京都大学学術出版会，pp. 101-135.
伊藤陽一・小川浩一・榊弘文（1974）「デマの研究――愛知県豊川信用金庫取り付け騒ぎの現地調査Ⅰ」『綜合ジャーナリズム研究』69，70-80.
Iyengar, S. (1991) *Is anyone responsible? How television frames political issues*. University of Chicago Press.
Iyengar, S., & Kinder, D. R. (1987) *News that matters: Television and American opinion*. University of Chicago Press.
Iyengar, S. & Lepper, M. R. (1999) Rethinking the value of choice: A cultural perspective on intrinsic motivation. *Journal of Personality and Social Psychology*, 76, 349-366.
Iyengar, S., & Simon, A. (1993) News coverage of the Gulf crisis and public opinion: A study of agenda-setting, priming, and framing. *Communication Research*, 20, 365-383.

◆J

Jackson, L. A., Hunter, J. E., & Hodge, C. N. (1995) Physical attractiveness and intellectual competence: A meta-analytic review. *Social Psychology Quarterly*, 58, 108-122.
Jacoby, L. L., Kelley, C., Brown, J., & Jasechko, J. (1989) Becoming famous overnight: Limits on the ability to avoid unconscious influences of the past. *Journal of Personality and Social Psychology*, 56, 326-338.
James, W. (1890) *The principles of psychology*. Vol. 1. Henry Holt.（今田恵訳，1956『ウィリアム・ジェームズの心理思想と哲学』世界大思想全集 哲学・文芸思想篇15，河出書房）
Janis, I. L. (1982) *Groupthink*. (2nd ed.) Houghton-Mifflin.
Janis, I. L., & Mann, L. (1977) *Decision making: A psychological analysis of conflict, choice, and commitment*. Free Press.
Ji, L. J., Zhang, Z., & Nisbett, R. E. (2004) Is it culture, or is it language? Examination of language effects in cross-cultural research on categorization. *Journal of Personality and Social Psychology*, 87, 57-65.
神信人・山岸俊男（1997）「社会的ジレンマにおける集団協力ヒューリスティックの効果」『社会心理学研究』12，190-198.
Job, V., Dweck, C. S., & Walton, G. M. (2010) Ego depletion-is it all in your head? Implicit theories about willpower affect self-regulation. *Psychological Science*, 21, 1686-1693.
Job, V., Walton, G. M., Bernecker, K., & Dweck, C. S. (2013) Beliefs about willpower determine the impact of glucose on self-control. *Proceedings of the National Academy of Sciences of the United States of America*, 110, 14837-14842.
Job, V., Walton, G. M., Bernecker, K., & Dweck, C. S. (2015) Implicit theories about willpower predict self-regulation and grades in everyday life. *Journal of Personality and Social Psychology*, 108,

637-647.
Johnson, F. A. (1993) *Dependency and Japanese socialization: Psychoanalytic and anthropological investigations into "amae"*. New York University Press.
Johnston, L., & Hewstone, M. (1992) Cognitive models of stereotype change: 3. Subtyping and the perceived typicality of disconfirming group members. *Journal of Experimental Social Psychology*, 28, 360-386.
Jonas, E., Schulz-Hardt, S., Frey, D., & Thelen, N. (2001) Confirmation bias in sequential information search after preliminary decisions: An expansion of dissonance theoretical research on "selective exposure to information." *Journal of Personality and Social Psychology*, 80, 557-571.
Jones, E. E., & Davis, K. E. (1965) From acts to dispositions: The attribution process in person perception. In L. Berkowitz (Ed.), *Advances in experimental social psychology*. Vol. 2. Academic Press, pp. 220-266.
Jost, J. T., Burgess, D., & Mosso, C. O. (2001) Conflicts of legitimation among self, group, and system: The integrative potential of system justification theory. In J. T. Jost, & B. Major (Eds.), *The psychology of legitimacy: Emerging perspectives on ideology, justice, and intergroup relations*. Cambridge University Press, pp. 363-388.
Judd, C. M., & Park, B. (1988) Out-group homogeneity: Judgments of variability at the individual and group levels. *Journal of Personality and Social Psychology*, 54, 778-788.

◆K
蒲島郁夫（1988）『政治参加』東京大学出版会
蒲島郁夫・竹下俊郎・芹川洋一（2007）『メディアと政治』有斐閣
Kahneman, D., & Tversky, A. (1972) Subjective probability: A judgment of representativeness. *Cognitive Psychology*, 3, 430-454.
Kahneman, D., & Tversky, A. (1979) Prospect theory: An analysis of decisions under risk. *Econometrica*, 47, 313-327.
Kaiser, C. R., & Miller, C. T. (2001) Stop complaining! The social costs of making attributions to discrimination. *Personality and Social Psychology Bulletin*, 27, 254-263.
梶祐輔（2001）『広告の迷走』宣伝会議
Kameda, T. (1991) Procedural influence in small-group decision making: Deliberation style and assigned decision rule. *Journal of Personality and Social Psychology*, 61, 245-256.
亀田達也（1997）『合議の知を求めて——グループの意思決定』認知科学モノグラフ31，共立出版
亀田達也・村田光二（2000）『複雑さに挑む社会心理学——適応エージェントとしての人間』有斐閣
金井壽宏（1991）『変革型ミドルの探求——戦略・革新指向の管理者行動』白桃書房
金井壽宏（2005）『リーダーシップ入門』日本経済新聞出版社
Kanter, R. M. (1983) *The change masters: Innovation for productivity in the American corporation*. Simon & Schuster.
Karasawa, M. (1988) Effects of cohesiveness and inferiority upon ingroup favoritism. *Japanese Psychological Research*, 30, 49-59.
Karasawa, M., Asai, N., & Tanabe, Y. (2007) Stereotypes as shared beliefs: Effects of group identity on dyadic conversations. *Group Processes and Intergroup Relations*, 10, 515-532.
Karasawa, M., Karasawa, K., & Hirose, Y. (2004) Homogeneity perception as a reaction to identity threat: Effects of status difference in a simulated society game. *European Journal of Social Psychology*, 34, 613-625.
Karasawa, M., & Maass, A. (2008) The role of language in the perception of persons and groups. In R. Sorrentino, & S. Yamaguchi (Eds.), *Handbook of motivation and cognition across cultures*. Academic Press, pp. 317-342.

Karasawa, M., & Suga, S.(2008) Retention and transmission of socially shared beliefs: The role of linguistic abstraction in stereotypic communication. In Y. Kashima, K. Fiedler, & P. Frytag (Eds.), *Stereotype dynamics : Language-based approaches to stereotype formation, maintenance, and transformation.* Lawrence Erlbaum, pp. 241-262.

Karau, S. J., & Williams, K. D.(1993) Social loafing: A meta-analytic review and theoretical integration. *Journal of Personality and Social Psychology*, 65, 681-706.

Karney, B. R., & Bradbury, T. N.(2005) Contextual influences on marriage: Implications for policy and intervention. *Current Directions in Psychological Science*, 14, 171-174.

Kashima, Y.(2000) Maintaining cultural stereotypes in the serial reproduction of narratives. *Personality and Social Psychology Bulletin*, 26, 594-604.

Katz, E., & Lazarsfeld, P. F.(1955)*Personal influence: The part played by people in the flow of mass Communications.* The Free Press.（竹内郁郎訳，1965『パーソナル・インフルエンス——オピニオン・リーダーと人びとの意思決定』培風館）

Katz, J., & Rice, R.(2002)*Social consequences of Internet use: Access, involvement, and interaction.* MIT Press.

河田潤一訳（2001）『哲学する民主主義——伝統と改革の市民的構造』NTT 出版

Kelley, H. H.(1950) The warm-cold variable in first impression of persons. *Journal of Personality*, 18, 431-439.

Kelley, H. H.(1967) Attribution theory in social psychology. In. D. Levine（Ed.）, *Nebraska symposium on motivation.* Vol. 15. University of Nebraska Press, pp. 192-240.

Kelley, H. H.(1972) Causal schemata and the attribution process. In E. E. Jones, D. E. Kanouse, H. H. Kelley, R. E. Nisbett, S. Valins, & B. Weiner（Eds.）, *Attribution: Perceiving the causes of behavior.* General Learning Press, pp. 151-174.

Kelley, H. H., Holmes, J. G., Kerr, N. L., Reis, H. T., Rusbult, C. E., & van Lange, P. A. M.(2003)*An atlas of interpersonal situations.* Cambridge University Press.

Kelley, R. E.(1992)*The power of followership.* Doubleday Business.

吉川肇子（1999）『リスク・コミュニケーション——相互理解とよりよい意思決定をめざして』福村出版

金義哲（2003）「韓国人の社会的行動 1——恨」山口勧編『社会心理学——アジアからのアプローチ』東京大学出版会，pp. 193-210.

Kim, U., & Choi, Y. O.(1996) Comparative analysis of self in different contexts: A cross-cultural perspectives. Paper presented at the 50th anniversary conference of Korean Psychological Association, Seoul Korea.

Kinder, D. R.(1998) Opinion and action in the realm of politics. In D. T. Gilbert, S. T. Fiske, & G. Lindzey（Eds.）, *The handbook of social psychology.* Vol. 2.（4th ed.）McGraw-Hill, pp. 778-867.

木下冨雄（1977）「流言」池内一編『集合現象』講座社会心理学，東京大学出版会，pp. 11-86.

木下冨雄（1997）「科学技術と人間の共生——リスク・コミュニケーションの思想と技術」有福考岳編『環境としての自然・社会・文化』京都大学学術出版会，pp. 145-191.

木下冨雄（2002）「群集事故の要因とその制御法」『日本リスク研究学会第 15 回大会発表論文集』201-207.

北村英哉・沼崎誠・工藤恵理子（1995）「説得過程におけるムードの効果」『感情心理学研究』2，49-59.

北山忍（1998）『自己と感情——文化心理学による問いかけ』認知科学モノグラフ 9，共立出版

北山忍（1999）「社会心理学の使命と『信頼の構造』の意義——ゲーム理論と文化心理学」『社会心理学研究』15，60-65.

Kitayama, S., & Markus, H. R.(1999) Yin and yang of the Japanese self: The cultural psychology of personality coherence. In D. Cervone, & Y. Shoda（Eds.）, *The coherence of personality: Social*

cognitive bases of personality consistency, variability, and organization. Guilford, pp. 242-302.
Kitayama, S., Markus, H. R., Matsumoto, H., & Norasakkunkit, V. (1997) Individual and collective processes in the construction of the self: Self-enhancement in the United States and self-criticism in Japan. *Journal of Personality and Social Psychology*, **72**, 1245-1267.
北山忍・宮本百合（2000）「文化心理学と洋の東西の巨視的比較――現代的意義と実証的知見」『心理学評論』**67**, 308-313.
Kitayama, S., & Uskul, A. K. (2011) Culture, mind, and the brain: Current evidence and future directions. *Annual Review of Psychology*, **62**, 419-449.
Kluckhohn, C. (1951) Introduction. In E. Z. Vogt, *Navaho veterans: A study of changing values.Papers of the Peabody Museum*, **41**, Harvard University Press, p. xii.
小林江里香（1998）「社会的資源利用のためのネットワーク利用に関する研究――『コネ』の社会心理学的アプローチ」『東京大学大学院人文社会系研究科 博士学位論文』
小林哲郎・池田謙一（2005）「オンラインコミュニティの社会関係資本」池田謙一編『インターネット・コミュニティと日常世界』誠信書房, pp. 148-184.
小林哲郎・池田謙一（2008）「地域オンラインコミュニティと社会関係資本――地域内パーソナルネットワークの異質性と社会的寛容性に注目して」『情報通信学会誌』**85**, 47-58.
Kotler, P., & Keller, K. L. (2006) *Marketing management.* (12th ed.) Pearson Prentice Hall. (恩蔵直人監修/月谷真紀訳, 2008『コトラー&ケラーのマーケティング・マネジメント』ピアソン・エデュケーション)
Kotter, J. P. (1990) *A force for change: How leadership differs from management.* Free Press.
高野陽太郎（2008）『「集団主義」という錯覚――日本人論の思い違いとその由来』新曜社
高野陽太郎・櫻坂英子（1997）「"日本人の集団主義" と "アメリカ人の個人主義" ――通説の再検討」『心理学研究』**68**, 312-327.
Kruger, J., & Gilovich, T. (1999) 'Naive cynicism' in everyday theories of responsibility assessment: On biased assumptions of bias. *Journal of Personality and Social Psychology*, **76**, 743-753.]
Ku, G., Wang, C. S., & Galinsky, A. D. (2010) Perception through a perspective-taking lens: Differential effects on judgment and behavior. *Journal of Experimental Social Psychology*, **46**, 792-798.
工藤恵理子（2004）「社会的認知と個人差」岡隆編『社会的認知研究のパースペクティブ――心と社会のインターフェイス』培風館, pp. 149-164.
釘原直樹（2001）「群集の中で――パニックについて」山口裕幸『心理学リーディングス』ナカニシヤ出版, pp. 153-170.
釘原直樹（2011）『グループ・ダイナミックス――集団と群集の心理学』有斐閣
Kunda, G. (1992) *Engineering culture: Control and commitment in a high-tech corporation.* Temple University Press. (樫村志保訳, 2005『洗脳するマネジメント――企業文化を操作せよ』日経BP社)
Kunda, Z., & Sherman-Williams, B. (1993) Stereotypes and the construal of individuating information. *Personality and Social Psychology Bulletin*, **19**, 90-99.
Kunst-Wilson, W. R., & Zajonc, R. B. (1980) Affective discrimination of stimuli that cannot be recognized. *Science*, **207**, 557-558.
Kurzban, R. (2010) *Why everyone (else) is hypocrite: Evolution and the modular minds.* Princeton University Press. (髙橋洋訳, 2014『だれもが偽善者になる本当の理由』柏書房)
楠見孝（2007）「リスク認知の心理学」子安増生・西村和雄編『経済心理学のすすめ』有斐閣, pp. 69-89.

L

Lakin, J. L., Chartrand, T. L., & Arkin, R. M. (2008) I am too just like you: Nonconscious mimicry as an automatic behavioral response to social exclusion. *Psychological Science*, **19**, 816-822.

Latané, B. (1981) The psychology of social impact. *American Psychologist*, **36**, 343-356.
Latané, B., & Darley, J. M. (1970) *The unresponsive bystander: Why doesn't he help?* Appleton-Century Crofts.（竹村研一・杉崎和子訳，1997『冷淡な傍観者――思いやりの社会心理学』〔新装版〕ブレーン出版）
Latané, B., & L'Herrou, T. (1996) Spatial clustering in the conformity game: Dynamic social impact in electronic groups. *Journal of Personality and Social Psychology*, **70**, 1218-1230.
Lave, J., & Wenger, E. (1991) *Situated learning: Legitimate peripheral participation*. Cambridge University Press.（佐伯胖訳，1993『状況に埋め込まれた学習――正統的周辺参加』産業図書）
Lazarsfeld, P. F., Berelson, B., & Gaudet, H. (1944) *The people's choice: How the voter makes up his mind in a Presidential campaign*. Columbia University Press.（有吉広介監訳，1987『ピープルズ・チョイス――アメリカ人と大統領選挙』芦書房）
Lazarus, R. S., & Smith, C. A. (1988) Knowledge and appraisal in the cognition-emotion relationship. *Cognition and Emotion*, **2**, 281-300.
Leavitt, H. J. (1951) Some effects of certain communication patterns on group performance. *Journal of Abnormal and Social Psychology*, **46**, 38-50.
Le Bon, G. (1895) *Psychologie des Foules*. Alcan.（桜井成夫訳，1947『群衆心理』岡倉書房）
Lebra, T. S. (1976) *Japanese patterns of behavior*. University of Hawaii Press.
Lee, L., Lowenstein, G., Ariely, D., Hong, J., & Young, J. (2008) If I'm not hot, are you hot or not? Physical-attractiveness evaluations and dating preferences as a function of one's own attractiveness. *Psychological Science*, **19**, 669-677.
Leung, K., & Bond, M. H. (2004) Social Axioms: A model for social beliefs in multi-cultural perspective. In M. P. Zanna (Ed.), *Advances in Experimental Social Psychology*. Vol. 36. Academic Press, pp. 119-197.
Levine, J. M. (1989) Reaction to opinion deviance in small groups. In P. B. Paulus (Ed.), *Psychology of group influence*. (2nd ed.) Lawrence Erlbaum, pp. 187-231.
Lewin, K. (1946) Action research and minority problems. *Journal of Social Issues*, **2**, 34-46.
Libet, B. (2004) *Mind time: The temporal factor in consciousness*. Harvard University Press.
Lichtenstein, S., Slovic, P., Fischoff, B., Layman, M., & Combs, B. (1978) Judged frequency of lethal events. *Journal of Experimental Psychology: Human Learning and Memory*, **4**, 551-578.
Lickel, B., Hamilton, D. L., & Sherman, S. J. (2001) Elements of a lay theory of groups: Types of groups, relational styles, and the perception of group entitativity. *Personality and Social Psychology Review*, **5**, 129-140.
Lickel, B., Hamilton, D. L., Wieczorkowska, G., Lewis, A., Sherman, S. J., & Uhles, A. N. (2000) Varieties of groups and the perception of group entitativity. *Journal of Personality and Social Psychology*, **78**, 223-246.
Lieberman, M. D., Jarcho, J. M., & Satpute, A. B. (2004) Evidence-based and intuition-based self-knowledge: An fMRI study. *Journal of Personality and Social Psychology*, **87**, 421-435.
Likert, R. (1967) *The human organization: Its management and value*. McGraw-Hill.
Lind, E. A., & Tyler, T. R. (1988) *The social psychology of procedural justice*. Plenum Press.（菅原郁夫・大渕憲一訳，1995『フェアネスと手続きの社会心理学――裁判，政治，組織への応用』ブレーン出版）
Lord, C. G., Ross, L., & Lepper, M. R. (1979) Biased assimilation and attitude polarization: The effects of prior theories on subsequently considered evidence. *Journal of Personality and Social Psychology*, **37**, 2098-2109.
Losch, M. E., & Cacioppo, J. T. (1990) Cognitive dissonance may enhance sympathetic tonus, but attitudes are changed to reduce negative affect rather than arousal. *Journal of Experimental Social Psychology*, **26**, 289-304.

Lott, A. J., & Lott, B. E. (1968) A learning theory approach to interpersonal attitudes. In A. G. Greenwald, T. C. Brock, & T. M. Ostrom (Eds.), *Psychological foundations of attitudes*. Academic Press, pp. 67-88.

Lydon, J. E., Jamieson, D. W., & Holmes, J. G. (1997) The meaning of social interactions in the transition from acquaintanceship to friendship. *Journal of Personality and Social Psychology*, 73, 536-548.

◆M

Maass, A. (1999) Linguistic intergroup bias: Stereotype perpetuation through language. In M. P. Zanna (Ed.), *Advances in experimental social sychology*. Vol. 31. Academic Press, pp. 79-121.

Mackie, D. M., Devos, T., & Smith, E. R. (2000) Intergroup emotions: Explaining offensive action tendencies in an intergroup context. *Journal of Personality and Social Psychology*, 79, 602-616.

Macrae, C. N., Bodenhausen, G. V., Milne, A. B., & Jetten, J. (1994) Out of mind but back in sight: Stereotypes on the rebound. *Journal of Personality and Social Psychology*, 67, 808-817.

前田洋枝（2008）「環境ボランティア活動をうながすためのエンパワーメント」広瀬幸雄編『環境行動の社会心理学――環境に向き合う人間のこころと行動』21世紀の社会心理学11，北大路書房，pp. 94-103.

前山隆（2001）『異文化接触とアイデンティティ――ブラジル社会と日系人』御茶の水書房

Major, B., & Crocker, J. (1993) Social stigma: The consequences of attributional ambiguity. In D. M. Mackie, & D. L. Hamilton (Eds.), *Affect, cognition, and stereotyping: Interactive processes in group perception*. Academic Press, pp. 345-370.

March, J. G., & Simon, H. A. (1958) *Organizations*. Wiley.（土屋守章訳，1977『オーガニゼーションズ』ダイヤモンド社）

Marcus, G. E., Neuman, W. R., & MacKuen, M. (2000) *Affective intelligence and political judgment*. University of Chicago Press.

Markus, H. (1977) Self-schemata and processing of information about the self. *Journal of Personality and Social Psychology*, 35, 63-78.

Markus, H., Smith, J., & Moreland, R. L. (1985) Role of the self-concept in the perception of others. *Journal of Personality and Social Psychology*, 49, 1494-1512.

Markus, H., & Wurf, E. (1987) The dynamic self-concept: A social psychological perspective. *Annual Review of Psychology*, 38, 299-337.

Markus, H. R., & Kitayama, S. (1991) Culture and the self: Implications for cognition, emotion, and motivation. *Psychological Review*, 98, 224-253.

Markus, H. R., & Kitayama, S. (2004) Models of agency: Sociocultural diversity in the construction of action. In V. Murphy-Berman, & J. Berman (Eds.), *Nebraska symposium on motivation*. University of Nebraska Press, pp. 1-57.

Marsden, P. V. (1987) Core discussion networks of Americans. *American Sociological Review*, 52, 112-131.

Marsden, P. V. (1988) Homogeneity in confiding relations. *Social Networks*, 10, 57-76.

Martens, A., Johns, M., Greenberg, J., & Schimel, J. (2006) Combating stereotype threat: The effect of self-affirmation on women's intellectual performance. *Journal of Experimental Social Psychology*, 42, 236-243.

Masuda, T., Ellsworth, P., Mesquita, B., Leu, J., Tanida, S., & van de Veerdonk, E. (2008) Placing the face in context: Cultural differences in the perception of facial emotion. *Journal of Personality and Social Psychology*, 94, 365-381.

Masuda T., & Nisbett, R. E. (2001) Attending holistically versus analytically: Comparing the context sensitivity of Japanese and Americans. *Journal of Personality and Social Psychology*, 81,

922-934.

Mathieu, J. E., & Zajac, D. M. (1990) A review and meta-analysis of the antecedents, correlates, and consequences of organizational commitment. *Psychological Bulletin*, 108, 171-194.

松井豊 (1991)「血液型による性格の相違に関する統計的検討」『東京都立立川短期大学紀要』24, 51-54.

Mayer, J. D., & Hanson, E. (1995) Mood-congruent judgment over time. *Personality and Social Psychology Bulletin*, 21, 237-244.

Mayer, J. D., McCormick, L. J., & Strong, S. E. (1995) Mood-congruent memory and natural mood: New evidence. *Personality and Social Psychology Bulletin*, 21, 736-746.

Mayo, E. (1933) *The human problems of an industrial civilization*. Macmillan.（村本栄一訳, 1967『産業文明における人間問題——ホーソン実験とその展開』日本能率協会）

McCarthy, J. D., & Zald, M. N. (1977) Resource mobilization and social movements: A partial theory. *American Journal of Sociology*, 82, 1212-1239.

McCombs, M. E., & Shaw, D. L. (1972) The agenda setting function of mass media. *Public Opinion Quarterly*, 36, 176-187.

McConnell, A. R., Sherman, S. J., & Hamilton, D. L. (1997) Target entitativity: Implications for information processing about individual and group targets. *Journal of Personality and Social Psychology*, 72, 750-762.

McGuire, W. J. (1964) Inducing resistance to persuasion: Some contemporary approaches. In L. Berkowitz (Ed.), *Advances in experimental social psychology*. Vol. 1. Academic Press, pp. 191-229.

McKenna, K. Y. A., & Bargh, J. A. (1998) Coming out in the age of the internet: Identity "demarginalization" through virtual group participation. *Journal of Personality and Social Psychology*, 75, 681-694.

McPherson, J. M., Smith-Lovin, L., & Cook, J. M. (2001) Birds of a feather: Homophily in social networks. *Annual Review of Sociology*, 27, 415-444.

McQuail, D., Blumler, J. G., & Brown, J. R. (1972) The television audience: A revised perspective. In D. McQuail (Ed.), *Socilogy of mass communication*. Penguin Books, pp. 135-165.（時野谷浩訳, 1979『マス・メディアの受け手分析』誠信書房, pp. 20-57.）

McQuail, D., & Windahl, S. (1993) *Communication models: For the study of mass communication*. (2nd ed.) Longman.

Merton, R. K. (1957) *Social theory and social structure*. Free Press.（森東吾・森好夫・金沢実・中島竜太郎訳, 1961『社会理論と社会構造』みすず書房）

Miklincer, M., & Shaver, P. (2005) Mental representations of attachment security: Theoretical foundation for a positive social psychology. In M. W. Baldwin (Ed.), *Interpersonal cognition*. Guilford, pp. 233-266.

Milgram, S. (1963) Behavioral study of obedience. *Journal of Abnormal and Social Psychology*, 67, 137-143.

Miller, D. T. (1999) The norm of self-interest. *American Psychologist*, 54, 1053-1060.

Miller, D. T., & Ross, M. (1975) Self-serving biases in the attribution of causality: Fact or fiction? *Psychological Bulletin*, 82, 213-225.

箕浦康子 (1990)『文化のなかの子ども』人間の発達 6, 東京大学出版会

箕浦康子 (1997)「文化心理学における〈意味〉」柏木惠子・北山忍・東洋編『文化心理学——理論と実証』東京大学出版会, pp. 44-63.

箕浦康子編 (1999)『フィールドワークの技法と実際——マイクロ・エスノグラフィー入門』ミネルヴァ書房

箕浦康子編 (2009)『フィールドワークの技法と実際 II ——分析・解釈編』ミネルヴァ書房

Mischel, W., Shoda, Y., & Peak, P. K. (1988) The nature of adolescent competencies predicted by

preschool delay of gratification. *Journal of Personality and Social Psychology*, 54, 687-696.
三隅二不二（1966）『新しいリーダーシップ――集団指導の行動科学』ダイヤモンド社
宮田加久子（2005）『きずなをつなぐメディア――ネット時代の社会関係資本』NTT 出版
宮田加久子（2008）「オフラインとオンラインで重層化する対人コミュニケーション」宮田加久子・池田謙一編『ネットが変える消費者行動――クチコミの影響力の実証分析』NTT 出版，pp. 77-113.
Monteith, M. J., & Mark, A. Y. (2009) The self-regulation of prejudice. In T. D. Nelson (Ed.), *Handbook of prejudice, stereotyping and discrimination*. Psychology Press, pp. 507-523.
Moons, W. G., & Mackie, D. M. (2007) Thinking straight while seeing red: The influence of anger on information processing. *Personality and Social Psychology Bulletin*, 33, 706-720.
Moorhead, G., Ference, R., & Neck, C. P. (1991) Group decision fiascoes continue: Space shuttle challenger and a revised groupthink framework. *Human Relations*, 44, 539-550.
Morgan, M., & Shanahan, J. (1997) Two decades of cultivation research: An appraisal and meta-analysis. In B. Burleson (Ed.), *Communication yearbook*, 20, Sage, pp. 1-45.
Morris, M., & Peng, K. (1994) Culture and cause: American and Chinese attributions for social and physical events. *Journal of Personality and Social Psychology*, 67, 949-971.
Moscovici, S., Lage, E., & Naffrechoux, M. (1969) Influence of a consistent minority on the responses of a majority in a color perception task. *Sociometry*, 32, 365-380.
Mowday, R. T., Steers, R. M., & Porter, L. W. (1979) The measurement of organizational commitment. *Journal of Vocational Behavior*, 14, 224-247.
Munroe, R. H., Munroe, R. L., & Shimmin, H. S. (1984) Children's work in four cultures: Determinants and consequences. *American Anthropologist*, 86, 369-379.
村本由紀子（1996）「集団と集合状態の曖昧な境界――早朝の公園で見出される多様なアイデンティティ」『社会心理学研究』12，113-124.
Muramoto, Y. (2003) An indirect self-enhancement in relationship among Japanese. *Journal of Cross-Cultural Psychology*, 34, 552-566.
村本由紀子・遠藤由美（2015）「答志島寝屋慣行の維持と変容――社会生態学的視点に基づくエスノグラフィー」『社会心理学研究』30，213-233.
村本由紀子・遠藤由美（2016）「変わらずにいるために変わり続ける――環境変化と文化的慣習の維持過程」『心理学研究』87, 495-505.
村本由紀子・山口勧（2003）「"自己卑下"が消えるとき――内集団の関係性に応じた個人と集団の成功の語り方」『心理学研究』47，253-262.
Muramoto, Y., Yamaguchi, S., & Kim, U. (2009) Perception of achievement attribution in individual and group contexts: Comparative analysis of Japanese, Korean, and Asian-American results. *Asian Journal of Social Psychology*, 12, 199-210.
Muraven, M., & Baumeister, R. F. (2000) Self-regulation and depletion of limited resources: Does self-control resemble a muscle? *Psychological Bulletin*, 126, 247-259.
Muraven, M., Tice, D. M., & Baumeister, R. F. (1998) Self-control as limited resource: Regulatory depletion patterns. *Journal of Personality and Social Psychology*, 74, 774-789.
Murray, S. L., & Holmes, I. G. (1997) A leap of faith? Positive illusions in romantic relationships. *Personality and Social Psychology Bulletin*, 23, 586-604.
Mutz, D. C. (2006) *Hearing the other side: Deliberative versus participatory democracy*. Cambridge University Press.

◆N
中谷内一也（2008）『安全。でも，安心できない・・・――信頼をめぐる心理学』筑摩書房
中谷内一也・Cvetkovich, G.（2008）「リスク管理機関への信頼――SVS モデルと伝統的信頼モデル

の統合」『社会心理学研究』23, 259-268.
中原洪二郎（2003）「参政権と帰化をめぐる在日韓国人の意向，その類型化と構造の分析」『社会心理学研究』19, 79-93.
中根千枝（1967）『タテ社会の人間関係』講談社
中野康人（2008）「社会的ジレンマにおける規範の位置づけ──社会的ジレンマと社会規範」土場学・篠木幹子編『個人と社会の相克──社会的ジレンマ・アプローチの可能性』ミネルヴァ書房, pp. 105-124.
縄田健吾（2014）「血液型と性格の無関連性──日本と米国の大規模社会調査を用いた実証的論拠」『心理学研究』85, 148-156.
Neff, L. A., & Karney, B. R. (2004) How does context affect intimate relationships? Linking external stress and cognitive processes within marriage. *Personality and Social Psychology Bulletin*, 30, 134-148.
Nemeth, C. J. (1986) Differential contributions of majority and minority influence. *Psychological Review*, 93, 23-32.
NHK放送文化研究所編（2010）『現代日本人の意識構造』（第7版）日本放送出版協会
Nisbett, R. E. (2003) *The geography of thought: How Asians and Westerners think differently...and why.* Free Press.
Nisbett, R. E., & Cohen, D. (1996) *Culture of honor: The psychology of violence in the South.* Westview Press.（石井敬子・結城雅樹編訳，2009『名誉と暴力──アメリカ南部の文化と心理』北大路書房）
Nisbett, R. E., & Wilson, T. D. (1977) Telling more than we can know: Verbal reports on mental processes. *Psychological Review*, 84, 231-259.
仁科貞文・田中洋・丸岡吉人（2007）『広告心理』電通
西成活裕（2006）『渋滞学』新潮社
Noelle-Neumann, E. (1993) *The spiral of silence: Public opinion, our social skin.* (2nd ed.) University of Chicago Press.（池田謙一・安野智子訳，1997『沈黙の螺旋理論──世論形成過程の社会心理学』〔改訂版〕ブレーン出版）
野中郁次郎・紺野登（1999）『知識経営のすすめ──ナレッジマネジメントとその時代』筑摩書房
野中郁次郎・竹内弘高/梅本勝博訳（1996）『知識創造企業』東洋経済新報社
Nonaka, I., Toyama, R., & Konno, N. (2000) SECI, *ba*, and leadership: A unified model of dynamic knowledge creation. *Long Range Planning*, 33, 5-34.
野波寛（2008）「環境配慮行動は他者への援助行動として理解できるか」広瀬幸雄編『環境行動の社会心理学──環境に向き合う人間のこころと行動』北大路書房, pp. 28-39.
Norenzayan, A., Smith, E. E., & Kim, B., & Nisbett, R. E. (2002) Cultural preferences for formal versus intuitive reasoning. *Cognitive Science*, 26, 653-684.
Norris, P. (1999) Conclusions: The growth of critical citizens and its consequences. In P. Norris (Ed.), *Critical citizens: Global support for democratic government.* Oxford University Press, pp. 257-272.
Norris, P. (2004) The bridging and bonding role of online communities. In P. N. Howard, & S. Jones (Eds.), *Society online: The Internet in context.* Sage, pp. 31-41.
沼崎誠・工藤恵理子（2003）「自己高揚的呈示と自己卑下的呈示が呈示者の能力の推定に及ぼす効果──実験室実験とシナリオ実験との相違」『実験社会心理学研究』43, 36-51.

◆O

小熊英二（2002）『〈民主〉と〈愛国〉──戦後日本のナショナリズムと公共性』新曜社
Ohbuchi, K., Sugawara, I., Teshigahara, K., & Imazai, K. (2005) Procedural justice and the assessment of civil justice in Japan. *Law & Society Review*, 39, 875-891.

大平健（1995）『やさしさの精神病理』岩波書店
Oishi, S., & Graham, J. (2010) Social Ecology: Lost and found in psychological science. *Perspectives on Psychological Science*, 5, 356-377.
岡田光正（1993）『空間デザインの原点――建築人間工学』理工学社
岡本真一郎（2006）『ことばの社会心理学』（第3版）ナカニシヤ出版
O'Laughlin, M. J., & Malle, B. (2002) How people explain actions performed by groups and individuals. *Journal of Personality and Social Psychology*, 82, 33-48.
Olson, M. A., & Fazio, R. H. (2009) Implicit and explicit measures of attitudes: The perspective of the MODE model. In R. E. Petty, R. H. Fazio, & P. Brinol (Eds.), *Attitudes: Insights from the new implicit measures*. Psychology Press, pp. 19-63.
大沼進（2008）「環境をめぐる社会的ジレンマは解決できるのか」広瀬幸雄編『環境行動の社会心理学――環境に向き合う人間のこころと行動』北大路書房，pp. 18-27.
Open Science Collaboration (2015) Estimating the reproducibility of psychological science. *Science*, 349, 943-951.
大友章司（2008）「環境配慮への態度と行動の不一致はなぜ起きるのか」広瀬幸雄編『環境行動の社会心理学――環境に向き合う人間のこころと行動』北大路書房，pp. 40-49.
Oyserman, D., Coon, H. M., & Kemmelmeier, M. (2002) Rethinking individualism and collectivism: Evaluation of theoretical assumptions and meta-analyses. *Psychological Bulletin*, 128, 3-72.

◆P

Paulhus, D. L. (1998) Interpersonal and intrapsychic adaptiveness of trait self-enhancement: A mixed blessing? *Journal of Personality and Social Psychology*, 74, 1197-1208.
Pearce, C. L., & Sims, H. P. (2002) Vertical versus shared leadership as predictors of the effectiveness of change management teams: An examination of aversive, directive, transactional, transformational, and empowering leader behaviors. *Group Dynamics: Theory, Research, and Practice*, 6, 172-197.
Perdue, C. W., Dovidio, J. F., Gurtman, M. B., & Tyler, R. B. (1990) Us and them: Social categorization and the process of intergroup bias. *Journal of Personality and Social Psychology*, 59, 475-486.
Petty, R. E., & Cacioppo, J. T. (1986) The elaboration likelihood model of persuasion. In L. Berkowitz (Ed.), *Advances in experimental social psychology*. Vol. 19. Academic Press, pp. 123-205.
Petty, R. E., Cacioppo, J. T., & Goldman, R. (1981) Personal involvement as a determinant of argument-based persuasion. *Journal of Personality and Social Psychology*, 41, 847-855.
Pharr, S. J., & Putnam, R. D. (Eds.) (2000) *Disaffected democracies: What's troubling the trilateral countries*? Princeton University Press.
Phinney, J. S. (1990) Ethnic identity in adolescents and adults: Review of research. *Psychological Bulletin*, 108, 499-514.
Pieterse, J. N. (1995) Globalization as hybridization. In M. Featherstone, S. Lash, & R. Robertson (Eds.), *Global modernities*, Sage, pp. 45-68.
Pine II, B. J., & Gilmore, J. H. (1999) *The experience economy: Work is theatre & every business a stage*. Harvard Business School Press.（電通「経験経済」研究会訳，2000『経験経済――エクスペリエンス・エコノミー』流通科学大学出版）
Polanyi, M. (1983) *The tacit dimension*. Peter Smith.（高橋勇夫訳，2003『暗黙知の次元』筑摩書房）
Porter, L. W., Steers, R. M., Mowday, R. T., & Boulian, P. V. (1974) Organizational commitment, job satisfaction, and turnover among psychiatric technicians. *Journal of Applied Psychology*, 59, 603-609.
Portes, A. (1998) Social capital: Its origins and applications in modern sociology. *Annual Review of*

Sociology, 24, 1-24.
Premack, D., & Woodruff, G. (1978) Does the chimpanzee have a theory of mind? *Behavioral and Brain Sciences*, 4, 515-526.
Prentice, D. A., & Miller, D. T. (1996) Pluralistic ignorance and the perpetuation of social norms by unwitting actors. In M. Zanna (Ed.), *Advances in experimental social psychology*. Vol. 28. Academic Press, pp. 161-209.
Pronin, E., & Kugler, M. B. (2007) Valuing thoughts, ignoring behavior: The introspection illusion as a source of the bias blind spot. *Journal of Experimental Social Psychology*, 43, 565-578.
Pushkarev, B., & Zupan, J. M. (1975) *Urban space for pedestrian: A report of the regional plan association*. MIT Press. (月尾嘉男訳, 1977『歩行者のための都市空間』鹿島出版会)
Putnam, R. D. (1993) *Making democracy work: Civic traditions in modern Italy*. Princeton University Press. (河田潤一訳, 2001『哲学する民主主義——伝統と改革の市民的構造』NTT 出版)
Putnam, R. D. (2000) *Bowling alone: The collapse and revival of American community*. Simon & Schuster. (柴内康文訳, 2006『孤独なボウリング——米国コミュニティの崩壊と再生』柏書房)
Pyszczynski, T., Greenberg, J., & Holt, K. (1985) Maintaining consistency between self-serving beliefs and available data: A bias in information evaluation. *Personality and Social Psychology Bulletin*, 11, 179-190.

◆Q

Quarantelli, E. (1957) The behavior of panic participants. *Sociology and Social Research*, 41, 187-194.
Quarantelli, E. (2001) The sociology of panic. In N. J. Smelser, & P. B. Baltes (Eds.), *International encyclopedia of the social & behavioral sciences*. Pergamon Press, pp. 11020-11023.

◆R

Raven, B. H. (1965) Social influence and power. In D. Steiner, & M. Fishbein (Eds.), *Current studies in social psychology*. Holt, Rinehart & Winston, pp. 371-381.
Raven, B. H. (1998) Groupthink: Bay of Pigs and Watergate reconsidered. *Organizational Behavior and Human Decision Processes*, 73, 352-361.
Reicher, S. D. (1984) The St. Paul's riot: An explanation of the limits of crowd action in terms of a social identity model. *European Journal of Social Psychology*, 14, 1-21.
Reicher, S. D. (2004) The psychology of crowd dynamics. In M. B. Brewer, & M. Hewstone (Eds.), *Self and social identity*. Blackwell, pp. 232-258.
Reicher, S. D., & Haslam, S. A. (2006) Rethinking the psychology of tyranny: The BBC Prison Study. *British Journal of Social Psychology*, 45, 1-40.
Rheingold, H. (1993) *The virtual community*. Addison-Wesley.
Richardson, B. M. (1991) Social networks, influence communications, and the vote. In S. Flanagan, S. Kohei, I. Miyake, B. M. Richardson, & J. Watanuki (Eds.), *The Japanese voter*. Yale University Press, pp. 332-366.
Richey, S. (2008) Campaign manipulation of the authoritarian personality. Paper presented at the social psychology colloquium in the department of Social Psychology, The University of Tokyo, July, 2008.
Robertson, R. (1995) *Globalization: Social theory and global culture*. Sage.
Robins, R. W., & Beer, J. S. (2001) Positive illusions about the self: Short-term benefits and long-term costs. *Journal of Personality and Social Psychology*, 80, 340-352.
Rogers, E. M. (1971) *Diffusion of innovations*. (2nd ed.) Free Press.
Rosen, E. (2000) *The anatomy of buzz: How to create word-of-mouth marketing*. Doubleday. (濱岡

豊訳,2002『クチコミはこうしてつくられる――おもしろさが伝染するバズ・マーケティング』日本経済新聞社)
Rosenthal, R., & Jacobson, L. (1968) *Pygmalion in the classroom: Teacher expectation and pupils' intellectual development.* Holt, Rinehart & Winston.
Rosnow, R. L. (1991) Inside rumor: A personal journey. *American Psychologist*, 46, 484-496.
Ross, L. D., Amabile, T. M., & Steinmetz, J. L. (1977) Social roles, social control, and biases in social-perception processes. *Journal of Personality and Social Psychology*, 35, 485-494.
Rousseau, D. M. (1989) Psychological and implied contracts in organizations. *Employee Responsibilities and Rights Journal*, 2, 121-139.
Ruggiero, K. M., & Taylor, D. M. (1997) Why minority group members perceive or do not perceive the discrimination that confronts them: The role of self-esteem and perceived control. *Journal of Personality and Social Psychology*, 72, 373-389.
Rusbult, C. E. (1980) Commitment and satisfaction in romantic associations: A test of the investment model. *Journal of Experimental Social Psychology*, 16, 172-186.
Rusbult, C. E., Verette, J., Whitney, G. A., Slovik, L. F., & Lipkus, I. (1991) Accommodation processes in close relationships: Theory and preliminary empirical evidence. *Journal of Personality and Social Psychology*, 60, 53-78.
Ruscher, J. B., Hammer, E. Y., & Hammer, E. D. (1996) Forming shared impressions through conversation: An adaptation of the continuum model. *Personality and Social Psychology Bulletin*, 22, 705-720.
Russell, J. A., & Bullock, M. (1985) Multidimensional scaling of emotional facial expression: Similarity from preschoolers to adults. *Journal of Personality and Social Psychology*, 48, 1290-1298.

◆S

櫻井通晴(2005)『コーポレート・レピュテーション――「会社の評判」をマネジメントする』中央経済社
Sande, G. N., Goethals, G. R., & Radloff, C. E. (1988) Perceiving one's own traits and others': The multifaceted self. *Journal of Personality and Social Psychology*, 54, 13-20.
佐々木正人(2000)『知覚はおわらない――アフォーダンスへの招待』青土社
Schachter, S. (1951) Deviation, rejection, and communication. *Journal of Abnormal and Social Psychology*, 46, 190-207.
Schachter, S. (1964) The interaction of cognitive and physiological determinants of emotional state. In L. Berkowitz (Ed.), *Advances in experimental social psychology*. Vol. 1. Academic Press, pp. 49-82.
Schachter, S., & Singer, J. E. (1962) Cognitive, social, and physiological determinants of emotional state. *Psychological Review*, 69, 379-399.
Scheufele, D. A., & Tewksbury, D. (2007) Framing, agenda setting, and priming: The evolution of three media effects models. *Journal of Communication*, 57, 9-20.
Schmitt, D. R., & Marwell, G. (1972) Withdrawal and reward reallocation as responses to inequity. *Journal of Experimental Social Psychology*, 8, 207-221.
Schwarz, N. (1990) Feelings as information: Informational and motivational functions of affective states. In E. T. Higgins, & R. M. Sorrentino (Eds.), *Handbook of motivation and cognition: Foundations of social behavior*. Vol. 2. Guilford Press, pp. 527-561.
Schwarz, N., Bless, H., Strack, F., Klumpp, G., Rittenauer-Schatka, H., & Simons, A. (1991) Ease of retrieval as information: Another look at the availability heuristic. *Journal of Personality and Social Psychology*, 61, 195-202.
Schwarz, N., & Clore, G. L. (1983) Mood, misattribution, and judgements of well-being: Informative

and directive functions affective states. *Journal of Personality and Social Psychology*, **45**, 513-523.

Schwartz, S. H. (1992) Universals in the content and structure of values: Theoretical advances and empirical tests in 20 countries. In M. Zanna (Ed.), *Advances in experimental social psychology*, Vol. 25. Academic Press, pp. 1-65.

Sears, D. O. (1993) Symbolic politics: A socio-psychological theory. In S. Iyengar, & W. J. McGuire (Eds.), *Explorations in political psychology*. Duke University Press, pp. 113-149.

Sears, D. O., & Citrin, J. (1985) *Tax Revolt: Something for nothing in California*. (Enlarged ed.) Harvard University Press.

Sears, D. O., & Funk, C. L. (1991) The role of self-interest in social and political attitudes. In M. P. Zanna (Ed.), *Advances in experimental social psychology*. Vol. 24. Academic Press, pp. 1-91.

Sedikides, C., Gaertner, L., & Toguchi, Y. (2003) Pancultural self-enhancement. *Journal of Personality and Social Psychology*, **84**, 60-79.

Shah, D. V., Cho, J., Eveland, Jr. W. P., & Kwak, N. (2005) Information and expression in a digital age: Modeling Internet effects on civic participation. *Communication Research*, **32**, 531-565.

Shah, J. (2003) The motivational looking glass: How significant others implicitly affect goal appraisals. *Journal of Personality and Social Psychology*, **85**, 424-439.

Shaw, M. E. (1954) Some effects of unequal distribution of information upon group performance in various communication nets. *Journal of Experimental Psychology*, **48**, 211-217.

Sheeran, P. (2002) Intention-behavior relations: A conceptual and empirical review. *European Review of Social Psychology*, **12**, 1-36.

Shepperd, J. A., Ouellette, J. A., & Fernandez, J. K. (1996) Abandoning unrealistic optimism: Performance estimates and the temporal proximity of self-relevant feedback. *Journal of Personality and Social Psychology*, **70**, 844-855.

Sherif, M. (1935) A study of some social factors in perception. *Archives of Psychology*, **27**, 1-60.

Sherif, M., Harvey, O. J., White, B. J., Hood, W. R., & Sherif, C. W. (1961) *Intergroup conflict and cooperation: The Robbers Cave experiment*. University of Oklahoma.

Sherman, D. K., & Cohen, G. L. (2006) The psychology of self-defense: Self-affirmation theory. In M. P. Zanna (Ed.), *Advances in experimental social psychology*. Vol. 38. Academic Press, pp. 183-242.

Shibanai, Y., Yasuno, S., & Ishiguro, I. (2001) Effects of global information feedback on diversity: Extensions to Axelrod's adaptive culture model. *Journal of Conflict Resolution*, **45**, 80-96.

Shibutani, T. (1966) *Improvised news: A sociological study of rumor*. Bobbs-Merrill. (廣井脩・橋元良明・後藤将之訳，1985『流言と社会』東京創元社)

繁桝江里 (2008)「消費者行動における他者の役割と対人コミュニケーション」宮田加久子・池田謙一編『ネットが変える消費者行動——クチコミの影響力の実証分析』NTT出版，pp. 47-76.

下條信輔 (1988)『まなざしの誕生——赤ちゃん学革命』新曜社

志村誠 (2005)「ウェブ日記・ウェブログによるパーソナルネットワークの広がり」池田謙一編『インターネット・コミュニティと日常世界』誠信書房，pp. 87-111.

志村誠・小林哲郎 (2005)「分散して残存する社会的少数派」池田謙一編『インターネット・コミュニティと日常世界』誠信書房，pp. 185-203.

篠木幹子・土場学 (2008)「社会的ジレンマの解決のメカニズム——『構造的解決』と『個人的解決』という視点から」土場学・篠木幹子編『個人と社会の相克』ミネルヴァ書房，pp. 245-270.

Shweder, R. A. (1990) Cultural psychology: What is it? In J. W. Stingler, R. A. Shweder, & G. Herdt (Eds.), *Cultural Psychology: Essays on comparative human development*. Cambridge University Press, pp. 1-43.

Sidanius, J., & Pratto, F. (1999) *Social dominance: An intergroup theory of social hierarchy and oppression*. Cambridge University Press.

Simmons, J. P., Nelson, L. D., & Simonsohn, U. (2011) False-positive psychology: Undisclosed flexibility in data collection and analysis allows presenting anything as significant. *Psychological Science*, 22, 1359-1366.

Simon, H. A. (1947) *Adnimistrative behavior: A study of decision-making processes in administrative organization.* Macmillan. (4th ed. 1997, Free Press.)

Simpson, J., Rholes, W. S., & Phillips, D. (1996) Conflict in close relationship: An attachment perspective. *Journal of Personality and Social Psychology*, 71, 899-914.

Sinclair, L., & Kunda, Z. (2000) Motivated stereotyping of women: She's fine if she praised me but incompetent if she criticized me. *Personality and Social Psychology Bulletin*, 26, 1329-1342.

Slater, M., Spanlang, B., Sanchez-Vives, M. V., & Blanke, O. (2010) First person experience of body transfer in virtual reality. *PLoS ONE*, 5.

Smelser, N. J. (1963) *The sociology of economic life.* Prentice-Hall.

Snyder, M., Tanke, E. D., & Berscheid, E. (1977) Social perception and interpersonal behavior: On the self-fulfilling nature of social stereotypes. *Journal of Personality and Social Psychology*, 35, 656-666.

Spencer, S. J., Fein, S., & Lomore, C. D. (2001) Maintaining one's self-image vis-à-vis others: The role of self-affirmation in the social evaluation of the self. *Motivation and Emotion*, 25, 41-65.

Spencer, S. J., Fein, S., Wolfe, C. T., Fong, C., & Dunn, M. A. (1998) Automatic activation of stereotypes: The role of self-image threat. *Personality and Social Psycholgy Bulletin*, 24, 1139-1152.

Stapel, D. A., & Suls, J. (Eds.) (2007) *Assimilation and contrast in social psychology.* Psychology Press.

Stasser, G., & Titus, W. (2003) Hidden profiles: A brief history. *Psychological Inquiry*, 14, 304-313.

Steele, C. M. (1988) The psychology of self-affirmation: Sustaining the integrity of the self. In L. Berkowitz (Ed.), *Advances in experimental social psychology.* Vol. 21. Academic Press, pp. 261-302.

Steele, C. M., & Aronson, J. (1995) Stereotype threat and the intellectual test performance of African-Americans. *Journal of Personality and Social Psychology*, 69, 797-811.

Stephan, W. G., Ybarra, O., & Morrison, K. R. (2009) Intergroup threat theory. In T. Nelson (Ed.), *Handbook of prejudice, stereotyping, and discrimination.* Psychology Press, pp. 43-59.

Sternberg, R. J. (1986) A triangular theory of love. *Psychological Review*, 93, 119-135.

Stolle, D., Hooghe, M., & Micheletti, M. (2005) Politics in the supermarket: Political consumerism as a form of political participation. *International Political Science Review*, 26, 245-269.

Stoner, J. A. F. (1961) *A comparison of individual and group decisions including risk.* Unpublished Master's thesis, School of Industrial Management, MIT.

Storms, M. D., & Nisbett, R. E. (1970) Insomnia and the attribution process. *Journal of Personality and Social Psychology*, 16, 319-328.

Strack, F., Schwarz, N., Bless, H., Kübler, A., & Wänke, M. (1993) Awareness of the influence as a determinant of assimilation versus contrast. *European Journal of Social Psychology*, 23, 53-62.

Stroebe, W., & Strack, F. (2014) The alleged crisis and the illusion of exact replication. *Perspectives on Psychological Science*, 9, 59-71.

Stucke, T. S., & Baumeister, R. F. (2006) Ego depletion and aggressive behavior: Is the inhibition of aggression a limited resource? *European Journal of Social Psychology*, 36, 1-13.

杉万俊夫（1988）「避難誘導法のアクションリサーチ」安倍北夫・三隅二不二・岡部慶三編『自然災害の行動科学』（応用心理学講座3）福村出版，pp. 110-122.

杉万俊夫編（2006）『コミュニティのグループ・ダイナミックス』京都大学学術出版会

杉万俊夫・三隅二不二・佐古秀一（1983）「緊急避難状況における避難誘導方法に関するアクション・リサーチ（I）——指差誘導法と吸着誘導法」『実験社会心理学研究』22, 95-98.

Sunstein, C. R. (2007) *Republic 2.0.* Princeton University Press.

Super, C. M., & Harkness, S. (1986) The developmental niche: A conceptualization at the interface of child and culture. *International Journal of Behavioral Development*, 9, 545-569.
鈴木直人・山岸俊男（2004）「日本人の自己卑下と自己高揚に関する実験研究」『社会心理学研究』20, 17-25.

◆T

Tajfel, H., Billig, M. G., Bundy, R. P., & Flament, C. (1971) Social categorization and intergroup behaviour. *European Journal of Social Psychology*, 1, 149-178.
Tajfel, H., & Turner, J. C. (1979) An integrative theory of intergroup conflict. In W. G. Austin, & S. Worchel (Eds.), *The social pychology of intergroup relations*. Brooks/Cole, pp. 33-47.
高木浩人（1997）「多重コミットメント」田尾雅夫編『会社人間の研究——組織コミットメントの理論と実際』京都大学学術出版会, pp. 207-226.
高木浩人・石田正浩・益田圭（1997）「会社人間をめぐる要因構造」田尾雅夫編『会社人間の研究——組織コミットメントの理論と実際』京都大学学術出版会, pp. 265-296.
高口央・坂田桐子・黒川正流（2002）「集団間状況における複数リーダー存在の効果に関する検討」『実験社会心理学研究』42, 40-54.
竹村和久（1997）「消費者の情報探索と選択肢評価」杉本徹雄編『消費者理解のための心理学』福村出版, pp. 56-72.
竹村幸祐・佐藤剛介（2012）「幸福感に対する社会生態学的アプローチ」『心理学評論』55, 47-63.
竹西亜古・竹西正典・福井誠・金川智恵・吉野絹子（2008）「リスクメッセージの心理的公正基準——管理者への手続き的公正査定における事実性と配慮性」『社会心理学研究』24, 23-33.
竹下俊郎（1998）『メディアの議題設定機能——マスコミ効果研究における理論と実証』学文社
Talhelm, T., Zhang, X., Oishi, S., Shimin, C., Duan, D., Lan, X., & Kitayama, S. (2014) Large-scale psychological differences within China explained by rice versus wheat agriculture. *Science*, 344, 603-608.
田村正紀（2006）『バリュー消費——「欲ばりな消費集団」の行動原理』日本経済新聞社
田村亮・亀田達也（2007）「恐怖感情は伝染するか？——選択的注意配分行動による検討」『感情心理学研究』14, 64-70.
棚橋菊夫（1997）「消費者の知識と記憶」杉本徹雄編『消費者理解のための心理学』福村出版, pp. 104-117.
田中淳（2003）「日常性とシンボル——創発規範アプローチ」田中淳・土屋淳二『集合行動の社会心理学』北樹出版, pp. 67-85.
田中共子（2000）『留学生のソーシャル・ネットワークとソーシャル・スキル』ナカニシヤ出版
Taylor, F. W. (1911) *The principles of scientific management*. Harper & Brothers.（上野陽一訳編, 1969『科学的管理法』〔新版〕産業能率短期大学出版部）
Taylor, S. E., & Brown, J. D. (1988) Illusion and well-being: A social psychological perspective on mental health. *Psychological Bulletin*, 103, 193-210.
Taylor, S. E., Fiske, S. T., Etcoff, N. L., & Ruderman, A. J. (1978) Categorical and contextual bases of person memory and stereotyping. *Journal of Personality and Social Psychology*, 36, 778-793.
Taylor, S. E., Kemeny, M. E., Reed, G. M., Bower, J. E., & Gruenewald, T. L. (2000) Psychological resources, positive illusions, and health. *American Psychologist*, 55, 99-109.
Tesser, A. (1980) Self-esteem maintenance in family dynamics. *Journal of Personality and Social Psychology*, 39, 77-91.
Tesser, A. (1988) Toward a self-evaluation maintenance model of social behavior. In L. Berkowitz (Ed.), Advances in experimental social psychology. Vol. 21. Academic Press, pp. 181-227.
Tesser, A., Campbell, J., & Smith, M. (1984) Friendship choice and performance: Self-evaluation maintenance in children. *Journal of Personality and Social Psychology*, 46, 561-574.

Tesser, A., & Cornell, D. P. (1991) On the confluence of self-processes. *Journal of Experimental Social Psychology*, 27, 501-526.

Tesser, A., & Paulhus, D. (1983) The definition of self: Private and public self-evaluation management strategies. *Journal of Personality and Social Psychology*, 44, 672-682.

Tetlock, P. E., Peterson, R. S., McGuire, C., Chang, S., & Feld, P. (1992) Assessing political group dynamics: A test of the groupthink model. *Journal of Personality and Social Psychology*, 63, 403-425.

Thibaut, J. W., & Kelley, H. H. (1959) *The social psychology of groups*. Wiley.

Tice, D. M. (1992) Self-concept change and self-presentaion: The looking glass self is also a magnifying glass. *Journal of Personality and Social Psychology*, 63, 435-451.

Tilly, C. (1978) *From mobilization to revolution*. McGraw-Hill.

Tilly, C. (2004) *Social movements, 1768-2004*. Paradigm Publishers.

Tobin, J., Wu, D., & Davidson, D. (1989) *Preschool in three cultures: Japan, China, and the United States*. Yale University Press.

Tobin, J., Hsueh, Y., & Karasawa, M. (2009) *Preschool in three cultures revisited: Japan, China, and the United States*. University of Chicago Press.

Tomasello, W. M. (1999) *The cultural origins of human cognition*. Harvard University Press.（大堀壽夫・中澤恒子・西村義樹・本多啓訳，2006『心とことばの起源を探る――文化と認知』勁草書房）

友永雅己・三浦麻子・針生悦子（2016）「心理学の再現可能性――我々はどこから来たのか　我々は何者か　我々はどこに行くのか　特集号の刊行によせて」『心理学評論』59, 1-2.

Touraine, A. (1978) *La voix et le regard*. Seuil.（梶田孝道訳，1983『声とまなざし――社会運動の社会学』新泉社）

Travers, J., & Milgram, S. (1969) An experimental study of the small world problem. *Sociometry*, 32, 425-443.

Triandis, H. C. (1995) *Individualism and collectivism*. Westview Press.

Triandis, H. C., Leung, K., Villareal, M., & Clack, F. L. (1985) Allocentric vs. idiocentric tendencies: Convergent and discriminant validation. *Journal of Research in Personality*, 19, 395-415.

Triplett, N. (1898) The dynamogenic factors in pacemaking and competition. *American Journal of Psychology*, 9, 507-533.

Trope, Y., & Gaunt, R. (2000) Processing alternative explanations of behavior: Correction or integration? *Journal of Personality and Social Psychology*, 79, 334-354.

辻本昌弘（1998）「文化間移動によるエスニック・アイデンティティの変容過程――南米日系移住地から日本への移民労働者の事例研究」『社会心理学研究』14, 1-11.

辻中豊編（2002）『現代日本の市民社会・利益団体』木鐸社

恒吉僚子（1997）「育児書の国際比較から見えるもの」恒吉僚子・ブーコック，S. S. 編『育児の国際比較――子どもと社会と親たち』日本放送出版協会，pp. 201-234.

恒吉僚子・Boocock, S. S.・Jolivet, M.・大和田滝惠（1997）「育児の国際比較」恒吉僚子・ブーコック，S. S. 編『育児の国際比較――子どもと社会と親たち』日本放送出版協会，pp. 27-130.

Turner, J. C., Hogg, M A., Oakes, P. J., Reicher, S. D., & Wetherell, M. S. (1987) *Rediscovering the social group: A self-categorization theory*. Blackwell.（蘭千壽・内藤哲雄・磯崎三喜年・遠藤由美訳，1995『社会集団の再発見――自己カテゴリー化理論』誠信書房）

Turner, M. E., Pratkanis, A. R., Probasco, P., & Leve, C. (1992) Threat, cohesion, and group effectiveness: Testing a social identity maintenance perspective on groupthink. *Journal of Personality and Social Psychology*, 63, 781-796.

Turner, R. H. (1976) Earthquake prediction and public policy: Distillations from a National Academy of Sciences report (1). *Mass Emergencies*, 1, 179-202.

Turner, R. H., & Killian, L. M. (1987) *Collective behavior.* (3rd ed.) Prentice-Hall.
Turner, R. N., Hewstone, M., & Voci, A. (2007) Reducing explicit and implicit outgroup prejudice via direct and extended contact: The mediating role of self-disclosure and intergroup anxiety. *Journal of Personality and Social Psychology*, 93, 369-388.
Tversky, A., & Kahneman, D. (1974) Judgment under uncertainty: Heuristics and biases. *Science*, 185, 1124-1131.
Tversky, A., & Kahneman, D. (1981) The framing of decisions and the psychology of choice. *Science*, 211, 453-458.

◆U

上野直樹 (1997)「状況的学習——施盤による金属加工と機械修理の技術」柏木惠子・北山忍・東洋 編『文化心理学——理論と実証』東京大学出版会, pp. 261-278.
上野直樹 (1999)『仕事の中での学習——状況論的アプローチ』東京大学出版会
海野道郎 (1991)「社会的ジレンマ研究の射程」盛山和夫・海野道郎編『秩序問題と社会的ジレンマ』ハーベスト社, pp. 137-165.
浦光博 (1992)『支えあう人と人——ソーシャル・サポートの社会心理学』サイエンス社

◆V

Van Baaren, R. B., Holland, R. W., Steenaert, B., & van Knippenberg, A. (2003) Mimicry for money: Behavioral consequences of imitation. *Journal of Experimental Social Psychology*, 39, 393-398.
Van Boven, L., & Loewenstein, G. (2003) Social projection of transient drive states. *Personality and Social Psychology Bulletin*, 29, 1159-1168.
Van Boven, L., & Loewenstein, G. (2005) Empathy gaps in emotional perspective taking. In B. F. Malle, & S. D. Hodges (Eds.), *Other minds: How humans bridge the divide between self and others.* Guilford Press, pp. 284-297.
Vandello, J. A., & Cohen, D. (1999) Patterns of individualism and collectivism across the United States. *Journal of Personality and Social Psychology*, 77, 279-292.
Vandello, J. A., Cohen, D., & Ransom, S. (2008) U. S. Southern and Northern differences in perceptions of norms about aggression: Mechanisms for the perpetuation of a culture of honor. *Journal of Cross-Cultural Psychology*, 39, 162-177.
Vonk, R. (1999) Effects of outcome dependency on correspondence bias. *Personality and Social Psychology Bulletin*, 25, 382-389.
Vorauer, J. D., & Turpie, C. A. (2004) Disruptive effects of vigilance on dominant group members' treatment of outgroup members: Choking versus shining under pressure. *Journal of Personality and Social Psychology*, 87, 384-399.

◆W

Wallach, M. A., Kogan, N., & Bem, D. J. (1962) Group influence on individual risk taking. *Journal of Abnormal and Social Psychology*, 65, 75-86.
Walther, J. B. (1992) Interpersonal effects in computer-mediated interaction: A relational perspective. *Communication Research*, 19, 52-90.
渡辺雅子 (2004)『納得の構造——日米初等教育に見る思考表現のスタイル』東洋館出版社
Watts, D. (2003) *Six degrees: The science of a connected age.* W. W. Norton. (辻竜平・友知政樹訳, 2004『スモールワールド・ネットワーク——世界を知るための新科学的思考法』阪急コミュニケーションズ)
Wegener, D. T., & Petty, R. E. (1997) The flexible correction model: The role of naive theories of bias in bias correction. In M. P. Zanna (Ed.), *Advances in experimental social psychology.* Vol. 29.

Academic Press, pp. 141-208.

Wegener, D. T., Petty, R. E., & Dunn, M. (1998) The metacognition of bias correction: Naive theories of bias and the flexible correction model. In V. Yzerbyt, G. Lories, & B. Dardenne (Eds.), *Metacognition: Cognitive and social dimensions.* Sage Publications, pp. 202-227.

Wegner, D. M. (1992) You can't always think what you want: Problems in the suppression of unwanted thoughts. In M. P. Zanna (Ed.), *Advances in experimental social psychology.* Vol. 25. Academic Press, pp. 193-225.

Wegner, D. M. (2002) *The illusion of conscious will.* MIT Press.

Wegner, D. M., Sparrow, B., & Winerman, L. (2004) Vicarious agency: Experiencing control over the movements of others. *Journal of Personality and Social Psychology,* **86**, 838-848.

Weick, K. E. (1979) *The social psychology of organizing.* (2nd ed.) Addison-Wesley.(遠田雄志訳,1997『組織化の社会心理学』〔第2版〕文眞堂)

Weick, K. E. (1995) *Sensemaking in organizations.* Sage.(遠田雄志・西本直人訳,2001『センスメーキング イン オーガニゼーションズ』文眞堂)

Wheeler, S. C., Jarvis, W. B. G., & Petty, R. E. (2001) Think unto others: The self-destructive impact of negative racial stereotypes. *Journal of Experimental Social Psychology,* **37**, 173-180.

Whiting, B., & Whiting, J. (1975) *Children of six cultures: A psycho-cultural analysis.* Harvard University Press.

Wigboldus, D. H. J., Semin, G. R., & Spears, R. (2000) How do we communicate stereotypes? Linguistic bases and inferential consequences. *Journal of Personality and Social Psychology,* **78**, 5-18.

Wilbert, J. (1976) Introduction. In J. Wilbert (Ed.), *Enculturation in Latin America: An anthology.* UCLA Latin American Center for Publications, pp. 1-28.

Wilder, D. A., & Shapiro, P. N. (1989) Role of competition-induced anxiety in limiting the beneficial impact of positive behavior by an out-group member. *Journal of Personality and Social Psychology,* **56**, 60-69.

Wilson, A. E., & Ross, M. (2001) From chump to champ: People's appraisals of their earlier and present selves. *Journal of Personality and Social Psychology,* **80**, 572-584.

Wilson, T. D., & Brekke, N. (1994) Mental contamination and mental correction: Unwanted influences on judgments and evaluations. *Psychological Bulletin,* **116**, 117-142.

Wilson, T. D., Houston, C. E., Erling, K. M., & Brekke, N. (1996) A new look at anchoring effects: Basic anchoring and its antecedents. *Journal of Experimental Psychology: General,* **125**, 387-402.

Winkielman, P., & Schwarz, N. (2001) How pleasant was your childhood? Beliefs about memory shape inferences from experienced difficulty of recall. *Psychological Science,* **12**, 176-179.

Wohl, M. J. A., & Branscombe, N. R. (2008) Remembering historical victimization: Collective guilt for current ingroup transgressions. *Journal of Personality and Social Psychology,* **94**, 988-1006.

Wolf, E. R. (1994) Perilous ideas: Race, culture, people. *Current Anthropology,* **35**, 1-12.

Word, C. O., Zanna, M. P., & Cooper, J. (1974) The nonverbal mediation of self-fulfilling prophecies in interracial interaction. *Journal of Experimental Social Psychology,* **10**, 109-120.

Wright, S. C., Aron, A., McLaughlin-Volpe, T., & Ropp, S. A. (1997) The extended contact effect: Knowledge of cross-group friendships and prejudice. *Journal of Personality and Social Psychology,* **73**, 73-90.

◆Y

Yamagishi, T. (1988) The provision of a sanctioning system in the United States and Japan. *Social Psychology Quarterly,* **51**, 265-271.

山岸俊男(1997)「心と社会の均衡としての文化——関係の固定性と内集団ひいき」柏木惠子・北山忍・東洋編『文化心理学——理論と実証』東京大学出版会,pp. 198-219.

山岸俊男（1998）『信頼の構造——こころと社会の進化ゲーム』東京大学出版会
山岸俊男（1999）「適応と反映——北山氏の書評論文によせて」『社会心理学研究』15, 66-70.
山岸俊男（2002）『心でっかちな日本人——集団主義文化という幻想』日本経済新聞社
Yamagishi, T., & Yamagishi, M. (1994) Trust and commitment in the United States and Japan. *Motivation and Emotion*, 18, 129-166.
山岸俊男・吉開範章（2009）『ネット評判社会』NTT 出版
Yamaguchi, S. (1998) Biased risk perceptions among Japanese: Illusion of interdependence among risk companions. *Asian Journal of Social Psychology*, 1, 117-131.
Yamaguchi, S., Greenwald, A. G., Banaji, M. R., Murakami, F., Chen, D., Shiomura, K., Kobayashi, C., Cai, H., & Krendl, A. (2007) Apparent universality of positive implicit self-esteem. *Psychological Science*, 18, 498-500.
Yamaguchi, S., Kuhlman, D. M., & Sugimori, S. (1994) Personality correlates of allocentric tendencies in individualist and collectivist cultures. *Journal of Cross-Cultural Psychology*, 26, 658-672.
Yamori, K. (1998) Going with the flow: Micro-macro dynamics in the macro-behavioral patterns of pedestrian crowds. *Psychological Review*, 105, 530-557.
矢守克也・吉川肇子・網代剛（2005）『防災ゲームで学ぶリスク・コミュニケーション——クロスロードへの招待』ナカニシヤ出版
野城智也・札野順・板倉周一郎・大場恭子（2005）『実践のための技術倫理——責任あるコーポレート・ガバナンスのために』東京大学出版会
安野智子（2006）『重層的な世論形成過程——メディア・ネットワーク・公共性』東京大学出版会
Yu, D. W., & Shepard, G. H. (1998) Is beauty in the eye of the beholder? *Nature*, 296, 321-322.

◆Z

Zajonc, R. B. (1965) Social facilitation. *Science*, 149, 269-274.
Zajonc, R. B. (1968) Attitudinal effects of mere exposure. *Journal of Personality and Social Psychology*, 9, 1-27.
Zaller, J. R. (1992) *The nature and origin of mass opinion*. Cambridge University Press.
Zhu, Y., Zhang, L., Fan, J., & Han, S. (2007) Neural basis of cultural influence on self-representation. *NeuroImage*, 34, 1310-1316.
Zou, X., Tam, K.-P., Morris, M. W., Lee, S.-L., Lau, I. Y.-M., & Chiu, C.-Y. (2009) Culture as common sense: Perceived consensus versus personal beliefs as mechanisms of cultural influence. *Journal of Personality and Social Psychology*, 97, 579-597.
Zuckerman, M., Knee, C. R., Hodgins, H. S., & Miyake, K. (1995) Hypothesis confirmation: The joint effect of positive test strategy and acquiescence response set. *Journal of Personality and Social Psychology*, 68, 52-60.

事項索引

● アルファベット

AIDMA（モデル）　338, 340
AISAS（モデル）　338-340
CMC 研究　288
CSR　→企業の社会的責任
ELM（精緻化見込みモデル）　147, 149, 150
HSM（ヒューリスティック‐システマティック・モデル）　149, 150
IAT（潜在的連合テスト）　30, 154, 155, 401
LPC モデル　366
MODE モデル　157
PM 理論　366
SCM　→ステレオタイプ内容モデル
SEM モデル　→自己評価維持モデル
SL 理論　367
SNS（ソーシャルネットワーキングサービス）　2, 246, 283
VR（仮想現実）　102
WOM　340
WVS（世界価値観調査）　315

● あ 行

愛　情　174
愛着スタイル　174, 177
アイデンティティー　390, 392, 435, 436
　──の葛藤　428
愛の三角形モデル　176
アイヒマン実験　362, 365
アイロニー（皮肉）　226
アクション・リサーチ　432, 434, 435
アクター　318, 322
アジア病問題　337
アナウンスメント効果　323
アナグラム課題　77
安　心　293, 302, 303, 347, 415
　制度的──　304
暗黙知　370, 371
怒　り　61-64, 215
閾　下　57
閾下プライミング　72
閾値モデル　384
育児態度　424, 425

意　識　68, 82
　──されること　186
　──的過程　83
　──の役割　83
意思決定　32, 138, 162, 247, 335, 337, 352, 354, 355, 358, 359, 376, 382, 431
　購買の──　334
　集団（の）──　355, 356, 399
　消費の──　338
意思決定モデル　180
一貫性　122
一般的信頼　302, 305, 306
イデオロギー　325
意　図　151, 157, 199
イノベーション　247
イノベーション採用　249, 259, 279
異文化　396, 428
異文化接触　426, 429
意味空間　429
因果スキーマ　122
印　象　233-235
インターネット　268, 278, 282, 285, 287, 340
　──の効果研究　282
　──の「利用と満足」　271
インターローカリティ　435
運命統制　170
エゴセントリック　333
エスノメソドロジー　430
エピソード記憶　90
エラー　14, 38
エラー管理理論　38
援助（行動）　81, 179, 180
恐　れ　215
オピニオンリーダー　245, 246-248, 256, 271, 283, 325
オペラント条件づけ　140, 141, 146

● か 行

解　釈　19, 26
外集団　186, 203, 204
外集団均質性効果　206
外集団他者と自己との差異　210
概　念

──の活性化　23, 28, 70
会話の格率　225
科学的管理法　353, 354
学習理論　140, 164
確証情報　16
確証バイアス　15, 17, 21
拡張型接触効果　218
加算的課題　191
カスケード　382, 385
　情報の──　382
カスタマイズ可能なメディア　283
仮説検証　18
価値（文化的）　397
価値観（家族を中心とする）　178
価値の類似性　349
活性化　22
活性化拡散　23, 28, 45
葛藤　176-178
葛藤解決　218
カテゴリー　24, 30, 34, 70, 71, 72, 206, 207
　──的信頼　302, 308
カテゴリー依存型処理　115
カテゴリー化　25, 38, 115, 205
悲しみ　61
カバーストーリー　21
カルチャー・ショック　429
環境行動　333, 342-344, 347
環境リスク　343, 348
監　視　293, 304
　──のコスト　303
感　情　62, 63, 162, 229, 230
　──の認知的評価理論　215
　ネガティブな──　61, 62
　ポジティブな──　63
感情価　46
感情情報（機能）説　51
感情体験　44
感情ネットワークモデル　45
感情評定　405
間接的接触　218
完全情報　336
観念運動行為　70
間メディア性　289
寛容（性）　298, 300, 326
記　憶　17, 22, 26, 27, 29, 44, 46, 145
　──の気分一致効果　46, 50
記憶課題　27

企業の社会的責任（CSR）　346, 347
期待－価値説　164
議題設定（効果）　272, 277, 322
規　範　141, 188, 302, 362, 388
　──の役割　179
　互酬性──　285
　集団──　187
　主観的──　151
　創発──　388
規範的影響　194
規範的コミットメント　360
規範的フレーミング　344
規範的方略　38
気　分　44, 46, 56
　──と情報処理スタイル　54
　──の効果　48
　ネガティブな──　52, 53
　ポジティブな──　52, 53, 60, 61
気分一致効果
　記憶の──　46
　記銘時の──　47
　想起時の──　47
　判断の──　48, 51
気分制御　51
気分導入　48
記　銘　46
逆戻り行動　376
究極的帰属エラー　211
吸着誘導法　377
教化効果　273
共感（力）　180, 426
教師期待効果　239
強制勢力　196
業績評価　320
共通内集団アイデンティティー・モデル　221
共通の基盤　227, 228
共同的関係　166
共変モデル　121
協　力　300
強力効果（論）　271, 281
協力的関係　217
近言語（パラ言語）　231
均　衡　434
近接性　198
クチコミ効果　340
クリーク　247, 253

事項索引　471

群集　375, 386, 388, 390
群集事故　378
群集心理　374
群集制御　379
群集密度　378
経営管理論　353
計画錯誤　96
計画的行動理論　152
経験経済　335
形式知　370, 371
係留と調整　125, 133
血液型　14, 17
ゲーム理論　170, 434
原因帰属　122
　——におけるあいまいさ　214
言語期待バイアス　234
顕在的指標　154
検索容易性（想起の容易さ）　36, 57, 58, 59
限定効果　272
限定合理性　354, 376
権力格差　397
語彙判断課題　31, 74
合　意　402
合意性　122
交換関係　166, 167
攻撃行動　63
広　告　280, 334, 338, 340
公正（さ）　64, 168, 169, 348
構造的誘発性　378
肯定的検証方略　18
行　動
　——に関する態度　151
　——の生起可能性　71
　——の正当化　143
　——の先行条件　151
　態度と——　144, 151, 153
行動意図　152
行動獲得の過程　140
行動経済学　171
行動的確証　237, 239, 240
　——の仮定　238
行動統制（感）　152, 170
行動表象　70
　——の活性化　70, 73
幸福感　63, 178
衡平の原則　169, 179
合理性判断　354

合理的行動理論　151
合理的選択　172
交流の場（コンタクト・ゾーン）　435
国際比較研究　315, 406, 410, 423
互恵的利他行動　179
心の理論　420
コーシャスシフト　356
互酬性　292, 298
　——規範　285
個人主義　397, 399-402, 411, 414
古典的条件づけ　140, 146
子ども観　424
子どもの発達　422, 423
コーポレート・レピュテーション　304
コミットメント　144, 167, 168, 176, 178, 298, 344, 415
　情緒的——　360
　組織——　359, 360, 361
　存続的——　360
コミュニケーション　224, 225, 232, 252, 286, 329
　——構造　192
　——の不足　227
コミュニケーション・スキル　298
コミュニケーション・ネットワーク　382
コミュニケーション・ルール　225
コミュニティ　300
コンサマトリー（自己目的的）　335
コンセンサス・ヒューリスティック　328
コンタクト・ゾーン　436
コンタクトポイント　340
コンティンジェンシー（状況即応）・アプローチ　366, 368
コンボイ・モデル　254

● さ　行

再カテゴリー化　221
再現性　84
最後通告ゲーム　64
最小集団状況　213
最適弁別性理論　211
サイドショー　318
サイドベット理論　360
再認ヒューリスティック　39
サイバー・カスケード　385
採用者カテゴリー　249
作業自己概念　75, 91, 110

錯誤相関　　205
サクラ　　79
雑踏警備　　374
サブタイプ化　　218
差　別　　64, 203, 204, 294, 301, 309
参加するメディア　　282
参照勢力（準拠勢力）　　196
3段階モデル（ギルバートの）　　125
参与観察　　391
ジェスチャー　　230
資源動員論　　387
自　己　　83, 88, 164, 436
　現象的――　　110
自己概念　　75, 89, 209
　――の活性化　　76
　活性化した――　　91
自己価値確認（理論）　　98, 99, 100
自己カテゴリー化理論　　210
自己観　　406
　相互協調的――　　406
　相互独立的――　　406
自己高揚　　105, 106, 412
自己参照効果　　30
自己スキーマ　　89, 90
自己制御　　106, 107-109
自己中心的な認知　　111
自己定義　　405, 407
自己呈示の内在化　　109, 110
自己卑下　　412, 413
自己批判　　412
自己評価　　92, 94, 98, 117, 154, 165, 174, 209, 213
　回想的――　　101
　継時的――理論　　101
　自己高揚的――　　105
自己評価維持　　93, 99, 104, 118
自己評価維持モデル（SEMモデル）　　94, 96, 99, 100
システマティック処理　　37, 149
システム正当化理論　　204
親しみやすさ　　206
実験協力者　　79
実験参加者　　79
実際的利害の衝突　　203
自動性　　80
自動的過程　　37
シナリオ呈示　　340

社会運動（論）　　386
　新しい――　　388
社会化　　141
社会環境　　421, 422
社会関係資本　　292, 298, 299
　――のサニーサイド　　300
　――のダークサイド　　300
社会参加　　292, 293, 298
社会システム　　411
社会生態学的アプローチ　　434
社会調査　　245, 248, 315
社会的アイデンティティー　　209, 210, 212, 229, 390, 392, 429
　内集団の――　　231
社会的アイデンティティー理論　　209, 213
社会的規範　　188
社会的公理　　399
社会的コンフリクト事態　　343, 349
社会的支配傾向　　204
社会的ジレンマ（事態）　　171, 172, 333, 343, 344, 412
社会的信念　　286
社会的信用　　285
社会的勢力　　191, 196
社会的促進　　188
社会的態度　　154
社会的地位　　231
社会的手抜き　　190
社会的伝播　　385
社会的動物　　4
社会的なアフォーダンス　　301
社会的認知　　38
社会的排斥　　81
社会的不安　　62
社会的不確実性　　415
社会的リアリティ　　286
集合行動　　374, 386, 390
　――の連鎖モデル　　382
集合状態　　392
集合体　　186, 386, 392
集合的感情　　216
集合的罪悪感　　216
集合的無知　　194
囚人のジレンマ（・ゲーム）　　171, 179
従属変数　　20
渋滞学　　379
集　団　　184, 185, 386

──（の）意思決定　　355, 356, 400
　　──と群衆の連続性　　390
　　──の（課題）遂行　　186, 190
集団アイデンティティー　　221
集団葛藤　　218
集団カテゴリー　　114, 135
集団間言語バイアス　　235
集団間情動理論　　215
集団間態度　　203
集団規範　　187
集団凝集性　　186, 187, 193, 359
集団極化現象　　356
集団行動　　386, 390
集団思考　　186, 358, 359
集団実体性　　198
集団主義　　397, 399-402, 411, 412, 414
集団同一視　　187, 215
集団討議　　356
周辺的手がかり　　148
周辺的ルート　　148, 149, 150
重要他者　　77, 91, 92, 252
主観的価値　　152
主観的感覚　　35, 36, 56, 58
主観的規範　　151, 152
主観的経験　　34
主観的時間的距離　　102
主観的手がかり　　59
熟慮的過程　　37
上位目標　　219
状　況
　　──の再定義　　380, 381, 382, 388
　　──のもつ構造　　171
状況サンプリング　　401
状況的学習　　430
少数派（者）　　195, 329
　　──の残存　　261
象徴的偏見　　204
情緒的サポート　　254
情　動　　44, 215
情動二要因理論　　49
消費者行動　　280, 332, 334
消費（の）プロセス　　338, 339
情　報
　　──のカスケード（雪崩現象）　　195, 382, 384, 385
　　──の信憑性　　257
情報オーバーロード　　284

情報環境　　22, 28, 30, 37, 53, 156, 205, 275, 276, 277, 279, 282, 325, 337, 345, 376
情報処理
　　緊急時の──　　376, 377, 379
　　トップダウン──　　53
　　ヒューリスティック──　　345
　　ボトムアップ──　　53
情報処理過程　　38, 44
情報処理能力　　147, 283
情報勢力　　196
情報的影響　　194
情報的機能　　140
情報伝達　　235
将来期待　　320
将来の予測　　96
職務満足度　　361
しろうと理論　　199, 281, 320
進化ゲーム理論　　421
進化心理学　　38
進化適応環境　　81
新奇刺激　　56
信　念　　141, 142, 199, 235, 399, 402, 412, 413
　　暗黙の──　　433
　　ステレオタイプ的な──　　205
信憑性選択　　284
信憑性判断　　257, 284, 324
シンボル　　318, 322
親密さ（性）　　176, 229
親密な関係　　176, 178, 240
信用供与　　248
信　頼　　285, 292, 298, 300-306, 347, 415
　　一般的──　　302, 305, 306
　　カテゴリー的──　　302, 305
　　制度（に対する）──　　308, 309, 347
　　人間関係的──　　302, 305
信頼の解き放ち理論　　415
心理的関与　　336, 359
心理的契約　　361
遂　行　　188
　　集団の──　　186, 190
推　論　　14, 29, 30, 35, 114, 119, 120, 121, 133
　　──の誤り　　132
　　──の方略　　34
　　簡略化された──　　32
　　心的状態の──　　127
　　他者の心的状態の──　　126
スキーマ　　24, 38, 53

スクリプト　376
ステレオタイプ　25, 38, 55, 116, 117, 134, 135, 203, 205, 211, 233-236, 278
　──（知識）の活性化　118, 119
ステレオタイプ脅威　216
ステレオタイプ適用　116, 118, 119, 132
ステレオタイプ内容モデル（SCM）　206, 208, 216
スノーボール・サンプリング調査　252, 341
スポットライト効果　111
スモールワールド　250
性　格　14, 17
制御資源　107, 108, 109
斉合性理論　142
政治アクター　320
政治行動　280
政治参加　292, 293, 294, 296, 301, 318, 321
政治シンボル　319
政治的効力感　321
精緻化見込みモデル　→ELM
制　度　301, 302
正当勢力　191, 196
正統的周辺参加　432
制度信頼　308, 310, 347
制度的安心　304
責任の拡散　180, 190
接近可能性　28, 30, 31, 90, 91
接種効果　146
接触仮説　217
説　得　145
　──の4要因　145
説得情報の処理　54
説得メッセージ　146
世　論　→世論（よろん）
選　挙　245, 259
選挙報道　268
潜在的態度　154, 155
潜在的連合テスト　→IAT
センス・メイキング　431
選　択　409, 431
　──の判断　337
選択的（情報）接触（仮説）　145, 277, 284
選択的バイアス　284
先導効果　376
専門勢力　196
戦略的中立性　278
想　起　46, 48, 50, 58, 59

想起のしやすさ　→検索容易性
相互依存（関係）　169, 170, 175, 185
　競争的な──　204
走光性　376
相互運命統制　170
相互監視の制度　414
相互行動統制　170
相互作用　185
相互調整のロス　190
操　作　20
争点公衆　324
創発規範　388
相補性の効果　164
属性推論　119, 123, 125, 133, 233
　──の過程　124
ソシオトロピック（な認識）　318, 319, 333, 346
組織研究　353
組織コミットメント　359, 360, 361
組織文化の形成　432
組織変革　367, 368, 370
組織論　354, 431
　人間性重視の──　354
ソーシャル・サポート　254, 256, 244
ソーシャル・ネットワーク　245, 247, 252, 276, 289, 292, 299
　──の構造　260
ソーシャルメディア　283

● た　行

対応推論理論　120, 123
対応バイアス　124, 130
体験消費　335
対人関係（人間関係）　226, 227, 296, 302, 305, 387, 409, 411
対人関係的機能　140, 162
対人的情報環境　276, 282
対人認知　90
対人魅力　163, 187
代替選択肢との比較水準　167
態　度　138, 142, 144, 145, 157
　──と行動の一貫性　151
　──と行動の不一致　144, 153
　──の活性化　154, 155
　──の形成過程　140
　──の働き　139
対比（効果）　30, 73, 74

代表性ヒューリスティック　32, 33, 34
対　立　300
多元的無知　194
他　者　116, 126, 127, 162, 164, 174, 227, 405, 420
　　——との相互作用　84
　　——に関する認知　233
　　——に対する判断（印象形成）　115
　　——（への）評価　101, 118, 174
　　——への寛容性　293
多数派　329, 356, 357
多数派形成　327
脱カテゴリー化　220, 221
脱物質主義　399
単純接触効果　56, 163
男性らしさ・女性らしさ　397
地　位　191
　　——の対等性　217
知　識　22, 26, 45, 76
　　——（見識）ある市民　324
　　——の活性化　22, 26, 45
　　——の貯蔵　22
　　活性化した——　28
知識創造　369, 370
注　意　145
　　——の葛藤　190
中心的ルート　147, 149, 150
紐　帯
　　強い——　253, 254-258
　　弱い——　251, 253, 256, 257
チューニング
　　受け手への——　227, 233
長期志向・短期志向　399
調　整　→係留
直観的判断　39, 40
沈黙の螺旋　195, 327
適　応　38, 39, 62, 65, 421
手続き的公正　168, 285
デブリーフィング　21
デリバレーション　326, 328
典型性　218
動因仮説　189
同化（効果）　29, 73
動　機　199
動機づけ　147, 157
道具的サポート　254
等質化　261

統制的過程　37
同　調　193, 259, 271, 388
　　——の原因　194
同定化役割　341
同定の段階　124
投票（行動）　259, 292, 296, 318
特性概念　70, 72
　　——の活性化　70, 71, 76
独立変数　20
泥棒洞窟　218

● な　行

内集団　186, 203
　　——の仲間との類似性　210
内集団バイアス　62, 211
内集団ひいき　211, 212
ナイーブ・シニシズム　129
ナイーブ・リアリズム　128
納　得　145
ナレッジ・マネジメント　370
二重過程（モデル）　37, 156
二重処理モデル　115
日常化バイアス　381
日常的潜在行動　376
日本的経営　399
人間関係　→対人関係
人間関係論（組織における）　354
認　知　14, 29, 162
認知過程（プロセス）　30, 68
認知限界　355
認知資源　37, 118, 119, 125
認知的倹約家（節約家）　38, 149
認知的斉合性理論　141
認知的能力　147
認知的不協和（理論）　142, 143-145
認知バイアス　172
認知表象　233, 236
認知メカニズム　38
ネガティブな感情（気分）　46, 52, 53, 61, 62, 102
熱　情　176
ネットワーク　244, 258, 260, 296
　　——の同質性・異質性　259
　　結束的な——　255
　　橋渡し的な——　256
ネットワーク資源　254
ネットワーク統制力　258

ネットワーク・バッテリー　252
ノード　22

● は 行

バイアス　14, 38, 132, 284
　──の修正　135
　自己高揚──　106
　対応──　124, 130
　内集団──　62, 211
　日常化（正常化）──　380
　認知──　172
バイコット行動　346
培養効果　273
恥　62
橋渡し的なネットワーク　256
パス‐ゴール理論　367
パースペクティブ・テイキング　326
バズ・マーケティング　340
『パーソナル・インフルエンス』　271
罰　164
発語　232
発達課題　423
発達的ニッチ　423
パニック　374, 375, 378
パラ言語　→近言語
パラメーター　261
バランス理論　141, 142, 164
恨（ハン）　418
反証情報　16
反ステレオタイプ的情報　217
判断　14, 18, 19, 27, 29, 34, 39, 44, 47, 48, 55, 119, 320, 325
　──の気分一致効果　48, 51
　──の困難さ　284
　──の手がかり　51, 56, 58, 59
　──の方略　32
　信憑性──　257, 284, 324
　ステレオタイプ的な──　205
　選択の──　337
　他者についての──　115
　ヒューリスティックな──　320
　倫理的な──　364
反応時間（反応潜時）　29, 30
ひいき　187, 213
非意識的過程　68, 82
非意識的（行動）模倣　80, 82
比較社会実験　414

比較水準　167
比較文化（実験）　400, 402, 408, 414
比較文化心理学　397
非共通効果　120
非言語情報　285
非言語的コミュニケーション　229
ピースミール処理　115
比喩　226
ヒューリスティック　32, 38, 53, 65, 149, 322, 326, 327, 335, 336
　──な情報処理　345
　──な認識　319
　──な判断　320
　──な理解　325
ヒューリスティック‐システマティック・モデル　→HSM
ヒューリスティック処理　37
評価　30, 44, 47, 48, 50, 58
　他者（への）──　101, 115, 118, 174
評価懸念　190
評価的感情　154
表象　76
表情　229, 232, 405
平等の原則　169
評判（レピュテーション）　302, 304, 347
ファッド　384
フィールドワーク　391, 392
フェイクニュース　285, 324
フォールス・コンセンサス効果　194
フォロアー　245, 246
フォロアーシップ　368
不確実性の回避　398
服従　362
プライミング　28, 71, 72, 322
プライミング効果　28, 29, 93, 155, 273, 277
プライム（刺激）　28, 29, 72, 274
　──の性質　30
プラトーン（隊列）効果　378
ブランド　341, 347
ブランド・エクイティ　342
ブランド・ロイヤルティ　342
フーリガン　392
ブリッジ　247
フレーミング　277, 322, 337, 338, 348
フレーミング効果　273, 274
プロスペクト理論　338
文化　397, 422

事項索引　477

――の受容　428
――のハイブリッド化　436
心と――　419
文化化　423, 426, 436
文化間移動　426
文化差　396, 409, 412, 415
文化神経科学　400, 408
文化心理学　421
文化的アイデンティティー　427
文化的アフォーダンス　421
文化的意味　420, 430
文化的価値　397, 399, 402
文化的実践　430
文化的存在　419
文化的バイアス　399
文化的フロー　437
文化比較　400
分析的思考　403
分析力　426
紛　争　217
分配的公正　168
文脈による影響　30
文脈の効果　26
ベターメント　434
ベビー・トーク　228
偏　見　153, 154, 203, 204, 205, 211, 217, 240, 300
弁別性　122
返報性　165, 166
包括的思考　403
包含性　210
報　酬　141, 164
報酬勢力　196
放縦・抑制　399
報　道　268
保革イデオロギー　325
ポジティブ幻想（ポジティブ・イリュージョン）　104, 105
ポジティブな感情（気分）　46, 52, 53, 60, 61, 63
ホーソン研究（工場）　353, 354
ボディー・ランゲージ　230
ホメオスターシス　141
ポライトネス　226
ボランティア　295, 344

● ま　行

マイクロ＝マクロ問題　310
マイクロ＝マクロ連繋モデル　423
マーケティング　334, 336
マスメディア　245, 246, 268, 269, 279, 322, 340
――の環境監視機能　275
――の「利用と満足」　276
マッチング仮説　164
まとまり知覚　198
マネジメント　368
マネジリアル・グリッド　365, 367
マルチエージェント・シミュレーション　260, 329
満　足　167, 191, 300
密接な関係　173, 174
ミドル・アップダウン・マネジメント　370
ミドル・マネージャー　368, 370
　変革型――　368
魅　力　163
無意識　68
名誉の文化　433
メタ推論　110
メッセージ学習理論　145
模擬刑務所実験　362, 364
目　標　78, 106
――の活性化　76
――の採用や追求　76
目標設定　332
目標伝染　78, 80
模倣（行動）　80, 81

● や　行

役　割　192
抑　制　132
予言の自己成就　237
予　測　44, 96
――の楽観性　97
　将来の――　96
世　論　314, 317, 318
――に対する認識　322
世論形成過程　323, 327-329
世論調査　154, 270, 314, 315, 316

● ら　行

乱文構成課題　71, 72, 76

リアリティ形成　289
リアリティ判断　286
理　解　145
リスキーシフト　355, 356
リスク・コミュニケーション　348
リスク志向　338
リスク対処過程　345
リスク対処行動　344
リスク対処の代理人　347
リスク認知　348, 352, 381
理想化　177
リーダー　246
利他行動　179
リーダーシップ　352, 365, 366, 368
　管理者の――　365
　変革型――　368
利得行列　169
利得構造　170, 172

リバウンド効果　132, 133
流　言　381, 382
流暢性（処理の）　57
利用可能性ヒューリスティック　34, 36
　――に基づくステレオタイプ　205
リンク　22, 45, 247, 253
類似性　126, 163, 164, 198, 405
　家族的――　404
類同性の原理　258, 326
連合ネットワーク（モデル）　23, 28, 45, 47, 154
連鎖再生法　235, 236
連続体モデル　115

● わ　行

話体応化理論　231
割引原理　122
割増原理　122, 123

人名索引

● あ 行

アイエンガー（Iyengar, S.） 273, 274, 277, 409
アイゼン（Ajzen, I.） 151, 152
アイゼン（Isen, A. M.） 48
アクセルロッド（Axelrod, R.） 260
アージャイル（Argyle, M.） 229
東 洋 409, 425
アーツ（Aarts, H.） 78
アッシュ（Asch, S. E.） 195
アーネイル（Arneil, B.） 300
アーバー（Erber, R.） 52, 53
アーモンド（Almond, G. A.） 294
アリストテレス（Aristotelês） 4
アレン（Allen, N. J.） 361
アロン（Aron, A.） 173
アロンソン（Aronson, J.） 216
アンバディー（Ambady, N.） 230
池田謙一 259, 261, 278, 285, 294, 299, 341, 380
稲増一憲 278
井上忠司 411
イングルハート（Inglehart, R.） 399
ヴァーバ（Verba, S.） 294
ヴァンボーヴェン（Van Boven, L.） 127
ウィルソン（Wilson, A. E.） 101
ウィルソン（Wilson, T. D.） 69
ウィンキールマン（Winkielman, P.） 59
ウェグナー（Wegner, D. M.） 102
ウェゲナー（Wegener, D. T.） 133
上野直樹 432
ウェンガー（Wenger, E.） 430, 432
ウォーフ（Wolf, E. R.） 436
エイムズ（Ames, D. R.） 126
エクマン（Ekman, P.） 230
オルポート（Allport, G. W.） 217, 235, 381

● か 行

カシオッポ（Cacioppo, J. T.） 147
嘉志摩佳久（Kashima, Y.） 235
カズンズ（Cousins, S.） 406
カッツ（Katz, J.） 284
ガートナー（Gaertner, S. L.） 221
金井壽宏 368
カーネマン（Kahneman, D.） 32-34, 337
ガーフィンケル（Garfinkel, H.） 431
ガーブナー（Gerbner, G.） 273
亀田達也 356, 357
カンター（Kanter, R. M.） 368
ギガレンツァー（Gigerenzer, G.） 39
北村英哉 54
北山忍 401, 407, 420, 421
ギブソン（Gibson, J. J.） 421
キャンベル（Campbell, D. T.） 198
キリアン（Killian, L. M.） 388
ギルバート（Gilbert, D. T.） 102, 124
ギルモア（Gilmore, J. H.） 335
ギロヴィッチ（Gilovich, T.） 111
キンダー（Kinder, D. R.） 317
クアランテリ（Quarantelli, E.） 375
釘原直樹 376
グライス（Grice, H. P.） 225
クラウス（Krauss, R. M.） 227
クラックホーン（Kluckhohn, C.） 426
グラノヴェッター（Granovetter, M.） 251, 252, 255, 384
グリーンワルド（Greenwald, A. G.） 154
クンダ（Kunda, G.） 432
クンダ（Kunda, Z.） 117
ケリー（Kelley, H. H.） 19, 20, 60, 121, 122, 167, 169
ケンペン（Kempen, H. J. G.） 436
高野陽太郎 402
コーエン（Cohen, D.） 433, 434
コッター（Kotter, J. P.） 368

● さ 行

ザイアンス（Zajonc, R. B.） 56, 189
サイモン（Simon, H. A.） 354, 355, 376
シアーズ（Sears, D. O.） 319
シェパード（Shepperd, J. A.） 97
ジェームズ（James, W.） 70
ジェラード（Gerard, H. B.） 193
シェリフ（Sherif, M.） 188, 218, 219
シブタニ（Shibutani, T.） 381

シャー（Shah, J.） 77
ジャイルズ（Giles, H.） 231
シャクター（Schachter, S.） 49
ジャニス（Janis, I. L.） 359
ジュ（Zhu, Y.） 410
シュワルツ（Schwartz, S. H.） 399
シュワルツ（Schwarz, N.） 48, 50, 56, 58, 59, 133
ショー（Shaw, D. L.） 272
ジョーンズ（Jones, E. E.） 120
神信人 213
ジンバルドー（Zimbardo, P. G.） 362, 365
杉万俊夫 376
スターンバーグ（Sternberg, R. J.） 176
ズッカーマン（Zuckerman, M.） 18
スティール（Steele, C. M.） 98, 216
ストナー（Stoner, J. A. F.） 355
スナイダー（Snyder, M.） 237
スーパー（Super, C. M.） 423
スペンサー（Spencer, S. J.） 98, 118
スメルサー（Smelser, N. J.） 375, 378

● た 行

ダイクステルハウス（Dijksterhuis, A.） 73, 74
タイス（Tice, D. M.） 109
タイラー（Tyler, T. R.） 168
ダーウィン（Darwin, C.） 229
竹西亜古 348
タジフェル（Tajfel, H.） 209, 212
ターナー（Turner, J. C.） 210
ターナー（Turner, R. H.） 388
チェイキン（Chaiken, S.） 149
チャートランド（Chartrand, T. L.） 79, 80
恒吉僚子 424
デイヴィス（Davis, K. E.） 120
ティボー（Thibaut, J. W.） 167, 169
テイラー（Taylor, F. W.） 353
テイラー（Taylor, S. E.） 25, 104, 105
テッサー（Tesser, A.） 94, 95, 99
土居健郎 411
ドイチ（Deutsch, M.） 193
トヴァスキー（Tversky, A.） 32-34, 337
ドヴィディオ（Dovidio, J. F.） 221
ドゥヴァイン（Devine, P. G.） 119
トービン（Tobin, J.） 426
トマセロ（Tomasello, W. M.） 419, 420

ドラッカー（Drucker, P. F.） 431
トリアンディス（Triandis, H. C.） 400
トリプレット（Triplett, N.） 188
トループ（Trope, Y.） 130

● な 行

中谷内一也 347
中根千枝 409
仁科貞文 341
ニスベット（Nisbett, R. E.） 69, 403, 433
ノエル-ノイマン（Noelle-Neumann, E.） 327, 328
野中郁次郎 370
ノリス（Norris, P.） 287, 310

● は 行

ハイダー（Heider, F.） 141
パイン（Pine II, B. J.） 335
バウアー（Bower, G. H.） 45, 47
ハウス（House, R. J.） 366
パヴロフ（Puvlov, I. P.） 140
ハークネス（Harkness, S.） 423
ハーシー（Hersey, P.） 367
バージ（Bargh, J. A.） 71, 79, 80
パスカル（Pascal, B.） 5
バーソロミュー（Bartholomew, K.） 174
ハックフェルト（Huckfeldt, R.） 325
ハッチンス（Hutchins, E.） 432
パットナム（Putnam, R. D.） 298-300
ハットフィールド（Hatfield, E.） 410
バート（Burt, R. S.） 252
バーナード（Barnard, C. I.） 354
ハーマンス（Hermans, H. J. M.） 436
バルドウィン（Baldwin, M. W.） 92
ヒギンズ（Higgins, E. T.） 26, 28, 30, 233
ヒューストン（Hewstone, M.） 218
ビューラー（Buehler, R.） 96
廣井脩 382
ファジオ（Fazio, R. H.） 155
ファッセル（Fussell, S. R.） 227
フィスク（Fiske, S. T.） 115, 206
フィッシュバイン（Fishbein, M.） 151, 157
フィードラー（Fiedler, F. E.） 366
フィニー（Phinney, J. S.） 427
フェイン（Fein, S.） 118, 130
フェスティンガー（Festinger, L.） 143
ブラウン（Brown, J. D.） 104, 105

ブラウン（Brown, R. W.）　386
ブランチャード（Blanchard, K. H.）　367
ブルーワー（Brewer, M. B.）　115, 211, 219
ブレイク（Blake, R. R.）　365, 367
フロイト（Freud, S.）　69
ベッカー（Becker, H. S.）　360
ペティ（Petty, R. E.）　147, 148
ボウルビー（Bowlby, J.）　174
ホッグ（Hogg, M. A.）　390
ボーデンハウゼン（Bodenhausen, G. V.）
　　54, 60
ホフステッド（Hofstede, G.）　397
ポランニー（Polanyi, M.）　370
ポールハス（Paulhus, D. L.）　105
ホロウィッツ（Horowitz, L. M.）　174
ホワイティング（Whiting, B.）　422, 423
ポン（Peng, K.）　407
ボンド（Bond, M. H.）　399

● ま 行

マウディ（Mowday, R. T.）　360
前山隆　426
マーカス（Markus, H. R.）　407, 420
マクレ（Macrae, C. N.）　132
増田貴彦　404
マーチ（March, J. G.）　354
マッキー（Mackie, D. M.）　215
マックームス（McCombs, M. E.）　272
マッツ（Mutz, D. C.）　300
マートン（Merton, R. K.）　237, 386
三隅二不二　366
ミッシェル（Mischel, W.）　106
箕浦康子　423, 428, 429
宮田加久子　340, 341
ミルグラム（Milgram, S.）　250, 362, 365
ミンコフ（Minkov, M.）　399
ムートン（Mouton, J. S.）　365, 367
ムラヴェン（Muraven, M.）　107
村本由紀子　392

メイヤー（Meyer, J. P.）　361
メイヨー（Mayo, E.）　353
モスコビッチ（Moscovici, S.）　195
モリス（Morris, M.）　407

● や 行

野城智也　362
安野智子　329
山岸俊男　213, 303, 306, 307, 412, 414, 421
山口勧　401
矢守克己　389, 435

● ら 行

ラザスフェルド（Lazarsfeld, P. F.）　245,
　　270
ラスバルト（Rusbult, C. E.）　168
リッチー（Richey, S. E.）　299
リーバーマン（Lieberman, M. D.）　90
リヒテンシュタイン（Lichtenstein, S.）　36
リブラ（Lebra, T. S.）　411
リベット（Libet, B.）　83
リンド（Lind, E. A.）　168
ルソー（Rousseau, D. M.）　361
ル・ボン（Le Bon, G.）　374, 388
レイヴ（Lave, J.）　430, 432
レイヴン（Raven, B. H.）　196
レヴィン（Lewin, K.）　434
レッパー（Lepper, M. R.）　409
ロジャース（Rogers, E. M.）　247-249
ロス（Ross, M.）　101
ローゼンタール（Rosenthal, R.）　230
ロード（Lord, C. G.）　35
ロフタス（Loftus, E. F.）　23

● わ 行

ワイク（Weick, K. E.）　431, 432
ワッツ（Watts, D.）　385
ワード（Word, C. O.）　238

社会心理学〔補訂版〕　　　New Liberal Arts Selection

Social Psychology: Active Social Animals in Multilayered Constraints,
revised ed.

2010 年 9 月 25 日　初　版第 1 刷発行
2019 年 3 月 30 日　補訂版第 1 刷発行
2023 年 8 月 15 日　補訂版第 5 刷発行

著者	池田　謙一
	唐沢　　穣
	工藤　恵理子
	村本　由紀子

発行者　　江草　貞治
発行所　　株式会社　有斐閣

郵便番号 101-0051 東京都千代田区神田神保町 2-17
https://www.yuhikaku.co.jp/
印　刷・製　本　大日本法令印刷株式会社

© 2019, Kenichi Ikeda, Minoru Karasawa, Eriko Kudo, Yukiko Muramoto.
Printed in Japan

落丁・乱丁本はお取替えいたします。
★定価はカバーに表示してあります。

ISBN 978-4-641-05387-8

JCOPY　本書の無断複写（コピー）は，著作権法上での例外を除き，禁じられています。複写される場合は，そのつど事前に（一社）出版者著作権管理機構（電話03-5244-5088, FAX03-5244-5089, e-mail:info@jcopy.or.jp）の許諾を得てください。